"中原发展研究院智库丛书"的编撰和出版得到了中原发展研究基金会及郑州宇通集团公司、河南投资集团公司、河南民航发展投资有限公司、河南铁路投资有限责任公司、中原信托公司、中原证券公司、河南恒通化工集团公司等企业的赞助，也得到了深圳海王集团公司、北京汉唐教育集团公司、河南省财政税务高等专科学校等的专项资助。

同时，本项研究及著作的撰写出版还得到了新型城镇化与中原经济区建设河南省协同创新中心、河南省高等学校人文社会科学重点研究基地中原发展研究院，以及河南省发改委与财政厅政府购买服务项目等的经费支持。

中原发展研究院
智 库 丛 书

中原经济区
金融竞争力报告
（2015）

主　　　编◎耿明斋

执 行 主 编◎李燕燕

社会科学文献出版社
SOCIAL SCIENCES ACADEMIC PRESS (CHINA)

总　序[*]

由苏联开启，曾经波及半个地球，涵盖几十个国家的计划经济体制模式，是基于某种理论逻辑构建的。而针对这种体制所进行的市场化改革，却是基于经济发展的现实需要。最初，为了证明这种改革的正当性，人们往往采取对理论进行重新解释甚至不惜曲解的办法。而守护原有理论正当性和纯洁性的学者则将这些理论与已经变化了的现实相对照，指出现实中某些变化的非合法性，要求纠正并向原有的符合理论模式的体制回归。1990年底，我参加了某个当时被认为是全国经济学界最重要的学术会议，强烈地感受到上述两派学者的分歧，也突然悟到他们都有一个共同的错误，即把现实放到了一个从属的地位，将现实的合法性归入某种理论框架，试图用理论的合法性来解释现实的合法性。这显然颠倒了理论与现实的关系。

其实，现实的合法性来源于自身，并不需要用理论来证明。因此，经济研究还有另外一条更为正确的途径，那就是从现实出发，从实际中我们所遇到的问题出发，先弄清楚问题是什么，然后再去寻找可以解释问题的理论。如果找不到现成的可以解释问题的理论，那就说明理论本身有问题，理论发展和创新的突破口也就找到了。自那以后，我就一头扎进了现实中，自觉走上了从现实出发、从问题出发的研究轨道。

还有一个问题也是经过长期琢磨和争论才弄清楚并坚持下来的，那就是我们研究的切入点和主攻方向究竟是涉及全局还是局部的问题；究竟是关注看起来更大、更重要但距离我们更遥远的事情，还是看起来更小也没那么重要但意义更深远的身边的事情。我们最终选择了后者，那就是发生在我们身边的看起来渺小但对整个中国的现代化进程都具有深远影响的事情，即传统平原农区工业化与经济社会转型。时间已经证明当初我们的选择是正确的，相信其将继续证明我们的正确性。

十多年来，我们围绕传统平原农区工业化与经济社会转型这个主题进行了卓有成效的探索，主持了"欠发达平原农业区产业结构调整升级与工业化发展模式研究""传统平原农区工业化与社会转型路径研究""黄河中下游平原农区工业化与社会转型路径研究""中西部地区承接产业转移的重点与政策研究"等多项重大、重点、一般国家社科基金项目，以及一系列教育部、省政府、相关地方政府和企业委托项目的研究，完成了《关于建设中原城市群经济隆起带若干问题的思考》《河南省协调空间开发秩序和调整空间结构研究》《鹤壁现代城市形态发展战略规划》等多个区域发展研究报告，出版了包括《传统农区工业化与社会转型丛书》在内的专著数十种。2004年初提出论证并被河南省委、省政府采纳，写入河南省"十一五"和"十二五"规划及历次省域经济发展重要文件的

---

[*]　由《中原经济区竞争力报告（2012）》总序改写而成。

"郑汴一体化"战略，成为我们这个团队的品牌之作。

为了更好地凝练方向，聚集人才，积累资料和成果，早在 1994 年 1 月，我们就成立了"改革发展研究院"。2009 年 9 月，更是促成了河南省人民政府研究室与河南大学合作共建了"中原发展研究院"①。中原发展研究院的宗旨是更好地践行从现实出发、从身边的问题做起的研究理念，围绕传统平原农区工业化与经济社会转型这个主轴，以河南这个典型区域为对象，从宏观到微观、从经济结构到社会结构，把每个细枝末节都梳理清楚，在更基础的层面把握经济和社会演进的方向，为政府提供有科学依据的决策建议，为经济学术尤其是发展经济学、制度经济学和区域经济学提供有价值的思想素材，在传统的政府系列和高校及科研院所之外打造一个高端的智库机构。

2011 年 9 月，适逢中原发展研究院成立两周年之际，《国务院关于支持河南省加快建设中原经济区的指导意见》（国发〔2011〕32 号）的出台，标志着中原经济区正式上升为国家战略，同时，也意味着以河南省，即以中原为研究对象的中原发展研究院真正是应时而生的。中原发展研究院多位学者作为全程深度参与中原经济区上升国家战略研究谋划团队的核心成员，从一开始就意识到，作为较早就有意识地将自己的研究领域锁定在河南也就是中原的专业团队，我们应该为中原经济区的研究和建设做点什么。为此，从 2011 年 3 月开始，中原发展研究院启动了一项计划，就是全面梳理中原经济区经济社会发展的现状，比较其优势和劣势，分析其发展过程中遇到的问题，提出解决问题的思路，构成一个能够反映中原经济区经济社会发展运行状况的完整体系，成果以《中原经济区竞争力报告》为题，作为中原发展研究院的系列年度出版物，每年一本。首本于 2012 年 4 月面世，现第四本 2015 年度报告也如期出版。

2012 年，适逢河南大学百年庆典，深圳海王集团总裁刘占军博士和北京汉唐教育集团张晓彬董事长两位校友得知我们的研究计划后，不仅非常赞赏，而且乐于施以援手，分别资助了《中原经济区发展指数研究报告》和《中原经济区金融竞争力报告》两个项目，首份报告已由人民出版社于 2013 年 11 月出版。

上述三份报告的编撰和出版，不仅使我们收获了知识和经验，也为我们赢得了社会声誉。2013 年 6 月，我们又获得了新一轮高水平大学建设工程项目，即 2011 工程项目——新型城镇化与中原经济区建设河南省协同创新中心——的支持，并以中原发展研究院为依托单位。为了将"中原发展研究"这一主题做深做细做透，2013 年下半年我们就开始酝酿谋划更大规模的研究出版计划。该计划的基本思路是：在继续编撰出版《中原经济区竞争力报告》和《中原经济区发展指数研究报告》② 这两份综合性报告的基础上，将"中原发展"问题按不同的经济社会活动领域分解成若干个专题，分别进行研究，并于每年定期出版专题报告，形成系列，冠以"中原发展研究院智库丛书"名称统一由社会科学文献出版社出版。截至目前，已经编撰完成、正在编撰和计划启动编撰的专题报告有：《中原经济区财政发展报告》《中原经济区金融发展报告》《中原经济区工业化发展报告》

---

① 2013 年河南省发展和改革委员会也加入了共建序列。

② 该报告自 2015 年起更名为《中原经济区发展指数报告》。

《中原经济区城镇化发展报告》《中原经济区农业现代化发展报告》《中原经济区社会发展报告》《郑州航空港经济综合实验区发展报告》《中国政府职能转换报告》等，加上上述两份综合性报告，形成总规模达 10 种的研究报告系列。①

"中原发展研究院智库丛书"实际上是自 20 世纪 90 年代初开启的传统平原农区工业化与经济社会转型研究的继续和升华，也是前述国家社科基金重大招标项目"中西部地区承接产业转移的重点与政策研究"（项目编号：11&ZD050）、国家社科基金重点项目"中西部地区承接产业转移的政策措施研究"（项目编号：09AZD024）等多个研究课题的一系列重要成果的有机组成部分，同时也融汇了中央相关部委、河南省委省政府及相关部门、相关基层政府与企业委托的各类专项研究课题及提交报告和政策建议的内容。新型城镇化与中原经济区建设河南省协同创新中心若干创新团队的相关成果也将在智库丛书中呈现。

需要特别说明的是，该项研究和出版计划得到了郑州宇通集团公司、河南投资集团公司、河南民航发展投资公司、河南铁路投资公司、中原信托公司、中原证券公司、河南恒通化工集团公司等企业及河南省中原发展研究基金会的赞助，也得到了深圳海王集团公司、北京汉唐教育集团公司、河南省财政税务高等专科学校等的专项资助，同时，河南省发展和改革委员会、河南省财政厅也以政府购买服务的方式给予了支持，在此一并表示感谢，对这些企业及政府部门领导强烈的社会责任感和使命感表示深深的敬意。

"中原发展研究院智库丛书"为年度出版物，其所含所有报告均为每年一期，连续出版。

该丛书是中原发展研究院的重点项目和拳头产品，我们为其的研究和撰写投入了大量精力，力求无憾。但因项目工程浩大，问题和瑕疵必然在所难免。期待着关心中原经济区建设的各级领导和专家及广大读者提出宝贵意见，以使该丛书能够不断改进，日臻完善。

耿明斋

2015 年 9 月 6 日

---

① 2013 年度开始编撰出版的《中原经济区金融竞争力报告》，自 2016 年度开始，名称将改为《中原经济区金融发展报告》。"中原发展研究院智库丛书"所含专题报告，可视人力、财力情况及需要随时增加。

前　言

金融竞争力是研究经济主体的金融竞争能力与发展态势。"十一五"和"十二五"期间，河南省金融发展势头良好，金融业运行总体平稳，金融服务水平不断提高，融资多元化发展，融资结构明显改善，金融对经济发展的支持力度不断增强。但是，河南省金融也存在明显的问题：在银行业方面，河南省的银行业金融资产规模处于全国中等水平，资产规模大，安全性强，但赢利性偏弱，特别是以贷存比增速为代表的金融效率明显落后于全国平均水平；在资本市场方面，虽然河南省的上市公司规模增幅在全国范围内处于相对优势地位，但在上市公司规模上，河南省仍处于相对劣势的地位。在金融发展日益重要的今天，研究中原经济区金融发展，寻找中原经济区金融发展的基本规律，总结过去并砥砺未来，变得尤为重要。

本报告以中原经济区金融发展为研究对象，以金融竞争力为切入点，借鉴以世界经济论坛（WEF）、国际管理发展学院（IMD）为代表的区域竞争力主流研究方法，通过建立科学、全面的指标评价体系及多渠道收集数据，使用学界流行的 SPSS 软件和因子分析方法对数据进行处理，最终合成了评价各省辖市金融竞争力的综合性指标，目的是揭示中原经济区各省辖市金融竞争力的相对优势、劣势，以衡量区域金融的发展程度和发展质量，为各级政策制定者提供区域金融发展战略的决策依据。

本报告分两篇——综合篇和区域篇。综合篇详述了报告的模型及指标体系、数据来源及技术路线，同时在对河南省金融发展进行概述的基础上，分章节从金融生态、金融规模及金融效率三个方面对河南省的金融竞争力进行了分析评价，并最终给出了河南省 18 个地市金融竞争力的排名情况。在区域篇中，各地市（县、区）各成一章，分别从金融生态、金融规模及金融效率三个方面对各地市（县、区）的金融竞争力进行了分析。其中，河南省 18 个地市与外省各地市的分析方法不尽相同，河南省地市的分报告以分析排名为主，而外省地市由于部分数据不可得以及统计口径不一致，未能参与排名，只对近几年的金融发展数据进行了分析。报告所涉及的数据大部分来自于国家统计系统编制的统计年鉴及发布的统计公报；部分证券市场数据来源于各上市公司披露的年度报告和半年度报告；另有一部分数据是通过相关的运算得到的。

"中原经济区金融竞争力报告"项目于 2014 年 1 月正式启动，由河南省中原发展基金会和北京汉唐教育集团资助，每年系列出版。本书是 2015 年度金融竞争力报告，是河南省宣传系统"四个一批"人才资助项目的研究成果，是省部共建人文社科重点研究基地项目"中部传统农区工业化与国民福利提升的路径研究"（12JJD880005）等研究课题的有机组成部分。由河南大学经济学院名誉院长、中原发展研究院院长耿明斋教授任主编，由《郑州大学学报》主编、郑州大学金融研究中心主任李燕燕教授任执行主编。为了公正、客观地对中原经济区的金融发展做出评价，在报告的编纂过程中，研究人员就指标体系的构建、报告的技术路线及数据处理方法进行了反复讨论，投入了大量精力，力求完善，但组织编纂经验不足，问题和瑕疵在所难免。希望关心中原经济区建设和发展的各级领导、专家及广大读者能不吝赐教。

编者

2015 年 6 月

目 录

综合篇（河南部分）

区域篇（河南部分）

区域篇（山西、河北、山东、安徽部分）

综合篇（河南部分）

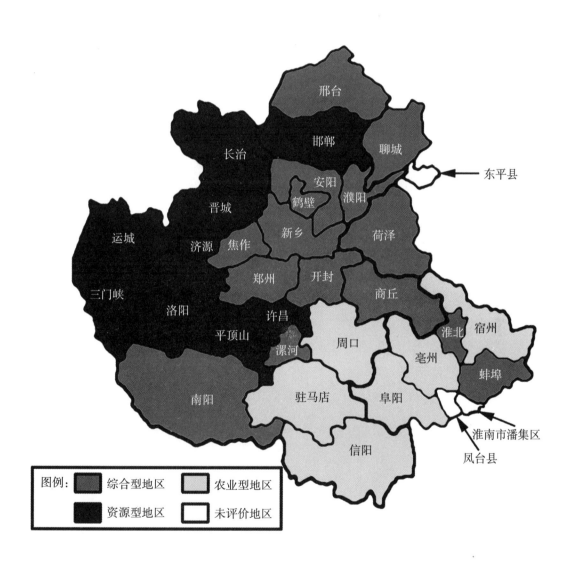

图例：
- 综合型地区
- 资源型地区
- 农业型地区
- 未评价地区

地图标注：邢台、邯郸、聊城、东平县、长治、安阳、濮阳、晋城、鹤壁、新乡、荷泽、运城、济源、焦作、三门峡、郑州、开封、商丘、洛阳、许昌、平顶山、漯河、南阳、周口、淮北、宿州、亳州、蚌埠、驻马店、阜阳、淮南市潘集区、凤台县、信阳

第 1 章
绪论

中国加入世界贸易组织后，我国金融体系将面临全方位的国际竞争。在此情况下，我国金融竞争力问题已引起了全社会的关注。本书从国际前沿的金融竞争力评价体系出发，展示了一个全方位的视角，对河南省开放格局下的金融竞争力进行了定量化的评估，加上切合中国转轨经济实际的分析，具有鲜明的理论性和实践指导性，堪称系统研究中国金融竞争力的一部力作。

本文依照国家"十二五"规划城市化战略格局中的全国主体功能区规划，对各主体功能区的金融竞争力进行细分并排名，评价中原经济区金融竞争力的优势、劣势和增长点，并对中原经济区各地市的金融竞争力水平进行衡量、评价。

1.1 研究意义

1.1.1 金融竞争力的研究意义

金融竞争力，代表着在开放的市场经济中一个城市相比其他城市能够更有效动员储蓄、吸纳并配置资源、向消费者或市场提供更多金融产品或服务、并能获得自身发展的能力。经济的发展主要表现为经济实力的发展，金融竞争力的发展反映并反作用于经济实力的发展，金融竞争力有着如下的重要影响。

首先，金融竞争力影响着产业竞争力。要使传统产业的竞争力提高，需要用高新技术对传统产业进行技术方面的改造，使得传统产业的结构得以优化和升级，将相关资源导向相对优势产业，等等。

其次，金融竞争力影响着企业竞争力。增加金融竞争力，能够给企业带来更好的融资环境，给企业开发项目的准确性和成功率带来保障，进一步优化企业结构和产业结构，从而使其更好地实现科技创新。

再次，金融竞争力影响着经济主体的开放程度。金融竞争力系统内的不同要素以及整个系统，都以不同形式和外部环境产生着相互影响。金融竞争力所受到的外部影响主要包括国际经济环境的影响、国内经济环境的影响、国内企业环境的影响以及整个产业环境的影响。

最后，金融竞争力影响着企业的盈利和财政收入的增加。金融竞争力的增强，最终是经济实力的增强和企业利润的最大化。企业利润最大化才能使金融机构的利润最大化，才能使区域财政收入最大化。

1.1.2 中原经济区金融竞争力的研究目的及意义

对金融竞争力的研究，是研究一个经济主体的金融竞争能力与发展态势。中原经济区作为区域经济主体，研究其金融竞争力的意义不仅在于金融竞争力对上述产业竞争力、企业竞争力、经济主体开放程度与企业利润和财政收入的增加这四个方面的影响。中原经济区金融竞争力研究可定义为：对中原经济区区域金融的发展程度、竞争能力与发展趋势的研究。研究中原经济区金融竞争力具有以下的重要意义。

1. 有助于加深对中原经济区的认识

中原经济区是一个全新的区域经济概念，通过应用区域金融竞争力研究这一分析工具，能较全面、客观地揭示中原经济区金融竞争力的地位、基本概况，能为经济区内的行政部门、居民、企业、社会团体等相关群体提供直观的认识，对中原经济区的积极建设提出有力的建议和参考。

2. 有助于加深对中原经济区金融竞争力现状的认识

通过中原经济区与各个主体功能区的系统比较和排名以及中原经济区涵盖的市县级经济区域的比较分析，能够清晰地揭示中原经济区金融竞争力的相对优势、劣势，衡量区域金融的发展程度和发展质量，为各级政策制定者提供区域金融发展战略的决策依据，同时可以评价各级政府的金融发展业绩。

3. 有助于发掘竞合关系，进而加快中原经济区发展

通过对中原经济区内的各地市的金融竞争力的比较分析，可以判断各自相对优势劣势，确定相互间的竞争关系和互补关系，合理选择发展竞合关系。为区内各地市制定强强联合、互利共赢的金融发展战略提供借鉴，进而推动整个经济区的金融发展和结构优化升级。

1.2 研究设计

1.2.1 研究框架

鉴于研究人员对区域发展竞争力的内涵、研究目标等方面存在的差异，本研究报告沿用以 WEF（世界经济论坛）、IMD（国际管理发展学院）为代表的区域竞争力的主流研究方法，将该方法运用到金融领域，对中原经济区的金融竞争力进行分析和研究。本研究的基本思路如图 1－3－1 所示。

1.2.2 模型构建

1. 构建依据

一个区域竞争力会受到区域内影响其竞争地位与态势的各种要素的影响。其竞争力的大小则是这些要素共同作用的结果。为了研究某区域金融竞争力的变化情况，我们首先要构建代表各影响要素间相互关系的逻辑框架。

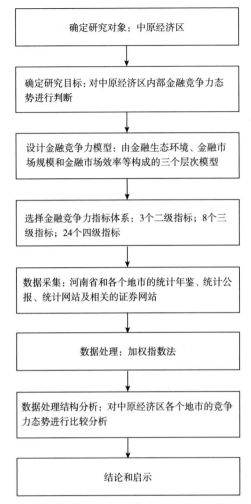

图 1 - 2 - 1　中原经济区金融竞争力研究的框架

中原经济区金融竞争力模型是采用金融竞争力多层次加权综合指数模型。这是区域金融竞争力研究的一种典型分析模型，也是以 WEF 和 IMD 等为代表的区域经济竞争力研究主流学派最为常用的分析工具。本报告中所提的中原经济区金融竞争力，是从金融融通资金的角度对该区域金融资源配置能力的考量，是对资源的吸引力和对资源的转化能力的一种研究。中原经济区对金融资源的吸引能力，主要包括中原经济区的金融生态环境对金融资源的吸引能力以及经济区的金融市场规模对金融资产的容纳能力；中原经济区对金融资源的转化能力主要指反映在经济区内金融市场的配置效率上。

2. 中原经济区金融竞争力模型

基于以上模型构建的思路，本报告构建了中原经济区金融竞争力的模型，如图 1 - 2 - 2 所示。本报告试图从金融生态、金融规模以及金融效率三个方面来揭示区域金融的发展状况和金融资产的配置能力。其中，金融生态竞争力主要体现在该区域的经济实力、区域开放程度和区域服务水平上；金融规模竞争力主要体现在银行业、证券业和保险业的规模上；金融效率竞争力则从宏观和微观两个方面来加以衡量。

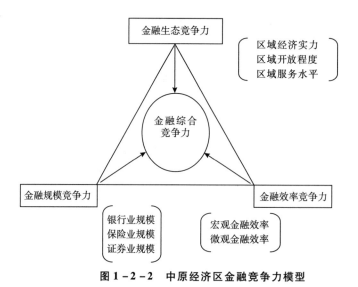

图 1-2-2 中原经济区金融竞争力模型

1.2.3 指标体系构建

中原经济区金融竞争力的评价体系包括金融生态竞争力、金融规模竞争力和金融效率竞争力 3 个二级指标，每个二级指标又分解为若干个三级指标，每个三级指标再分解为若干个四级指标。四级指标选取方面，研究人员本着全面性、可比性、层次性等原则选取数据，包括总量指标、均值指标和比值指标，以力求全方位对中原经济区金融竞争力进行评估。但是由于受到数据可得性的限制，部分指标在选取时，不得已选择了次优的指标，但这并不影响研究结论的获得。

二级指标金融生态竞争力，是用以考察一个区域内部金融生态环境的情况，分析整个经济环境对金融产出能力的影响，它包含 3 个三级指标，即区域经济实力、区域开放程度和区域服务水平。本研究用各个地市的 GDP、人均 GDP、财政收入、固定资产投资、人均固定资产投资、城镇人均可支配收入、农村人均纯收入等这些总量和均值指标来合成区域经济实力指标；用各个地市的实际利用外资额、进出口总额这 2 个四级指标来衡量该地域与外界经济的开放程度，即区域开放程度指标。

二级指标金融规模竞争力，是用以考察一个区域内部金融市场的规模情况，分析金融市场对金融资产的容纳能力，它包含 3 个三级指标，即银行业规模、保险业规模和证券业规模。本研究用金融系统存款余额、金融系统贷款余额和城乡居民储蓄余额等指标来代表并合成银行业规模指标；用各个地市的保险公司保费收入和保险赔付额这 2 个四级指标来衡量该地域的保险市场发展的状况；用上市公司总资产和本地区股本总数这 2 个四级指标来分析该地区的证券业的发展情况及其企业的上市情况。

二级指标金融效率竞争力，是用来考察一个区域内部金融运行的效率的情况，分析整个金融运行中的成本和收益情况，它包含 2 个三级指标，即宏观金融效率和微观金融效率。本研究用经济储蓄动员力、储蓄投资转化系数这 2 个比例指标来合成宏观金融效率指标；用各个地市的贷存比、证券市场效率、保险深度这 3 个四级指标来衡量该地域的微观金融效率。

1.3 资料来源及数据处理

1.3.1 资料来源

本研究报告包含河南省 18 个地市（区，县）以及外省的 13 个市（区，县）的研究数据。大部分四级指标都能够直接从统计资料中获得。一部分四级指标是在原始统计数据的基础上经简单数学运算得到的。原始数据主要来源于国家统计系统及相关省、市和社区的统计信息网站。2013 年的部分研究资料来源于当地统计部门发布的统计公报。证券市场的相关数据来自国内证券市场上市公司的公报及证券交易网站所公布的一些实时信息。

1.3.2 数据预处理

在进行分析之前，需要先使用无量纲化处理方法将数据标准化。数据标准（或称指数化）处理的意义在于可以解决不同数量级别的数据的不可比性问题。经过上述标准化处理，原始数据均转换为无量纲化指标测评值，即各指标值都处于同一个数量级别上，可以进行综合测评分析。

本报告主要采用"Z‒score 标准化"，这是当前用得最多的数据标准化方法。这种标准化方法基于原始数据的均值和标准差进行数据的标准化，新数据 =（原始数据—样本均值）/样本标准差。经标准化后的数据都是没有单位的纯数量，均值为 0，标准差为 1。这就消除了量纲（单位）影响和变量自身变异的影响。

1.3.3 加权方法的选择

同一指标体系下的各个指标对金融竞争力的评价都是有所侧重的。但同时它们又具有一些共同的特征。正是这些共同的特征把它们联系起来，共同来反映金融竞争力的大小。各个指标间评价信息的重叠，造成指标信息的损失和浪费，不利于对其金融竞争力的综合评价。通过特定的方法找到这些指标之间的联系，并合理地处理这种重叠和浪费，就能更好地利用数据所传达的信息。指标加权就是一种很好的方法。

权数的确定方法也五花八门。总体而言，可分为两大类：一类是由专家根据经验判断各评价指标相对于评价目的而言的相对重要程度，经过综合处理获得指标权重的所谓主观赋权法。另一类根据各指标的实际观察值所提供信息量的大小来确定各指标权重的所谓客观赋权法。本报告使用相关性权重法这种客观赋权法。相关性权重法利用指标间的相关性确定权重，通过大量的样本数据进行指标间的相关系数测算，根据相关系数确定指标权重。该方法又具体分为灰色关联度法、主成分分析法、因子分析法等。

1.3.4 综合评价方法的选择

综合评价方法可以综合各个指标的信息，将各指标合成一个指标，得出综合评价的排序，进而反映了被研究对象某方面的特征。这在一定程度上克服了单项指标的局限性，提高了评价的全面性和科学性。常用的综合评价方法主要有以下几种：主成分分析法、因子分析法、功效系数法、综合指数法、层次分析法、神经网络法等。其中，功效系数法和综合指数法属于专家评价法，具有较大的主观性。层次分析法属于运筹学方法，是客观和主观相结合的方法，虽具有一定的客观性，但不能完全克服评价的主观性，它不能剔除指标间相关关系的影响。神经网络方法是一种客观性较强的方法，但是在应用过程中往往受网络收敛速度影响较大。主成分分析、因子分析属于数理统计方法，它们不依赖于专家判断，客观性较强，而且可以从根本上去除指标间相关关系的影响，适宜于评价指标间存在相关关系的对象系统的综合评价。相对于主成分分析，因子分析不仅可用于比较评价对象，还可以找出影响评价结果的因素。因子分析法不仅可以给出排名顺序，还可以探索影响排名次序的因素，从而进一步改善努力的方向，这是其他综合评价方法所不具备的。因此，本研究报告选择因子分析方法作为企业绩效评价的方法。

1.4 技术路线

1.4.1 因子分析法的基本原理

1. 因子分析模型

因子分析模型中，假定每个原始变量由两部分组成：共同因子（common factors）和唯一因子（unique factors）。共同因子是各个原始变量所共有的因子，解释变量之间的相关关系。唯一因子顾名思义是每个原始变量所特有的因子，表示该变量不能被共同因子解释的部分。原始变量与因子分析时抽出的共同因子的相关关系用因子负荷（factor loadings）表示。

因子分析最常用的理论模式如下：

$$Z_j = a_{j1}F_1 + a_{j2}F_2 + a_{j3}F_3 + \cdots + a_{jm}F_m + U_j \, (j = 1,\ 2,\ 3,\ \cdots,\ n,\ n \text{ 为原始变量总数})$$

可以用矩阵的形式表示为 $Z = AF + U$。其中 F 称为因子，由于它们出现在每个原始变量的线性表达式中（原始变量可以用 X_j 表示，这里模型中实际上是以 F 线性表示各个原始变量的标准化分数 Z_j），因此又称为公共因子。因子可理解为高维空间中互相垂直的 m 个坐标轴，A 称为因子载荷矩阵，$a_{ji}(j = 1,2,3\cdots n, i = 1,2,3\cdots m)$ 称为因子载荷，是第 j 个原始变量在第 i 个因子上的负荷。如果把变量 Z_j 看成 m 维因子空间中的一个向量，则 a_{ji} 表示 Z_j 在坐标轴 F_i 上的投影，相当于多元线性回归模型中的标准化回归系数。U 称为特殊因子，表示原有变量不能被因子解释的部分，其均值为 0，相当于多元线性回归模型中的残差。

其中，

（1）Z_j 为第 j 个变量的标准化分数；

（2）F_i（$i=1$，2，$\cdots$，m）为共同因素；

（3）m 为所有变量共同因素的数目；

（4）U_j 为变量 Z_j 的唯一因素；

（5）a_{ji} 为因素负荷量。

2. 因子分析数学模型中的几个相关概念

（1）因子载荷（因素负荷量，factor loadings）

所谓的因子载荷就是因素结构中，原始变量与因素分析时抽取出共同因素的相关。可以证明，在因子不相关的前提下，因子载荷 a_{ji} 是变量 Z_j 和因子 F_i 的相关系数，反映了变量 Z_j 与因子 F_i 的相关程度。因子载荷 a_{ji} 值小于等于 1，绝对值越接近 1，表明因子 F_i 与变量 Z_j 的相关性越强。同时，因子载荷 a_{ji} 也反映了因子 F_i 对解释变量 Z_j 的重要作用和程度。因子载荷作为因子分析模型中的重要统计量，表明了原始变量和共同因子之间的相关关系。因素分析的理想情况，在于个别因素负荷量 a_{ji} 不是很大就是很小，这样每个变量才能与较少的共同因素产生密切关联，如果想要以最少的共同因素数来解释变量间的关系程度，则 U_j 彼此间或与共同因素间就不能有关联存在。一般说来，负荷量为 0.3 或更大被认为有意义。所以，当要判断一个因子的意义时，需要查看哪些变量的负荷达到了 0.3，或者在 0.3 以上。

（2）变量共同度（共同性，Communality）

变量共同度也就是变量方差，就是指每个原始变量在每个共同因子的负荷量的平方和，也就是指原始变量方差中由共同因子所决定的比率。变量的方差由共同因子和唯一因子组成。共同性表明了原始变量方差中能被共同因子解释的部分，共同性越大，变量能被因子说明的程度越高，即因子可解释该变量的方差越多。共同性的意义在于说明如果用共同因子替代原始变量后，原始变量的信息被保留的程度。因子分析通过简化相关矩阵，提取可解释相关的少数因子。一个因子解释的是相关矩阵中的方差，而解释方差的大小称为因子的特征值。一个因子的特征值等于所有变量在该因子上的负荷值的平方总和。变量 Z_j 的共同度 h^2 的数学定义为：$h^2 = \sum_{i=1}^{m} a_{ji}^2$，该式表明变量 Z_j 的共同度是因子载荷矩阵 A 中第 j 行元素的平方和。由于变量 Z_j 的方差可以表示成 $h^2 + u^2 = 1$，因此变量 Z_j 的方差可由两个部分解释：第一部分为共同度 h^2，是全部因子对变量 Z_j 方差解释说明的比例，体现了因子全体对变量 Z_j 的解释贡献程度，变量共同度 h^2 越接近 1，说明因子全体解释说明了变量 Z_j 的较大部分方差，如果用因子全体刻画变量 Z_j，则变量 Z_j 的信息丢失较少；第二部分为特殊因子 U 的平方，反映了变量 Z_j 方差中不能由因子全体解释说明的比例，u^2 越小则说明变量 Z_j 的信息丢失越少。

总之，变量共同度刻画了因子全体对变量 Z_j 信息解释的程度，是评价变量 Z_j 信息丢失程度的重要指标。如果大多数原有变量的变量共同度均较高（如高于 0.8），则说明提取的因子能够反映原有变量的大部分信息（80% 以上），仅有较少的信息丢失，因子分析的效果较好。因此，变量共同度是衡量因子分析效果的重要依据。

（3）因子的方差贡献（特征值，eigenvalue）

因子的方差贡献（特征值）的数学定义为：$S_i{}^2 = \sum\limits_{j=1}^{n} a_{ji}{}^2$，该式表明，因子 F_i 的方差贡献是因子载荷矩阵 A 中第 i 列元素的平方和。因子 F_i 的方差贡献反映了因子 F_i 对原有变量总方差的解释能力。该值越高，说明相应因子的重要性越高。因此，因子的方差贡献和方差贡献率是衡量因子重要性的关键指标。

为了便于说明，以三个变量抽取两个共同因素为例，三个变量的线性组合分别为：

$$Z_1 = a_{11}F_1 + a_{12}F_2 + U_1$$
$$Z_2 = a_{21}F_1 + a_{22}F_2 + U_2$$
$$Z_3 = a_{31}F_1 + a_{32}F_2 + U_3$$

转换成因素矩阵如下：

变量	F_1 （共同因素一）	F_2 （共同因素二）	共同性 （h^2）	唯一因素 （d^2）
X_1	a_{11}	a_{12}	$a_{11}{}^2 + a_{12}{}^2$	$1 - h_1{}^2$
X_2	a_{21}	a_{22}	$a_{21}{}^2 + a_{22}{}^2$	$1 - h_2{}^2$
X_3	a_{31}	a_{32}	$a_{31}{}^2 + a_{32}{}^2$	$1 - h_3{}^2$
特征值	$a_{11}{}^2 + a_{21}{}^2 + a_{31}{}^2$	$a_{11}{}^2 + a_{21}{}^2 + a_{31}{}^2$		
解释量	$\dfrac{a_{11}{}^2 + a_{21}{}^2 + a_{31}{}^2}{3}$	$\dfrac{a_{11}{}^2 + a_{21}{}^2 + a_{31}{}^2}{3}$		

所谓共同性，就是每个变量在每个共同因素之负荷量的平方总和（一横列中所有因素负荷量的平方和），也就是个别变量可以被共同因素解释的变异量百分比，这个值是个别变量与共同因素间多元相关的平方。从共同性的大小可以判断这个原始变量与共同因素之间关系程度。而各变量的唯一因素大小就是 1 减掉该变量共同性的值。（在主成分分析中，有多少个原始变量便有多少个"component"成分，所以共同性会等于 1，没有唯一因素）。

至于特征值是每个变量在某一共同因素之因素负荷量的平方总和（一直行所有因素负荷量的平方和）。在因素分析之共同因素抽取中，特征值大的共同因素会最先被抽取，其次是次大者，最后抽取的共同因素之特征值最小，通常会接近 0（在主成分分析中，有几个题项，便有几个成分，因而特征值的总和刚好等于变量的总数）。将每个共同因素的特征值除以总题数，此为共同因素可以解释的变异量，因素分析的目的，即在因素结构的简单化，希望以最少的共同因素，能对总变异量做最大的解释，因而抽取的因素越少越好，但抽取因素之累积解释的变异量则越大越好。

3. 社会科学中因素分析的层面

社会科学中因素分析通常应用在以下三个层面。

（1）显示变量间因素分析的组型（pattern）。

（2）侦测变量间之群组（clusters），每个群组所包括的变量彼此相关很高，同构型较大，亦即将关系密切的个别变量合并为一个子群。

（3）减少大量变量数目，使之称为一组涵括变量较少的统计自变量（称为因素），每个因素与原始变量间有某种线性关系存在，而以少数因素层面来代表多数、个别、独立的变量。

因素分析具有简化数据变量的功能，以较少层面来表示原来的数据结构，它根据变量间彼此的相关，找出变量间潜在的关系结构，变量间简单的结构关系称为"成分"（components）或"因素"（factors）。

围绕浓缩原有变量提取因子的核心目标，因子分析主要涉及以下五大基本步骤。

（1）因子分析的前提条件

由于因子分析的主要任务之一是对原有变量进行浓缩，即将原有变量中的信息重叠部分提取和综合成因子，进而最终实现减少变量个数的目的。因此它要求原有变量之间应存在较强的相关关系。否则，如果原有变量相互独立，相关程度很低，不存在信息重叠，它们不可能有共同因子，那么也就无法将其综合和浓缩，也就无需进行因子分析。本步骤正是希望通过各种方法分析原有变量是否存在相关关系，是否适合进行因子分析。

SPSS 提供了四个统计量可帮助判断观测数据是否适合作因子分析。

①计算相关系数矩阵（Correlation Matrix）。在进行提取因子等分析步骤之前，应对相关矩阵进行检验，如果相关矩阵中的大部分相关系数小于 0.3，则不适合做因子分析；当原始变量个数较多时，所输出的相关系数矩阵特别大，观察起来不是很方便，所以一般不会采用此方法或即使采用了此方法，也不方便在结果汇报中给出原始分析报表。

②计算反映象相关矩阵（Anti-image correlation matrix）。反映象矩阵重要包括负的协方差和负的偏相关系数。偏相关系数是在控制了其他变量对两变量影响的条件下计算出来的净相关系数。如果原有变量之间确实存在较强的相互重叠以及传递影响，也就是说，如果原有变量中确实能够提取出公共因子，那么在控制了这些影响后的偏相关系数必然很小。

反映象相关矩阵的对角线上的元素为某变量的 MSA（Measure of Sample Adequacy）统计量，其数学定义为：

$$MSA_i = \frac{\sum\limits_{j \neq i} r_{ij}^{2}}{\sum\limits_{j \neq i} r_{ij}^{2} + \sum\limits_{j \neq i} p_{ij}^{2}}$$，其中，r_{ij} 是变量 x_i 和其他变量 x_j（$j \neq i$）间的简单相关系数，p_{ij} 是变量 x_j（$j \neq i$）在控制了剩余变量下的偏相关系数。由公式可知，某变量 x_i 的 MSA 统计量的取值在 0 和 1 之间。当它与其他所有变量间的简单相关系数平方和远大于偏相关系数的平方和时，MSA_i 值接近 1。MSA_i 值越接近 1，意味变量 x_i 与其他变量间的相关性越强；当它与其他所有变量间的简单相关系数平方和接近 0 时，MSA_i 值接近 0。MSA_i

值越接近0，意味变量 x_i 与其他变量间的相关性越弱。

观察反映象相关矩阵，如果反映象相关矩阵中除主对角元素外，其他大多数元素的绝对值均小，对角线上元素的值越接近1，则说明这些变量的相关性较强，适合进行因子分析。与①中最后所述理由相同，一般少采用此方法。

③Bartlett 球形检验（Bartlett test of sphericity）。Bartlett 球形检验的目的是检验相关矩阵是否是单位矩阵（identity matrix），如果是单位矩阵，则认为因子模型不合适。Bartlett 球形检验的虚无假设为相关矩阵是单位阵，如果不能拒绝该假设的话，就表明数据不适合用于因子分析。一般说来，显著水平值越小（<0.05）表明原始变量之间越可能存在有意义的关系，如果显著性水平很大（如0.10以上）可能表明数据不适宜于因子分析。

④KMO（Kaiser – Meyer – Oklin Measure of Smapling Adequacy）。KMO 是 Kaiser – Meyer – Olkin 的取样适当性量数。KMO 测度的值越高（接近1.0时），表明变量间的共同因子越多，研究数据适合用因子分析。通常按以下标准解释该指标值的大小：KMO 值达到0.9以上为非常好，0.8～0.9为好，0.7～0.8为一般，0.6～0.7为差，0.5～0.6为很差。如果 KMO 测度的值低于0.5时，表明样本偏小，需要扩大样本。

综上所述，经常采用的方法为 Bartlett 球形检验和 KMO。

（2）抽取共同因子，确定因子的数目和求因子解的方法

将原有变量综合成少数几个因子是因子分析的核心内容。本步骤正是研究如何在样本数据的基础上提取和综合因子。决定因素抽取的方法，有"主成分分析法"（principal components analysis）、主轴法、一般化最小平方法、未加权最小平方法、最大概似法、Alpha 因素抽取法与映象因素抽取法等。使用者最常使用的是主成分分析法与主轴法，其中，又以主成分分析法使用最为普遍，在 SPSS 使用手册中，也建议研究者多采用主成分分析法来估计因素负荷量。所谓主成分分析法，就是以较少的成分解释原始变量方差的较大部分。进行主成分分析时，先要将每个变量的数值转换成标准值。主成分分析就是用多个变量组成一个多维空间，然后在空间内投射直线以解释最大的方差，所得的直线就是共同因子，该直线最能代表各个变量的性质，而在此直线上的数值所构成的一个变量就是第一个共同因子，或称第一因子（F_1）。但是在空间内还有剩余的方差，所以需要投射第二条直线来解释方差。这时，还要依据第二条准则，即投射的第二条直线与第一条直线成直交关系（即不相关），意为代表不同的方面。第二条直线上的数值所构成的一个变量，称为第二因子（F_2）。依据该原理可以求出第三、第四或更多的因子。原则上，因子的数目与原始变量的数目相同，但抽取了主要的因子之后，如果剩余的方差很小，就可以放弃其余的因子，以达到简化数据的目的。

因子数目的确定没有精确的定量方法，但常用的方法是借助两个准则来确定因子的个数。一是特征值（eigenvalue）准则，二是碎石检验（scree test）准则。特征值准则就是选取特征值大于或等于1的主成分作为初始因子，而放弃特征值小于1的主成分。因为每个变量的方差为1，该准则认为每个保留下来的因子至少应该能解释一个变量的方差，否则达不到精简数据的目的。碎石检验准则是根据因子被提取的顺序绘出特征值随因子个数变化的散点图，根据图的形状来判断因子的个数。散点曲线的特点是由高到低，先陡后

平，最后几乎成一条直线。曲线开始变平的前一个点被认为是提取的最大因子数。后面的散点类似于山脚下的碎石，可舍弃而不会丢失很多信息。

（3）使因子更具有命名可解释性

通常最初因素抽取后，对因素无法做有效的解释。这时往往需要进行因子旋转（rotation），通过坐标变换使因子解的意义更容易解释。转轴的目的在于改变题项在各因素负荷量的大小，转轴时根据题项与因素结构关系的密切程度，调整各因素负荷量的大小，转轴后，使得变量在每个因素的负荷量不是变大（接近 1）就是变得更小（接近 0），而非转轴前在每个因素的负荷量大小均差不多，这就使对共同因子的命名和解释变量变得更容易。转轴后，每个共同因素的特征值会改变，但每个变量的共同性不会改变。常用的转轴方法，有最大变异法（Varimax）、四次方最大值法（Quartimax）、相等最大值法（Equamax）、直接斜交转轴法（Direct Oblimin）、Promax 转轴法，其中前三者属于"直交转轴法"（orthogonal rotations），在直交转轴法中，因素（成分）与因素（成分）间没有相关，亦即其相关为 0，因素轴间夹角为 90°；而后二者（直接斜交转轴、Promax 转轴法）属"斜交转轴"（oblique rotations），采用斜交转轴法，表示因素与因素间彼此有某种程度的相关，亦即因素轴间的夹角不是 90°。

直交转轴法的优点是因素间提供的信息不会重叠，观察体在某一个因素的分数与在其他因素的分数，彼此独立不相关；而其缺点是研究者迫使因素间不相关，但在实际情境中，它们彼此有相关的可能性很高。因而直交转轴方法偏向较多人为操控方式，不需要正确响应现实世界中自然发生的事件。

所谓直交旋转法（orthogonal rotations），就是要求各个因子在旋转时都要保持直角关系，即不相关。在直交旋转时，每个变量的共同性（commonality）是不变的。不同的直交旋转方法有不同的作用。在直交旋转法中，常用于社会科学研究的方式是 Varimax 旋转法。该方法是在旋转时尽量弄清楚在每一个因子上各个变量的因子负荷情况，亦即让因子矩阵中每一列的 α 的值尽可能变成 1 或 0，该旋转法的作用是突出每个因子的性质，可以更清楚哪些变量是属于它的。由此可见，Varimax 旋转法可以帮助找出多个因子，以澄清概念的内容。Quartimax 旋转法可以则可以尽量弄清楚每个变量在各个因子上的负荷情况，即让每个变量在某个因子上的负荷尽可能等于 1，而在其他因子上则尽可能等于 0。该方法可以增强第一因子的解释力，而使其他因子的效力减弱。可见 Quartimax 旋转法适合于找出一个最强效力的因子。Equamax 旋转法则是一种折中的做法，即尽可能简化因子，也可弄清楚负荷情况。其缺点是可能两方面都未照顾好。

斜交旋转（oblique rotarion）方法是要求在旋转时各个因子之间呈斜交的关系，表示允许该因子与因子之间有某种程度上的相关。斜交旋转中，因子之间的夹角可以是任意的，所以用斜交因子描述变量可以使因子结构更为简洁。选择直接斜交旋转时，必须指定 Delta 值。该值的取值范围在 0 ~ -1 之间，0 值产生最高相关因子，大的负数产生旋转的结果与直交接近。Promax 斜交旋转方法也允许因子彼此相关，它比直接斜交旋转更快，因此适用于大数据集的因子分析。

综上所述，不同的因子旋转方式各有其特点。因此，究竟选择何种方式进行因子旋转取决于研究问题的需要。如果因子分析的目的只是进行数据简化，而因子的确切含义是什么并不重要，就应该选择直交旋转。如果因子分析的目的是要得到理论上有意义的因子，应该选择斜交因子。事实上，研究中很少有完全不相关的变量，所以，从理论上看斜交旋转优于直交旋转。但是斜交旋转中因子之间的斜交程度受研究者定义的参数的影响，而且斜交旋转中所允许的因子之间的相关程度是很小的，因为没有人会接受两个高度相关的共同因子。如果两个因子确实高度相关，大多数研究者会选取更少的因子重新进行分析。因此，斜交旋转的优越性大打折扣。在实际研究中，直交旋转（尤其是 Varimax 旋转法）得到更广泛的运用。

（4）决定因素与命名

转轴后，要决定因素数目，选取较少因素层面，获得较大的解释量。在因素命名与结果解释上，必要时可将因素计算后之分数存储，作为其他程序分析之输入变量。

（5）计算各样本的因子得分

因子分析的最终目标是减少变量个数，以便在进一步的分析中用较少的因子代替原有变量参与数据建模。本步骤正是通过各种方法计算各样本在各因子上的得分，为进一步的分析奠定基础。

此外，在因素分析中，研究者还应当考虑以下几个方面。

（1）可从相关矩阵中筛选题项

题项间如果没有显著的相关，或相关太小，则题项间抽取的因素与研究者初始构建的层面可能差距很大。相对的题项间如果有极其显著的正/负相关，则因素分析较易构建成有意义的内容。因素分析前，研究者可从题项间相关矩阵分布情形，简扼看出哪些题项间有密切关系。

（2）样本大小

因素分析的可靠性除与预试样本的抽样有关外，与预样本数的多少更有密切关系。进行因素分析时，预试样本应该多少才能使结果最为可靠，学者间没有一致的结论，然而多数学者均赞同"因素分析要有可靠的结果，受试样本数要比量表题项数还多"，如果一个分量表有 40 个预试题项，则因素分析时，样本数不得少于 40。

此外，在进行因素分析时，学者 Gorshch 的以下观点可作为参考。

①题项与受试者的比例最好为 1∶5；

②受试总样本总数不得少于 100。如果研究主要目的在于找出变量群中涵括何种因素，样本数要尽量大，才能确保因素分析结果的可靠性。

（3）因素数目的挑选

进行因素分析，因素数目考虑与挑选标准，常用的准则有两种：一是学者 Kaiser 所提的准则标准：选取特征值大于 1 的因素，Kaiser 准则判断应用时，因素分析的题项数最好不要超过 30 题，题项平均共同性最好在 0.70 以上，如果受试样本数大于 250 位，则平均共同性应在 0.60 以上，如果题项数在 50 题以上，有可能抽取过多的共同因素（此时研究者可以限定因素抽取的数目）；二为 CATTELL 所倡导的特征值图形的陡坡检验（scree test），此图根据最初抽取因素所能解释的变异量高低绘制而成。

　　"陡坡石"（scree）原是地质学上的名词，代表在岩石斜坡底层发现的小碎石，这些碎石价值性不高。应用于统计学之因素分析中，表示陡坡图底端的因素不具重要性，可以舍弃不用。因而从陡坡图的情形，也可作为挑选因素分析数目的标准。

　　在多数的因素分析中，根据 Kaiser 选取的标准，通常会抽取过多的共同因素，因而陡坡图是一个重要的选取准则。在因素数目准则挑选上，除参考以上两大主要判断标准外，还要考虑到受试者多少、题项数、变量共同性的大小等。

第 2 章
河南省金融发展总体概述

2.1 河南省历年金融发展情况概述

2009～2014 年河南省金融发展相关数据的变化情况如表 2－1－1 所示。

表 2－1－1　河南省 2009～2014 年金融发展相关数据

年份	GDP（亿元）	进出口总额（亿美元）	存款余额（亿元）	贷款余额（亿元）	保费收入（亿元）	上市公司市值（亿元）	贷存比（%）
2009	19367.30	134.36	19175.06	13437.43	565.00	2503.00	70.07
2010	22942.68	177.91	23148.83	15871.30	793.28	4351.00	68.56
2011	27232.00	326.40	26774.80	17648.90	839.80	3500.00	65.92
2012	29810.14	517.50	31648.50	20033.81	841.13	4175.12	63.30
2013	32155.86	599.51	37591.70	23511.41	916.52	4412.76	62.54
2014	34939.38	650.23	41374.91	27228.27	1036.08	—	65.81

1. 经济发展总体平稳、进出口对经济增长的作用越来越突出

2009～2014 年，河南省 GDP 持续稳定增加，2010～2012 年进出口总额大幅增长，河南省经济实力日益增强，对外经济开放进程加快，金融外向程度持续增强。如图 2－1－1 所示，河南省 GDP 的增长趋势与进出口总额的变动趋势基本同步，2010～2012 年为高速增长期，2012～2014 年进入缓慢调整期，增长后劲不足。进出口数量的高速增长和进出口结构优化促进外贸增长方式的转变，使得河南省对外经济贸易的规模不断扩大，带动了河南省整体

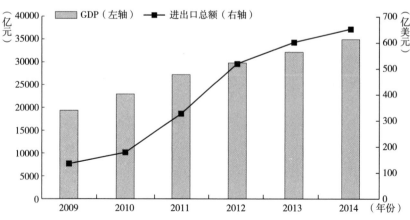

图 2－1－1　2009～2014 年河南省 GDP 和进出口总额变动情况

经济的高速增长。伴随着郑州航空港经济综合实验区的建设，河南省开放型经济呈现加速发展态势，招商引资规模和进出口总量都得到大幅度提升。

2. 银行业稳健运行，信贷投放重点加强

如图 2－1－2 所示，河南省存款余额不断增加，2014 年突破 4 万亿元，贷款余额超过 2.5 万亿元。从资金规模上看，贷款规模增长较大；存贷差额从 2009 年到 2013 年逐年扩大，但 2014 年存贷差额有所下降，说明银行金融资产稳定性下降、盈利性相对增加，贷款支持实体经济发展力度有增加趋势。在总体规模稳步增大的同时，河南省银行业认真落实信贷政策，信贷投放重点突出，持续增强对产业集聚区与产业转型升级及技术改造的支持力度，大力发展普惠金融，更有效保障了全省经济社会发展。

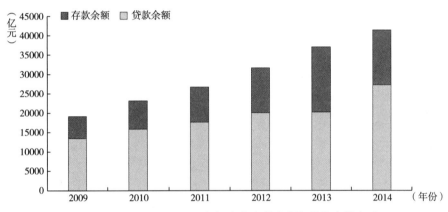

图 2－1－2　2009～2014 年河南省存款余额和贷款余额变动

3. 证券业有所波动但企稳向好，保险业稳步发展

如图 2－1－3 所示，2009 年以来河南省由于上市公司的并购重组和融资融券业务的发展，上市公司市值快速增长，2011 年，由于宏观国际金融市场影响和国内经济形势的变化，市值有所下降，2013 年以后在政策效应释放和利率化市场的大背景下企稳向好。保险市场方面，河南省保险机构获得长足发展，保险业的整体实力与竞争力稳步提升，其保障功能、经济功能持续提升。

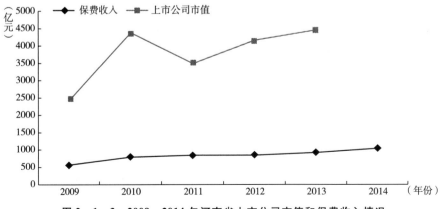

图 2－1－3　2009～2014 年河南省上市公司市值和保费收入情况

整体而言，2009～2014 年，河南省经济环境良好，缓中有进，银行资产盈利性上升，证券业发展企稳向好，保险业保障功能增强，金融竞争力日趋增强，金融生态竞争力日趋进步。

2.2　河南省经济运行情况概述

2.2.1　河南省经济运行情况

金融业的发展离不开经济基础及其有力支撑。一直以来，河南省经济实力在全国处于领先地位，2009～2014 年保持全国第 5 位、中部六省第 1 位。2014 年，河南省经济发展呈现了总体平稳，稳中向好的势头，全年地区生产总值同比增长 8.65%。投资结构变化积极，消费需求平稳增长，进出口增势强劲，利用外资更趋合理。

1. 河南省生产总值及增速

2009～2014 年，河南省经济发展势头良好，GDP 总量方面领先全国平均水平，区域经济实力竞争力处于较优势地位。各年 GDP 总量水平见图 2－2－1。

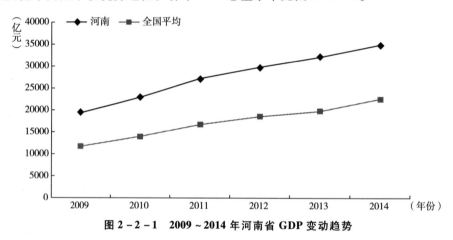

图 2－2－1　2009～2014 年河南省 GDP 变动趋势

从图 2－2－2 可以看出，河南省 GDP 增速与全国 GDP 增速呈现一致上升或下降的趋

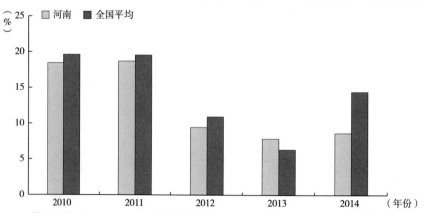

图 2－2－2　2010～2014 年河南省 GDP 增速与全国 GDP 平均增速比较

势，在 2010 年和 2011 年达到最大值，2012 年后增速放缓，2014 年增速有所上升；仅在 2013 年河南省 GDP 增速高于全国平均水平。

2. 河南省 GDP 总量在全国及中部六省的排位变化

2009～2014 年，河南省 GDP 的排位状况变化如表 2-2-1、表 2-2-2 所示。

表 2-2-1　河南省 GDP 总量在全国范围的排位情况

年份	2009	2010	2011	2012	2013	2014
排位	5	5	5	5	5	5

表 2-2-2　河南省 GDP 总量在中部六省的排位情况

年份	2009	2010	2011	2012	2013	2014
排位	1	1	1	1	1	1

可以看到，河南省的经济实力在全国范围处于相对优势的地位，一直保持在第 5 名。河南的经济实力在中部六省处于优势的地位。河南省金融竞争力的经济根基深厚。在影响金融竞争力的区域经济实力竞争力方面，河南省提升金融竞争力的能力和潜力大，在当前及以后时期存在长足发展的空间。经济总体向好的基本面没有变化，增速在回落，但是没有出现惯性下滑。

2.2.2　河南省经济对外开放情况

2014 年，河南省进出口总额 650.23 亿美元，再创新高，与 2013 年同期相比增长 8.46%。在中部六省中，河南省进出口总额位居第 1 位，外贸进出口规模排在全国第 12 位，进出口总额增速排在全国第 13 位。

2014 年，河南省大力实施开放带动主战略，积极发展开放型经济，对外贸易持续快速增长，对外贸易快速发展，招商引资成效显著，对经济带动作用增强，开放环境日趋优化，外向型经济实现跨越式发展，开放水平不断提升，进一步推动了全省经济的又好又快发展。

河南作为经济大省，逐渐优化进出口结构，提高外资的贡献能力，同时加快建设对外开放平台，产业集聚区等科学发展载体作用凸显，同时郑州航空港经济综合实验区持续迅猛发展，带动进出口总额的快速增长，以郑州为中心的"米"字形快速铁路也给河南经济注入了新的活力，给中原经济区增添了持久的发展动力。

1. 河南省进出口总额及增速分析

2009～2014 年，河南省进出口总额低于全国平均水平，呈现增加趋势，2014 年河南进出口总额为 650.23 亿美元，处于中势地位，发展潜力巨大，其变化情况如图 2-2-3 所示。

2009～2014 年，河南省进出口总额的增速呈现先上升后下降的趋势，2011 年和 2012 年总体高于全国平均水平，这表明河南省进出口总额增长的非平稳性。河南省进出口总额历年增速情况如图 2-2-4 所示。

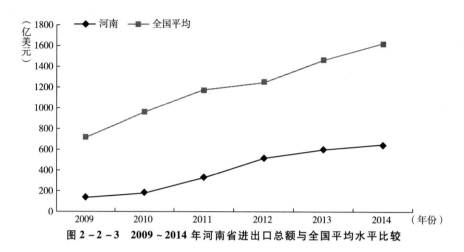

图 2 - 2 - 3　2009～2014 年河南省进出口总额与全国平均水平比较

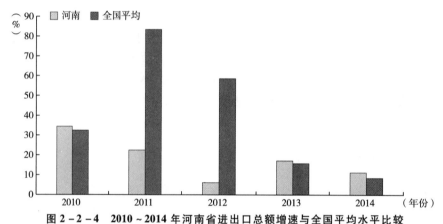

图 2 - 2 - 4　2010～2014 年河南省进出口总额增速与全国平均水平比较

2. 河南省经济开放情况在全国及中部六省的排位变化

在进出口总额方面，随着自身开放性的发展和国际国内经济环境的变化，河南省有上升的趋势，处于中势地位，发展空间广阔，历年进出口总额排名情况如表 2 - 2 - 3 所示。

表 2 - 2 - 3　历年河南省进出口总额在全国的排位情况

年份	2009	2010	2011	2012	2013	2014
排位	17	16	14	12	12	12

进出口总额增速方面，2010 年和 2011 年，全省进出口总额增速在全国处于中势地位，而 2011 年和 2012 年河南省进出口总额增速居全国第 2 位和第 3 位，处于优势地位；2014 年河南省进出口总额增速放缓但仍处于中上游地位。历年河南省进出口总额增速在全国范围排名见表 2 - 2 - 4。

表 2 - 2 - 4　历年河南省进出口总额增速在全国的排位情况

年份	2010	2011	2012	2013	2014
排位	24	2	3	9	13

中部六省在进出口总额方面与全国水平有较大差距，2011～2014 年，河南省在中部六省的竞争中，区域开放程度竞争力持续提高，处于优势地位。2012～2014 年连续三年在中部六省排名稳居第 1 位。历年进出口总额在中部六省排名情况如表 2－2－5 所示。

表 2－2－5　历年河南省进出口总额在中部六省的排位情况

年份	2009	2010	2011	2012	2013	2014
排位	3	4	2	1	1	1

进出口总额增速方面，河南省进出口总额增速在中部六省中 2011 年、2012 年连续两年遥遥领先，排名第一。2013 年以后增速有所放缓，排名有所下降。要加大开放招商力度，一举求多效，把产业集聚区、城市建设、服务业领域的开发招商作为当前的关键。历年河南省进出口总额增速排名如表 2－2－6 所示。

表 2－2－6　历年河南省进出口总额增速在中部六省的排位情况

年份	2010	2011	2012	2013	2014
排位	6	1	1	2	4

2.3　河南省金融市场发展情况

2.3.1　河南省银行业发展情况

2014 年，河南省银行业规模继续壮大，经营实力大幅提升，存贷款增量创历史新高，信贷结构持续改善，盈利居中部六省首位。银行业风险管控取得新成效。2009～2013 年，河南省银行业贷存比逐年降低，2014 年有所回升，2011 年以后均低于全国平均水平。在中部六省中，河南省贷存比在 2009 年处于中部前列，2010～2014 年处于低位，2014 年排在第 5 位。今后河南省应确保银行业安全稳健运行，推进银行业改善金融服务，促进银行业战略转型，推动经济金融协调健康发展。

1. 河南省存贷款余额总量及增速分析

存款方面，受河南经济稳步增长以及 2014 年成立中原银行等利好因素的影响，金融机构吸收存款的能力不断上升，使得河南省金融机构存款余额的总量与全国平均水平总体持平，2011 年以后存款余额超过全国平均水平，并且有大幅提升的趋势。具体变化情况见图 2－3－1。

贷款方面，河南省通过多种方式督导全省银行业优化信贷结构，加大重点领域信贷投放。2014 年新增贷款 3971.3 亿元，增幅 16.82%，高于全国 3.57 个百分点。全省银行业不良贷款余额新增 41.4 亿元，反弹幅度低于全国平均水平，不良贷款率 1.72%。2009～2014 年贷款余额的总量与全国平均水平基本持平，并且有高速增长的趋势。历年河南省贷款总额变化趋势见图 2－3－2。

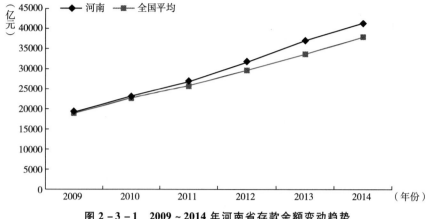

图 2 - 3 - 1　2009 ~ 2014 年河南省存款余额变动趋势

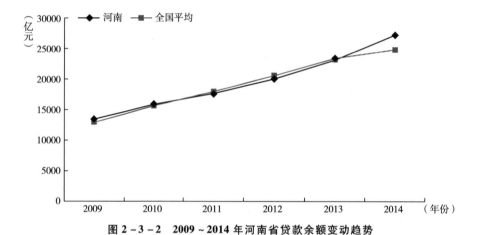

图 2 - 3 - 2　2009 ~ 2014 年河南省贷款余额变动趋势

存款余额增速方面，河南省在 2009 年和 2014 年低于全国平均水平，2010 年至 2013 年高于全国平均水平，处于中势地位。各年增速变化情况如图 2 - 3 - 3 所示。

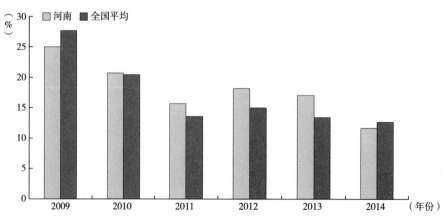

图 2 - 3 - 3　2009 ~ 2014 年河南省存款余额增速与全国平均水平比较

贷款余额增速方面，2009 年与 2012 年，河南省贷款余额增速均低于全国平均水平，2013～2014 年高于全国平均水平。由于前几年金融机构的谨慎性经营政策，银行信贷审查审慎，稳健经营的能力进一步提升。2012 年以来河南省加大涉农信贷投放，继续推广"三权"抵押贷款方式，支持扩大小微企业和"三农"专项金融债发行规模，对经济支撑力度不断增强。历年河南省贷款余额增量变化如图 2 - 3 - 4 所示。

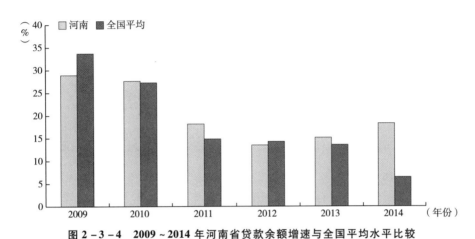

图 2 - 3 - 4　2009～2014 年河南省贷款余额增速与全国平均水平比较

2. 河南省存贷款余额在全国及中部六省的排位变化

在以河南省存款余额增速为代表的金融资产规模方面，2013～2014 年河南省在全国范围处于较优势地位，居全国第 6 位，排名逐年上升。具体排名如表 2 - 3 - 1 所示。

表 2 - 3 - 1　河南省存款余额增速在全国的排位情况

年份	2010	2011	2012	2013	2014
排位	20	12	9	6	6

在以河南省贷款余额增速为代表的金融资产规模方面，河南省在全国范围排位逐年上升，2014 年排在第 7 位，是历史最好名次，显示了全省金融实力的不断上升。具体排名见表 2 - 3 - 2。

表 2 - 3 - 2　河南省贷款余额增速在全国的排位情况

年份	2010	2011	2012	2013	2014
排位	28	28	24	16	7

综合来看，河南省银行业金融资产规模水平不断上升，增速在全国的位次普遍前移，处于全国较优势地位。但随着利率市场化的推进和居民投资渠道的拓宽，银行业吸收资金的成本不断上升，薄弱领域"融资贵"的难题更加凸显。因而，进一步利用现有资源服务中原经济区可持续发展成为下一阶段的主要任务。

在以河南省存款余额增速为代表的金融资产规模方面，河南省在中部六省排名逐年提升, 2014 年位于第 2 位, 处于优势地位, 显示了河南省金融机构吸收存款的能力逐步上升。具体排名见表 2 - 3 - 3。

表 2 - 3 - 3　河南省存款余额增速在中部六省排位情况

年份	2010	2011	2012	2013	2014
排位	4	4	2	1	2

在以河南省贷款余额增速为代表的金融资产规模方面, 河南省在中部六省的排位逐渐从末位上升至 2014 年的第 2 位, 具体排名见表 2 - 3 - 4。

表 2 - 3 - 4　河南省贷款余额增速在中部六省排位情况

年份	2010	2011	2012	2013	2014
排位	6	6	6	4	2

3. 河南省贷存比分析

2009 ~ 2013 年, 河南省贷存比持续下降, 2014 年有所上升, 从 2010 年开始, 河南省贷存比水平均低于全国平均水平, 显示了河南省金融资产安全性高、盈利性低。历年贷存比的总量变化情况如图 2 - 3 - 5 所示。

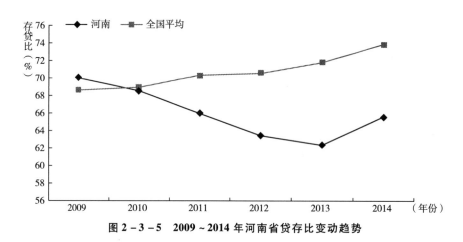

图 2 - 3 - 5　2009 ~ 2014 年河南省贷存比变动趋势

贷存比的增速变化可以在一定程度上反映当年金融资金利用效率的高低。2010 ~ 2013 年河南省贷存比增速均低于全国平均水平, 呈下降趋势, 而 2014 年贷存比增速为正值, 并且高于全国平均水平。历年贷存比增速与全国平均水平如图 2 - 3 - 6 所示。

4. 河南省贷存比在全国及中部六省的排位变化

金融效率总量方面, 河南省在全国范围内处于相对劣势地位, 关键在于以商业银行为代表的金融机构资产运用较不充分, 贷款总量水平较低。2014 年, 河南省贷存比为 65.81%, 在全国范围内排名第 23 位, 排位较靠后。历年排名情况如表 2 - 3 - 5 所示。

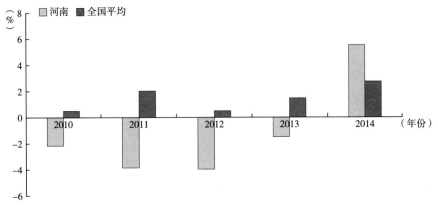

图 2 - 3 - 6　2010～2014 年河南省贷存比增速与全国平均水平比较

表 2 - 3 - 5　河南省贷存比在全国的排位情况

年份	2009	2010	2011	2012	2013	2014
排位	15	17	19	24	26	23

在以贷存比增速为代表的金融效率改善方面，从 2010～2013 年河南在全国范围处于劣势地位，2014 年上升至第 12 位，处于中势地位，说明改善幅度大。历年排名情况如表 2 - 3 - 6 所示。

表 2 - 3 - 6　河南省贷存比增速在全国的排位情况

年份	2010	2011	2012	2013	2014
排名	28	30	31	27	12

在中部六省范围内，河南省贷存比在 2009 年处于优势地位，从 2010 年起至 2014 年排位逐年下降，2012 年、2013 年、2014 年均处于劣势地位，表明其他省份发展更加迅猛。历年排名情况如表 2 - 3 - 7 所示。

表 2 - 3 - 7　历年河南省贷存比在中部六省排位情况

年份	2009	2010	2011	2012	2013	2014
排位	2	3	4	5	5	5

金融效率改善方面，2010～2014 年贷存比增速几乎垫底，河南在中部六省处于劣势地位，2014 年情况有所改善，排名上升至第 3 位。历年排名情况如表 2 - 3 - 8 所示。

表 2 - 3 - 8　历年河南省贷存比增速在中部六省排位情况

年份	2010	2011	2012	2013	2014
排名	5	6	6	6	3

总体上，在金融效率方面，中原经济区处于较劣势地位，而河南省在中原六省甚至全国范围内均处于不利地位。未来河南省应继续高度重视金融业发展，为金融良性健康发展

创造良好的外部环境，在促进区域金融竞争力的提升和区域经济发展方面做出更大贡献。

2.3.2 河南省证券业发展情况（以股市分析为例）

2014 年，河南省有 4 家企业在境内外首发上市，全年首次发行和再融资募集资金 403.27 亿元，其中通过境内市场募集资金 241.54 亿元。截至 2014 年底，全省已有 99 家境内外上市公司，发行股票 101 只，募集资金总额达 2234.60 亿元。2014 年年末，境内市场流通股总市值 3934.82 亿元。辖区证券期货分支机构数量由 2013 年初的 225 家增长到 331 家，增长 47.1%，市场规模继续扩大，股票、期货平均佣金费率分别下降了 18.2% 和 33.3%，有关转销户的信访事项下降了 25%。

1. 河南省上市公司市值总量及增速分析

股市方面，2009~2013 年，河南省上市公司市值远低于全国平均水平，而且上市公司数目和资产规模较低，发展空间大。历年股票总市值变化情况如图 2-3-7 所示。

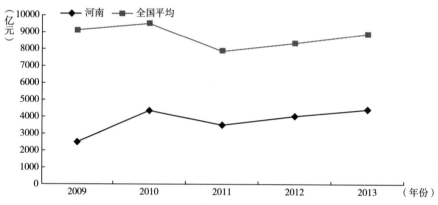

图 2-3-7　2009~2013 年河南省股票市值总额变动趋势

2010 年，河南省上市公司股票总市值的增速为正，并且高于全国平均水平，2011 年河南省上市公司市值增速为负，且股票市值跌幅也大于全国平均水平。2012 年和 2013 年增速恢复为正，且仍高于全国平均水平，说明河南省上市公司资产风险性大，盈利性高于资本市场平均水平。股票总市值增速历年变化情况如图 2-3-8 所示。

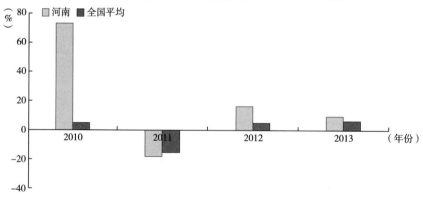

图 2-3-8　2010~2013 年河南省股票市值增速与全国平均水平比较

2. 河南省上市公司股票总市值在全国及中部六省的排位变化

在全国范围的上市公司规模中，河南省处于中上游的水平。2009～2013年河南的上市公司股票总市值排位状况变化如表2-3-9所示。

表2-3-9　河南省上市公司股票总市值在全国的排位情况

年份	2009	2010	2011	2012	2013
排位	20	14	13	13	12

总体上，2013年在上市公司规模增幅方面，河南省处于绝对优势地位，排在全国第4位。历年河南省上市公司股票总市值增速排位变化情况如表2-3-10所示。

表2-3-10　河南省上市公司股票总市值增速在全国的排位情况

年份	2009	2010	2011	2012	2013
排位	2	3	11	4	4

2009～2012年，在中部六省上市公司股票总市值中，河南省处于劣势的地位。2013年有所提升。2009～2013年河南的上市公司股票总市值排位状况变化如表2-3-11所示。

表2-3-11　河南省上市公司股票总市值在中部六省排位情况

年份	2009	2010	2011	2012	2013
排位	5	5	5	5	4

在中部六省上市公司股票总市值增幅方面，2009～2010年，河南省股票市值增幅在六省中排首位，而2011～2013年，河南省股票市值增幅变化较大，2013年下降至第3位，历年河南省上市公司股票总市值增速排位变化情况如表2-3-12所示。

表2-3-12　河南省上市公司股票总市值增速在中部六省排位情况

年份	2009	2010	2011	2012	2013
排位	1	1	2	4	3

2.3.3　河南省保险业发展情况

1. 河南省保险市场总量及增速分析

2009～2014年，河南省保险业快速发展，保障服务功能持续提升。2011～2012年，全省保险业保费收入增速放缓，进入结构调整期。2014年，农业保险、责任保险、养老健康保险等领域覆盖面进一步扩大，参与社会管理创新和社会保障体系程度进一步提高。河南省2009～2014年保费收入的总量高于全国平均水平，具体情况见图2-3-9。

河南省保险市场保费收入增速在2010～2011年呈下降趋势，高于全国平均水平，2012年后，河南省保费市场进入结构调整期增速回落，低于全国平均水平。2010～

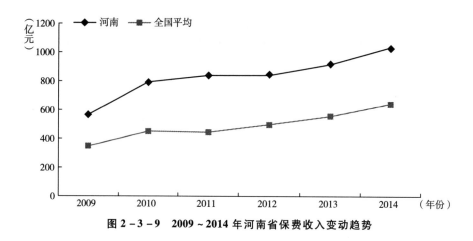

图 2 - 3 - 9　2009～2014 年河南省保费收入变动趋势

2014 年河南省保费收入的增速变化如图 2 - 3 - 10 所示。

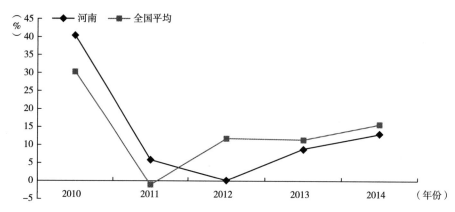

图 2 - 3 - 10　2010～2014 年河南省保费收入增速与全国平均水平对比

2. 河南省保费收入在全国及中部六省的排位变化

在全国范围内，以保费收入为代表的保险资产规模，河南省处于优势地位，2014 年保费收入在全国排名第 7 位。具体排名见表 2 - 3 - 13。

表 2 - 3 - 13　河南省保费收入在全国的排位情况

年份	2009	2010	2011	2012	2013	2014
排位	8	6	4	6	6	7

总体上，在全国范围的保费收入增速的排名中，河南省由中势地位下降到较劣势地位，2013 年后有所回升，2014 年上升至全国第 23 位，仍处于中下游。具体排名见表 2 - 3 - 14。

表 2 - 3 - 14　河南省保费收入增速在全国的排位情况

年份	2010	2011	2012	2013	2014
排位	4	9	31	25	23

在中部六省范围内，2009～2014 年河南省保费收入居首位，说明了保险业发展良好。具体排名见表 2 - 3 - 15。

表 2 - 3 - 15　河南省保费收入在中部六省排位情况

年份	2009	2010	2011	2012	2013	2014
排位	1	1	1	1	1	1

在中部六省范围内，2009～2014 年以保费收入增速为代表的金融资产规模发展速度总体上呈现较劣势水平，仅在 2010 年排在首位，2014 年排在第 4 位。具体排名见表 2 - 3 - 16。

表 2 - 3 - 16　河南省保费收入增速在中部六省排位情况

年份	2009	2010	2011	2012	2013	2014
排位	6	1	2	6	4	4

综合来看，近年来，河南省保险业主动融入河南经济社会发展，在经济补偿、资金融通、保障民生、稳定社会、增加就业等方面做出了重要贡献。但总体上看，河南省保险业仍处于发展初级阶段，与河南省当前经济社会发展的需要还有一定差距，虽然保险市场处于优势，但其资产、收入总额占 GDP 比重较小，因此保险市场发展水平有待提高，提升金融竞争力的潜力巨大。

第 3 章
河南省金融生态竞争力评价分析

3.1　金融生态竞争力的指标构建

金融生态竞争力是金融竞争力指标体系的第一个二级指标。为了便于研究和分析，我们将其划分为区域经济实力、区域开放程度和区域服务水平，共三个三级指标。衡量金融生态竞争力的指标体系总结如表 3-1-1。

表 3-1-1　金融生态竞争力指标体系

二级指标	三级指标	四级指标
金融生态竞争力	区域经济实力	GDP
		人均 GDP
		固定资产投资
		人均固定资产投资
		财政收入
		城镇居民人均可支配收入
		农村人均纯收入
	区域开放程度	实际利用外资额
		进出口总额
	区域服务水平	会计师事务所数量
		律师事务所数量
		资产评估师事务所数量

3.2　河南省金融生态竞争力评价

地方经济的发展离不开金融的支撑与服务，而要吸引金融要素聚集，就需要有一个好的金融生态环境。建立和完善金融生态环境建设的评价体系，可以为中原经济区建设和河南省金融业发展提供数据分析和专业建议。

依据河南省统计数据，对河南省金融生态竞争力进行的分析和评价如下。

3.2.1　区域经济实力评价

1. GDP 和人均 GDP

表 3 - 2 - 1　河南省 GDP 和人均 GDP 情况

年　份	GDP（亿元）	GDP 增速（%）	人均 GDP（元）	人均 GDP 增速（%）
2005	10587.42	—	11346	—
2006	12362.79	16.77	13172	16.09
2007	15012.46	21.43	16012	21.56
2008	18018.53	20.02	19181	19.79
2009	19480.46	8.11	20597	7.38
2010	23092.36	18.54	24446	18.69
2011	26931.03	16.62	28661	17.24
2012	29599.31	9.91	31499	9.90
2013	32155.86	8.64	34161	8.45
2014	34939.38	8.66	37028	8.39

资料来源：历年《河南统计年鉴》和《2014 年河南省国民经济和社会发展统计公报》及相关数据计算。

　　2014 年河南省 GDP 为 34939.38 亿元，从图 3 - 2 - 1 中我们可以看出，2005～2014年，河南省经济总体呈持续增长状态，GDP 增速最高曾达到 21.43%。除 2009 年受经济危机的较大影响出现明显下滑外，2006～2011 年 GDP 增速连年保持两位数增长，2012 年开始在复杂严峻的国内外形势下，全省经济发展趋稳。在整体经济形势下滑的背景下，2014 年，GDP 增速为 8.66%，高于政府工作报告制定的经济增长 7.5% 左右的目标。

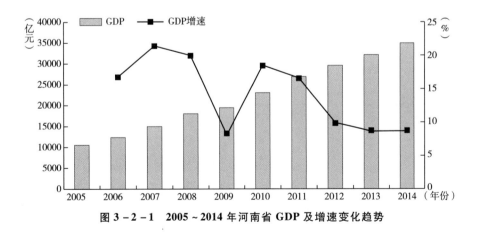

图 3 - 2 - 1　2005～2014 年河南省 GDP 及增速变化趋势

　　由图 3 - 2 - 2 可以看出，河南省人均 GDP 增速与 GDP 增速变动基本同步，表明近些年在人口基数得到有效控制的前提下实现了经济的稳定增长。2005～2014 年河南省人均GDP 平均增速为 16.8%。2009 年 GDP 的降低导致当年人均 GDP 减小，增速仅为 7.38%。之后，随着 GDP 增速提高，人均 GDP 增速相应提高。2011 年开始，人均 GDP 增速再次随着 GDP 增速的放缓而下降，表现出人均 GDP 增长趋稳的态势。

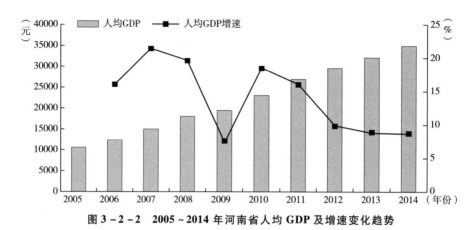

图 3 - 2 - 2　2005 ~ 2014 年河南省人均 GDP 及增速变化趋势

2. 固定资产投资和人均固定资产投资

表 3 - 2 - 2　河南省固定资产投资和人均固定资产投资情况

年　份	固定资产投资 （亿元）	固定资产投资 增速（%）	人均固定资产 投资（元）	人均固定资产 投资增速（%）
2005	3928.49	—	4188.16	—
2006	5399.54	37.45	5749.08	37.27
2007	7418.57	37.39	7925.82	37.86
2008	9821.02	32.38	10415.76	31.42
2009	12924.53	31.60	13623.41	30.80
2010	15799.21	22.24	16798.73	23.31
2011	13338.05	-15.58	14207.55	-15.42
2012	16935.88	26.97	18005.40	26.73
2013	26220.92	54.82	27856.07	54.71
2014	30782.16	17.40	32622.04	17.11

资料来源：2005 ~ 2014 年《河南统计年鉴》和《2014 年河南省国民经济和社会发展统计公报》及相关数据计算。

由图 3 - 2 - 3 可以看出，2005 ~ 2014 年，河南省固定资产投资额总体呈现上升趋势，2011 年由于全省经济形式错综复杂，经济结构和经济运行效益艰难，固定资产投资额达到 13338.05 亿元，增速首次呈现负增长。2006 ~ 2011 年河南省固定资产投资额增速整体呈下降态势。随后两年触底反弹高速增长，于 2013 年达到历史新高，相比 2012 年固定资产投资增速达到了 54.82%，增速达到历史最高水平。2014 年总体经济形势下滑，固定资产投资增速回落至 17.40%。

2014 年全年产业集聚区固定资产投资 15999.14 亿元，比上年增长 26.2%，占固定资产投资比重的 52.0%，比上年提高 3.1 个百分点，对全省固定资产投资增长的贡献率达

68.8%。其中产业集聚区工业投资 11489.30 亿元，增长 25.2%。郑州航空港经济综合实验区固定资产投资 400.90 亿元，增长 91.8%。

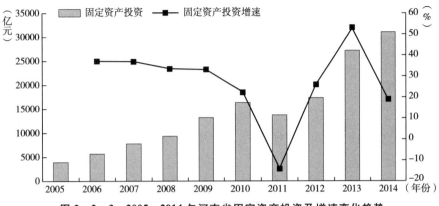

图 3 - 2 - 3　2005～2014 年河南省固定资产投资及增速变化趋势

　　人均固定资产投资是固定资产投资额与人口总数的比值，图 3 - 2 - 4 显示其趋势与固定资产投资总额的趋势保持基本一致。2011 年，由于固定资产投资额增速大幅下降，河南省人均固定资产投资额增速随之降为 - 15.42%。2012 年和 2013 年，人均固定资产投资额增幅又有了大幅回升，2013 年人均固定资产投资相比 2012 年增速达到 54.71%。2014 年，增速回落至 17.11%。

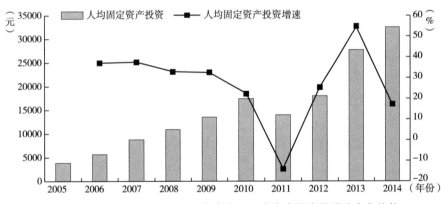

图 3 - 2 - 4　2005～2014 年河南省人均固定资产投资及增速变化趋势

3. 财政收入、城镇居民可支配收入和农村人均纯收入

表 3 - 2 - 3　河南省财政收入、城镇居民可支配收入和农村人均纯收入情况

年　份	财政收入（亿元）	财政收入增速（%）	城镇人均可支配收入（元）	农村人均纯收入（元）	收入差距（元）
2005	537.65	—	8668	2871	5797
2006	679.17	26.32	9810	3261	6549
2007	862.08	26.93	11477	3852	7625

续表

年 份	财政收入（亿元）	财政收入增速（%）	城镇人均可支配收入（元）	农村人均纯收入（元）	收入差距（元）
2008	1008.90	17.03	13231	4454	8777
2009	1126.06	11.61	14372	4807	9565
2010	1381.32	22.67	15930	5524	10406
2011	1721.75	24.65	18195	6604	11591
2012	2040.57	18.52	20443	7525	12918
2013	2413.06	18.25	22398	8475	13923
2014	2738.47	13.49	24391	9416	14975

资料来源：2005～2014 年《河南统计年鉴》和《2014 年河南省国民经济和社会发展统计公报》及相关数据计算。

　　财政收入作为反映区域经济实力竞争力的重要指标，研究其发展趋势对于衡量地区经济实力和经济发展水平有着重要意义。从表 3 - 2 - 3 和图 3 - 2 - 5 可以看出，从 2006 年开始，河南省财政收入保持两位数的高速增长。受 2008 年经济危机影响，2009 年财政收入增速达到新低 11.61%。河南省采取有效措施积极应对经济运行中的不利因素影响，全面落实各项税费政策改革，2011 年财政收入增速达到 24.65%，恢复之前的增长水平。2012 年宏观经济环境复杂，在结构性因素和周期性因素的相互作用情况下，财政收入增速又小幅下跌，增幅仅为 18.52%，2013 年增幅达到 18.25%，与上一年基本相同，表现出财政收入增长趋于稳定的态势。2014 年增速回落至 13.49%。

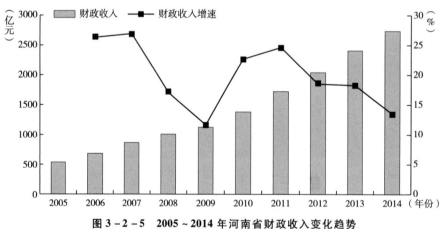

图 3 - 2 - 5　2005～2014 年河南省财政收入变化趋势

　　为了对比城镇居民人均可支配收入和农村人均纯收入增长情况，同时分析收入差距的变动趋势，将指标数据在图 3 - 2 - 6 中观察。城镇人均可支配收入和农村人均纯收入均逐年增加，而且增速平稳。从图 3 - 2 - 6 中我们可以明显看出，随着经济的发展，人民收入水平有了很大提高，但是，由于城镇居民人均可支配收入基数高，在增长率水平近似的情况下，其增长绝对值大于农村人均纯收入增长的绝对值；城镇居民与农民的收入差距在逐年扩大，差距由 2005 年的 5797 元逐年扩大到 2014 年的 14975 元，绝对收入差距扩大，因此城乡收入差距扩大的问题十分严峻，应积极采取措施应对。

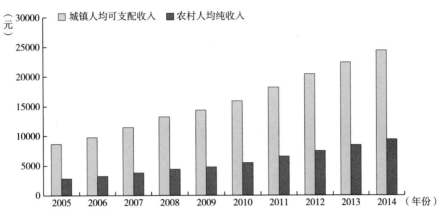

图 3 - 2 - 6　2005 ~ 2014 年河南省城镇人均可支配收入和农村人均纯收入变化趋势

3.2.2　区域开放程度评价

1. 实际利用外资额

表 3 - 2 - 4　河南省实际利用外资额及增速情况

单位：亿美元,%

年　份	实际利用外资额	实际利用外资额增速
2005	12.29	40.78
2006	18.45	50.12
2007	30.62	65.96
2008	40.33	31.71
2009	47.99	18.99
2010	62.47	30.17
2011	100.82	61.39
2012	121.17	20.18
2013	134.57	11.06
2014	149.27	10.92

资料来源：2005 ~ 2014 年《河南统计年鉴》和《2014 年河南省国民经济和社会发展统计公报》并通过相关计算。

　　在衡量区域开放程度竞争力时，实际使用外资额情况如表 3 - 2 - 4 和图 3 - 2 - 7 所示。从 2005 年起，河南省实际利用外资额绝对值不断增长，表明河南省呈现较高的对外开放程度，同时良好的投资环境吸引大量外资的进驻。但是，从中可以看到，2009 年由于受到金融危机的影响，实际利用外资额增速明显降低，之后经济情况有所好转，至 2011 年，在中原经济区建设背景下，对外开放进一步扩大，全省签约项目总额达到 1 万亿美元，实际利用外资额突破 100 亿美元，实际利用外资额大幅增加，与 2010 年相比，增速达到历史最高的

61.39%，实际利用外资总额和增幅均居中部第 1 位。2012 年，国内外经济形式较为复杂，实际利用外资额增速放缓。2014 年，在复杂的国内外经济形势背景下，增速降低至 2005 年以来最低水平 10.92%，但仍保持在两位数，始终高于整体经济增速水平。

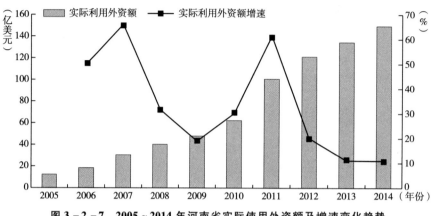

图 3 - 2 - 7　2005～2014 年河南省实际使用外资额及增速变化趋势

2. 进出口总额

表 3 - 2 - 5　河南省进出口总额情况

单位：亿美元,%

年　份	进出口总额	增速
2005	77.36	—
2006	97.96	26.63
2007	128.05	30.72
2008	174.79	36.50
2009	134.38	-23.12
2010	177.92	32.40
2011	326.42	83.46
2012	517.50	58.54
2013	599.51	15.85
2014	652.78	8.89

注：《2014 年河南省国民经济和社会发展统计公报》公布全年全省进出口总额 3994.36 亿元，按照 2014 年 12 月 31 日外汇牌价表 1 美元 = 6.1190 人民币换算得到进出口总额 652.78 亿美元。

资料来源：2005～2014 年《河南统计年鉴》和《2014 年河南省国民经济和社会发展统计公报》及相关数据计算。

2005～2008 年，河南省进出口总额持续增长。受 2008 年国际经济危机对进出口的影响，加上影响的滞后性，2009 年表现更加明显，当年进出口总额降低为 134.38 亿美元，相比 2008 年，降低了 23.12%。进出口总额大幅减少，首次呈现负增长。2009～2011 年，随着经济状况的好转，积极的对外经济政策的推出，对外贸易有了很大变化，进出口总额大幅提高。2011 年，进出口总额达到 326.42 亿元，增幅为 83.46%，增速排名全国第 2

位，实现逆势增长，一扫颓势。其中，三成作用来源于富士康集团的进出口贸易对河南省进出口总额增长产生的巨大推动力。2012 年进出口总额增速余力尚在，该年达到 58.5%，但是已经显现趋稳的态势；2014 年增速继续回调（见表 3 - 2 - 5 和图 3 - 2 - 8）。

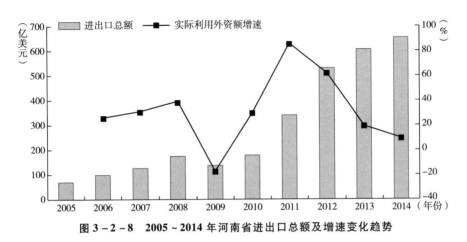

图 3 - 2 - 8　2005 ~ 2014 年河南省进出口总额及增速变化趋势

3.2.3　区域服务水平评价

1. 会计师事务所

会计师事务所是依法独立承担注册会计师业务的中介服务机构，是由具有一定会计专业水平、经考核取得证书的会计师（如中国的注册会计师、美国的执业会计师、英国的特许会计师、日本的公认会计师等）组成的、受当事人委托承办有关审计、会计、咨询、税务等方面业务的组织。中国对从事证券相关业务的会计师事务所和注册会计师实行许可证管理制度。会计师事务所主要服务包括：审查企业会计报表，出具审计报告，验证企业资本，出具验资报告，办理企业合并、分立、清算事宜中的审计业务，出具有关报告，基本建设年度财务决算审计、代理记账、会计咨询、税务咨询、管理咨询、会计培训以及法律、法规规定的其他业务（企业经营涉及行政许可的，凭许可证经营）。

2. 律师事务所

律师事务所是律师执业的工作机构。律师事务所在组织上受司法行政机关和律师协会的监督和管理。在我国目前的各行各业中，没有一个行业像金融业这样为律师的法律服务提供了如此广阔的拓展空间。庞大的资金实体所产生的惊人的资本流动、所催生的复杂多变的金融市场形成了全社会的经济架构的主体；而货币资本的商业化流动对整个社会商品交易的道德规范的有序整合起了关键的、主导的作用。而要实现上述两方面的秩序，法律是至关重要的。

3. 资产评估事务所

资产评估事务所是指组织专业人员依照国家数据资料，按照特定的目的，遵循适当的原则、方法和计价标准，对资产价格进行评定估算的专门机构。资产评估在产权变动时才需要进行。对于一个企业来说，产权不可能经常发生变动，委托方和被委托方的关系多是一次性的。资产评估的目的、范围完全由委托方（资产占有单位）决定。

4. 各金融服务机构数量

金融业的发展离不开金融服务机构的支持帮助，会计师、律师以及资产评估师都为金融业的发展做出了贡献，一个地区的相关服务机构的多少，决定了该地区金融服务业的水平。从2013年和2014年河南省三类事务所的数量信息来看，由于注册标准高，审批严格，各类事务所数量变动不大（见表3-2-6）。

表3-2-6　河南省各金融服务机构数量情况

单位：所

年　份	会计师事务所	律师事务所	资产评估师事务所
2013	438	835	204
2014	377	846	197

资料来源：河南省注册会计师网、河南律师网、河南省资产评估协会网。

3.3　河南省金融生态综合评价

经过以上分析，可对河南省金融生态做出如下评价。

①2011年，中原经济区纳入国家发展规划，成为我国又一个新的经济增长极。河南省在中原经济区建设中处于主体地位，提升河南省金融生态水平对中原经济区的金融供给及经济社会发展具有重要的促进作用。从区域经济实力竞争力各项指标来看，绝对值总体呈现发展趋好的态势。在经济大环境下，统一呈现2009年受经济危机影响发展速度大幅下降，回升至2011年，达到顶峰，然后由于国内外复杂的经济形势，从2011年开始回落至2014年。

②2005～2014年，河南省的实际利用外资额、进出口总额总体上均有不同程度的上升，两项指标增速呈现较明显的"M"形，增速波动较大。近年来，河南省在进出口方面进一步提高了贸易便利化水平。河南商务部门所有进出口许可证收费全部取消、电子口岸建设加快、建立出口基地梯度发展储备库等，都有利于进出口额的增长。同时还启动了国家进口贸易促进创新示范区申建工作，相信会带来更多利好。

③2013～2014年河南省注册会计师事务所，注册律师事务所，资产评估师事务所等金融服务机构数量基本保持稳定，表明其发展基本达到市场饱和状态，金融服务环境水平较高。

④2014年整体经济形势下滑，河南省经济在新常态下保持了平稳增长、稳中有进的良好态势。各项指标数据增长速度均有所放缓，河南省的金融生态竞争力趋于稳定。

第4章
河南省金融规模竞争力评价分析

近年来，河南省金融业在规模和结构方面经历了诸多重大的变革过程，获得了快速发展，形成了与我国金融市场的良性接轨态势。随着货币化程度的不断提高，金融资产规模结构趋于优化，由原来的现金与贷款总额为主变为现金、贷款总额、债券、股票等多元化金融机构共同发展的格局。

本章主要从金融规模方面来分析一个地区的金融竞争力。金融规模可通过金融资产的绝对数量来衡量，金融资产的种类有很多，包括货币、债券、股票、保费收入、民间借贷、民间集资和股份合作制中的股份等。一般而言，一省的金融规模越大，该省的经济实力就越强。

4.1　金融规模竞争力的指标构建

金融规模竞争力是第二个用以衡量金融竞争力的二级指标，这个指标旨在从规模这个角度对金融竞争力进行量化，其中共包括银行业规模、保险业规模和证券业规模三个三级指标。

我们将衡量金融规模竞争力的指标体系总结为表4-1-1。

表4-1-1　金融规模竞争力指标构成

二级指标	三级指标	四级指标
金融规模竞争力	银行业规模	金融系统存款余额
		金融系统贷款余额
		城乡居民储蓄余额
	保险业规模	保险公司保费收入
		保险公司赔款给付
	证券业规模	上市公司总资产
		本地区股本总数

4.2　河南省金融规模竞争力评价

随着金融资产结构的优化，金融市场也由简单的银行信贷和国债市场发展为信贷、同业拆借、债券、股票、保险等多层次货币市场与资本市场共存的良好格局。

河南省致力于深化金融改革、提高经济实力、扩张金融规模，不断提升自身金融竞争力。建立完善的金融规模竞争力评价体系，有助于河南省金融竞争力得到有效提升。金融规模竞争力评价体系包括金融系统存款余额、金融系统贷款余额、城乡居民储蓄余额、保险公司保费收入、保险公司赔款给付、上市公司总资产、本地区股本总数七个四级指标，下面将这七个指标按行业进行分析。

4.2.1　银行业规模评价

银行业部分共选取金融系统存款余额、金融系统贷款余额、城乡居民储蓄余额三个指标进行衡量，2005～2014年这三个四级指标的变化情况如表4-2-1所示，其中各个指标的增速的计算方法为：（当年数值－上年数值）／上年数值×100%。

表4-2-1　河南省2005～2014年银行业市场规模及增速指标

单位：亿元，%

年　份	金融系统存款余额	存款余额增速	金融系统贷款余额	贷款余额增速	城乡居民储蓄余额	城乡居民储蓄余额增速
2005	10003.96	—	7434.53	—	6488.55	—
2006	11492.55	14.88	8567.33	15.24	7367.37	13.54
2007	12576.42	9.43	9545.48	11.42	7812.24	6.04
2008	15255.42	21.30	10368.05	8.62	9515.82	21.81
2009	19175.06	25.69	13437.43	29.60	11207.40	17.78
2010	23148.83	20.72	15871.32	18.11	12883.70	14.96
2011	26646.15	15.11	17506.24	10.30	14648.43	13.70
2012	31648.50	18.77	20033.81	14.44	17462.16	19.21
2013	37049.49	17.10	23100.87	15.31	20232.12	15.86
2014	41374.91	11.67	27228.27	17.81	22417.16	10.80

资料来源：2005～2014年《河南统计年鉴》和《2014年河南省国民经济和社会发展统计公报》及相关数据计算。

2005～2014年河南省金融系统存款余额及增速的变化趋势如图4-2-1所示，金融系统存款余额逐年增加，呈现良好的增长态势。从表4-2-1中我们可以发现，2007年增速最低，仅为9.43%。2011年，受派生存款减少、民间融资和理财产品分流、企业占用资金增加等因素影响，增速明显放缓，相比上年回落了5.6个百分点。2014年河南省存款余额达到41374.91亿元，是2005年存款余额的4.14倍多。表明河南省金融运行稳中有升，银行业市场规模不断扩大。

2005～2014年河南省金融系统贷款余额及增速的变化趋势如图4-2-2所示，呈现与金融系统存款余额相似的增长趋势，这在一定程度上说明了河南省银行业的流动性比较好，存款转化为贷款比较顺畅。2008年，受全球金融危机影响，实体经济发展严重受阻，投资者投资热情减退，贷款余额增速跌至最低点。之后，贷款增长平稳回调，更趋合理。2014年贷款余额为27228.27亿元，是2005年贷款余额的3.66倍，这表明河南省始终保

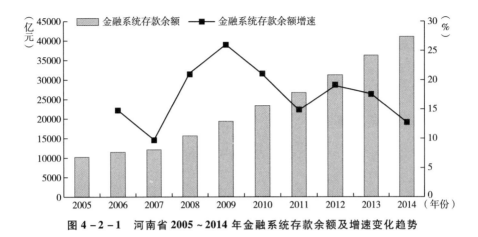

图 4-2-1　河南省 2005~2014 年金融系统存款余额及增速变化趋势

持信贷总量和社会融资规模合理适度增长，为实体经济的发展提供了有效的保证。

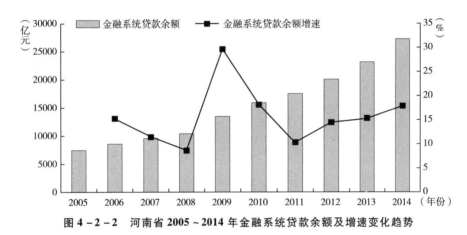

图 4-2-2　河南省 2005~2014 年金融系统贷款余额及增速变化趋势

河南省城乡居民储蓄余额的变化趋势如图 4-2-3 所示，从 2005 年起，随着河南省经济迅速发展，人民生活水平逐渐提高，城乡居民储蓄余额稳步增长。从表 4-2-1 中我们可以发现，2007 年城乡居民储蓄存款余额增速最低，仅为 6.04%，同比下降了 7.5 个

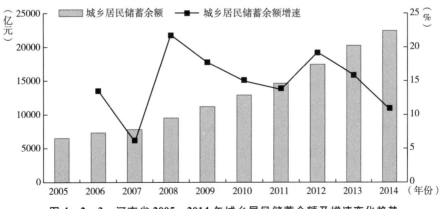

图 4-2-3　河南省 2005~2014 年城乡居民储蓄余额及增速变化趋势

百分点，储蓄存款分流的主要原因是股市财富效应影响，房地产持续升温，物价持续攀升，居民储蓄意愿低。2007年之后，储蓄增长则较为平稳，即使在2008年金融危机时，增长劲头也十分强劲。2014年城乡居民储蓄余额达到了最大值22417.16亿元，是2005年城乡居民储蓄余额的3.45倍。

4.2.2 保险业规模评价

保险业规模共选取保险公司保费收入、保险公司赔款给付两个三级指标进行衡量，2005～2014年这两个四级指标的变化情况如表4-2-2所示，其中各个指标增速的计算方法为：（当年数值－上年数值）/上年数值×100%。

表4-2-2 河南省2004～2013年保险业市场规模指标

单位：亿元,%

年 份	保险公司保费收入	保费收入增速	保险公司赔款给付	赔款给付增速
2005	213.55	—	38.16	—
2006	252.31	18.15	50.98	33.60
2007	323.56	28.24	100.88	97.88
2008	518.92	60.38	128.77	27.65
2009	565.39	8.96	148.23	15.11
2010	793.28	40.31	153.91	3.83
2011	839.82	5.87	171.14	11.19
2012	841.13	0.16	199.55	16.60
2013	916.52	8.96	279.75	40.19
2014	1036.08	13.04	324.03	15.83

资料来源：2005～2014年《河南统计年鉴》和《2014年河南省国民经济和社会发展统计公报》及相关数据计算。

河南省保险公司保费收入及增速的变化趋势如图4-2-4所示，保险公司保费收入逐年增加，原因有：随着人们风险防范意识的增强，保险业逐渐被人们接受；保险种类日益丰富。从2005～2014年整体来看，增速均为正值，但波动幅度较大。2011年实现保费收入839.82亿元，居全国第4位，中部第1位。2014年河南省保险公司保费收入达到了最大值1036.08亿元，为2005年保费收入的4.85倍，这说明河南省保险行业发展态势良好。2014年10月1日，河南省启动实施新农合大病保险省级统筹，8120万新农合参合群众享受到商业保险机构提供的大病保险保障服务。新农合大病保险省级统筹实现了全省统一筹资、统一补偿政策、统一组织实施、统一建立补偿结算信息平台，大病保险与新农合同步实行即时结报和"一站式"服务。12月30日，城镇居民大病保险省级统筹完成招投标工作，于2015年起正式实施，覆盖全省1200万城镇居民。

河南省保险公司赔款给付及增速的变化趋势如图4-2-5所示，2005～2014年赔付额逐年增加。2006～2007年增长较快，增长劲头十分强劲，2007年增幅达到最高，赔付额接近2006年的两倍。2008～2013年增速放缓，呈现波动增长，但增速始终为正值，在

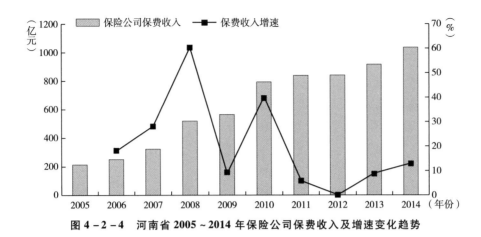

图 4 - 2 - 4　河南省 2005 ~ 2014 年保险公司保费收入及增速变化趋势

2013 年达到最大值 279. 75 亿元，为 2004 年的 8. 27 倍，年均增速 26. 46%，这说明了河南省保险业的社会保障功能持续提升。在当前经济形势下，保险业要主动适应经济新常态。包括主动适应行业发展从自身意愿向国家意志的转变、主动适应监管方式从强调管制向放管结合的转变、主动适应竞争格局从分业经营向产业融合的转变、主动适应发展方式从粗放经营向集约经营的转变、主动适应风险因素从相对简单向错综复杂的转变。

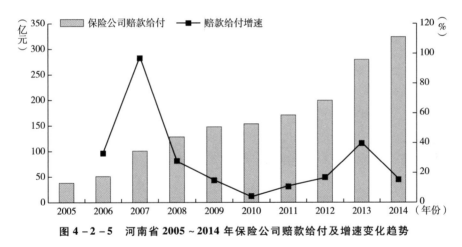

图 4 - 2 - 5　河南省 2005 ~ 2014 年保险公司赔款给付及增速变化趋势

4.2.3　证券业规模评价

证券业规模共选取上市公司总资产、本地区股本总数两个四级指标来衡量，2005 ~ 2014 年，这两个四级指标的变化情况如表 4 - 2 - 3 所示，表中各个指标增速的计算方法为：（当年数值 - 上年数值）／上年数值 × 100% 。

表 4 - 2 - 3　河南省 2005 ~ 2014 年证券业规模指标

年　份	上市公司总资产（亿元）	增速（%）	本地区股本总数（亿股）	增速（%）
2005	810. 16	——	130. 90	——
2006	1052. 74	29. 94	154. 41	17. 96

续表

年　份	上市公司总资产（亿元）	增速（%）	本地区股本总数（亿股）	增速（%）
2007	1426.60	35.51	167.99	8.80
2008	1754.82	23.01	188.45	12.18
2009	1964.93	11.97	207.32	10.01
2010	2633.26	34.01	257.72	24.31
2011	3355.64	27.43	310.98	20.66
2012	4175.12	24.42	447.30	43.84
2013	4307.89	3.18	501.27	12.07
2014	4652.00	7.99	516.37	3.01

资料来源：2005～2013 年资料来源于 2006～2014 年《河南统计年鉴》，2014 年数据为截至 2014 年 12 月 31 日河南省各上市公司相关数据计算。

　　河南省上市公司总资产增速的变化趋势如图 4-2-6 所示，上市公司总资产逐年增加，增速虽有波动但是均为正值。从图中可以发现，2009 年受金融危机影响，增幅大幅下降，这说明证券市场波动性较大，与外部金融环境联系密切。截至 2014 年末，河南省上市公司总资产达 4652.00 亿元，是 2005 年的 5.74 倍。河南是人口和经济总量在全国均居前列的大省，但从资本市场的发展来看，无论是上市公司数量、融资总量，还是资本工具使用方面，都与发达地区存在明显的差距。

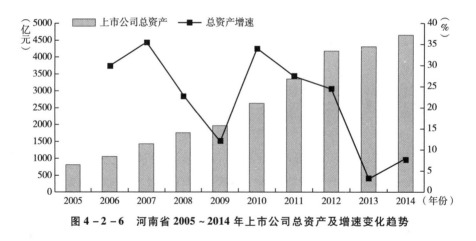

图 4-2-6　河南省 2005～2014 年上市公司总资产及增速变化趋势

　　河南省上市公司股本总数及增速的变化趋势如图 4-2-7 所示，呈现逐年增加的趋势，增速虽有波动但是差距不大且均为正值。2012 年在新股发行节奏明显放缓的情况下，河南省股本总数增速达到 43.84%，为近年中最高值，这充分说明河南省证券业已成规模，并具有一定稳定性。截至 2014 年末股本总数达到了 516.37 亿股，是 2005 年的 3.94 倍。证券业在促进河南省金融业发展中扮演着重要角色，肩负着重大使命，相关企业应大胆探索，锐意进取，不断提升发展水平，为河南省经济社会发展做出新的更大贡献。

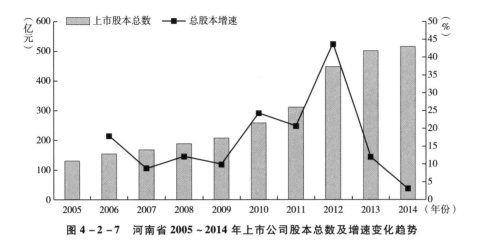

图 4 - 2 - 7　河南省 2005 ~ 2014 年上市公司股本总数及增速变化趋势

4.3　河南省金融规模竞争力综合评价

　　经过以上分析，我们可对河南省金融规模竞争力做出如下评价：从总体来看，2005 ~ 2014 年，河南省银行业稳健运行，货币信贷适度增长；保险业运行平稳，保障功能持续提升；证券业实力逐步提升，资本市场融资功能不断增强。河南省有良好的区位优势，经济发展相对成熟，也有足够的人口去消费，这些都为河南资本需求市场进一步放大提供了坚实基础。随着郑州航空经济综合实验区获得快速的发展以及中欧班列的开通，河南省在承接产业转移和高新技术产业方面的发展十分迅速，河南省的中部优势也被航空物流业、信息技术产业和精密制造业领域的巨头所认可并投资进驻，彰显了河南省的金融与经济发展的巨大潜力。

第 5 章
河南省金融效率竞争力评价分析

金融竞争力是一个规模与效率兼顾的概念。一个地区具有金融竞争力，不仅意味着该地区金融业量上的扩张，而且意味着金融业在质上的提高。即金融竞争力的提高不仅在于金融机构规模的扩大、从业人数的增多，而且在于金融行业效率的全面提高。

"效率"本是物理学概念，最初是指单位时间内完成的工作量。后经多方引用，发展出了适于不同学科的多种含义。管理学中的"效率"是指在特定时间内某组织各项收入占产出的比重，效率与投入成反比，与产出成正比；而经济学对"效率"的描述是：在产出既定的情况下，经济资源投入如何实现最小，或者在给定经济资源的情况下，如何实现最大的产出。本报告中所讲的"金融效率"主要遵循经济学意义的"效率"。

5.1 金融效率竞争力的指标构建

金融效率竞争力是金融竞争力指标体系的第三个二级指标。同金融生态竞争力和金融规模竞争力一样，金融效率竞争力是一个综合性很强的指标。为了便于研究和分析，我们将其划分为宏观金融效率和微观金融效率两个三级指标。

5.1.1 宏观金融效率衡量指标

衡量宏观金融效率的指标有两个，分别是经济储蓄动员力和储蓄投资转化系数。两个指标均与储蓄相关，这是因为：储蓄是一个地区资本积累的源泉，储蓄以牺牲当前消费为代价，增加生产建设资金；同时，储蓄在很大程度上还促进了社会再生产，进而实现经济增长。金融体系最基本的功能就是促进经济繁荣。因此这两个指标可以代表一个区域的宏观金融效率状况。

1. 经济储蓄动员力

经济储蓄动员力的计算公式为

$$经济储蓄动员力 = 储蓄总额/GDP$$

其中储蓄总额代表着社会中非消费部分的资金，即货币资源的总规模。用储蓄总额（本报告用城乡居民储蓄余额，下同）除以 GDP 所得的经济储蓄动员力就代表了区域经济对区域内货币资源的动员能力。储蓄总额占区域 GDP 的比重越高，经济储蓄动员力越大，则宏观金融效率越高；反之，则宏观金融效率越低。

2. 储蓄投资转化率

储蓄投资转化率的计算公式为

$$储蓄投资转化率 = 储蓄总额 / 资本形成总额$$

储蓄投资转化率表示多少单位的储蓄能够带来一单位固定资产投资。该指标反映了储蓄总额对资本增长的拉动效应，也反映了资金通过金融市场转化为实物投资的能力，体现了金融市场在固定资产投资中货币资源的配置效率。储蓄投资转化率越小，单位投资所需要动用的储蓄资源越少，储蓄资源的使用效率越高，宏观金融效率越高；反之，则宏观金融效率越低。

5.1.2　微观金融效率衡量指标

微观金融效率主要指市场微观主体即金融机构的经营效率。考虑到数据的可得性以及技术处理的方便，本报告分行业衡量微观金融效率，共使用三个四级指标：银行业的效率使用贷存比来衡量；证券业的效率使用上市公司流通 A 股总市值占 GDP 的比率来衡量；保险业的效率使用保险深度来衡量。下面详细介绍四个指标与三个行业金融效率的关系。

1. 银行业金融效率：贷存比

贷存比的计算公式为

$$贷存比 = 贷款余额 / 存款余额$$

本报告从存款余额占 GDP 比重、贷款余额占 GDP 的比重以及贷存比三个指标中，选择了贷存比指标代表银行业的金融效率。这是因为较前两个指标而言，贷存比指标综合性更好。贷存比表示一单位存款中有多少比例转化为贷款，不仅涵盖了银行的两大主营业务，而且反映了银行业通过实现中介功能来满足用户贷款需求的能力。从银行盈利的角度讲，贷存比越高越好。贷款是银行的资产业务，能带来利息收入。较高的贷存比意味着用较少的存款发放较高的贷款，银行的盈利能力就较高。但从银行抵抗风险的角度讲，贷存比例不宜过高。为了应付广大客户日常现金支取和日常结算，银行需要留有一定的库存现金和存款准备金。如贷存比过高，该部分资金不足，就会导致银行的支付危机，也会损害存款人的利益，所以央行常常就银行贷存比有所规定。目前央行规定商业银行最高的贷存比为 75%。因此，在银行业监管红线内，贷存比越高，银行业的经营效率越高，进而银行业的微观金融效率越高；反之，则银行业的微观金融效率越低。

2. 证券市场融资效率：证券市场效率

证券市场效率的计算公式为

$$证券市场效率 = 流通 A 股总市值 / GDP$$

证券市场配置资源功能的发挥，主要取决于市场筹集资金的效率。上市公司流通 A 股总市值代表了某地区上市公司在证券市场上筹集到的资本规模；上市公司流通 A 股总市值除以 GDP 所得的比值就代表了一个地区证券市场的资金有效筹集能力，即证券市场融资效率。上市公司流通 A 股总市值占区域 GDP 的比重越高，证券市场融资效率越高，进而其微观金融效率越高；反之，则其微观金融效率越低。

3. 保险业金融效率：保险深度

保险深度的计算公式为

$$保险深度 = 保费收入/GDP$$

保险深度是衡量一个地区保险市场发展程度和潜力的指标，反映了这个地区保险业在经济中的重要程度。该指标的大小取决于区域经济总体发展水平和区域保险业的发展速度。地区经济发展水平（用 GDP 衡量）高于保险市场发展速度，则保险深度越大，保险业金融效率越高；反之，GDP 增长速度低于保险市场保费收入的增长，则保险深度越小，保险业金融效率越低。

5.1.3 小结

综上所述，衡量金融效率的指标体系可总结为表 5 - 1 - 1。

表 5 - 1 - 1 金融效率指标体系

二级指标	三级指标	四级指标
金融效率竞争力	宏观金融效率	经济储蓄动员力
		储蓄投资转化系数
	微观金融效率	贷存比
		证券市场效率
		保险深度

5.2 河南省金融效率竞争力评价

河南省是中原经济区的核心区域，其金融效率在很大程度上代表了整个中原经济区的金融效率。借助以上选取的五个四级指标，通过多渠道搜集数据，并经过一定的数学运算，我们对河南省整体的金融效率进行如下的分析和评价。

5.2.1 宏观金融效率评价

1. 经济储蓄动员力

河南省 2006～2014 年经济储蓄动员力变动情况如表 5 - 2 - 1 所示。

表 5 - 2 - 1 河南省经济储蓄动员力情况

年　份	城乡居民储蓄存款年底余额（亿元）	GDP（亿元）	经济储蓄动员力
2006	7367.37	12362.79	0.5959
2007	7812.24	15012.46	0.5204
2008	9515.82	18018.53	0.5281

年　份	城乡居民储蓄存款年底余额（亿元）	GDP（亿元）	经济储蓄动员力
2009	11207.40	19480.46	0.5753
2010	12883.70	23092.36	0.5579
2011	14648.43	26931.03	0.5439
2012	17528.08	29810.14	0.5858
2013	20232.12	32155.86	0.6292
2014	22417.16	34939.38	0.6416

资料来源：2006～2013 年数据来自《河南统计年鉴》；2014 年数据来自《2014 年河南省国民经济和社会发展统计公报》。

据表 5 - 2 - 1 所示，河南省经济储蓄动员力呈现先波动后稳定并逐步上升的趋势，在 2006～2010 年，其经济储蓄动员力在 0.52～0.6 波动，在 2007 年达到 0.5204 的低点；然而从 2011 年以来，指标数值不断上涨，且涨势十分迅猛，在 2014 年达 0.6416，比 2013 年上涨 0.0124，创 2006 年以来的新高。这说明在后经济危机时代，河南省的经济储蓄动员力不断加强，居民储蓄增长迅速且增幅超过 GDP。整体来看，近年来河南省的经济储蓄动员力稳健上升，这说明了河南省金融系统集聚社会储蓄资源的能力十分强劲并且也是十分稳定的。

2. 储蓄投资转化系数

河南省 2006～2014 年储蓄投资转化系数变动情况如表 5 - 2 - 2 所示。

表 5 - 2 - 2　河南省储蓄投资转化系数变动情况

年　份	城乡居民储蓄存款年底余额（亿元）	固定资产投资（亿元）	储蓄投资转化系数
2006	7367.37	5907.74	1.2471
2007	7812.24	8010.11	0.9753
2008	9515.82	10490.65	0.9071
2009	11207.40	13704.65	0.8178
2010	12883.70	16585.85	0.7768
2011	14648.43	17770.51	0.8243
2012	17528.08	21449.99	0.8172
2013	20232.12	26087.45	0.7755
2014	22417.16	30012.28	0.7469

资料来源：2006～2013 年数据来自《河南统计年鉴》；2014 年数据来自《2014 年河南省国民经济和社会发展统计公报》。

表 5 - 2 - 2 中数据显示城乡居民储蓄年底余额逐年增长，但仅看这个指标是不全面的；同样，固定资产投资指标也是逐年增加的，固定资产投资增长高于城乡居民储蓄年底余额的增长。从表 5 - 2 - 2 可知，储蓄投资转化系数在 2006～2014 年总体呈下降的趋势，还可以看出该系数下降幅度逐渐减小，系数指标逐渐稳定，2014 年河南省储蓄投资转化系数为

0.7469，是近年的最低值，这表明带来一单位固定资产投资所需要的储蓄减少了，即储蓄资金的配置效率提高了，宏观金融效率变高了。这意味着河南省的高额储蓄带来了更高的投资，储蓄向投资转化的渠道更加顺畅和容易，金融市场具有较高的宏观金融效率。

5.2.2 微观金融效率评价

1. 银行业金融效率：贷存比

河南省 2006~2014 年贷存比变动情况如表 5-2-3 所示。

表 5-2-3 河南省银行业贷存比情况

年 份	各项存款余额（亿元）	各项贷款余额（亿元）	贷存比
2006	11492.55	8567.33	0.7455
2007	12576.42	9545.48	0.7590
2008	15255.42	10368.05	0.6796
2009	19175.06	13437.43	0.7008
2010	23148.83	15871.32	0.6856
2011	26646.15	17506.24	0.6570
2012	31970.43	20301.72	0.6350
2013	37591.70	23511.41	0.6254
2014	41374.91	27228.27	0.6581

资料来源：2006~2013 年数据来自《河南统计年鉴》；2014 年数据来自《2014 年河南省国民经济和社会发展统计公报》。

贷存比指标反映了银行业利用闲置资金的金融效率。据表 5-2-3 所示，银行业各项存款余额和各项贷款余额都是逐年增加的，这体现整个环境的经济增长。从贷存比指标来看，各项贷款余额增长不及各项存款余额的增长，这反映了银行业的金融效率是逐年下降的。2014 年贷存比指标为 0.6581，比上年增加 0.0327，说明 2014 年银行业金融效率有所提升。从贷存比整体的变化情况来看，近年来河南省银行业的经营效率仍处于较低水平。

2. 证券市场融资效率：证券市场效率

河南省 2006~2014 年上市公司 A 股流通总市值与 GDP 的比率变动情况如表 5-2-4 所示。

表 5-2-4 河南省上市公司融资效率情况

单位：亿元，%

年 份	上市公司 A 股流通总市值	GDP	证券市场融资效率
2006	460.20	12362.79	3.72
2007	3397.79	15012.46	22.51
2008	739.12	18018.53	4.10
2009	2503.00	19480.46	12.85

年　　份	上市公司 A 股流通总市值	GDP	证券市场融资效率
2010	3296.88	23092.36	14.28
2011	2520.82	26931.03	9.36
2012	2460.69	29599.31	8.31
2013	2992.47	32155.86	9.31
2014	3934.82	34939.38	11.26

资料来源：2006～2013 年数据来自《河南统计年鉴》；2014 年数据来自《2014 年河南省国民经济和社会发展统计公报》。

据表 5 - 2 - 4 可知，2006～2014 年，河南省 GDP 和上市公司 A 股流通总市值总体均呈现上升趋势。2010 年之前，河南省证券市场效率剧烈波动，2009～2010 年逐渐稳定；2010～2012 年河南省证券市场效率逐渐走低，2012 年达到 8.31% 的低点；2012～2014 年，其证券市场效率逐年提升，2014 年河南省证券市场效率达到 11.26%，比 2013 年增加了 1.95 个百分点。从近年河南省证券市场效率变化情况来看，其指标逐年上涨且数值稳定，证券市场融资效率逐渐增强。

3. 保险业金融效率：保险深度

河南省 2006～2014 年保险业保险深度变动情况如表 5 - 2 - 5 所示。

表 5 - 2 - 5　河南省保险业保险深度历年情况

年　　份	保费收入（亿元）	GDP（亿元）	保险深度
2006	252.31	12362.79	0.0204
2007	323.56	15012.46	0.0216
2008	518.92	18018.53	0.0288
2009	565.39	19480.46	0.0290
2010	793.28	23092.36	0.0344
2011	839.82	26931.03	0.0312
2012	841.13	29599.31	0.0284
2013	916.52	32155.86	0.0285
2014	1036.08	34939.38	0.0297

资料来源：2006～2013 年数据来自《河南统计年鉴》；2014 年数据来自《2014 年河南省国民经济和社会发展统计公报》。

从表 5 - 2 - 5 可知，河南省保险业保险深度指标整体上呈现上涨趋势，其中有多次涨落；具体来看，2010 年之前保险深度处于持续上涨阶段，上升至 2010 年的 0.0344，2010～2012 年逐年下降，下降至 2012 年的 0.0284，2013～2014 年保险深度指标又有所回升，2014 年河南省保险深度为 0.0297。总体而言，河南省的保险业金融效率是逐渐增强的，保持良好的态势。

5.3 河南省金融效率竞争力综合评价

经过以上分析，可对河南省金融效率竞争力做出如下评价。

①2012～2014年，河南省金融系统吸收社会闲散资金的能力不断增强，而储蓄投资转化也富有效率，单位储蓄创造的固定资产投资逐年增长。整体而言，与2013年相比，河南省的宏观金融效率有所提高，发展态势良好。

②2011～2013年，河南省银行业的贷存比指标表现不佳，但总体平稳，2014年止跌回升，意味着银行业的微观效率有所好转；2012年以来，证券市场融资效率稳中有升，发展态势良好，意味着河南省证券业微观效率有所提高；与2013年相比，保险业的保险深度有些许回升，意味着河南省保险市场效率是逐年加强的。从三大金融行业的效率表现来看，2014年河南省的微观金融效率整体呈现小幅提升的态势，发展趋势良好。

第 6 章
河南省金融竞争力综合评价分析

本研究报告将采用因子分析模型的方法对各个地市、县（区）的金融竞争力指标体系进行加权整合，结合 SPSS 统计软件实现。

6.1 金融生态竞争力指标综合评价及排名

金融生态竞争力是金融竞争力指标体系的第一个二级指标。为了便于研究和分析，我们将其划分为区域经济实力、区域开放程度和区域服务水平三个三级指标。

6.1.1 区域经济实力竞争力指标综合评价

对 2014 年河南省 18 个地市的区域经济实力竞争力指标体系中指标数据进行标准化处理后，选用的 7 个指标均属于正向指标，可以直接对数据进行无量纲化处理（见表 6 - 1 - 1）。

表 6 - 1 - 1　区域经济实力竞争力指标体系

三级指标	四级指标
区域经济实力	GDP（X_1）
	人均 GDP（X_2）
	财政收入（X_3）
	固定资产投资（X_4）
	人均固定资产投资（X_5）
	城镇人均可支配收入（X_6）
	农村人均纯收入（X_7）

因子分析的前提是观测变量之间有较强的相关关系，首先对有关变量进行相关分析。如表 6 - 1 - 2 所示，从表中我们看到各变量之间具有较强的相关关系，满足因子分析的前提，另外，根据 KMO 和 Bartlett 球形检验数据的结果，如表 6 - 1 - 3 所示，可以看出，其中 KMO 检验值为 0.640，大于 0.50，基本认为所取样本足够，可以认为进行因子分析是必要的。Bartlett 检验接受零假设，即拒绝各变量独立的假设，即因子分析的方法是值得尝试的。

表6-1-2　变量间的相关系数矩阵

指　标	GDP	人均 GDP	财政收入	固定资产投资	人均固定资产投资	城镇人均可支配收入	农村人均纯收入
GDP	1.000	0.387	0.961	0.986	0.283	0.600	0.443
人均 GDP	0.387	1.000	0.420	0.391	0.915	0.701	0.798
财政收入	0.961	0.420	1.000	0.947	0.350	0.660	0.516
固定资产投资	0.986	0.391	0.947	1.000	0.325	0.636	0.428
人均固定资产投资	0.283	0.915	0.350	0.325	1.000	0.659	0.740
城镇人均可支配收入	0.600	0.701	0.660	0.636	0.659	1.000	0.738
农村人均纯收入	0.443	0.798	0.516	0.428	0.740	0.738	1.000

表6-1-3　KMO 和 Bartlett 检验

指标		检验值
KMO 检验		0.640
Bartlett 检验	近似卡方	157.683
	自由度（df）	21
	显著性（Sig.）	0.000

根据斯格里准则，由图6-1-1所示的碎石检验可以看出，在第3主成分所对应点处斜率明显变小，容易判断应取前两个主成分。第一个因子的特征根特别大，说明其对原有变量的解释能力非常强，第二个因子次之，后面的五个因子的特征根值很小，对原有变量的解释的贡献性较弱，可以被忽略，从图6-1-1我们可以从另一个侧面看出提取两个因子也是非常合适的。

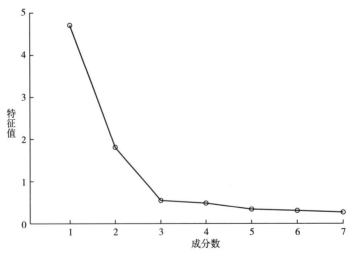

图6-1-1　因子的碎石检验

另外，使用 SPSS 17.0 软件计算得到表 6 - 1 - 4，从表中可以看出：当规定取特征值大于 1 对应的主成分时，则取前两个主成分，变量的相关系数矩阵有两个大特征根：4.692、1.632，其中第一主成分的贡献率为 67.034%，前两个主成分的累积贡献率为90.355%，反映了原有变量的大部分信息，可以接受。根据累计贡献率大于 85% 的原则，选取两个特征根作为综合评价区域经济实力竞争力的公共因子，用两个新变量代替原来的7 个变量。

表 6 - 1 - 4　特征值与方差贡献率

成　分	初始特征值			提取平方和载入		
	总体	方差贡献率（%）	累积贡献率（%）	总体	方差贡献率（%）	累积贡献率（%）
1	4.692	67.034	67.034	4.692	67.034	67.034
2	1.632	23.321	90.355	1.632	23.321	90.355
3	0.304	4.340	94.695	—	—	—
4	0.237	3.380	98.075	—	—	—
5	0.083	1.183	99.258	—	—	—
6	0.047	0.667	99.925	—	—	—
7	0.005	0.075	100.000	—	—	—

注：提取方法：主成分分析。

为了明确因子的意义，使各个因子得到合理的解释，往往要对初始因子载荷矩阵进行旋转。在旋转方法上，采用方差最大化方法。这是一种正交旋转方法，它使每个因子上的具有最高载荷的变量数最小，因此可以简化对因子的解释。

表 6 - 1 - 5　主成分旋转后的载荷矩阵

变　量	因　子	
	1	2
GDP	0.972	0.190
人均 GDP	0.187	0.940
财政收入	0.945	0.265
固定资产投资	0.964	0.211
人均固定资产投资	0.099	0.941
城镇人均可支配收入	0.528	0.709
农村人均纯收入	0.293	0.853

注：提取方法：主成分分析法。旋转法：具有 Kaiser 标准化的正交旋转法。旋转在 3 次迭代后收敛。

根据主成分旋转后的载荷矩阵，可以清楚地看到第一个公共因子中 GDP、固定资产投资、财政收入的载荷分别达到：0.972、0.964 和 0.945，因此，第一主成分主要代表河南省区域的人均经济实力。相应地，第二主成分中人均 GDP、人均固定资产投资和农村人均纯收入等总量指标分别达到：0.940，0.941 和 0.853，因此第二主成分主要代表了河南省区域的总量经济实力。

经过 SPSS17.0 处理后，原始指标经过求解因子模型和利用方差极大化方法旋转，得到主成分与对应变量的相关系数表，再对其相关系数表进行处理，得到调整后的特征向量，即因子得分系数矩阵，见表 6-1-6。

表 6-1-6　因子得分系数矩阵

变　　量	因　子	
	1	2
GDP	-0.176	-0.337
人均 GDP	0.169	0.328
财政收入	-0.183	-0.292
固定资产投资	-0.177	-0.324
人均固定资产投资	0.156	0.367
城镇人均可支配收入	0.186	0.081
农村人均纯收入	0.172	0.244

注：提取方法：主成分分析法。

利用表 6-1-6 中的因子得分系数矩阵可以将所有主成分表示为各个变量的线性组合，计算各公共因子的权重，可得 F_1、F_2，得出主成分表达式分别为：

$$F_1 = -0.176X_1 + 0.169X_2 - 0.183X_3 - 0.177X_4 + 0.156X_5 + 0.186X_6 + 0.172X_7$$
$$F_2 = -0.337X_1 + 0.328X_2 - 0.292X_3 - 0.324X_4 + 0.367X_5 + 0.081X_6 + 0.244X_7$$

结合表 6-1-6，可以看出以上两个因子分别从不同方面反映了河南省各个地市的区域经济实力竞争力，单独使用某一个指标不能对区域经济实力竞争力水平做出正确的评价，故这里在河南省各地市区域经济实力竞争力指标的综合排名时的各主成分以其相应贡献率为权重，则前两个主成分的权重分别为 67.034%、23.321%，由于前两个主成分总的贡献率为 90.355%，还应对权重单位化，具体如下。

$$区域经济实力竞争力指标 = \sum kiyi = (67.034\% \cdot F_1 + 23.311\% \cdot F_2)/90.355\%$$

经计算得到各个地市的主成分单项综合排名和区域经济实力竞争力指标的综合排名，具体见表 6-1-7。

表 6-1-7　2014 年河南省各地市区域经济实力竞争力排名

地　　市	人均经济实力得分	排名	总量经济实力得分	排名	区域经济实力竞争力	排名
郑 州 市	3.3818	1	3.2367	1	2.1617	1
开 封 市	-0.6379	14	-0.2406	12	-0.5353	14
洛 阳 市	0.9434	2	-0.3967	13	0.5975	3
平顶山市	-0.2348	10	-0.1013	10	-0.2003	10
安 阳 市	0.1105	7	0.3379	7	0.1691	7

地　　市	人均经济实力得分	排名	总量经济实力得分	排名	区域经济实力竞争力	排名
鹤壁市	-0.3208	11	1.0744	4	0.0392	8
新乡市	0.0009	8	-0.1468	11	-0.0372	9
焦作市	0.4215	3	0.9463	5	0.5568	4
濮阳市	-0.4569	12	0.0982	9	-0.3136	12
许昌市	0.2945	5	0.4970	6	0.3467	6
漯河市	-0.5392	13	0.2799	8	-0.3278	13
三门峡市	0.1527	6	1.2863	3	0.4452	5
商丘市	-0.7143	16	-0.6603	14	-0.7003	16
周口市	-1.0280	17	-1.1306	17	-1.0544	17
驻马店市	-1.0529	18	-1.1825	18	-1.0862	18
南阳市	-0.0619	9	-1.0177	16	-0.3085	11
信阳市	-0.6664	15	-0.7497	15	-0.6878	15
济源市	0.4080	4	2.4521	2	0.9353	2

对比 2013 年河南省各个地市区域经济实力竞争力的综合排名（见表 6-1-8），我们可以看到：经济实力得分中，洛阳、南阳区域经济实力竞争力上升了 2 位；鹤壁、驻马店、三门峡下降了 1 位；漯河下降了 3 位，在区域经济实力竞争力指标的总排名中，郑州市连续两年的区域经济实力竞争力的综合排名第 1 位，无论在人均经济实力还是总量经济实力因子方面，都处于区域先进水平。济源市排名第 2 位，洛阳市第 3 位，2014年南阳市处于第 18 位，主要在于其人均经济实力过低。其他地市的排位均没有发生变化。

表 6-1-8　2013 年河南省各地市区域经济实力竞争力排名

地　　市	人均经济实力得分	排名	总量经济实力得分	排名	区域经济实力竞争力	排名
郑州市	1.4816	2	3.2805	1	1.9375	1
开封市	-0.7017	13	-0.2891	12	-0.5971	14
洛阳市	0.4115	7	1.0261	2	0.5672	5
平顶山市	-0.2854	11	0.0021	7	-0.2125	11
安阳市	-0.0008	9	-0.0174	8	-0.0050	8
鹤壁市	0.5435	5	-0.9824	17	0.1568	7
新乡市	-0.1257	10	0.1343	4	-0.0598	9
焦作市	0.9619	4	-0.3588	13	0.6272	3
濮阳市	-0.3202	12	-0.3951	14	-0.3392	12
许昌市	0.5208	6	0.1569	11	0.3490	6
漯河市	0.0392	8	0.6824	15	-0.1437	10
三门峡市	1.0616	3	.7955	16	0.5910	4

续表

地 市	人均经济实力得分	排名	总量经济实力得分	排名	区域经济实力竞争力	排名
商 丘 市	−1.1785	16	0.0629	5	−0.8639	16
周 口 市	−1.5645	18	0.0577	6	−1.1534	18
驻 马 店 市	−1.2245	17	−0.0735	10	−0.9328	17
南 阳 市	−0.8315	14	0.0789	3	−0.4411	13
信 阳 市	−0.9037	15	−0.0401	9	−0.6849	15
济 源 市	2.1164	1	−1.4812	18	1.2047	2

以上对河南省各个地市区域经济实力竞争力状况的分析与实际情况基本一致。从分析还可以看出，因子分析法选取了与一个地区经济实力相关的多项指标，避免了单指标的片面性；用因子分析法实现区域经济实力竞争力情况的综合评价，没有直接对指标采用权重，所得的权数是伴随数学变换自动生成的，具有客观性，从而减少了主观性又不失科学性、合理性；它能消除评价指标间相关关系的影响，因而减少了指标选择的工作量。另外因子分析不仅可以对各个地市区域经济实力竞争力进行排序比较，还可以找出影响其经济实力的因素，为其改善经济状况提供依据。所以说因子分析法可为投资者提供较为全面、客观、公正的评价信息。

6.1.2 区域开放程度竞争力指标综合评价

我们可以运用上述因子分析模型和方法，结合 SPSS 软件，对河南省 2014 年的 18 个地市的区域开放程度竞争力指标体系进行综合评价分析，指标体系和排名分别见表 6 − 1 − 9 和表 6 − 1 − 10。

表 6 − 1 − 9 区域开放程度竞争力指标体系

三级指标	四级指标
区域开放程度	实际利用外资额（X_8）
	净出口总额（X_9）

表 6 − 1 − 10 2014 年河南省各地市区域开放程度竞争力排名

地 市	$F1$	排名	区域开放程度竞争力	排名
郑 州 市	3.4310	1	3.4310	1
开 封 市	−0.6375	15	−0.6375	15
洛 阳 市	1.2484	2	1.2484	2
平 顶 山 市	−0.6527	16	−0.6527	16
安 阳 市	0.0207	6	0.0207	6
鹤 壁 市	−0.5668	14	−0.5668	14
新 乡 市	−0.0754	7	−0.0754	7
焦 作 市	0.5150	3	0.5150	3
濮 阳 市	−0.4720	12	−0.4720	12

地　　市	$F1$	排名	区域开放程度竞争力	排名
许 昌 市	0.3436	4	0.3436	4
漯 河 市	− 0.4010	10	− 0.4010	10
三门峡市	− 0.4230	11	− 0.4230	11
商 丘 市	− 0.7872	18	− 0.7872	18
周 口 市	− 0.3168	9	− 0.3168	9
驻马店市	− 0.7395	17	− 0.7395	17
南 阳 市	0.1544	5	0.1544	5
信 阳 市	− 0.5122	13	− 0.5122	13
济 源 市	− 0.1290	8	− 0.1290	8

　　对比 2013 年河南省各个地市区域经济开放程度的综合排名（见表 6 - 1 - 11），我们可以看到：在区域开放程度竞争力指标的总排名中，郑州市连续两年的区域经济开放的综合排名第 1 位，而商丘市的区域经济开放程度综合排名无论是 2014 年还是 2013 年都在河南省排最后，位于第 18 位。各个地市排位发生变化的城市中，开封、新乡下降了 2 位，平顶山、漯河下降了 4 位，安阳、濮阳上升了 4 位，鹤壁下降了 5 位，焦作、信阳上升了 1 位，许昌、南阳上升了 3 位，三门峡下降了 8 位，周口上升了 2 位，济源上升了 7 位，其他地市的区域经济开放程度的排名两年内几乎没有什么变化，保持其原有的排名。

表 6 - 1 - 11　2013 年河南省各地市区域开放程度竞争力排名

地　　市	F_1	排名	区域开放程度竞争力	排名
郑 州 市	3.8172	1	3.8172	1
开 封 市	− 0.3621	13	− 0.3621	13
洛 阳 市	0.9057	2	0.9057	2
平顶山市	− 0.3538	12	− 0.3538	12
安 阳 市	− 0.3288	10	− 0.3288	10
鹤 壁 市	− 0.2947	9	− 0.2947	9
新 乡 市	− 0.1265	5	− 0.1265	5
焦 作 市	− 0.1201	4	− 0.1201	4
濮 阳 市	− 0.3829	16	− 0.3829	16
许 昌 市	− 0.2139	7	− 0.2139	7
漯 河 市	− 0.1869	6	− 0.1869	6
三门峡市	− 0.0843	3	− 0.0843	3
商 丘 市	− 0.4845	18	− 0.4845	18
周 口 市	− 0.3452	11	− 0.3452	11
驻马店市	− 0.4499	17	− 0.4499	17
南 阳 市	− 0.2496	8	− 0.2496	8

地　　市	F_1	排名	区域开放程度竞争力	排名
信　阳　市	−0.3636	14	−0.3636	14
济　源　市	−0.3764	15	−0.3764	15

6.1.3　区域服务水平竞争力指标综合评价

运用上述因子分析模型和方法，结合 SPSS 软件，我们对河南省 2014 年的 18 个地市的区域服务水平指标进行综合评价分析，指标体系及排名分别见表 6 – 1 – 12 和表 6 – 1 – 13。

表 6 – 1 – 12　区域服务水平竞争力指标体系

三级指标	四级指标
区域服务水平	会计师事务所数量 （X_{10}）
	律师事务所数量 （X_{11}）
	资产评估事务所数量 （X_{12}）

表 6 – 1 – 13　2014 年河南省各地市区域服务水平竞争力排名

地　　市	$F1$	排名	区域服务水平竞争力	排名
郑　州　市	0.4234	3	0.4234	3
开　封　市	−0.4085	13	−0.4085	13
洛　阳　市	2.8966	1	2.8966	1
平顶山市	0.0512	8	0.0512	8
安　阳　市	0.2629	5	0.2629	5
鹤　壁　市	−1.3447	17	−1.3447	17
新　乡　市	0.1124	7	0.1124	7
焦　作　市	0.1651	6	0.1651	6
濮　阳　市	−0.1786	10	−0.1786	10
许　昌　市	−0.3347	11	−0.3347	11
漯　河　市	−0.6806	16	−0.6806	16
三门峡市	−0.3735	12	−0.3735	12
商　丘　市	−0.4323	14	−0.4323	14
周　口　市	−0.5005	15	−0.5005	15
驻马店市	−0.0093	9	−0.0093	9
南　阳　市	1.5968	2	1.5968	2
信　阳　市	0.3344	4	0.3344	4
济　源　市	−1.5801	18	−1.5801	18

对比 2013 年河南省各个地市区域服务水平竞争力的综合排名 （见表 6 – 1 – 14），我

们可以看到：在区域服务水平竞争力指标的总体排名当中，郑州市 2014 年相比 2013 年下降了 2 位，2014 年位于第 3 位；洛阳市上升了 1 位，总体排名位于第 1 位；开封市上升了 1 位；新乡市下降了 2 位；焦作、信阳上升了 3 位；濮阳上升了 2 位；许昌下降了 1 位；三门峡、南阳上升了 1 位；商丘、驻马店下降了 3 位；除此之外，其他各个地市的排名都没有发生任何变化。

表 6 – 1 – 14　2013 年河南省各地市区域服务水平竞争力排名

地　　市	F_1	排名	区域服务水平竞争力	排名
郑 州 市	3.8958	1	3.8958	1
开 封 市	− 0.3473	14	− 0.3473	14
洛 阳 市	0.4058	2	0.4058	2
平 顶 山 市	− 0.2431	8	− 0.2431	8
安 阳 市	− 0.0485	4	− 0.0485	4
鹤 壁 市	− 0.5319	17	− 0.5319	17
新 乡 市	− 0.1198	5	− 0.1198	5
焦 作 市	− 0.2431	9	− 0.2431	9
濮 阳 市	− 0.2988	12	− 0.2988	12
许 昌 市	− 0.2819	10	− 0.2819	10
漯 河 市	− 0.3789	16	− 0.3789	16
三 门 峡 市	− 0.3338	13	− 0.3338	13
商 丘 市	− 0.2913	11	− 0.2913	11
周 口 市	− 0.3485	15	− 0.3485	15
驻 马 店 市	− 0.2087	6	− 0.2087	6
南 阳 市	0.1899	3	0.1899	3
信 阳 市	− 0.2112	7	− 0.2112	7
济 源 市	− 0.6048	18	− 0.6048	18

6.1.4　金融生态竞争力指标综合评价及排名

运用上述因子分析模型和方法，结合 SPSS 软件，我们对河南省 2014 年 18 个地市经分析得到的区域经济实力、区域开放程度和区域服务水平三个指标进行分析，加权得到河南省金融生态竞争力指标（见表 6 – 1 – 15），并对其进行综合分析（见表 6 – 1 – 16）。

表 6 – 1 – 15　金融生态竞争力指标体系

二级指标	三级指标
金融生态竞争力	区域经济实力
	区域开放程度
	区域服务水平

表 6 - 1 - 16 2014 年河南省各地市金融生态竞争力指标排名

地　　市	F_1	排名	金融生态竞争力	排名
郑 州 市	2.6056	1	2.6056	1
开 封 市	- 0.6313	15	- 0.6313	15
洛 阳 市	1.5968	2	1.5968	2
平顶山市	- 0.3673	10	- 0.3673	10
安 阳 市	0.1542	6	0.1542	6
鹤 壁 市	- 0.5956	14	- 0.5956	14
新 乡 市	- 0.0202	7	- 0.0202	7
焦 作 市	0.5210	3	0.5210	3
濮 阳 市	- 0.3978	11	- 0.3978	11
许 昌 市	0.2178	5	0.2178	5
漯 河 市	- 0.5063	13	- 0.5063	13
三门峡市	- 0.0925	9	- 0.0925	9
商 丘 市	- 0.7776	17	- 0.7776	17
周 口 市	- 0.7416	16	- 0.7416	16
驻马店市	- 0.8139	18	- 0.8139	18
南 阳 市	0.3592	4	0.3592	4
信 阳 市	- 0.4442	12	- 0.4442	12
济 源 市	- 0.0663	8	- 0.0663	8

对比 2013 年河南省各地市金融生态竞争力的综合排名（见表 6 - 1 - 17），我们可以看到：在总排名中，郑州市连续两年的金融生态竞争力指标的综合排名均为第 1 位，说明了其作为河南省省会和金融中心所发挥的带头和示范作用，使其金融生态环境较其他地区优越。驻马店市的金融生态竞争力指标的综合排名 2014 年在河南省排最后。济源市的排名较上一年下降了 5 位，在 2014 年位于第 8 位。其他地市 2014 年金融生态竞争力的排名与 2013 年相比变化不大。其中安阳上升了 2 位，位于第 6 位，周口上升了 2 位，位于第 16 位。

表 6 - 1 - 17 2013 年河南省各地市金融生态竞争力排名

地　　市	F_1	排名	金融生态竞争力	排名
郑 州 市	3.7474	1	3.7474	1
开 封 市	- 0.5167	15	- 0.5167	15
洛 阳 市	0.7383	2	0.7383	2
平顶山市	- 0.3165	12	- 0.3165	12
安 阳 市	- 0.1484	8	- 0.1484	8
鹤 壁 市	- 0.2505	10	- 0.2505	10
新 乡 市	- 0.1189	7	- 0.1189	7
焦 作 市	0.1191	4	0.1191	4

地　市	F_1	排名	金融生态竞争力	排名
濮 阳 市	− 0.4007	13	− 0.4007	13
许 昌 市	− 0.0461	6	− 0.0461	6
漯 河 市	− 0.2742	11	− 0.2742	11
三门峡市	0.0841	5	0.0841	5
商 丘 市	− 0.6528	17	− 0.6528	17
周 口 市	− 0.7389	18	− 0.7389	18
驻马店市	− 0.6366	16	− 0.6366	16
南 阳 市	− 0.2069	9	− 0.2069	9
信 阳 市	− 0.5021	14	− 0.5021	14
济 源 市	0.1203	3	0.1203	3

6.2　金融规模竞争力指标综合评价及排名

金融规模竞争力是第二个用以衡量金融竞争力的二级指标，这个指标意在从规模这个角度对金融竞争力进行量化，其中共包括银行业规模、保险业规模和证券业规模三个三级指标。

6.2.1　银行业规模竞争力指标综合评价

运用上述因子分析模型和方法，结合 SPSS 软件，我们对河南省 2014 年的 18 个地市的银行业规模指标进行综合分析，指标体系和排名分别见表 6 - 2 - 1 和表 6 - 2 - 2。

表 6 - 2 - 1　银行业规模竞争力指标体系

三级指标	四级指标
银行业规模	金融系统存款余额（X_{13}） 金融系统贷款余额（X_{14}） 城乡居民储蓄余额（X_{15}）

表 6 - 2 - 2　2014 年河南省各地市银行业规模竞争力排名

地　市	F_1	排名	银行业规模竞争力	排名
郑 州 市	3.8186	1	3.8186	1
开 封 市	− 0.3307	12	− 0.3307	12
洛 阳 市	0.4562	2	0.4562	2
平顶山市	− 0.1322	9	− 0.1322	9
安 阳 市	− 0.2213	10	− 0.2213	10
鹤 壁 市	− 0.6634	17	− 0.6634	17

地　市	F_1	排名	银行业规模竞争力	排名
新 乡 市	− 0.1008	7	− 0.1008	7
焦 作 市	− 0.3537	13	− 0.3537	13
濮 阳 市	− 0.4419	14	− 0.4419	14
许 昌 市	− 0.2248	11	− 0.2248	11
漯 河 市	− 0.5422	16	− 0.5422	16
三门峡市	− 0.4976	15	− 0.4976	15
商 丘 市	− 0.1311	8	− 0.1311	8
周 口 市	− 0.0568	5	− 0.0568	5
驻马店市	− 0.0625	6	− 0.0625	6
南 阳 市	0.2378	3	0.2378	3
信 阳 市	0.0053	4	0.0053	4
济 源 市	− 0.7587	18	− 0.7587	18

对比 2013 年河南省各个地市银行业规模竞争力的综合排名（见表 6 - 2 - 3），我们可以看到：在总排名中，郑州市连续两年的银行业规模竞争力指标的综合排名均为第 1 位，主要因为其银行业的分支机构和营业网点较多，经济发展水平较高，使其对资金的聚集能力高于其他地区；济源市的银行业规模竞争力指标的综合排名无论是 2014 年还是 2013 年都在河南省排名最后。其他地市 2014 年金融生态竞争力的排名与 2013 年相比变化不大，平顶山、新乡下降了 1 位，商丘、驻马店上升了 1 位，其他地市的 2014 年银行业规模竞争力指标的综合排名较上一年没有发生变化。

表 6 - 2 - 3　2013 年河南省各地市银行业规模竞争力排名

地　市	F_1	排名	银行业规模竞争力	排名
郑 州 市	3.8249	1	3.8249	1
开 封 市	− 0.3398	12	− 0.3398	12
洛 阳 市	0.4665	2	0.4665	2
平顶山市	− 0.1169	8	− 0.1169	8
安 阳 市	− 0.1699	10	− 0.1699	10
鹤 壁 市	− 0.6579	17	− 0.6579	17
新 乡 市	− 0.0966	6	− 0.0966	6
焦 作 市	− 0.3401	13	− 0.3401	13
濮 阳 市	− 0.4405	14	− 0.4405	14
许 昌 市	− 0.2192	11	− 0.2192	11
漯 河 市	− 0.5704	16	− 0.5704	16
三门峡市	− 0.4659	15	− 0.4659	15
商 丘 市	− 0.1488	9	− 0.1488	9

续表

地　　市	F_1	排名	银行业规模竞争力	排名
周 口 市	− 0. 0778	5	− 0. 0778	5
驻马店市	− 0. 1031	7	− 0. 1031	7
南 阳 市	0. 2257	3	0. 2257	3
信 阳 市	− 0. 0241	4	− 0. 0241	4
济 源 市	− 0. 7502	18	− 0. 7502	18

6.2.2　保险业规模竞争力指标综合评价

运用上述因子分析模型和方法，结合 SPSS 软件，我们对河南省 2014 年的 18 个地市的保险业规模指标进行综合分析，指标体系与排名分别见表 6 - 2 - 4 和表 6 - 2 - 5。

表 6 - 2 - 4　保险业规模竞争力指标体系

三级指标	四级指标
保险业规模	保险公司保费收入（X_{16}）
	保险赔付额（X_{17}）

表 6 - 2 - 5　2014 年河南省各地市保险业规模竞争力排名

地　　市	$F1$	排名	保险业规模竞争力	排名
郑 州 市	3. 6949	1	3. 6949	1
开 封 市	− 0. 3298	13	− 0. 3298	13
洛 阳 市	0. 5538	3	0. 5538	3
平顶山市	− 0. 1204	9	− 0. 1204	9
安 阳 市	− 0. 0638	5	− 0. 0638	5
鹤 壁 市	− 0. 8336	17	− 0. 8336	17
新 乡 市	− 0. 0959	7	− 0. 0959	7
焦 作 市	− 0. 2241	11	− 0. 2241	11
濮 阳 市	− 0. 2757	12	− 0. 2757	12
许 昌 市	− 0. 1452	10	− 0. 1452	10
漯 河 市	− 0. 4693	14	− 0. 4693	14
三门峡市	− 0. 5837	15	− 0. 5837	15
商 丘 市	− 0. 6208	16	− 0. 6208	16
周 口 市	0. 0371	4	0. 0371	4
驻马店市	− 0. 1171	8	− 0. 1171	8
南 阳 市	0. 5577	2	0. 5577	2
信 阳 市	− 0. 0742	6	− 0. 0742	6
济 源 市	− 0. 8899	18	− 0. 8899	18

对比 2013 年河南省各个地市保险业规模竞争力的综合排名（见表 6 - 2 - 6），我们可以看到：在保险业规模竞争力指标的总排名中，郑州市连续两年的保险业规模竞争力指标的综合排名均为第 1 位，体现了其保险业发展的水平较高。济源市连续两年保险业规模竞争力指标的综合排名都在河南省排最后。开封、焦作、濮阳、许昌、漯河、三门峡、南阳上升了 1 位；商丘下降了 9 位，下降较为明显；洛阳、平顶山下降了 1 位；安阳、信阳上升了 4 位；新乡、驻马店下降了 2 位；其他地市的 2014 年保险业规模竞争力指标的综合排名较上一年没有发生变化。

表 6 - 2 - 6　2013 年河南省各地市保险业规模竞争力排名

地　　市	F_1	排名	保险业规模竞争力	排名
郑 州 市	3.6660	1	3.6660	1
开 封 市	− 0.4666	14	− 0.4666	14
洛 阳 市	0.6212	2	0.6212	2
平 顶 山 市	− 0.1417	8	− 0.1417	8
安 阳 市	− 0.1693	9	− 0.1693	9
鹤 壁 市	− 0.8616	17	− 0.8616	17
新 乡 市	− 0.0515	5	− 0.0515	5
焦 作 市	− 0.1964	12	− 0.1964	12
濮 阳 市	− 0.2803	13	− 0.2803	13
许 昌 市	− 0.1753	11	− 0.1753	11
漯 河 市	− 0.5760	15	− 0.5760	15
三 门 峡 市	− 0.6502	16	− 0.6502	16
商 丘 市	− 0.0819	7	− 0.0819	7
周 口 市	0.0082	4	0.0082	4
驻 马 店 市	− 0.0602	6	− 0.0602	6
南 阳 市	0.5487	3	0.5487	3
信 阳 市	− 0.1746	10	− 0.1746	10
济 源 市	− 0.9586	18	− 0.9586	18

6.2.3　证券业规模竞争力指标综合评价

运用上述因子分析模型和方法，结合 SPSS 软件，我们对河南省 2014 年的 18 个地市的证券业规模指标进行综合分析，指标体系和排名分别见表 6 - 2 - 7 和表 6 - 2 - 8。

表 6 - 2 - 7　证券业规模竞争力指标体系

三级指标	四级指标
证券业规模	上市公司总资产（X_{18}）
	本地区股本总数（X_{19}）

表 6 - 2 - 8　2014 年河南省各地市证券业规模竞争力排名

地　　市	F_1	排名	证券业规模竞争力	排名
郑 州 市	2.0053	2	2.0053	2
开 封 市	- 0.8374	16	- 0.8374	16
洛 阳 市	2.5309	1	2.5309	1
平顶山市	0.7291	3	0.7291	3
安 阳 市	0.4511	5	0.4511	5
鹤 壁 市	- 1.0394	17	- 1.0394	17
新 乡 市	- 0.5772	11	- 0.5772	11
焦 作 市	0.2351	7	0.2351	7
濮 阳 市	- 0.7822	15	- 0.7822	15
许 昌 市	0.5211	4	0.5211	4
漯 河 市	0.0625	8	0.0625	8
三门峡市	- 0.2765	10	- 0.2765	10
商 丘 市	0.3337	6	0.3337	6
周 口 市	- 0.7130	13	- 0.7130	13
驻马店市	- 1.0394	17	- 1.0394	17
南 阳 市	- 0.2067	9	- 0.2067	9
信 阳 市	- 0.7458	14	- 0.7458	14
济 源 市	- 0.6513	12	- 0.6513	12

对比 2013 年河南省各地市证券业规模竞争力的综合排名（见表 6 - 2 - 9），我们可以看到：在证券业规模竞争力指标的总排名中，郑州市在 2014 年中排名第 2 位，比 2013 年下降了 1 位，而驻马店市、鹤壁市的证券业规模竞争力指标的综合排名无论是 2014 年还是 2013 年都在河南省排名最后，主要因为其没有国内上市的证券公司。洛阳上升了 1 位，2014 年排名第 1 位；新乡、焦作、漯河、三门峡、商丘、济源、安阳下降了 1 位；许昌上升了 4 位；南阳上升了 3 位；其他地市的 2014 年证券业规模竞争力指标的综合排名较上一年没有发生变化。

表 6 - 2 - 9　2013 年河南省各地市证券业规模竞争力排名

地　　市	F_1	排名	证券业规模竞争力	排名
郑 州 市	2.8631	1	2.8650	1
开 封 市	- 0.6985	16	- 0.7022	16
洛 阳 市	2.0122	2	2.01367	2
平顶山市	0.4368	3	0.43469	3
安 阳 市	0.4329	4	0.43093	4
鹤 壁 市	- 0.8682	17	- 0.8722	17
新 乡 市	- 0.5016	10	- 0.5049	10

地　　市	F_1	排名	证券业规模竞争力	排名
焦作市	0.2452	6	0.24334	6
濮阳市	−0.6746	15	−0.6782	15
许昌市	−0.0502	8	−0.0528	8
漯河市	0.0785	7	0.07606	7
三门峡市	−0.2109	9	−0.2138	9
商丘市	0.2466	5	0.24374	5
周口市	−0.6504	14	−0.6073	13
驻马店市	−0.8682	17	−0.8722	17
南阳市	−0.5950	12	−0.5986	12
信阳市	−0.6503	13	−0.6539	14
济源市	−0.5474	11	−0.5510	11

6.2.4　金融规模竞争力指标综合评价及排名

运用上述因子分析模型和方法，结合 SPSS 软件，我们对河南省 2014 年的 18 个地市经分析已经得到的银行业规模、保险业规模和证券业规模这三个指标进行分析，加权得到河南省金融规模竞争力指标，并对其进行综合分析（见表 6 - 2 - 10 和表 6 - 2 - 11）。

表 6 - 2 - 10　金融规模竞争力指标体系

二级指标	三级指标
金融规模竞争力	银行业规模
	保险业规模
	证券业规模

表 6 - 2 - 11　2014 年河南省各地市金融规模竞争力指标排名

地　　市	F_1	排名	金融规模竞争力	排名
郑州市	3.5474	1	3.5474	1
开封市	−0.5228	15	−0.5228	15
洛阳市	1.1982	2	1.1982	2
平顶山市	0.1348	4	0.1348	4
安阳市	0.0335	5	0.0335	5
鹤壁市	−0.9109	18	−0.9109	18
新乡市	−0.2602	10	−0.2602	10
焦作市	−0.1486	7	−0.1486	7
濮阳市	−0.5272	16	−0.5272	16
许昌市	0.0231	6	0.0231	6

续表

地　　市	F_1	排名	金融规模竞争力	排名
漯 河 市	− 0.3715	12	− 0.3715	12
三门峡市	− 0.5067	14	− 0.5067	14
商 丘 市	− 0.1845	8	− 0.1845	8
周 口 市	− 0.2351	9	− 0.2351	9
驻马店市	− 0.4011	13	− 0.4011	13
南 阳 市	0.2419	3	0.2419	3
信 阳 市	− 0.2646	11	− 0.2646	11
济 源 市	− 0.8458	17	− 0.8458	17

　　对比 2013 年河南省各地市金融规模竞争力的综合排名（见表 6 - 2 - 12），我们可以看到：在金融规模竞争力指标的总排名中，郑州市连续两年的金融规模竞争力指标的综合排名均为第 1 位，而鹤壁市的金融规模竞争力指标的综合排名无论是 2014 年还是 2013 年都在河南省排名最后。开封、漯河、周口上升了 1 位，新乡、濮阳、驻马店下降了 1 位，许昌上升了 2 位，商丘下降了 2 位，其他地市的金融规模竞争力指标综合排位没有发生变化。

表 6 - 2 - 12　2013 年河南省各地市金融规模竞争力排名

地　　市	F_1	排名	金融规模竞争力	排名
郑 州 市	3.6488	1	3.6488	1
开 封 市	− 0.5218	16	− 0.5218	16
洛 阳 市	1.0577	2	1.0577	2
平顶山市	0.0512	4	0.0512	4
安 阳 市	0.0208	5	0.0208	5
鹤 壁 市	− 0.8352	18	− 0.8352	18
新 乡 市	− 0.2193	9	− 0.2193	9
焦 作 市	− 0.1124	7	− 0.1124	7
濮 阳 市	− 0.4831	15	− 0.4831	15
许 昌 市	− 0.1589	8	− 0.1589	8
漯 河 市	− 0.3875	13	− 0.3875	13
三门峡市	− 0.4723	14	− 0.4723	14
商 丘 市	0.0825	6	0.0825	6
周 口 市	− 0.2402	10	− 0.2402	10
驻马店市	− 0.3460	12	− 0.3460	12
南 阳 市	0.0825	3	0.0825	3
信 阳 市	− 0.2867	11	− 0.2867	11
济 源 市	− 0.7974	17	− 0.7974	17

6.3 金融效率竞争力指标综合评价及排名

一个地区具有金融竞争力，不仅意味着该地区金融业在量上的扩张，而且意味着金融业在质上的提高。即金融竞争力的提高不仅在于金融机构规模的扩大、从业人数的增多，而且在于金融行业效率的全面提高。

金融效率竞争力是金融竞争力指标体系的第三个二级指标。同金融生态竞争力和金融规模竞争力一样，金融效率竞争力是一个综合性很强的指标。为了便于研究和分析，我们将其划分为宏观金融效率和微观金融效率两个三级指标。

6.3.1 宏观金融效率指标综合评价

运用上述因子分析模型和方法，结合 SPSS 软件，我们对河南省 2014 年的 18 个地市的宏观金融效率指标进行综合分析，指标体系及排名分别见表 6 - 3 - 1 和表 6 - 3 - 2。

表 6 - 3 - 1 宏观金融效率指标体系

三级指标	四级指标
宏观金融效率	经济储蓄动员力（X_{20}）
	储蓄投资转化系数（X_{21}）

表 6 - 3 - 2 2014 年河南省各地市宏观金融效率竞争力排名

地　　市	F_1	排名	宏观金融效率竞争力	排名
郑 州 市	0.6732	6	0.6732	6
开 封 市	- 0.1797	10	- 0.1797	10
洛 阳 市	- 0.6309	13	- 0.6309	13
平顶山市	1.1118	3	1.1118	3
安 阳 市	0.0392	9	0.0392	9
鹤 壁 市	- 1.1657	15	- 1.1657	15
新 乡 市	- 0.2431	12	- 0.2431	12
焦 作 市	- 1.2452	17	- 1.2452	17
濮 阳 市	- 0.1928	11	- 0.1928	11
许 昌 市	- 0.9122	14	- 0.9122	14
漯 河 市	0.1402	8	0.1402	8
三门峡市	- 1.2346	16	- 1.2346	16
商 丘 市	0.7925	5	0.7925	5
周 口 市	1.2037	2	1.2037	2
驻马店市	1.9153	1	1.9153	1

续表

地　　市	F_1	排名	宏观金融效率竞争力	排名
南 阳 市	0.5267	7	0.5267	7
信 阳 市	0.9820	4	0.9820	4
济 源 市	− 1.5803	18	− 1.5803	18

　　对比 2013 年河南省各地市宏观金融效率竞争力的综合排名（见表 6 – 3 – 3），我们可以看到：在宏观金融效率竞争力指标的总排名中，驻马店市连续两年的宏观金融效率竞争力指标的综合排名均为第 1 位，说明其具有较高的资金配置效率，而济源市的宏观金融效率竞争力指标的综合排名无论是 2014 年还是 2013 年都在河南省排最后。郑州、开封下降了 2 位，洛阳、新乡、焦作、三门峡、信阳下降了 1 位，濮阳下降了 4 位，漯河上升了 5 位，平顶山、南阳上升了 3 位，鹤壁上升了 2 位，其他地市的宏观金融效率竞争力指标综合排位没有发生变化。

表 6 – 3 – 3　2013 年河南省各地市宏观金融效率竞争力排名

地　　市	F_1	排名	宏观金融效率竞争力	排名
郑 州 市	1.1741	4	1.1741	4
开 封 市	0.1565	8	0.1565	8
洛 阳 市	− 0.5142	12	− 0.5142	12
平顶山市	0.4576	6	0.4576	6
安 阳 市	0.0971	9	0.0971	9
鹤 壁 市	− 1.2419	17	− 1.2419	17
新 乡 市	− 0.1105	11	− 0.1105	11
焦 作 市	− 1.1207	16	− 1.1207	16
濮 阳 市	0.1566	7	0.1566	7
许 昌 市	− 0.8043	14	− 0.8043	14
漯 河 市	− 0.6282	13	− 0.6282	13
三门峡市	− 1.1098	15	− 1.1098	15
商 丘 市	0.7021	5	0.7021	5
周 口 市	1.5108	2	1.5108	2
驻马店市	1.7618	1	1.7618	1
南 阳 市	− 0.0444	10	− 0.0444	10
信 阳 市	1.1976	3	1.1976	3
济 源 市	− 1.6401	18	− 1.6401	18

6.3.2　微观金融效率指标综合评价

　　运用上述因子分析模型和方法，结合 SPSS 软件，我们对河南省 2014 年的 18 个地市的微观金融效率指标进行综合分析，指标体系及排名分别见表6-3-4和表6-3-5。

表6-3-4　微观金融效率指标体系

三级指标	四级指标
微观金融效率	贷存比（X_{22}）
	证券市场效率（X_{23}）
	保险深度（X_{24}）

表6-3-5　2014年河南省各地市微观金融效率竞争力排名

地　　市	F_1	排名	微观金融效率竞争力	排名
郑 州 市	-0.3108	12	-0.3108	12
开 封 市	0.3643	7	0.3643	7
洛 阳 市	0.2324	9	0.2324	9
平 顶 山 市	-0.2745	11	-0.2745	11
安 阳 市	-1.0961	15	-1.0961	15
鹤 壁 市	2.0373	1	2.0373	1
新 乡 市	-0.0392	10	-0.0392	10
焦 作 市	0.4767	6	0.4767	6
濮 阳 市	-1.2771	18	-1.2771	18
许 昌 市	1.0614	2	1.0614	2
漯 河 市	0.3623	8	0.3623	8
三 门 峡 市	0.6410	4	0.6410	4
商 丘 市	0.6352	5	0.6352	5
周 口 市	-0.9059	14	-0.9059	14
驻 马 店 市	-1.1147	16	-1.1147	16
南 阳 市	-1.1535	17	-1.1535	17
信 阳 市	-0.6594	13	-0.6594	13
济 源 市	1.0316	3	1.0316	3

　　对比2013年河南省各地市微观金融效率竞争力的综合排名（见表6-3-6），我们可以看到：在微观金融效率指标的总排名中，2014年各地市的排名发生了较大的变化，这主要是由证券市场本身有着较大的波动性造成的。其中，郑州下降了6位，开封、焦作上升了7位，洛阳上升了3位，平顶山下降了1位，安阳、漯河下降了7位，鹤壁上升了17位，新乡上升了1位，濮阳下降了16位，许昌上升了13位，三门峡上升了12位，商丘下降了2位，周口、南阳下降了10位，驻马店下降了11位，信阳下降了4位，济源上升了14位。

表 6 - 3 - 6　2013 年河南省各地市微观金融效率竞争力排名

地　市	F_1	排名	微观金融效率竞争力	排名
郑 州 市	0.2989	6	0.2989	6
开 封 市	- 0.4302	14	- 0.4302	14
洛 阳 市	- 0.2723	12	- 0.2723	12
平顶山市	0.0517	10	0.0517	10
安 阳 市	0.1558	8	0.1558	8
鹤 壁 市	- 1.5100	18	- 1.5100	18
新 乡 市	0.0440	11	0.0440	11
焦 作 市	- 0.3267	13	- 0.3267	13
濮 阳 市	0.8108	2	0.8108	2
许 昌 市	- 0.4775	15	- 0.4775	15
漯 河 市	1.8109	1	1.8109	1
三门峡市	- 0.7637	16	- 0.7637	16
商 丘 市	0.4799	3	0.4799	3
周 口 市	0.4240	4	0.4240	4
驻马店市	0.3447	5	0.3447	5
南 阳 市	0.1787	7	0.1787	7
信 阳 市	0.0787	9	0.0787	9
济 源 市	- 0.8978	17	- 0.8978	17

6.3.3　金融效率竞争力指标综合评价及排名

运用上述因子分析模型和方法，结合 SPSS 软件，我们对河南省 2014 年的 18 个地市经分析已经得到的宏观金融效率和微观金融效率这两个指标进行分析，加权得到河南省金融效率竞争力指标，并对其进行综合分析（见表 6 - 3 - 7 和表 6 - 3 - 8）。

表 6 - 3 - 7　金融效率竞争力指标体系

二级指标	三级指标
金融效率竞争力	宏观金融效率
	微观金融效率

表 6 - 3 - 8　2014 年河南省各地市金融效率竞争力指标排名

地　市	F_1	排名	金融效率竞争力	排名
郑 州 市	0.3034	8	0.3034	8
开 封 市	- 0.4305	12	- 0.4305	12
洛 阳 市	- 0.6344	13	- 0.6344	13
平顶山市	0.9651	4	0.9651	4

地　　市	F_1	排名	金融效率竞争力	排名
安　阳　市	0.6170	6	0.6170	6
鹤　壁　市	−1.5034	17	−1.5034	17
新　乡　市	−0.0519	10	−0.0519	10
焦　作　市	−1.1072	16	−1.1072	16
濮　阳　市	0.5173	7	0.5173	7
许　昌　市	−1.0133	15	−1.0133	15
漯　河　市	−0.1041	11	−0.1041	11
三门峡市	−0.9022	14	−0.9022	14
商　丘　市	0.1147	9	0.1147	9
周　口　市	1.2821	2	1.2821	2
驻马店市	1.6044	1	1.6044	1
南　阳　市	1.0160	3	1.0160	3
信　阳　市	0.9587	5	0.9587	5
济　源　市	−1.6394	18	−1.6394	18

对比2013年河南省各地市金融效率竞争力的综合排名（见表6-3-9），我们可以看到：在金融效率竞争力指标总排名中，驻马店市的金融效率竞争力指标的综合排名均为第1位，而济源市的金融效率竞争力指标的综合排名无论是2014年还是2013年在河南省排名都比较靠后。其中，郑州、商丘下降了4位，平顶山上升了4位，安阳上升3位，鹤壁、新乡、信阳上升了1位，漯河下降了8位，许昌、焦作、济源下降了1位，三门峡上升了2位，南阳上升了7位，其他地市的金融效率竞争力指标综合排位没有发生变化。

表6-3-9　2013年河南省各地市金融效率竞争力指标排名

地　　市	F_1	排名	金融效率竞争力	排名
郑　州　市	0.8836	4	0.8836	4
开　封　市	−0.3303	12	−0.3303	12
洛　阳　市	−0.5103	13	−0.5103	13
平顶山市	0.3177	8	0.3177	8
安　阳　市	0.2572	9	0.2572	9
鹤　壁　市	−1.8888	18	−1.8888	18
新　乡　市	−0.0059	11	−0.0059	11
焦　作　市	−0.9400	15	−0.9400	15
濮　阳　市	0.6408	7	0.6408	7
许　昌　市	−0.8430	14	−0.8430	14
漯　河　市	1.1525	3	1.1525	3
三门峡市	−1.2759	16	−1.2759	16

续表

地　市	F_1	排名	金融效率竞争力	排名
商 丘 市	0.8216	5	0.8216	5
周 口 市	1.1766	2	1.1766	2
驻马店市	1.2640	1	1.2640	1
南 阳 市	0.2262	10	0.2262	10
信 阳 市	0.7514	6	0.7514	6
济 源 市	-1.6974	17	-1.6974	17

6.4　金融综合竞争力指标综合评价及排名

金融综合竞争力是金融竞争力指标体系的一级指标，也是我们分析一个地市金融竞争力的最终情况（见表 6 – 4 – 1 和表 6 – 4 – 2）。

表 6 – 4 – 1　金融综合竞争力指标体系

一级指标	二级指标
金融综合竞争力	金融生态竞争力
	金融规模竞争力
	金融效率竞争力

表 6 – 4 – 2　2014 年河南省各地市金融综合竞争力排名

地　市	F_1	排名	F_2	排名	金融综合竞争力	排名
郑 州 市	3.1691	1	0.4376	8	2.1865	1
开 封 市	-0.5947	16	-0.3857	12	-0.5196	15
洛 阳 市	1.4388	2	-0.6667	13	0.6814	2
平顶山市	-0.1187	7	0.9927	3	0.2811	4
安 阳 市	0.0973	6	0.5601	6	0.2638	5
鹤 壁 市	-0.7774	18	-1.4661	17	-1.0251	18
新 乡 市	-0.1445	8	-0.0889	11	-0.1245	9
焦 作 市	0.1907	4	-1.1547	16	-0.2933	13
濮 阳 市	-0.4759	13	0.4659	7	-0.1371	10
许 昌 市	0.1230	5	-0.9864	15	-0.2761	12
漯 河 市	-0.4522	11	-0.0744	10	-0.3163	14
三门峡市	-0.3095	9	-0.9180	14	-0.5284	16
商 丘 市	-0.4954	14	0.2085	9	-0.2422	11
周 口 市	-0.5017	15	1.2925	2	0.1437	7

地　　市	F_1	排名	F_2	排名	金融综合竞争力	排名
驻马店市	−0.6241	17	1.5803	1	0.1689	6
南 阳 市	0.3106	3	0.9358	4	0.5355	3
信 阳 市	−0.3641	10	0.9330	5	0.1025	8
济 源 市	−0.4713	12	−1.6727	18	−0.9035	17

　　对比2013年河南省各地市金融综合效率竞争力的综合排名（见表6-4-3），我们可以看到：在金融综合竞争力指标的总排名中，郑州市连续两年的金融综合竞争力指标的综合排名均为第1位，说明其作为河南省金融中心，发挥了其各种竞争力优势，而鹤壁市的金融综合竞争力指标的综合排名无论是2014年还是2013年都在河南省排最后，位于第18名。平顶山上升了5位，安阳、驻马店下降了1位，新乡、濮阳、许昌、信阳上升了2位，漯河下降了11位，商丘下降了5位，周口上升了1位，南阳上升了4位，其他地市的2014年金融综合竞争力指标的综合排名较上一年没有发生变化。

表6-4-3　2013年河南省各地市金融综合竞争力排名

地　　市	F_1	排名	F_2	排名	金融综合竞争力	排名
郑 州 市	3.7404	1	0.6131	7	2.6810	1
开 封 市	−0.5094	16	−0.2868	12	−0.4340	15
洛 阳 市	0.9538	2	−0.4935	13	0.4635	2
平顶山市	−0.1689	8	0.3691	8	0.0134	9
安 阳 市	−0.0888	6	0.2765	9	0.0349	4
鹤 壁 市	−0.4040	11	−1.8693	18	−0.9004	18
新 乡 市	−0.1710	9	−0.0111	11	−0.1169	11
焦 作 市	0.0788	3	−0.9373	15	−0.2654	13
濮 阳 市	−0.5001	15	0.6282	6	−0.1179	12
许 昌 市	−0.0401	4	−0.8198	14	−0.3043	14
漯 河 市	−0.4231	13	1.1076	3	0.0955	3
三门峡市	−0.0915	7	−1.2978	16	−0.5002	16
商 丘 市	−0.4126	12	0.9078	4	0.0347	6
周 口 市	−0.6028	17	1.2342	2	0.0195	8
驻马店市	−0.6061	18	1.2861	1	0.0349	5
南 阳 市	−0.0877	5	0.2651	10	0.0318	7
信 阳 市	−0.4666	14	0.7772	5	−0.0453	10
济 源 市	−0.2001	10	−1.7490	17	−0.7248	17

　　综合来看，在河南省的18个地市中，2013~2014年的区域金融综合竞争力指标，郑州市始终处于领头羊的位置，说明作为河南省金融中心，郑州市发挥了充足的资源优势和

独特的区位优势，由于地区优势具有不可替代性的物理特性，是其核心竞争力的源泉之一，郑州市的这种领先地位将继续保持下去；从 2013～2014 年的发展来看，洛阳、平顶山、南阳这三个地区的金融市场逐渐活跃起来，有着一定的发展势头，如果继续保持正常的态势，其和郑州市的金融业的差距将越来越小；鹤壁市由于各种原因，导致了金融市场发展欠缺，连续两年综合排名都处于第 18 位；其他地区的金融业比较平稳，没有出现较大的波动。

区域篇（河南部分）

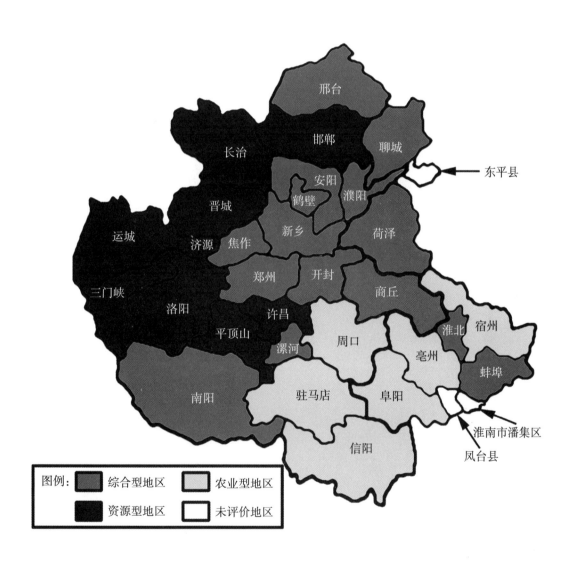

邢台

邯郸

聊城

长治

安阳

濮阳

东平县

晋城

鹤壁

运城

济源

新乡

荷泽

焦作

郑州

开封

三门峡

商丘

洛阳

淮北

宿州

许昌

平顶山

漯河

周口

亳州

蚌埠

南阳

驻马店

阜阳

淮南市潘集区

凤台县

信阳

图例：　综合型地区　　　农业型地区

　　　　资源型地区　　　未评价地区

第7章
郑州市 2014 年金融竞争力研究报告

7.1 郑州市概述

郑州市是全国重要的铁路、航空、高速公路、电力、邮政电信主枢纽城市，中国中部地区重要的工业城市。郑州商品交易所是三大全国性商品交易所之一，"郑州价格"一直是世界粮食生产和流通的指导价格。郑州航空（港）经济综合实验区是中国首个航空港经济发展先行区，是郑州市朝着国际航空物流中心、国际化陆港城市、国际性的综合物流区、高端制造业基地和服务业基地方向发展的主要载体。

2014 年，郑州市全年完成地区生产总值 6783 亿元，其中第三产业增加值 2862.4 亿元；固定资产投资 5259.60 亿元；社会消费品零售总额 2913.6 亿元；直接进出口总额 464.3 亿美元；地方财政总收入 1268.6 亿元；金融机构各项存款余额 13955.6 亿元。

7.2 郑州市金融生态竞争力分析

7.2.1 郑州市金融生态环境的三级指标：区域经济实力

2013～2014 年，郑州市区域经济实力竞争力指标及其下属指标在河南省的排位变化情况，如表 7-2-1 和图 7-2-1 所示。

表 7-2-1 郑州市 2013～2014 年区域经济实力竞争力及其四级指标

年　　份		GDP（亿元）	人均 GDP（元）	固定资产投资（亿元）	人均固定资产投资（元）	城镇人均可支配收入（元）	农村人均纯收入（元）	财政收入（亿元）	区域经济实力竞争力
2013	原　值	6201.9	68070	4400.2	48295.14	26615	14009	723.6	1.9375
	标准化后	3.4865	2.1498	3.2727	1.6403	2.4382	2.5030	3.8395	
2014	原　值	6783	72328.25	5259.6	56084.45	29095.00	15470	833.9	2.1617
	标准化后	3.5518	1.9923	3.3628	1.6236	2.4297	2.4898	3.7774	
2013 年排名		1	1	1	3	1	1	1	1
2014 年排名		1	1	1	3	1	1	1	1
升降		0	0	0	0	0	0	0	0

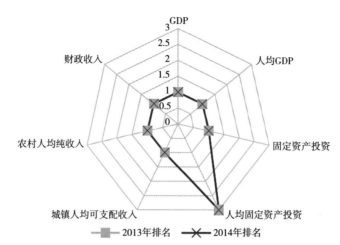

图 7 - 2 - 1　郑州市 2013～2014 年区域经济实力竞争力及其四级指标比较

①2014 年郑州市区域经济实力竞争力在整个河南省的综合排位处于第 1 位，与 2013 年相比排位没有发生变化，在河南省排名处于绝对优势地位。

②从指标所处水平看，GDP、财政收入、固定资产投资、城镇人均可支配收入、人均 GDP、农村人均纯收入指标在河南省排位均处于第 1 位，人均固定资产投资排名第 3 位，说明郑州市的区域经济实力竞争力在河南省处于领先地位。

③从雷达图图形变化看，2014 年与 2013 年相比，由于各个指标的排名没有发生变动，雷达图的面积与上年相等，郑州市区域经济实力竞争力保持不变的态势。

④从排位变化的动因来看，各项指标排名均没有变化，所以 2014 年郑州市区域经济实力竞争力指标综合排位保持不变，位居河南省第 1 位。

7.2.2　郑州市金融生态环境的三级指标：区域开放程度

2013～2014 年，郑州市区域开放程度竞争力指标及其下属指标在河南省的排位变化情况，如表 7 - 2 - 2 所示。

表 7 - 2 - 2　郑州市 2013～2014 年区域开放程度竞争力及其四级指标

年　份		实际利用外资额	进出口总额	区域开放程度竞争力
2013	原值（万美元）	332000	4275000	3.8172
	标准化后	3.3075	3.9929	
2014	原值（万美元）	363000	4643000	3.4310
	标准化后	3.3090	3.0214	
2013 年排名		1	1	1
2014 年排名		1	1	1
升降		0	0	0

①2014 年郑州市区域开放程度竞争力经过标准化和加权处理后得分为 3.4310，在整个河南省中处于第 1 位，其区域开放程度竞争力在河南省处于明显的优势地位，与 2013

年相比排位没有发生变化。

②从指标所处水平看，实际利用外资额与进出口总额两个指标均在 2014 年河南省各地市中处于第 1 位，在全省范围内处于优势地位。表明郑州市经济开放程度较高，外资利用效率高，对经济发展的拉动作用十分明显。

③从排位变化的动因看，2014 年郑州市实际利用外资额和进出口总额在河南省的排位均未发生变化，所以 2014 年的区域开放程度竞争力指标的综合排位没有发生变化，仍处于河南省第 1 位。

7.2.3　郑州市金融生态环境的三级指标：区域服务水平

2013～2014 年，郑州市金融生态环境区域服务水平竞争力指标及其下属指标在河南省的排位情况，如表 7-2-3 和图 7-2-2 所示。

表 7-2-3　郑州市 2013～2014 年区域服务水平竞争力及四级指标

年　　份		会计师事务所数量	律师事务所数量	资产评估事务所数量	区域服务水平竞争力
2013	原值（所）	209	227	88	3.8958
	标准化后	3.9628	3.7171	3.9129	
2014	原值（所）	158	235	90	0.4234
	标准化后	0.2916	−0.6359	3.9158	
2013 年排名		1	1	1	1
2014 年排名		1	1	1	3
升降		0	0	0	−2

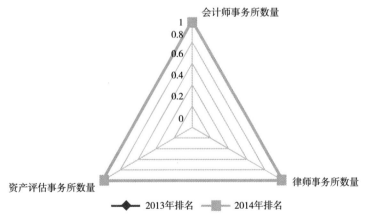

图 7-2-2　郑州市 2013～2014 年区域服务水平竞争力及其四级指标比较

①2014 年郑州市区域服务水平竞争力综合排位处于第 3 位，在河南省处于优势的地位；与 2013 年相比，排位下降 2 位。

②从指标所处水平看，2014 年郑州市会计师事务所数量排名第 1 位、资产评估事务

所排名第 1 位，整体区域服务水平竞争力与 2013 年相比略有下降，处于第 3 位。

③从雷达图图形的变化上来看，2014 年和 2013 年的面积没有变化。

7.2.4 郑州市金融生态竞争力指标分析

2013～2014 年，郑州市金融生态竞争力指标及其下属指标在河南省的排位变化和指标结构情况，如表 7 - 2 - 4 所示。

表 7 - 2 - 4 郑州市 2013～2014 年金融生态竞争力指标及其三级指标

年　份	区域经济实力竞争力	区域开放程度竞争力	区域服务水平竞争力	金融生态竞争力
2013	1.9375	3.8172	3.8958	3.7474
2014	2.1617	3.4310	0.4234	2.6056
2013 年排位	1	1	1	1
2014 年排位	1	1	3	1
升降	0	0	- 2	0

①2014 年郑州市金融生态竞争力综合排位为第 1 名，在河南省的总体排位上处于绝对优势的位置。

②从指标所处水平看，区域经济实力竞争力排名为第 1 位，区域开放程度竞争力排名仍为第 1 位，区域服务水平竞争力排名下降 2 位，为第 3 名。三个指标均处于上游区，优势明显。

③从指标变化趋势上来看，2014 年与 2013 年相比，除区域服务水平竞争力下降 2 位之外，其他指标排名均未发生变化，仍是第 1 位。保持绝对优势的地位。

④从排位的综合分析可以看出，三个指标的绝对优势决定了 2014 年郑州市金融生态竞争力综合排位仍居于河南省第 1 位，说明郑州市经济发展态势良好，在河南省处于领先的地位。同时，也显示出郑州市作为河南省省会对全省经济金融发展上起到的引领和带动作用，表明了郑州市发挥了其金融中心的核心作用。

7.3 郑州市金融规模竞争力分析

7.3.1 郑州市金融规模竞争力的三级指标：银行业规模

2013～2014 年，郑州市银行业规模竞争力指标及其下属指标在河南省的排位变化情况，如表 7 - 3 - 1 和图 7 - 3 - 1 所示。

表 7 - 3 - 1 郑州市 2013～2014 年银行业规模竞争力及其四级指标

年　份		金融系统存款余额	金融系统贷款余额	城乡居民储蓄余额	银行业规模竞争力
2013	原值（亿元）	12450.50	9342.30	4475.30	3.8249
	标准化后	3.8611	3.9274	3.5846	

续表

年　　份		金融系统存款余额	金融系统贷款余额	城乡居民储蓄余额	银行业规模竞争力
2014	原值（亿元）	13955.60	10868.30	4839.30	3.8186
	标准化后	3.8573	3.9253	3.5690	
2013 年排名		1	1	1	1
2014 年排名		1	1	1	1
升降		0	0	0	0

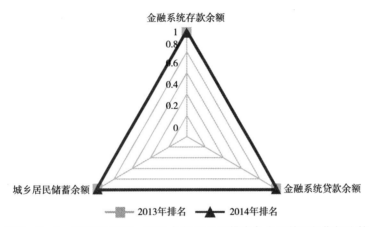

图 7 - 3 - 1　郑州市 2013～2014 年银行业规模竞争力及其四级指标比较

①2014 年郑州市银行业规模竞争力在河南省排名为第 1 位，在全省处于绝对优势的地位。与 2013 年相比排名没有发生变化。

②从指标所处的水平来看，金融系统贷款余额、金融系统贷款余额和城乡居民储蓄余额均位于第 1 位，均为绝对优势指标，说明郑州市银行业规模较大，拉动经济发展，促进金融建设能力较强。

③从雷达图的图形上看，2014 年的面积与 2013 年的比较图形无变化，金融系统存款余额、金融系统贷款余额和城乡居民储蓄余额三个指标排名与 2013 年相比均没有变化，处于绝对优势的位置，郑州市银行业规模竞争力指标综合排名保持不变，位居全省第 1 位。

7.3.2　郑州市金融规模竞争力的三级指标：保险业规模

2013～2014 年，郑州市保险业规模竞争力指标及其下属指标在河南省的排位变化情况，如表 7 - 3 - 2 所示。

表 7 - 3 - 2　郑州市 2013～2014 年保险业规模竞争力及其四级指标

年　　份		保险公司保费收入	保险赔付额	保险业规模竞争力
2013	原值（亿元）	222.10	61.44	3.6660
	标准化后	3.7200	3.5994	

年　份		保险公司保费收入	保险赔付额	保险业规模竞争力
2014	原值（亿元）	277.90	71.50	3.6949
	标准化后	3.7512	3.6239	
2013 年排名		1	1	1
2014 年排名		1	1	1
升降		0	0	0

①2014 年郑州市保险业规模竞争力经过标准化和加权处理后得分为 3.6949，在整个河南省中处于第 1 位，在河南省处于绝对优势地位，与 2013 年相比排位没有发生变化。

②从指标所处水平看，保险公司保费收入、保险赔付额这两个指标在 2014 年的河南省各个地市中均处于第 1 位，即在整个省域内处于上游区，且为绝对优势指标，说明该地区的保险业规模较大，保险业规模竞争力较强。

③从排位变化的动因看，2014 年郑州市的保险公司保费收入和保险赔付额在河南省的排位均没有发生变化，使其 2014 年的保险业规模竞争力指标的综合排位保持不变，位居河南省第 1 位。

7.3.3　郑州市金融规模竞争力的三级指标：证券业规模

2013 ~ 2014 年，郑州市证券业规模竞争力指标及其下属指标在河南省的排位变化情况，如表 7 - 3 - 3 所示。

表 7 - 3 - 3　郑州市 2013 ~ 2014 年证券业规模竞争力及其四级指标

年　份		上市公司总资产（亿元）	本地区股本总数（亿股）	证券业规模竞争力
2013	原　值	1087.26	111.27	2.8631
	标准化后	3.0348	2.5815	
2014	原　值	918.19	67.53	2.0053
	标准化后	2.4254	1.3942	
2013 年排名		1	1	1
2014 年排名		1	2	2
升降		0	- 1	- 1

①2014 年郑州市证券业规模竞争力指标经过标准化和加权处理后得分为 2.0053，在整个河南省中排第 2 位，在河南省处于明显的优势地位，与 2013 年相比下降 1 位。

②从指标所处水平看，2014 年郑州市上市公司总资产排名为第 1 位，与 2013 年相比排名无变化；本地区股本总数排名为第 2 位，与 2013 年相比排名下降 1 位，两项指标仍处于上游区，优势明显。

③从指标变化趋势看，2014 年郑州市本地区股本总数指标与 2013 年相比下降 1 位，位居第 2 位，上市公司总资产指标排名没有变化。

④从排位综合分析看，由于郑州市本地区股本总数排名下降 1 位，导致其证券业规模竞争力下降 1 位，位居第 2 名。郑州市证券业规模整体来说仍然很大，这说明郑州市依然保有较强的社会融资能力。

7.3.4 郑州市金融规模竞争力指标分析

2013～2014 年，郑州市金融规模竞争力指标及其下属指标在河南省的排位变化和指标结构情况，如表 7－3－4 所示。

表 7－3－4 郑州市 2013～2014 年金融规模竞争力指标及其三级指标

年 份	银行业规模竞争力	保险业规模竞争力	证券业规模竞争力	金融规模竞争力
2013	3.8249	3.6660	2.8631	3.6488
2014	3.8186	3.6949	2.0053	3.5474
2013 年排位	1	1	1	1
2014 年排位	1	1	2	1
升降	0	0	－1	0

①2014 年郑州市金融规模竞争力综合排位处于第 1 位，在河南省处于绝对优势地位，与 2013 年相比排位没有变化。

②从指标所处水平看，2014 年郑州市证券业规模竞争力处于第 2 位，银行业规模竞争力和保险业规模竞争力均位居第 1 位，处于绝对优势地位。

③从指标变化趋势看，2014 年郑州市证券业规模竞争力排名与上年相比下降 1 位，银行业规模竞争力和保险业规模竞争力排名没有变化，均处于绝对优势地位。

④从排位综合分析看，虽然证券业规模竞争力指标排名与上年相比有所下降，但其余指标排名仍位于第 1 位，这就决定了郑州市的金融规模竞争力在河南省仍具有绝对优势，银行业、保险业和证券业的迅速发展保证了郑州市拥有多种稳定的融资渠道，使得郑州市能够容纳较多的资金供求者，有效地实现了区域内资金供给和需求的良好对接。总的来看，郑州市具有强大的金融规模竞争力，这有力地促进了郑州市的金融发展。

7.4 郑州市金融效率竞争力分析

7.4.1 郑州市金融效率竞争力的三级指标：宏观金融效率

2013～2014 年，郑州市宏观金融效率竞争力指标及其下属指标在河南省的排位变化情况，如表 7－4－1 所示。

表 7－4－1 郑州市 2013～2014 年宏观金融效率竞争力及其四级指标

年 份		经济储蓄动员力	储蓄投资转化系数	宏观金融效率竞争力
2013	原 值	0.72	1.02	1.1246
	标准化后	0.9628	1.2268	

续表

年　份		经济储蓄动员力	储蓄投资转化系数	宏观金融效率竞争力
2014	原　值	0.71	0.92	0.6732
	标准化后	0.4952	0.8171	
2013 年排名		4	3	4
2014 年排名		7	4	6
升降		−3	−1	−2

①2014 年郑州市宏观金融效率竞争力指标经过标准化和加权处理后得分为 0.6732，在整个河南省中处于第 6 位，在河南省处于较优势地位，与 2013 年相比排位下降 2 位。

②从指标所处水平看，郑州市经济储蓄动员力在河南省排名为第 7 位，处于中势地位，储蓄投资转化系数排名为第 4 位，处于优势地位。

③从排位变化的动因看，2014 年郑州市的经济储蓄动员力、储蓄投资转化系数在河南省的排位中分别下降 3 位和 1 位，2014 年郑州市的宏观金融效率竞争力指数在河南省的排位居第 6 位。郑州市的宏观金融效率在河南省的排位仍比较靠前，这说明郑州市的宏观经济对储蓄资源的动员力仍然较强，储蓄向投资转化的渠道也较为顺畅。郑州市宏观金融效率竞争力仍处于较优势地位，但应进一步提升资金利用效率，拓宽资金转化渠道，进一步加强郑州市在宏观金融效率竞争力这个方面的优势地位。

7.4.2　郑州市金融效率竞争力的三级指标：微观金融效率

2013～2014 年，郑州市微观金融效率竞争力指标及其下属指标在河南省的排位变化情况，如表 7-4-2 和图 7-4-1 所示。

表 7-4-2　郑州市 2013～2014 年微观金融效率竞争力及其四级指标

年　份		贷存比	保险深度	证券市场效率	微观金融效率竞争力
2013	原　值	0.7504	0.0358	0.11	0.2989
	标准化后	1.1725	1.7929	0.0946	
2014	原　值	0.7788	0.0410	0.08	−0.3108
	标准化后	1.2187	1.8785	0.0842	
2013 年排名		3	1	5	6
2014 年排名		2	1	12	12
升降		1	0	−7	−6

①2014 年郑州市微观金融效率竞争力指标在整个河南省的综合排位处于第 12 位，与 2013 年相比排位下降了 6 位。

②从指标所处水平看，2014 年郑州市的贷存比排位为第 2 位，属于绝对优势指标，保险深度在全省中的排名为第 1 位，也处于绝对优势地位，证券市场效率指标排名为第 12 位，属于中势指标。

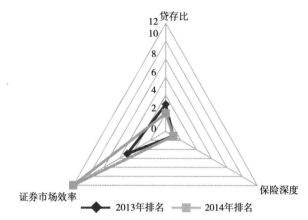

图 7 - 4 - 1　郑州市 2013 ~ 2014 年微观金融效率竞争力及其四级指标比较

③从雷达图图形变化看，2014 年与 2013 年相比，面积有所扩大，说明郑州市微观效率竞争力呈下降趋势。

④从排位变化的动因看，在贷存比指标排名上升 1 位，证券市场效率指标排名下降 7 位，保险深度指标排名不变的综合作用下，2014 年郑州市微观金融效率竞争力指标综合排位下降了 6 位，位居河南省第 12 位。

7.4.3　郑州市金融效率竞争力指标分析

2013 ~ 2014 年，郑州市金融效率竞争力指标及其下属指标在河南省的排位变化和指标结构情况，如表 7 - 4 - 3 所示。

表 7 - 4 - 3　郑州市 2013 ~ 2014 年金融效率竞争力指标及其三级指标

年　　份	宏观金融效率	微观金融效率	金融效率竞争力
2013	1.1246	0.2989	0.8836
2014	0.6732	- 0.3108	0.3034
2013 年排名	4	6	4
2014 年排名	6	12	8
升降	- 2	- 6	- 4

①2014 年郑州市金融效率竞争力指标综合排位处于第 8 位，在河南省处于中势地位，与 2013 年相比，排位下降 4 位。

②从指标所处水平看，2014 年郑州市宏观金融效率在整个河南省处于第 6 位，而微观金融效率排名处于第 12 位。

③从指标变化趋势看，郑州市 2014 年宏观金融效率指标和微观金融效率指标排名与上年相比分别下降了 2 位和 6 位。

④从排位综合分析看，在郑州市宏观金融效率和微观金融效率排位变化的综合作用下，2014 年郑州市金融效率竞争力指标排名发生变化，处于第 8 位。这说明郑州市金融

效率发展水平仍具备一定的竞争力，同时还有进一步提升的空间，加强金融效率竞争力的建设可以有力地促进金融系统的优化，提升资源配置。

7.5 郑州市金融综合竞争力指标分析

2013~2014 年，郑州市金融综合竞争力指标及其下属指标在河南省的排位变化和指标结构情况，如表 7－5－1 所示。

表 7－5－1　郑州市 2013~2014 年金融综合竞争力指标及其二级指标

年　　份	金融生态竞争力	金融规模竞争力	金融效率竞争力	金融综合竞争力
2013	3.7474	3.6488	0.8836	2.6810
2014	2.6056	3.5474	0.3034	2.1865
2013 年排名	1	1	4	1
2014 年排名	1	1	8	1
升降	0	0	－4	0

①2014 年郑州市金融综合竞争力综合排位处于第 1 位，在河南省处于绝对优势地位，与 2013 年相比，排位没有发生变化。

②从指标所处水平看，2014 年郑州市金融生态竞争力和金融规模竞争力指标排名均为第 1 位，处于上游区，居于绝对优势的地位；金融效率竞争力指标排名处于第 8 位，处于中势地位。

③从指标变化趋势看，金融规模竞争力、金融生态竞争力指标与上一年相比均没有变化，金融效率竞争力指标与上年相比下降 4 位。郑州市各项指标排名位居前列且十分稳定。

④从排位综合分析看，金融生态竞争力和金融规模竞争力指标均位居河南省第 1 位，显示郑州市强大的金融实力，也体现了郑州市在金融领域对全省起到了一个带头拉动的作用；虽然金融效率竞争力指标稍弱于前面两个指标的排名，这其中既有本地金融机构运营效率还不够高的影响，也有本地金融规模庞大的客观作用，但总体来说郑州市仍具有较高的金融效率竞争力。综上所述，无论以怎样的标准去衡量，郑州市金融竞争力在河南省具有明显的优势这一结论是确定的。郑州市遥遥领先的金融竞争力不仅有力地促进了当地经济的高速发展，也带动了河南全省的经济发展和金融领域的进步。

第 8 章
开封市 2014 年金融竞争力研究报告

8.1 开封市概述

开封是中原经济区的核心城市之一,河南省中原城市群和沿黄"三点一线"黄金旅游线路三大中心城市之一。开封工业主要形成于新中国成立之初的"一五"和"二五"时期,是河南省的老工业基地,河南省第一台电视机、第一台电冰箱、第一辆自行车、第一台缝纫机、第一台半导体收音机都出自开封。

2014 年开封市地区生产总值 1492.06 亿元,按可比口径计算,比上年增长 9.4%,其中第三产业增加值 528.87 亿元,增长 9.7%。全年全市社会消费品零售总额 661.92 万元,比上年增长 13.0%;全年全市进出口总值 44005 万美元,比上年下降 11.97%,国内外贸易运行平稳。截至 2014 年末,金融机构各项人民币存款余额 1274.08 亿元,同比增长 12.33%;金融机构各项贷款余额 864.41 亿元,增长 23.59%。

8.2 开封市金融生态竞争力分析

8.2.1 开封市金融生态环境的三级指标:区域经济实力

2013~2014 年,开封市区域经济实力竞争力指标及其下属指标在河南省的排位变化情况,如表 8-2-1 和图 8-2-1 所示。

表 8-2-1 开封市 2013~2014 年区域经济实力竞争力及其四级指标

年 份		GDP (亿元)	人均 GDP (元)	固定资产投资 (亿元)	人均固定资产投资 (元)	城镇人均可支配收入 (元)	农村人均纯收入 (元)	财政收入 (亿元)	区域经济实力竞争力
2013	原 值	1363.54	29349	941.68	20268.62	19492	8355	80.74	-0.5971
	标准化后	-0.3531	-0.5417	-0.5133	-0.7889	-1.0286	-0.5609	-0.2959	
2014	原 值	1492.06	32800	1135.63	24964.39	21467	9316	96.19	-0.5353
	标准化后	-0.2993	-0.2816	-0.3337	--0.4492	-0.7581	-0.9815	-0.5596	
2013 年排名		13	13	15	15	15	13	11	14
2014 年排名		12	11	14	15	15	13	11	14
升降		1	2	1	0	0	0	0	0

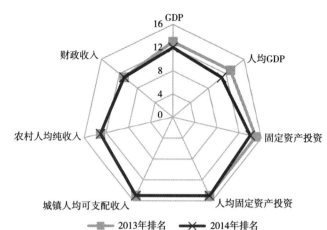

图 8 - 2 - 1　开封市 2013~2014 年区域经济实力竞争力及其四级指标比较

①2014 年开封市区域经济实力竞争力在整个河南省的综合排位处于第 14 位，表明其在河南省处于较劣势地位，与 2013 年相比排位没有发生变化。

②从指标所处水平看，人均 GDP 和财政收入排位均为第 11 名，处于中游区；其余各项指标排位更为靠后，均处于中下游区。2014 年开封市区域经济实力竞争力在河南省处于较劣势地位。

③从雷达图图形变化看，2014 年与 2013 年相比，面积略有缩小，开封市区域经济实力竞争力呈现优化趋势，但优化趋势并不显著。

④从排位变化的动因看，GDP 和固定资产投资两个指标的排名上升 1 位，人均 GDP 排名上升 2 位，其余指标的排名不变，区域经济实力竞争力指标本应呈现上升趋势，但在其他地市排名的相对变化下，2014 年开封市区域经济实力竞争力指标位于第 14 位，排位保持不变。这可能是由于开封市部分指标排名虽然未发生变动，但与其他地市的绝对差距增大，综合作用下区域经济实力竞争力排名不变。

8.2.2　开封市金融生态环境的三级指标：区域开放程度

2013~2014 年，开封市区域开放程度竞争力指标及其下属指标在河南省的排位变化情况，如表 8 - 2 - 2 所示。

表 8 - 2 - 2　开封市 2013~2014 年区域开放程度竞争力及其四级指标

年　份		实际利用外资额	进出口总额	区域开放程度竞争力
2013	原值（万美元）	43898	49988	- 0.3621
	标准化后	- 0.3964	- 0.2961	
2014	原值（万美元）	46748	44005	- 0.6375
	标准化后	- 0.4196	- 0.7565	
2013 年排名		12	12	13
2014 年排名		12	14	15
升降		0	- 2	- 2

①2014 年开封市区域开放程度竞争力经过标准化和加权处理后得分为 - 0.6375，在河南省 18 个地市中排名为第 15 位，处于较劣势地位，与 2013 年相比下降 2 位。

②从指标所处水平看，2014 年开封市实际利用外资额和进出口总额这两个指标的排名分别为第 12 名和第 14 名，在整个河南省处于中下游区。说明其对外贸易发展程度较低，招商引资力度较小。

③从排位变化的动因看，2014 年开封市进出口总额指标排名较上年下降 2 位，因此 2014 年其区域开放程度竞争力排名下降 2 位，位于第 15 位。开封市整体经济实力较差，高新技术产业规模偏小，不具有明显的经济增长点，导致其招商引资和对外贸易水平与其余地市间的差距逐渐拉大。

8.2.3　开封市金融生态环境的三级指标：区域服务水平

2013~2014 年，开封市金融生态环境区域服务水平竞争力指标及其下属指标在河南省的排位情况，如表 8-2-3 和图 8-2-2 所示。

表 8-2-3　开封市 2013~2014 年区域服务水平竞争力及四级指标

年　　份		会计师事务所数量	律师事务所数量	资产评估事务所数量	区域服务水平竞争力
2013	原值（所）	12	24	5	- 0.3473
	标准化后	- 0.2533	- 0.4608	- 0.3202	
2014	原值（所）	12	24	5	- 0.4085
	标准化后	- 0.1458	- 0.5838	- 0.2944	
2013 年排位		10	15	11	14
2014 年排位		9	15	10	13
升降		1	0	1	1

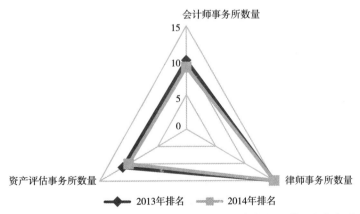

图 8-2-2　开封市 2013~2014 年区域服务水平竞争力及其四级指标比较

①2014 年开封市区域服务水平竞争力综合排位处于第 13 位，表明其在河南省处于较

劣势地位；与 2013 年相比排位上升了 1 位。

②从指标所处水平看，2014 年开封市会计师事务所数量和资产评估事务所数量在河南省的排位分别为第 9 位和第 10 位，处于中游水平；律师事务所数量的排位较为靠后，处于中下游区，开封市尚不具备完善的金融服务体系。

③从雷达图图形的变化上来看，2014 年雷达图面积与上年相比有所缩小，开封市区域服务水平竞争力呈现优化趋势。

8.2.4　开封市金融生态竞争力指标分析

2013~2014 年，开封市金融生态竞争力指标及其下属指标在河南省的排位变化和指标结构情况，如表 8-2-4 所示。

表 8-2-4　开封市 2013~2014 年金融生态竞争力指标及其三级指标

年　　份	区域经济实力竞争力	区域开放程度竞争力	区域服务水平竞争力	金融生态竞争力
2013	-0.5971	-0.3621	-0.3473	-0.5176
2014	-0.5353	-0.6375	-0.4085	-0.6313
2013 年排位	14	13	14	15
2014 年排位	14	15	13	15
升降	0	-2	1	0

①2014 年开封市金融生态竞争力综合排位处于第 15 位，表明其在河南省处于较劣势地位；与 2013 年相比排名没有发生变化。

②从指标所处水平看，2014 年区域经济实力竞争力、区域开放程度竞争力、区域服务水平竞争力三个指标的排位分别为第 14 位、第 15 位和第 13 位，全部处于中下游区。

③从指标变化趋势看，区域开放程度竞争力指标排位下降 2 位，区域服务水平竞争力指标排位上升 1 位，而区域经济实力竞争力排位没有发生变化。综合作用下，2014 年开封市金融生态竞争力排位保持不变。

④从排位综合分析看，由于三个指标均处于较劣势地位，决定了 2014 年开封市金融生态竞争力综合排位为第 15 位。开封市在发展中存在众多问题，产业层次低、生产规模小、科技人才缺乏等问题制约了开封市的发展，使得开封市经济发展的动力不足。经济水平的落后和新兴产业的匮乏又在一定程度上打击了外界投资的积极性。因此，开封市政府必须清楚意识到自身存在的问题，找准经济增长点，促进经济又好又快地发展，为金融业的发展提供良好的基础和保障。

8.3　开封市金融规模竞争力分析

8.3.1　开封市金融规模竞争力的三级指标：银行业规模

2013~2014 年，开封市银行业规模竞争力指标及其下属指标在河南省的排位变化情况，如表 8 - 3 - 1 和图 8 - 3 - 1 所示。

表 8 - 3 - 1 开封市 2013 ~ 2014 年银行业规模竞争力及其四级指标

年 份		金融系统存款余额	金融系统贷款余额	城乡居民储蓄余额	银行业规模竞争力
2013	原值（亿元）	1134.27	699.42	763.83	- 0.3398
	标准化后	- 0.3418	- 0.2823	- 0.3867	
2014	原值（亿元）	1274.08	864.41	855.91	- 0.3307
	标准化后	0.4815	0.3385	0.5355	
2013 年排名		13	13	12	12
2014 年排名		12	10	12	12
升降		1	3	0	0

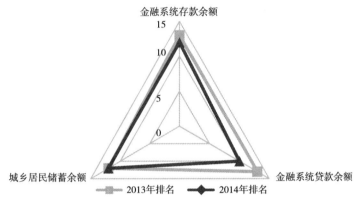

图 8 - 3 - 1 开封市 2013 ~ 2014 年银行业规模竞争力及其四级指标比较

①2014 年开封市银行业规模竞争力在整个河南省的综合排位处于第 12 位，表明其在河南省处于较劣势地位；与 2013 年相比排位没有发生变化。

②从指标所处水平看，2014 年开封市金融系统贷款余额排名为第 10 位，处于中游区；金融系统存款余额和城乡居民储蓄余额的排名均为第 12 位，处于中下游区。开封市银行业规模各项指标排名整体较为靠后，与其余地市相比存在一定差距。

③从雷达图图形变化看，2014 年与 2013 年相比，面积略有缩小，开封市银行业规模呈现优化趋势。金融系统存款余额和金融系统贷款余额这两个指标的排名较上年小幅上升，城乡居民储蓄余额指标排名不变，综合作用下开封市银行业规模竞争力指标综合排位保持不变，仍处于河南省第 12 位。

8.3.2 开封市金融规模竞争力的三级指标：保险业规模

2013 ~ 2014 年，开封市保险业规模竞争力指标及其下属指标在河南省的排位变化情况，如表 8 - 3 - 2 所示。

表 8 - 3 - 2　开封市 2013 ~ 2014 年保险业规模竞争力及其四级指标

年　份		保险公司保费收入	保险赔付额	保险业规模竞争力
2013	原值（亿元）	32.72	8.64	- 0.4666
	标准化后	- 0.3951	- 0.5365	
2014	原值（亿元）	36.49	11.86	- 0.3298
	标准化后	- 0.3375	- 0.3207	
2013 年排名		14	14	14
2014 年排名		13	13	13
升降		1	1	1

①2014 年开封市保险业规模竞争力经过标准化和加权处理后得分为 - 0.3298，在整个河南省中排第 13 位，表明其在河南省处于较劣势地位；与 2013 年相比排名上升了 1 位。

②从指标所处水平看，保险公司保费收入和保险赔付额这两个指标在 2014 年河南省各个地市的排名均为第 13 位，处于中下游区。开封市保险业的发展与其他地市存在一定差距，保险业规模较小，竞争力较低。

③从排位变化的动因看，2014 年开封市的保险公司保费收入和保险赔付额两个指标较 2013 年均上升了 1 个排位，在两个四级指标的拉升作用下，保险业规模竞争力指标排名也上升 1 位，处于第 13 位。

8.3.3　开封市金融规模竞争力的三级指标：证券业规模

2013 ~ 2014 年，开封市证券业规模竞争力指标及其下属指标在河南省的排位变化情况，如表 8 - 3 - 3 所示。

表 8 - 3 - 3　开封市 2013 ~ 2014 年证券业规模竞争力及其四级指标

年　份		上市公司总资产（亿元）	本地区股本总数（亿股）	证券业规模竞争力
2013	原　值	49.71	5.03	- 0.6985
	标准化后	- 0.6761	- 0.6941	
2014	原　值	55.55	5.03	- 0.8374
	标准化后	- 0.7459	- 0.8491	
2013 年排名		14	16	16
2014 年排名		14	16	16
升降		0	0	0

①2014 年开封市证券业规模竞争力指标经过标准化和加权处理后得分为 - 0.8374，在整个河南省中排位处于第 16 位，表明其在河南省处于较劣势地位，与 2013 年相比排名不变。

②从指标所处水平看，开封市上市公司总资产的排名为第 14 位，在整个河南省处于

中下游区；本地区股本总数的排名为第 16 位，处于下游区。开封市证券业规模这两个指标排名均较靠后，当地企业发展进程缓慢。截止到 2014 年，开封市仍然只有一家上市公司——新大新材，开封市证券市场的融资能力较弱。

③从排位变化的动因看，2014 年开封市的上市公司总资产和本地区股本总数在河南省的排位均未发生变化，综合作用下，2014 年开封市的证券业规模竞争力指数在河南省的排位不变，仍处于河南省第 16 位。

8.3.4　开封市金融规模竞争力指标分析

2013～2014 年，开封市金融规模竞争力指标及其下属指标在河南省的排位变化和指标结构情况，如表 8-3-4 所示。

表 8-3-4　开封市 2013～2014 年金融规模竞争力指标及其三级指标

年　　份	银行业规模竞争力	保险业规模竞争力	证券业规模竞争力	金融规模竞争力
2013	-0.3398	-0.4666	-0.6985	-0.5218
2014	-0.3307	-0.3298	-0.8374	-0.5228
2013 年排位	12	14	16	16
2014 年排位	12	13	16	15
升降	0	1	0	1

①2014 年开封市金融规模竞争力综合排位处于第 15 位，表明其在河南省处于较劣势地位，与 2013 年相比，排位上升 1 位。

②从指标所处水平看，2014 年开封市银行业规模竞争力和保险业规模竞争力的排名分别为第 12 位和第 13 位，处于中下游区，属于较劣势指标；证券业规模竞争力排名为第 16 位，处于下游区，属于劣势指标。

③从指标变化趋势看，银行业规模竞争力和证券业规模竞争力这两个指标排名与 2013 年相比没有发生变动，保险业规模竞争力排名较 2013 年上升了 1 位。

④从排位综合分析看，三个指标排名的靠后导致开封市 2014 年金融规模竞争力综合排位为河南省第 15 位。不论是从银行、保险、证券这三大金融行业中的任何一个行业进行分析，可以发现开封市均处于较劣势地位，其中以证券业规模竞争力排名最为靠后。开封市资本市场发展较慢，证券业融资能力较弱。

8.4　开封市金融效率竞争力分析

8.4.1　开封市金融效率竞争力的三级指标：宏观金融效率

2013～2014 年，开封市宏观金融效率竞争力指标及其下属指标在河南省的排位变化情况，如表 8-4-1 所示。

表 8 - 4 - 1 开封市 2013～2014 年宏观金融效率竞争力及其四级指标

年　　份		经济储蓄动员力	储蓄投资转化系数	宏观金融效率竞争力
2013	原　　值	0.56	0.81	0.0201
	标准化后	- 0.2130	0.2522	
2014	原　　值	0.57	0.75	- 0.1797
	标准化后	- 0.3836	0.0333	
2013 年排名		11	7	9
2014 年排名		12	9	10
升降		- 1	- 2	- 1

①2014 年开封市宏观金融效率竞争力指标经过标准化和加权处理后得分为 - 0.1797，在整个河南省中排位处于第 10 位，表明其在河南省处于中势地位，与 2013 年相比排位下降了 1 位。

②从指标所处水平看，经济储蓄动员力在河南省的排位为第 12 位，位于中下游区，处于较劣势地位；储蓄投资转化系数在河南省排名为第 9 位，处于中势地位。

③从排位变化的动因看，2014 年开封市的经济储蓄动员力排名较上年下降 1 位，储蓄投资转化系数排名较上年下降 2 位，导致 2014 年开封市的宏观金融效率竞争力指数在河南省的排位下降了 1 位，位居河南省第 10 位。

8.4.2　开封市金融效率竞争力的三级指标：微观金融效率

2013～2014 年，开封市微观金融效率竞争力指标及其下属指标在河南省的排位变化情况，如表 8 - 4 - 2 和图 8 - 4 - 1 所示。

表 8 - 4 - 2 开封市 2013～2014 年微观金融效率竞争力及其四级指标

年　　份		贷存比	保险深度	证券市场效率	微观金融效率竞争力
2013	原　　值	0.6166	0.0240	0.01	- 0.4302
	标准化后	0.1857	- 0.4793	- 0.5253	
2013	原　　值	0.6785	0.0245	0.03	0.3643
	标准化后	0.4510	- 0.3482	- 0.6511	
2013 年排名		7	13	16	14
2014 年排名		6	13	14	7
升降		1	0	2	7

①2014 年开封市微观金融效率竞争力指标在整个河南省的综合排位处于第 7 位，表明其在河南省处于较优势地位；与 2013 年相比排位上升了 7 位。

②从指标所处水平看，2014 年开封市的贷存比指标在河南省的排位为第 6 位，属于较优势指标；保险深度和证券市场效率的排位分别为第 13 位和第 14 位，属于较劣势指标。

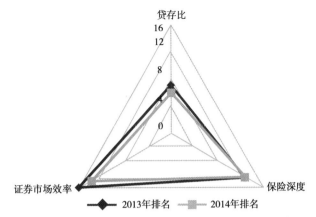

图 8 - 4 - 1　开封市 2013 ~ 2014 年微观金融效率竞争力及其四级指标比较

③从雷达图图形变化看，2014 年与 2013 年相比，面积有所缩小，说明微观效率竞争力呈现优化的趋势。其中贷存比和证券市场效率两个指标成为图形缩小的动力点。

④从排位变化的动因看，开封市 2014 年贷存比和证券市场效率两个指标的排位均有所上升，在这两个指标的拉升作用下开封市微观金融效率竞争力指标综合排位上升了 7 位，位居河南省第 7 位。

8.4.3　开封市金融效率竞争力指标分析

2013 ~ 2014 年，开封市金融效率竞争力指标及其下属指标在河南省的排位变化和指标结构情况，如表 8 - 4 - 3 所示。

表 8 - 4 - 3　开封市 2013 ~ 2014 年金融效率竞争力指标及其三级指标

年　份	宏观金融效率	微观金融效率	金融效率竞争力
2013	0.0201	- 0.4302	- 0.3303
2014	- 0.1797	0.3643	- 0.4305
2013 年排位	9	14	12
2014 年排位	10	7	12
升降	- 1	7	0

①2014 年开封市金融效率竞争力指标综合排位为第 12 位，表明其在河南省处于较劣势地位；与 2013 年相比排位没有发生变化。

②从指标所处水平看，2014 年开封市宏观金融效率在整个河南省处于第 10 位，位于中游区，属于中势指标；微观金融效率排名处于第 7 位，位于中上游区，属于较优势指标。

③从指标变化趋势看，宏观金融效率指标与上年相比下降 1 位，微观金融效率指标与上一年相比上升 7 位。

④从排位综合分析看，虽然开封市宏观金融效率指标下降了 1 位，但微观金融效率指

标有所上升，综合作用下，2014 年开封市金融效率竞争力综合排位保持不变。开封市作为一座古城，由于城市框架较小等问题，其经济实力和金融规模都与河南省其他地市存在很大差距，金融效率表现则相对较好，说明开封市金融运行效率尚可，在整个金融运行中成本和收益能够达到基本平衡。

8.5 开封市金融综合竞争力指标分析

2013～2014 年，开封市金融综合竞争力指标及其下属指标在河南省的排位变化和指标结构情况，如表 8－5－1 所示。

表 8－5－1 开封市 2013～2014 年金融综合竞争力指标及其二级指标

年　　份	金融生态竞争力	金融规模竞争力	金融效率竞争力	金融综合竞争力
2013	－ 0.5167	－ 0.5218	－ 0.3303	－ 0.4340
2014	－ 0.6313	－ 0.5228	－ 0.4305	－ 0.5196
2013 年排位	15	16	12	15
2014 年排位	15	15	12	15
升降	0	1	0	0

①2014 年开封市金融综合竞争力综合排位为第 15 位，表明其在河南省处于较劣势地位，与 2013 年相比排位保持不变。

②从指标所处水平看，2014 年开封市金融生态竞争力和金融规模竞争力两个指标排名均为第 15 位，金融效率竞争力排名为第 12 位，三个指标均属于较劣势指标。

③从指标变化趋势看，金融规模竞争力指标与上一年相比，排名上升 1 位，金融生态竞争力和金融效率竞争力指标排名保持不变。

④从排位综合分析看，2014 年开封市金融综合竞争力在河南省的综合排位为第 15 位，三个指标的较劣势地位决定了开封市金融综合竞争力的排名较为靠后。开封市产业层次较低、规模较小，工业空心化现象较为严重，同时缺乏金融人才，这些原因造成开封市经济发展较为落后、金融业规模较小。开封市政府应该抓住机会，将郑汴一体化作为开封市经济增长点，通过与郑州经济一体化，吸引和利用郑州的各种要素，促进开封的金融发展。

第9章
洛阳市2014年金融竞争力研究报告

9.1 洛阳市概述

洛阳市位于河南省西部，是河南省及中原城市群的副中心城市。洛阳是中国的特大城市之一，首批经国务院批准的享有地方立法权的13个较大的市之一，是重要的工业城市，同时也是首批中国创新型试点城市。

2014年洛阳市完成地区生产总值3284.6亿元，按可比价计算，比上年增长4.58%。其中，三次产业结构为7.5∶56.2∶36.3，三次产业对经济增长的贡献率分别为3.1%、67.6%和29.3%。全年地方财政总收入424.6亿元，比上年增长5.8%；地方公共财政预算收入260.3亿元，增长11.2%；全年全部工业增加值1600.2亿元，比上年增长9.7%；全年全社会固定资产投资2981.1亿元，比上年增长15.1%；年末金融机构人民币各项存款余额3744.6亿元，比年初增加394.3亿元；居民储蓄存款余额1784.9亿元，比年初增加125.1亿元；金融机构人民币各项贷款余额2300.0亿元，比年初增加334.0亿元。

9.2 洛阳市金融生态竞争力分析

9.2.1 洛阳市金融生态环境的三级指标：区域经济实力

2013～2014年，洛阳市区域经济实力竞争力指标及其下属指标在河南省的排位变化情况，如表9-2-1和图9-2-1所示。

表9-2-1 洛阳市2013～2014年区域经济实力竞争力及其四级指标

年 份		GDP（亿元）	人均GDP（元）	固定资产投资（亿元）	人均固定资产投资（元）	城镇人均可支配收入（元）	农村人均纯收入（元）	财政收入（亿元）	区域经济实力竞争力
2013	原 值	3140.80	47479	2589.00	39137.14	24820	8756	234.00	0.5672
	标准化后	1.0573	0.7185	1.2900	0.8465	1.5646	-0.3436	0.6900	
2014	原 值	3284.6	49185	2981.1	44641	26974	9669	260.3	0.5975
	标准化后	1.0054	0.6610	1.2567	0.7478	1.4812	-0.3847	0.5809	
2013年排名		2	5	2	4	2	10	2	5
2014年排名		2	5	2	4	2	11	2	3
升降		0	0	0	0	0	-1	0	2

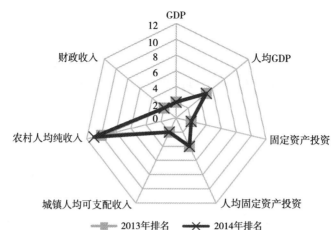

图 9 - 2 - 1　洛阳市 2013 ~ 2014 年区域经济实力竞争力及其四级指标比较

①2014 年洛阳市区域经济实力竞争力在整个河南省的综合排位处于第 3 位，表明其在河南省处于优势地位，与 2013 年相比排位上升了 2 位。

②从指标所处水平看，GDP、固定资产投资、财政收入、城镇人均可支配收入在整个河南省排位均很靠前，处于上游区。人均 GDP、人均固定资产投资处于中上游区，农村人均纯收入处于中游区，总体来说洛阳市的区域经济实力竞争力在河南省处于领先地位。

③从雷达图图形变化看，2014 年与 2013 年相比，面积有所增大。

④从排位变化的动因看，农村人均纯收入排位下降了 1 位，虽然其他指标保持不变，但由于其他地市的指标在一定程度上相对增加或减少，导致 2014 年洛阳市区域经济实力竞争力指标综合排位上升了 2 位，位居河南省第 3 位。洛阳市应提高农村人均纯收入，重视农村经济发展。

9.2.2　洛阳市金融生态环境的三级指标：区域开放程度

2013 ~ 2014 年，洛阳市区域开放程度竞争力指标及其下属指标在河南省的排位变化情况，如表 9 - 2 - 2 所示。

表 9 - 2 - 2　洛阳市 2013 ~ 2014 年区域开放程度竞争力及其四级指标

年　　份		实际利用外资额	进出口总额	区域开放程度竞争力
2013	原值（万美元）	222272	179484	0.9057
	标准化后	1.8968	- 0.1646	
2014	原值（万美元）	241000	176300	1.2484
	标准化后	1.8706	0.4327	
2013 年排名		2	7	2
2014 年排名		2	6	2
升降		0	1	0

①2014 年洛阳市区域开放程度竞争力经过标准化和加权处理后得分为 1.2484，在整个河南省中排位处于第 2 位，表明其区域开放程度竞争力在河南省处于明显的优势地位，与 2013 年相比排位没有发生变化。

②从指标所处水平看，实际利用外资额、进出口总额这两个指标在 2014 年河南省各个地市中分别处于第 2 位、第 6 位，即在整个河南省域内处于上游区且均为优势指标，说明其经济的开放程度较高，对外贸易发展水平较高，外资的利用效率较高，对经济发展的直接影响力非常大。

③从排位变化的动因看，2014 年洛阳市的实际利用外资额在河南省的排位没有发生变化，虽然其进出口总额在河南省的排位上升了 1 位，但是 2014 年的区域开放程度竞争力指标的综合排位保持不变，位居河南省第 2 位。表明洛阳市实际利用外资额比进出口总额对其区域开放程度竞争力贡献更大。

9.2.3　洛阳市金融生态环境的三级指标：区域服务水平

2013 ~ 2014 年，洛阳市金融生态环境区域服务水平竞争力指标及其下属指标在河南省的排位情况，如表 9 - 2 - 3 和图 9 - 2 - 2 所示。

表 9 - 2 - 3　洛阳市 2013 ~ 2014 年区域服务水平竞争力及四级指标

年　份		会计师事务所数量	律师事务所数量	资产评估事务所数量	区域服务水平竞争力
2013	原值（所）	32	85	16	0.4058
	标准化后	0.1748	0.7946	0.2408	
2014	原值（所）	33	88	15	2.8966
	标准化后	2.9155	2.7457	0.2009	
2013 年排名		2	2	2	2
2014 年排名		2	2	3	1
升降		0	0	- 1	1

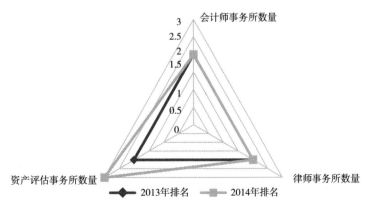

图 9 - 2 - 2　洛阳市 2013 ~ 2014 年区域服务水平竞争力及其四级指标比较

①2014 年洛阳市区域服务水平竞争力综合排位处于第 1 位，表明其在河南省处于绝对优势的地位；与 2013 年相比排位上升了 1 位。

②从指标所处水平看，2014 年洛阳市会计师事务所数量、律师事务所数量、资产评估事务所数量的排位均处于上游区，为优势指标，且整体区域服务水平竞争力居于第 1 位，说明其金融服务环境良好，为金融业的发展提供了有力的服务保障。

③从雷达图图形的变化上来看，2014 年比 2013 年的面积有所扩大，资产评估事务所成为图形扩张的动力点，但洛阳市的区域服务水平竞争力较 2013 年相比，提升了 1 位，跃居首位。

9.2.4 洛阳市金融生态竞争力指标分析

2013～2014 年，洛阳市金融生态竞争力指标及其下属指标在河南省的排位变化和指标结构情况，如表 9－2－4 所示。

表 9－2－4 洛阳市 2013～2014 年金融生态竞争力指标及其三级指标

年 份	区域经济实力竞争力	区域开放程度竞争力	区域服务水平竞争力	金融生态竞争力
2013	0.5672	0.9057	0.4058	0.7383
2014	0.5975	1.2484	2.8966	1.5968
2013 年排位	5	2	2	2
2014 年排位	3	2	1	2
升降	2	0	1	0

①2014 年洛阳市金融生态竞争力综合排位处于第 2 位，表明其在河南省处于绝对优势地位；与 2013 年相比，排位没有变化。

②从指标所处水平看，2014 年区域经济实力竞争力、区域开放程度竞争力、区域服务水平竞争力三个指标排位均为第 3 位、第 2 位、第 1 位，位于上游区，处于绝对优势地位。

③从指标变化趋势看，区域经济实力竞争力指标排位上升了 2 位，区域服务水平竞争力排位上升了 1 位，区域开放程度竞争力指标与上一年相比没有变化，三个指标均处于优势地位。

④从排位综合分析来看，由于三个指标均处于优势地位，决定了 2014 年洛阳市金融生态竞争力综合排位仍然位居河南省第 2 位。这说明其经济发展程度很高，也反映出洛阳市金融产出能力在整个河南省中处于领先地位。

9.3 洛阳市金融规模竞争力分析

9.3.1 洛阳市金融规模竞争力的三级指标：银行业规模

2013～2014 年，洛阳市银行业规模竞争力指标及其下属指标在河南省的排位变化情况，如表 9 - 3 - 1 和图 9 - 3 - 1 所示。

表 9 - 3 - 1　洛阳市 2013～2014 年银行业规模及其四级指标

年份		金融系统存款余额	金融系统贷款余额	城乡居民储蓄余额	银行业规模竞争力
2013	原值（亿元）	3350.3	1966.00	1659.80	0.4665
	标准化后	0.4813	0.3346	0.5720	
2014	原值（亿元）	3744.6	2300	1784.9	0.4562
	标准化后	0.4815	0.3395	0.5355	
2013 年排名		2	2	2	2
2014 年排名		2	2	2	2
升降		0	0	0	0

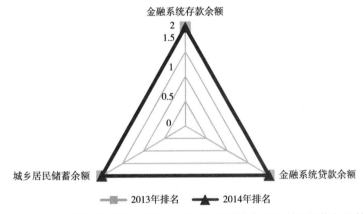

图 9 - 3 - 1　洛阳市 2013～2014 年银行业规模竞争力及其四级指标比较

①2014 年洛阳市银行业规模竞争力在整个河南省的综合排位处于第 2 位，表明其在河南省处于优势地位；与 2013 年相比排位没有发生变化。

②从指标所处水平看，金融系统存款余额、金融系统贷款余额、城乡居民储蓄余额等指标在 2014 年河南省各个地市中均处于第 2 位，各个指标在整个省域内处于上游区且均为优势指标，说明其金融资产在规模上较大，容易形成规模效应，降低资金的操作成本，从而提高洛阳市的资源配置效率。

③从雷达图图形变化看，2014 年与 2013 年相比，面积保持不变，2014 年的金融系统存款余额、金融系统贷款余额、城乡居民储蓄余额三个指标的排位都没有发生变化。综合作用下使洛阳市银行业规模竞争力指标综合排位保持不变，位居河南省第 2 位。

9.3.2　洛阳市金融规模竞争力的三级指标：保险业规模

2013～2014 年，洛阳市保险业规模指标及其下属指标在河南省的排位变化情况，如表 9 - 3 - 2 所示。

表 9 - 3 - 2　洛阳市 2013～2014 年保险业规模及其四级指标

年　份		保险公司保费收入	保险赔付额	保险业规模竞争力
2013	原值（亿元）	70.81	25.80	0.6212
	标准化后	0.4326	0.8077	
2014	原值（亿元）	81.5	27	0.5538
	标准化后	0.4248	0.6807	
2013 年排名		3	2	2
2014 年排名		3	2	3
升降		0	0	-1

①2014 年洛阳市保险业规模竞争力经过标准化和加权处理后得分为 0.5538，在整个河南省中排位处于第 3 位，表明其在河南省处于明显的优势地位；与 2013 年相比排位下降 1 位。

②从指标所处水平看，保险公司保费收入、保险赔付额这两个指标在 2014 年的河南省各个地市中处于第 3 位、第 2 位，即在整个省域内处于上游区且均为优势指标，说明该地区的保险业规模较大，保险实力及竞争力较强。

③从排位变化的动因看，虽然 2014 年洛阳市的保险公司保费收入、保险赔付额在河南省的排位保持不变，但其他地市的保险业发展速度更快，所以 2014 年的保险业规模竞争力指标的综合排位下降 1 位，位居河南省第 3 位。

9.3.3　洛阳市金融规模竞争力的三级指标：证券业规模

2013～2014 年，洛阳市证券业规模指标及其下属指标在河南省的排位变化情况，如表 9 - 3 - 3 所示。

表 9 - 3 - 3　洛阳市 2013～2014 年证券业规模及其四级指标

年　份		上市公司总资产（亿元）	本地区股本总数（亿股）	证券业规模竞争力
2013	原　值	653.16	107.49	2.0122
	标准化后	1.4822	2.4649	
2014	原　值	764.16	111.2	2.5309
	标准化后	1.8592	2.9616	
2013 年排名		2	2	2
2014 年排名		2	1	1
升降		0	1	1

①2014 年洛阳市证券业规模竞争力指标经过标准化和加权处理后得分为 2.5309，在整个河南省中排位处于第 1 位，表明其在河南省处于明显的优势地位，与 2013 年相比排位上升了 1 位。

②从指标所处水平看，洛阳市上市公司总资产、本地区股本总数这两个指标在 2014

年河南省各个地市中处于第 2 位、第 1 位，即在整个省域内处于上游区且均为绝对优势指标，说明洛阳市证券市场凝聚优势企业以及投资者的能力较强，侧面反映了该区域证券市场较高的筹融资能力。

③从排位变化的动因看，2014 年洛阳市的上市公司总资产在河南省的排位不变和本地区股本总数排位上升 1 位的综合作用下，2014 年洛阳市的证券业规模竞争力指数在河南省的排位上升 1 位，位居河南省第 1 位。

9.3.4　洛阳市金融规模竞争力指标分析

2013~2014 年，洛阳市金融规模竞争力指标及其下属指标在河南省的排位变化和指标结构情况，如表 9-3-4 所示。

表 9-3-4　洛阳市 2013~2014 年金融规模竞争力指标及其三级指标

年　　份	银行业规模竞争力	保险业规模竞争力	证券业规模竞争力	金融规模竞争力
2013	0.4665	0.6212	2.0122	1.0577
2014	0.4562	0.5538	2.5309	1.1982
2013 年排位	2	2	2	2
2014 年排位	2	3	1	2
升降	0	-1	1	0

①2014 年洛阳市金融规模竞争力综合排位处于第 2 位，表明其在河南省处于优势地位，与 2013 年相比，排位没有变化。

②从指标所处水平看，2014 年洛阳市银行业规模竞争力、保险业规模竞争力、证券业规模竞争力指标排名分别处于第 2 位、第 3 位、第 1 位，处于上游区。

③从指标变化趋势看，证券业规模竞争力、保险业规模竞争力指标与上一年相比分别上升和下降 1 位，而银行业规模竞争力指标保持不变。

④从排位综合分析看，由于 3 个指标的明显优势，决定了 2014 年洛阳市金融规模竞争力综合排位仍然位居河南省第 2 位。这说明在整个河南省中，洛阳市居民具有强大的投资偏好，银行业、保险业和证券业具有较高的筹融资能力，使得洛阳市能够吸纳优势的资金供求者，有效地实现区域内资金需求的对接。这些优势都具体表现为较高的金融规模竞争力。在金融规模竞争力方面，洛阳市在河南省起到了很好的推动作用。

9.4　洛阳市金融效率竞争力分析

9.4.1　洛阳市金融效率竞争力的三级指标：宏观金融效率

2013~2014 年，洛阳市宏观金融效率竞争力指标及其下属指标在河南省的排位变化情况，如表 9-4-1 所示。

表9－4－1　洛阳市2013～2014年宏观金融效率竞争力及其四级指标

年　份		经济储蓄动员力	储蓄投资转化系数	宏观金融效率竞争力
2013	原　值	0.5285	0.6411	－0.5116
	标准化后	－0.4439	－0.5522	
2014	原　值	0.54	0.6	－0.6309
	标准化后	－0.5720	－0.6579	
2013年排名		12	13	13
2014年排名		13	13	13
升降		－1	0	0

①2014年洛阳市宏观金融效率竞争力指标经过标准化和加权处理后得分为－0.6309，在整个河南省中排位处于第13位，表明其在河南省处于较劣势地位，与2013年相比排位保持不变。

②从指标所处水平看，经济储蓄动员力、储蓄投资转化系数这两个指标2014年在河南省排位均处于第13位，排位较为靠后，处于下游区。

③从排位变化的动因看，2014年洛阳市的储蓄投资转化系数排名保持不变，经济储蓄动员力在河南省的排位下降了1位，由于其他地市的指标一定程度的上升或下降，2014年洛阳市的宏观金融效率竞争力指数在河南省的排位保持不变，位居河南省第13位。可以看到，洛阳市的宏观金融效率在河南省的排位比较靠后，洛阳市的宏观经济对储蓄资源的动员力较弱。

9.4.2　洛阳市金融效率竞争力的三级指标：微观金融效率

2013～2014年，洛阳市微观金融效率竞争力指标及其下属指标在河南省的排位变化情况，如表9－4－2和图9－4－1所示。

表9－4－2　洛阳市2013～2014年微观金融效率竞争力及其四级指标

年　份		贷存比	保险深度	证券市场效率	微观金融效率竞争力
2013	原　值	0.5868	0.0225	0.0952	－0.2723
	标准化后	－0.0341	－0.7681	－0.0202	
2014	原　值	0.6142	0.0248	0.28	0.2324
	标准化后	－0.0405	－0.3001	0.7035	
2013年排名		9	14	8	12
2014年排名		11	11	2	9
升降		－2	3	6	3

①2014年洛阳市微观金融效率竞争力指标在整个河南省的综合排位处于第9位，在河南省处于中势地位；与2013年相比排位上升了3位。

②从指标所处水平看，2014年洛阳市的保险深度、贷存比排名在整个河南省中排位

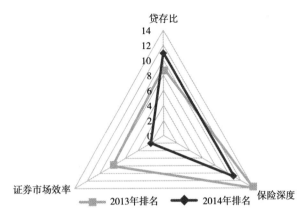

图 9 - 4 - 1　洛阳市 2013 ~ 2014 年微观金融效率竞争力及其四级指标比较

第 11 位，处于中游区。证券市场效率指标在整个河南省中排名较靠前，处于第 2 位，是绝对优势指标。

③从雷达图图形变化看，2014 年与 2013 年相比，面积有所缩小，说明洛阳市微观效率竞争力处于上升趋势。

④从排位变化的动因看，虽然贷存比指标排位下降了 2 位，但保险深度指标上升了 3 位，证券市场效率指标排位上升了 6 位，使得 2014 年洛阳市微观金融效率竞争力指标综合排位上升了 3 位，位居河南省第 9 位，说明保险深度和证券市场效率指标对微观金融效率的影响较大。

9.4.3　洛阳市金融效率竞争力指标分析

2013 ~ 2014 年，洛阳市金融效率竞争力指标及其下属指标在河南省的排位变化和指标结构情况，如表 9 - 4 - 3 所示。

表 9 - 4 - 3　洛阳市 2013 ~ 2014 年金融效率竞争力指标及其三级指标

年　份	宏观金融效率	微观金融效率	金融效率竞争力
2013	- 0. 5116	- 0. 2723	- 0. 5103
2014	- 0. 6309	0. 5504	- 0. 6344
2013 年排位	13	12	13
2014 年排位	13	7	13
升降	0	5	0

①2014 年洛阳市金融效率竞争力指标综合排位处于第 13 位，在河南省处于中势地位；与 2013 年相比，排位保持不变。

②从指标所处水平看，2014 年洛阳市宏观金融效率排名在整个河南省处于第 13 位，微观金融效率处于第 7 位，均处于中游区。

③从指标变化趋势看，宏观金融效率指标与上一年相比均没有变化，而微观金融效率指标与上一年相比有上升趋势，指标排名上升了 5 名。

④从排位综合分析看，虽然洛阳市宏观金融效率排位保持不变，微观金融效率排位上升了5位，但由于其他地市指标排名在一定程度上相对增加或减少，2014年洛阳市金融效率竞争力综合排位保持不变，仍位居河南省第13位。表明宏观金融效率相较于微观金融效率而言，对于洛阳市的金融效率竞争力影响更大。

9.5 洛阳市金融综合竞争力指标分析

2013～2014年，洛阳市金融综合竞争力指标及其下属指标在河南省的排位变化和指标结构情况，如表9－5－1所示。

表9－5－1 洛阳市2013～2014年金融综合竞争力指标及其二级指标

年 份	金融生态竞争力	金融规模竞争力	金融效率竞争力	金融综合竞争力
2013	0.7383	1.0577	－ 0.5103	0.4635
2014	1.5968	1.1982	－ 0.6344	0.6814
2013 年排位	2	2	13	2
2014 年排位	2	2	13	2
升降	0	0	0	0

①2014年洛阳市金融综合竞争力综合排位处于第2位，表明其在河南省处于优势地位，与2013年相比，排位保持不变。

②从指标所处水平看，2014年洛阳市金融生态竞争力、金融规模竞争力两个指标排名均处于第2位，处于优势地位，但是金融效率竞争力排名处于第13位，属于中势指标。

③从指标变化趋势看，金融生态竞争力、金融规模竞争力、金融效率竞争力三个指标与上一年相比均没有变化。

④从排位综合分析看，2014年洛阳市金融综合竞争力综合排位位居河南省第2位。金融生态竞争力、金融规模竞争力这两个优势指标决定了洛阳市的金融综合竞争力在河南省的遥遥领先的地位，仅次于郑州市，但是就洛阳市的金融效率竞争力来说，这个指标位于中游，处于较劣势地位。虽然从整体来说洛阳的金融竞争力助推了并带动了整个河南省经济的发展，但洛阳市的金融效率竞争力仍需加强，尤其在储蓄转化成投资的方式和渠道上要创新，同时加强资金的使用效率。

第 10 章
平顶山市 2014 年金融竞争力研究报告

10.1 平顶山市概述

平顶山，别名鹰城，位于河南省中部，其工业基础雄厚，是以能源、原材料为主体，煤炭、电力、冶金、化工、纺织、建材等综合发展的工业城市。中平能化集团、舞钢公司、平高集团等企业在全省乃至全国都占有重要地位。

2014 年，平顶山市完成地区生产总值 1289.3 亿元，比上年下降 17.19%。其中，第三产业增加值 411.2 亿元，增长 8.3%；固定资产投资完成 1233.0 亿元，比上年增长 17.0%，其中第三产业完成投资 476.4 亿元，增长 14.0%；全年进出口总额为 65755 万美元，比上年增长 38.11%；实际直接利用外资 27787 万美元，比上年下降 38.68%；年末全市金融机构存款余额 1815.3 亿元，同比增长 9.0%；城乡居民个人存款余额 1111.3 亿元，同比增长 7.4%。

10.2 平顶山市金融生态竞争力分析

10.2.1 平顶山市金融生态环境的三级指标：区域经济实力

2013~2014 年，平顶山市区域经济实力竞争力指标及其下属指标在河南省的排位变化情况，如表 10-2-1 和图 10-2-1 所示。

表 10-2-1 平顶山市 2013~2014 年区域经济实力竞争力及其四级指标

年 份		GDP（亿元）	人均 GDP（元）	固定资产投资（亿元）	人均固定资产投资（元）	城镇人均可支配收入（元）	农村人均纯收入（元）	财政收入（亿元）	区域经济实力竞争力
2013	原 值	1556.90	31521	1231.80	24849.71	22482	8541	119.70	-0.2125
	标准化后	-0.1997	-0.3907	-0.1957	-0.3918	0.4266	-0.4601	-0.0453	
2014	原 值	1289.30	32016.39	1233.00	30618.33	24393.00	9489.00	189.50	-0.2003
	标准化后	-0.4469	-0.3267	-0.3592	-0.3254	0.3270	-0.4739	0.1863	
2013 年排名		10	10	10	12	5	12	5	11
2014 年排名		13	12	12	11	5	12	4	10
升降		-3	-2	-2	1	0	0	1	1

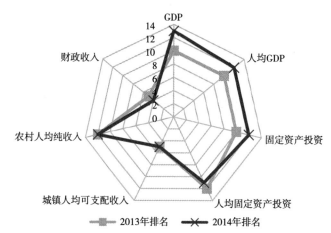

图 10 - 2 - 1　平顶山市 2013～2014 年区域经济实力竞争力及其四级指标比较

①2014 年平顶山市区域经济实力竞争力在整个河南省的综合排位处于第 10 位，表明其在河南省排名处于中势地位，与 2013 年相比，排位上升 1 位。

②从指标所处水平看，除财政收入和城镇人均可支配收入指标排名分别为第 4 位和第 5 位，人均固定资产投资指标处于中游区，其余各指标比较靠后，均处于中下游区，且为较劣势指标，平顶山市的区域经济实力竞争力在河南省处于中势地位。

③从雷达图图形变化看，2014 年与 2013 年相比，GDP、人均 GDP 和固定资产投资指标排名均有不同程度的下降，导致雷达图的面积与上年相比有所扩大。

④从排位变化的动因看，GDP、人均 GDP 和固定资产投资指标排名分别下降 3 位、2 位和 2 位；人均固定资产投资、财政收入指标的排位均上升 1 位。综合作用下，2014 年平顶山市区域经济实力竞争力指标综合排位上升 1 位，位居河南省第 10 位。

10.2.2　平顶山市金融生态环境的三级指标：区域开放程度

2013～2014 年，平顶山市区域开放程度竞争力指标及其下属指标在河南省的排位变化情况，如表 10 - 2 - 2 所示。

表 10 - 2 - 2　平顶山市 2013～2014 年区域开放程度竞争力及其四级指标

年　份		实际利用外资额	进出口总额	区域开放程度竞争力
2013	原值（万美元）	45318	47610	-0.3538
	标准化后	-0.3782	-0.2985	
2014	原值（万美元）	27787	65755	-0.6527
	标准化后	-0.6432	-0.5610	
2013 年排名		10	13	12
2014 年排名		18	12	16
升降		-8	1	-4

①2014 年平顶山市区域开放程度竞争力经过标准化和加权处理后得分为 -0.6527，

在整个河南省中排位处于第 16 位，表明其区域开放程度竞争力在河南省处于绝对劣势的地位，与 2013 年相比排位下降了 4 位。

②从指标所处水平看，实际利用外资额指标的排名为第 18 位，属于绝对劣势指标；进出口总额指标排名为第 12 位，处于较劣势地位，综合说明平顶山市的经济开放程度较低，利用外资规模较小，这成为制约金融生态环境改善的一个重要因素。

③从排位变化的动因看，2014 年平顶山市实际利用外资额和进出口总额在河南省的排位互有升降，实际利用外资额排名下降了 8 位，进出口总额排名上升了 1 位，综合作用下，2014 年平顶山市区域开放程度竞争力得分下降了，其综合排位处于河南省第 16 位。

10.2.3　平顶山市金融生态环境的三级指标：区域服务水平

2013～2014 年，平顶山市金融生态环境区域服务水平竞争力指标及其下属指标在河南省的排位情况，如表 10－2－3 和图 10－2－2 所示。

表 10－2－3　平顶山市 2013～2014 年区域服务水平竞争力及四级指标

年　　份		会计师事务所数量	律师事务所数量	资产评估事务所数量	区域服务水平竞争力
2013	原值（所）	15	36	5	－ 0.2431
	标准化后	－ 0.1891	－ 0.2138	－ 0.3202	
2014	原值（所）	14	36	5	0.0512
	标准化后	0.1458	0.0405	－ 0.2944	
2013 年排名		5	8	11	8
2014 年排名		5	8	10	8
升降		0	0	1	0

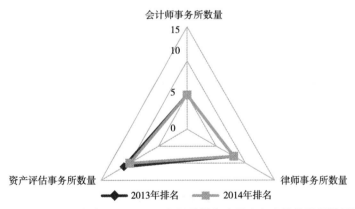

图 10－2－2　平顶山市 2013～2014 年区域服务水平竞争力及其四级指标比较

①2014 年平顶山市区域服务水平竞争力综合排位处于第 8 位，与 2013 年相比，排位没有发生变化。

②从指标所处水平看，2014 年平顶山市会计师事务所数量指标的排名为第 5 位，处

于上游区，且为较优势指标；律师事务所数量和资产评估事务所数量指标的排位分别为第8位和第10位，处于中游区，且为中势指标。

③从雷达图图形的变化上来看，2014年与2013年相比其面积基本保持不变，仅资产评估事务所数量指标上升1位，综合作用下平顶山市的区域服务水平竞争力没有发生变化。

10.2.4 平顶山市金融生态竞争力指标分析

2013～2014年，平顶山市金融生态竞争力指标及其下属指标在河南省的排位变化和指标结构情况，如表10-2-4所示。

表10-2-4 平顶山市2013～2014年金融生态竞争力指标及其三级指标

年　份	区域经济实力竞争力	区域开放程度竞争力	区域服务水平竞争力	金融生态竞争力
2013	-0.2125	-0.3538	-0.2431	-0.3165
2014	-0.2003	-0.6527	0.0512	-0.3673
2013年排位	11	12	8	12
2014年排位	10	16	8	10
升降	1	-4	0	2

①2014年平顶山市金融生态竞争力综合排名为第10位，表明其在河南省的总体排位上处于中势的位置，与2013年相比排名上升2位。

②从指标所处水平看，区域经济实力竞争力排名为第10位，区域服务水平竞争力排名为第8位，均处于中势地位；区域开放程度竞争力排名为第16位，属于绝对劣势指标。

③从指标变化趋势上来看，2014年与2013年相比，区域经济实力竞争力排名上升1位，区域开放程度竞争力排名下降4位，区域服务水平竞争力排名没有变化。

④从排位的综合分析可以看出，尽管区域开放程度竞争力的排位有所下降，在区域经济实力竞争力指标排名上升1位的拉动下，平顶山市的金融生态竞争力指标排名上升了2位，处于中游区。可以看到，区域开放程度竞争力对于提升金融生态竞争力仍有重要的影响，提升空间较大。

10.3 平顶山市金融规模竞争力分析

10.3.1 平顶山市金融规模竞争力的三级指标：银行业规模

2013～2014年，平顶山市银行业规模竞争力指标及其下属指标在河南省的排位变化情况，如表10-3-1和图10-3-1所示。

表 10 - 3 - 1　平顶山市 2013～2014 年银行业规模竞争力及其四级指标

年份		金融系统存款余额	金融系统贷款余额	城乡居民储蓄余额	银行业规模竞争力
2013	原值（亿元）	1666.20	1060.60	1034.80	- 0.1169
	标准化后	- 0.1442	- 0.1064	- 0.0968	
2014	原值（亿元）	1815.30	1242.30	1111.30	- 0.1322
	标准化后	- 0.1563	- 0.1032	- 0.1335	
2013 年排名		7	4	10	8
2014 年排名		8	4	9	9
升降		- 1	0	1	- 1

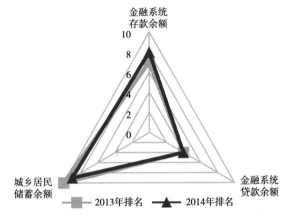

图 10 - 3 - 1　平顶山市 2013～2014 年银行业规模竞争力及其四级指标比较

①2014 年平顶山市银行业规模竞争力在河南省排名为第 9 位，处于中势地位，与 2013 年相比排名下降 1 位。

②从指标所处的水平来看，金融系统存款余额和城乡居民储蓄余额排名分别为第 8 位和第 9 位，均处于中游区；金融系统贷款余额指标排名为第 4 位，处于中上游区，且为较优势指标，表明平顶山市全社会对于金融资金需求量较大，同时也说明当地银行业发展良好，盈利显著，规模较大，从而为经济发展提供了良好的金融支持。

③从雷达图的图形变化上看，2014 年的面积与 2013 年的比较无明显变化，其中金融系统存款余额和城乡居民储蓄余额排名分别下降和上升 1 位。在综合作用下，平顶山市银行业规模竞争力指标综合排名下降了 1 位，位居河南省第 9 位。

10.3.2　平顶山市金融规模竞争力的三级指标：保险业规模

2013～2014 年，平顶山市保险业规模竞争力指标及其下属指标在河南省的排位变化情况，如表 10 - 3 - 2 所示。

中原经济区金融竞争力报告 （2015）

表10－3－2　平顶山市2013～2014年保险业规模竞争力及其四级指标

年 份		保险公司保费收入	保险赔付额	保险业规模竞争力
2013	原值（亿元）	42.06	14.33	－0.1417
	标准化后	－0.1922	－0.0908	
2014	原值（亿元）	45.97	15.75	－0.1204
	标准化后	－0.1770	－0.0634	
2013 年排名		11	7	8
2014 年排名		9	7	9
升降		2	0	－1

①2014 年平顶山市保险业规模竞争力经过标准化和加权处理后得分为－0.1204，在整个河南省中排位处于第9位，表明其在河南省处于中势地位，与2013 年相比排位下降1位。

②从指标所处水平看，保险公司保费收入、保险赔付额这两个指标在2014 年的河南省各个地市中分别处于第9位和第7位，分别处于中游区和上游区，说明该地区的保险业规模较大，保险实力及竞争力较强。

③从排位变化的动因看，2014 年平顶山市的保险公司保费收入排名上升2位，保险赔付额排名没有发生变化，其他地市各指标在一定程度上相对增加或减少，使得2014 年平顶山市的保险业规模竞争力指标的综合排位下降1位，位居河南省第9位。

10.3.3　平顶山市金融规模竞争力的三级指标：证券业规模

2013～2014 年，平顶山市证券业规模竞争力指标及其下属指标在河南省的排位变化情况，如表10－3－3 所示。

表10－3－3　平顶山市2013～2014年证券业规模竞争力及其四级指标

年 份		上市公司总资产（亿元）	本地区股本总数（亿股）	证券业规模竞争力
2013	原 值	403.48	36.22	0.4368
	标准化后	0.5892	0.2676	
2014	原 值	509.00	41.72	0.7291
	标准化后	0.9211	0.4677	
2013 年排名		4	4	3
2014 年排名		4	4	3
升降		0	0	0

①2014 年平顶山市证券业规模竞争力经过标准化和加权处理后得分为0.7291，在整个河南省中排位处于第3位，表明其在河南省处于绝对优势地位，与2013 年相比排位没有变化。

②从指标所处水平看，上市公司总资产指标和本地区股本总数指标在河南省中的排名

均为第 4 位，处于上游区，且均为较优势指标，说明平顶山市证券市场吸收社会资金、拓展融资渠道的能力较强，体现了平顶山市在资本商场上拥有较强的融资能力。

③从排位变化的动因看，2014 年平顶山市的上市公司总资产和本地区股本总数指标排名均未发生变化，使得平顶山市的证券市场规模竞争力指标排名也未发生变化，仍位居河南省第 3 位，属于绝对优势指标。

10.3.4　平顶山市金融规模竞争力指标分析

2013～2014 年，平顶山市金融规模竞争力指标及其下属指标在河南省的排位变化和指标结构情况，如表 10 - 3 - 4 所示。

表 10 - 3 - 4　平顶山市 2013～2014 年金融规模竞争力指标及其三级指标

年　份	银行业规模竞争力	保险业规模竞争力	证券业规模竞争力	金融规模竞争力
2013	- 0.1169	- 0.1417	0.4368	0.0512
2014	- 0.1322	- 0.1204	0.7291	0.1348
2013 年排位	8	8	3	4
2014 年排位	9	9	3	4
升降	- 1	- 1	0	0

①2014 年平顶山市金融规模竞争力综合排位处于第 4 位，表明其在河南省处于较优势地位，与 2013 年相比排位没有变化。

②从指标所处水平看，2014 年平顶山市银行业规模竞争力和保险业规模竞争力指标排名均为第 9 位，处于中游区，且为中势指标；证券业规模竞争力指标排名为第 3 位，位于上游区，且为绝对优势指标。

③从指标变化趋势看，2014 年平顶山市银行业规模竞争力和保险业规模竞争力排名与 2013 年相比均下降了 1 位，证券业规模竞争力排名没有变化。

④从排位综合分析看，证券业规模指标的绝对优势地位决定了 2014 年平顶山市金融规模竞争力综合排位仍位居河南省第 4 位。从整体来看，平顶山市的金融规模较大，能够有效地满足地区内资金的需求。但仍注意到与证券业规模竞争力相比，银行业规模和保险业规模两个指标的竞争力还不够明显，具有进一步提升的空间。

10.4　平顶山市金融效率竞争力分析

10.4.1　平顶山市金融效率竞争力的三级指标：宏观金融效率

2013～2014 年，平顶山市宏观金融效率竞争力指标及其下属指标在河南省的排位变化情况，如表 10 - 4 - 1 所示。

表 10 - 4 - 1　平顶山市 2013 ~ 2014 年宏观金融效率竞争力及其四级指标

年　份		经济储蓄动员力	储蓄投资转化系数	宏观金融效率竞争力
2013	原　值	0.65	0.84	0.4816
	标准化后	0.5483	0.3894	
2014	原　值	0.86	0.90	1.1118
	标准化后	1.4369	0.7304	
2013 年排名		6	6	6
2014 年排名		2	5	3
升降		4	1	3

①2014 年平顶山市宏观金融效率竞争力指标经过标准化和加权处理后得分为 1.1118，在整个河南省中排位处于第 3 位，表明其在河南省处于绝对优势地位，与 2013 年相比排位上升 3 位。

②从指标所处水平看，经济储蓄动员力、储蓄投资转化系数这两个指标 2014 年在河南省排位分别处于第 2 位和第 5 位，排位均比较靠前。

③从排位变化的动因看，2014 年平顶山市的经济储蓄动员力、储蓄投资转化系数在河南省的排位均有所提升，其中经济储蓄动员力排名上升 4 位，储蓄投资转化系数排名上升 1 位。2014 年平顶山市的宏观金融效率竞争力指数在河南省的排位位居第 3 位。平顶山市的宏观金融效率在河南省处于绝对优势地位，这说明 2013 ~ 2014 年，平顶山市的宏观经济对储蓄资源的动员力迅速提升，储蓄向投资转化的渠道逐渐增多增强。平顶山市宏观金融效率处在一个较高水平。

10.4.2　平顶山市金融效率竞争力的三级指标：微观金融效率

2013 ~ 2014 年，平顶山市微观金融效率竞争力指标及其下属指标在河南省的排位变化情况，如表 10 - 4 - 2 和图 10 - 4 - 1 所示。

表 10 - 4 - 2　平顶山市 2013 ~ 2014 年微观金融效率竞争力及其四级指标

年份		贷存比	保险深度	证券市场效率	微观金融效率竞争力
2013	原　值	0.6365	0.0270	0.15	0.0517
	标准化后	0.3325	0.0984	0.3297	
2014	原　值	0.6843	0.0357	0.25	- 0.2745
	标准化后	0.4961	1.1618	0.5566	
2013 年排名		6	9	2	10
2014 年排名		5	3	3	11
升降		1	6	- 1	- 1

①2014 年平顶山市微观金融效率竞争力指标在整个河南省的综合排位处于第 11 位，表明其在河南省处于中游区，与 2013 年相比排位下降了 1 位。

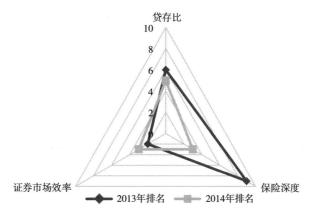

图 10 - 4 - 1　平顶山市 2013 ~ 2014 年微观金融效率竞争力及其四级指标比较

②从指标所处水平看，2014 年平顶山市的贷存比排位第 5 位，处于中上游区，属于较优势指标；保险深度和证券市场效率指标的排名均为第 3 位，处于上游区，属于绝对优势指标。

③从雷达图图形变化看，2014 年与 2013 年相比，贷存比和保险深度指标排名的上升使得面积明显缩小。

④从排位变化的动因看，虽然贷存比和保险深度指标排名均有所上升，但在证券市场效率指标排名下降和省内其他地市指标变动的综合影响下，2014 年平顶山市微观金融效率竞争力指标综合排位下降了 1 位，居河南省第 11 位。

10.4.3　平顶山市金融效率竞争力指标分析

2013 ~ 2014 年，平顶山市金融效率竞争力指标及其下属指标在河南省的排位变化和指标结构情况，如表 10 - 4 - 3 所示。

表 10 - 4 - 3　平顶山市 2013 ~ 2014 年金融效率竞争力指标及其三级指标

年　　份	宏观金融效率	微观金融效率	金融效率竞争力
2013	0.4816	0.0517	0.3177
2014	1.1118	− 0.2745	0.9651
2013 年排名	6	10	8
2014 年排名	3	11	4
升降	3	− 1	4

①2014 年平顶山市金融效率竞争力指标综合排位处于第 4 位，在河南省处于较优势地位，与 2013 年相比，排位上升了 4 位。

②从指标所处水平看，2014 年平顶山市宏观金融效率在整个河南省处于第 3 位，属于上游区，且为绝对优势指标；而微观金融效率排名处于第 11 位，属于中游区，且为中势指标。

③从指标变化趋势看，宏观金融效率指标与上一年相比上升了3位，上升幅度明显；微观金融效率下降了1位。

④从排位综合分析看，由于宏观金融效率的排名大幅上升，即使微观金融效率排名下降1位，但是综合作用下2014年平顶山市金融效率竞争力综合排位上升4位，位居河南省第4位。这说明宏观金融效率指标拉动了平顶山市金融效率的整体上升。

10.5　平顶山市金融综合竞争力指标分析

2013~2014年，平顶山市金融综合竞争力指标及其下属指标在河南省的排位变化和指标结构情况，如表10-5-1所示。

表10-5-1　平顶山市2013~2014年金融综合竞争力指标及其二级指标

年　　份	金融生态竞争力	金融规模竞争力	金融效率竞争力	金融综合竞争力
2013	-0.3165	0.0512	0.3177	0.0134
2014	-0.3673	0.1348	0.9651	0.2811
2013年排名	12	4	8	9
2014年排名	10	4	4	4
升降	2	0	4	5

①2014年平顶山市金融综合竞争力综合排位处于第4位，在河南省处于较优势地位，与2013年相比，排位上升5位。

②从指标所处水平看，2014年平顶山市金融生态竞争力排名第10位，处于中势地位；金融规模竞争力和金融效率竞争力两个指标排名均为第4位，处于较优势地位。

③从指标变化趋势看，金融规模竞争力指标与上一年相比没有变化，金融生态竞争力指标排名上升了2位，金融效率竞争力指标排名上升了4位。

④从排位综合分析看，由于金融生态竞争力和金融效率竞争力指标排名分别上升了2位和4位，2014年平顶山市金融综合竞争力综合排位上升5位，位居河南省第4位。综合来看，平顶山市金融规模竞争力和金融效率竞争力较强，均处于较优势地位，较大的金融规模和较高的金融效率保证了平顶山市的经济发展能够得到及时有效的金融支持，对金融系统本身而言也是十分有益的。整体来看，平顶山市2014年的金融综合竞争力较强，且增长明显。金融生态方面仍有进一步提升的空间。

第 11 章
安阳市 2014 年金融竞争力研究报告

11.1　安阳市概述

安阳市是河南省重要的工业基地，也是中国第二个光伏产业示范基地，位于河南省最北部，现有一个国家级高新技术产业开发区（安阳国家高新技术产业开发区）、一个国家级经济技术开发区（红旗渠国家经济技术开发区）、一个省级高新技术开发区（安阳中原高新技术产业开发区）和九个省级产业集聚区，同时也是中原经济区重要的中心城市。

2014 年安阳市完成地区生产总值 1593.2 亿元，按可比价计算，比上年增长 5.37%。其中，三次产业结构为 9：58.1：32.9，三次产业对经济增长的贡献率分别为 4.1%、9.6% 和 7.6%。财政一般公共预算支出 192.1 亿元，比上年增长 7.5%；地方公共财政预算收入 95.3 亿元，增长 3.4%；全年全部工业增加值 812.4 亿元，比上年增长 9.6%；全年完成全社会固定资产投资 1446.7 亿元，比上年增长 8.9%；年末金融机构各项存款余额 1789.46 亿元，比年初增加 204.94 亿元；金融机构各项贷款余额 786.9 亿元，比年初增加 33.69 亿元；居民储蓄存款余额 1044.57 亿元，比年初减少 11.45 亿元。

11.2　安阳市金融生态竞争力分析

11.2.1　安阳市金融生态环境的三级指标：区域经济实力

2013～2014 年，安阳市区域经济实力竞争力指标及其下属指标在河南省的排位变化情况，如表 11-2-1 和图 11-2-1 所示。

表 11-2-1　安阳市 2013～2014 年区域经济实力竞争力及其四级指标

年份		GDP（亿元）	人均 GDP（元）	固定资产投资（亿元）	人均固定资产投资（元）	城镇人均可支配收入（元）	农村人均纯收入（元）	财政收入（亿元）	区域经济实力竞争力
2013	原　值	1683.65	33078	1328.00	2090.37	23019	9670	92.20	-0.005
	标准化后	-0.0991	-0.2825	-0.0904	-0.2843	0.6880	0.1517	-0.2222	
2014	原　值	1593.2	35922	1446.7	32619	26044	11463	95.3	0.1691
	标准化后	-0.2257	-0.102	-0.1616	-0.1723	1.0653	0.5043	-0.3386	
2013 年排名		8	9	8	10	4	8	8	8
2014 年排名		10	8	8	8	3	6	12	7
升降		-2	1	0	2	1	2	-4	1

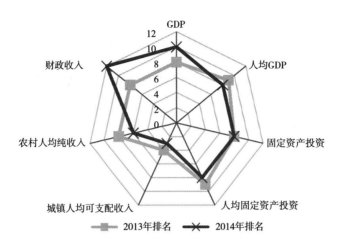

图 11 - 2 - 1　安阳市 2013~2014 年区域经济实力竞争力及其四级指标比较

①2014 年安阳市区域经济实力竞争力在整个河南省的综合排位处于第 7 位，表明其在河南省处于中势地位，与 2013 年相比排位上升了 1 位。

②从指标所处水平看，除城镇人均可支配收入指标排位比较靠前外，GDP、人均GDP、固定资产投资、人均固定资产投资、农村人均纯收入在整个河南省排位处于中游区，而财政收入指标排位处于中下游区。总体来说安阳市的区域经济实力竞争力在河南省处于中势地位。

③从雷达图图形变化看，2014 年与 2013 年相比，面积有所增大。

④从排位变化的动因看，除固定资产投资指标保持不变外，其他指标均有上升或下降，其中财政收入指标排位下降明显，下降了 4 位，GDP 指标下降了 2 位，人均固定资产投资和农村人均纯收入排位均上升了 2 位，其他指标有小幅上升或下降。综合作用下，2014 年安阳市区域经济实力竞争力指标综合排位上升了 1 位，位居河南省第 7 位。

11.2.2　安阳市金融生态环境的三级指标：区域开放程度

2013~2014 年，安阳市区域开放程度竞争力指标及其下属指标在河南省的排位变化情况，如表 11 - 2 - 2 所示。

表 11 - 2 - 2　安阳市 2013~2014 年区域开放程度竞争力及其四级指标

年　份		实际利用外资额	进出口总额	区域开放程度竞争力
2013	原值（万美元）	38057	186712	- 0.3288
	标准化后	- 0.4715	- 0.1573	
2014	原值（万美元）	42800	184271	0.0207
	标准化后	- 0.4662	0.5043	
2013 年排名		15	5	10
2014 年排名		13	5	6
升降		2	0	4

①2014 年安阳市区域开放程度竞争力经过标准化和加权处理后得分为 0.0207，在整个河南省中排位处于第 6 位，表明其区域开放程度竞争力在河南省处于优势地位，与 2013 年相比，排位上升了 4 位。

②从指标所处水平看，实际利用外资额指标排位为第 13 位，属于中势指标；进出口总额指标在河南省各个地市中处于第 5 位，在整个河南省域内处于上游区且为优势指标，说明其经济的开放程度较高，但外资的利用效率较低。

③从排位变化的动因看，由于 2014 年安阳市的实际利用外资额在河南省的排位上升了 2 位，进出口总额在河南省的排位保持不变，因此安阳市 2014 年的区域开放程度竞争力指标的综合排位上升了 4 位，位居河南省第 6 位。同时也表明对于安阳市来说，实际利用外资额比进出口总额对其区域开放程度竞争力贡献更大。

11.2.3　安阳市金融生态环境的三级指标：区域服务水平

2013～2014 年，安阳市金融生态环境区域服务水平竞争力指标及其下属指标在河南省的排位情况，如表 11 - 2 - 3 和图 11 - 2 - 2 所示。

表 11 - 2 - 3　安阳市 2013～2014 年区域服务水平竞争力及四级指标

年　　份		会计师事务所数量	律师事务所数量	资产评估事务所数量	区域服务水平竞争力
2013	原值（所）	10	52	12	- 0.0541
	标准化后	- 0.2961	0.1155	0.0368	
2014	原值（所）	11	53	5	0.2629
	标准化后	- 0.2916	0.9249	- 0.2944	
2013 年排名		13	4	4	4
2014 年排名		11	4	10	5
升降		2	0	- 6	- 1

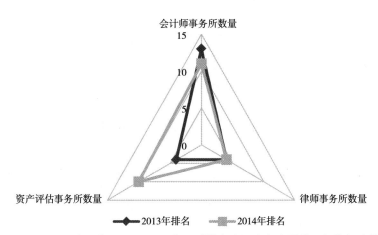

图 11 - 2 - 2　安阳市 2013～2014 年区域服务水平竞争力及其四级指标比较

①2014 年安阳市区域服务水平竞争力综合排位处于第 5 位，表明其在河南省处于优势的地位；与 2013 年相比排位下降了 1 位。

②从指标所处水平看，2014 年安阳市会计师事务所数量、资产评估事务所数量的排位均处于中游区，为中势指标；律师事务所数量指标排位处于上游区，为优势指标。

③从雷达图图形的变化上来看，2014 年和 2013 年的面积有所扩大，安阳市的区域服务水平竞争力较 2013 年下降了 1 位。

11.2.4 安阳市金融生态竞争力指标分析

2013～2014 年，安阳市金融生态竞争力指标及其下属指标在河南省的排位变化和指标结构情况，如表 11 – 2 – 4 所示。

表 11 – 2 – 4 安阳市 2013～2014 年金融生态竞争力指标及其三级指标

年 份	区域经济实力竞争力	区域开放程度竞争力	区域服务水平竞争力	金融生态竞争力
2013	– 0.0050	– 0.3288	– 0.0485	– 0.1484
2014	0.1691	0.0207	0.2629	0.1542
2013 年排位	8	10	4	8
2014 年排位	7	6	5	6
升降	1	4	– 1	2

①2014 年安阳市金融生态竞争力综合排位处于第 6 位，表明其在河南省处于优势地位；与 2013 年相比，排位上升了 2 位。

②从指标所处水平看，2014 年区域经济实力竞争力、区域开放程度竞争力、区域服务水平竞争力三个指标排位分别为第 7 位、第 6 位、第 5 位，位于中上游区，处于优势地位。

③从指标变化趋势看，区域经济实力竞争力指标排位上升了 1 位，区域开放程度竞争力指标排位上升了 4 位，而区域服务水平竞争力指标与上一年相比下降了 1 位，均处于优势地位。

④从排位综合分析看，由于三个指标均处于优势地位，这决定了 2014 年安阳市金融生态竞争力综合排位位居河南省第 6 位。这说明其经济发展程度很高，也反映出安阳市金融服务水平在整个河南省处于优势地位。

11.3 安阳市金融规模竞争力分析

11.3.1 安阳市金融规模竞争力的三级指标：银行业规模

2013～2014 年，安阳市银行业规模竞争力指标及其下属指标在河南省的排位变化情况，如表 11 – 3 – 1 和图 11 – 3 – 1 所示。

表 11 - 3 - 1　安阳市 2013 ~ 2014 年银行业规模竞争力及其四级指标

年　份		金融系统存款余额	金融系统贷款余额	城乡居民储蓄余额	银行业规模竞争力
2013	原值（亿元）	1584.50	753.20	1056.00	- 0.1699
	标准化后	- 0.1745	- 0.2561	- 0.0741	
2014	原值（亿元）	1789.46	786.9	1044.57	- 0.2213
	标准化后	- 0.1649	- 0.2938	- 0.1997	
2013 年排名		9	11	9	10
2014 年排名		9	13	10	10
升降		0	- 2	- 1	0

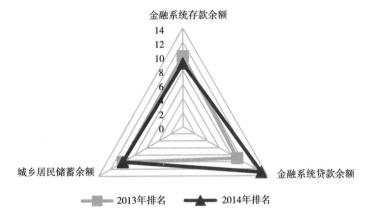

图 11 - 3 - 1　安阳市 2013 ~ 2014 年银行业规模竞争力及其四级指标比较

①2014 年安阳市银行业规模竞争力在整个河南省的综合排位处于第 10 位，表明其在河南省处于中势地位；与 2013 年相比排位没有发生变化。

②从指标所处水平看，金融系统存款余额、城乡居民储蓄余额指标在 2014 年的河南省各个地市中分别处于第 9 位、第 10 位，各个指标在整个省域内处于中游区且为中势指标，金融系统贷款余额指标在河南省排位第 13 位，处于中下游区，说明其金融资产已形成一定规模，仍需提升资源配置效率。

③从雷达图图形变化看，2014 年与 2013 年相比，面积有所增大，2014 年的金融系统存款余额指标排位没有发生变化，金融系统贷款余额、城乡居民储蓄余额两个指标的排位均下降。但由于其他地市的指标变动，2014 年安阳市银行业规模竞争力指标综合排位保持不变，仍位居河南省第 10 位。

11.3.2　安阳市金融规模竞争力的三级指标：保险业规模

2013 ~ 2014 年，安阳市保险业规模竞争力指标及其下属指标在河南省的排位变化情况，如表 11 - 3 - 2 所示。

表 11 - 3 - 2　安阳市 2013～2014 年保险业规模竞争力及其四级指标

年　　　份		保险公司保费收入	保险赔付额	保险业规模竞争力
2013	原值（亿元）	44.68	12.9	- 0.1693
	标准化后	- 0.1352	- 0.2028	
2014	原值（亿元）	48.89	16.71	- 0.0638
	标准化后	- 0.1275	0.0001	
2013 年排名		8	12	9
2014 年排名		8	5	5
升降		0	7	4

①2014 年安阳市保险业规模竞争力经过标准化和加权处理后得分为 - 0.0638，在整个河南省中处于第 5 位，表明其在河南省处于优势地位；与 2013 年相比排位上升了 4 位。

②从指标所处水平看，保险公司保费收入、保险赔付额这两个指标在 2014 年的河南省各个地市中处于第 8 位、第 5 位，即在整个省域内处于上游区且均为优势指标，说明该地区的保险业保险规模较大，保险实力及竞争力较强。

③从排位变化的动因看，虽然 2014 年安阳市的保险公司保费收入指标在河南省的排位保持不变，但保险赔付额指标排位上升了 7 位，导致 2014 年的保险业规模竞争力指标的综合排位上升了 4 位，位居河南省第 5 位。

11.3.3　安阳市金融规模竞争力的三级指标：证券业规模

2013～2014 年，安阳市证券业规模竞争力指标及其下属指标在河南省的排位变化情况，如表 11 - 3 - 3 所示。

表 11 - 3 - 3　安阳市 2013～2014 年证券业规模竞争力及其四级指标

年　　　份		上市公司总资产（亿元）	本地区股本总数（亿股）	证券业规模竞争力
2013	原　　值	401.50	36.20	0.4329
	标准化后	0.5822	0.2670	
2014	原　　值	418.99	36.18	0.4511
	标准化后	0.5902	0.26894	
2013 年排名		5	5	4
2014 年排名		5	5	5
升降		0	0	- 1

①2014 年安阳市证券业规模竞争力指标经过标准化和加权处理后得分为 0.4511，在整个河南省中处于第 5 位，表明其在河南省处于明显的优势地位，与 2013 年相比排位下降了 1 位。

②从指标所处水平看，安阳市上市公司总资产、本地区股本总数这两个指标在 2014 年的河南省各个地市中均处于第 5 位，即在整个省域内处于上游区且均为优势指标，说明

安阳市证券市场对优势企业以及投资者的凝聚能力较强,侧面反映了该区域证券市场较高的筹融资能力。

③从排位变化的动因看,虽然 2014 年安阳市的上市公司总资产、本地区股本总数两个指标在河南省的排位不变,但由于其他地市的上市公司总资产和本地区股本总数在一定程度上有相对的提升或降低,导致 2014 年安阳市的证券业规模竞争力指数在河南省的排位下降 1 位,位居河南省第 5 位。

11.3.4　安阳市金融规模竞争力指标分析

2013～2014 年,安阳市金融规模竞争力指标及其下属指标在河南省的排位变化和指标结构情况,如表 11 - 3 - 4 所示。

表 11 - 3 - 4　安阳市 2013～2014 年金融规模竞争力指标及其三级指标

年　　份	银行业规模竞争力	保险业规模竞争力	证券业规模竞争力	金融规模竞争力
2013	- 0.1699	- 0.1693	0.4329	0.0208
2014	- 0.2213	- 0.0638	0.4511	0.0335
2013 年排位	10	9	4	5
2014 年排位	10	5	5	5
升降	0	4	- 1	0

①2014 年安阳市金融规模竞争力综合排位处于第 5 位,表明其在河南省处于优势地位,与 2013 年相比,排位没有变化。

②从指标所处水平看,2014 年安阳市银行业规模竞争力处于第 10 位,处于中上游区;保险业规模竞争力、证券业规模竞争力指标排名均处于第 5 位,处于上游区,为优势指标。

③从指标变化趋势看,保险业规模竞争力、证券业规模竞争力指标与上一年相比分别上升 4 位和下降 1 位,而银行业规模竞争力指标保持不变。

④从排位综合分析看,由于保险业规模竞争力和证券业规模竞争力指标的优势地位和银行业规模竞争力指标的中势地位,决定了 2014 年安阳市金融规模竞争力综合排位仍然位居河南省第 5 位。这说明在整个河南省中,安阳市在保险业方面筹融资能力提升较高,使得安阳市能够吸纳优势的资金供求者,有效地实现区域内资金需求的对接。这些优势都具体表现为较强的金融规模竞争力。

11.4　安阳市金融效率竞争力分析

11.4.1　安阳市金融效率竞争力的三级指标:宏观金融效率

2013～2014 年,安阳市宏观金融效率竞争力指标及其下属指标在河南省的排位变化情况,如表 11 - 4 - 1 所示。

表 11 - 4 - 1　安阳市 2013~2014 年宏观金融效率竞争力及其四级指标

年　　份		经济储蓄动员力	储蓄投资转化系数	宏观金融效率竞争力
2013	原　　值	0.6272	0.7952	0.2322
	标准化后	0.2751	0.1769	
2014	原　　值	0.66	0.72	0.0392
	标准化后	0.1814	- 0.105	
2013 年排名		8	8	7
2014 年排名		8	10	9
升降		0	- 2	- 2

①2014 年安阳市宏观金融效率竞争力指标经过标准化和加权处理后得分为 0.0392，在整个河南省中处于第 9 位，表明其在河南省处于中势地位，与 2013 年相比排位下降了 2 位。

②从指标所处水平看，经济储蓄动员力、储蓄投资转化系数这两个指标 2014 年在河南省排位分别处于第 8 位、第 10 位，处于中游区。

③从排位变化的动因看，2014 年安阳市的储蓄投资转化系数指标在河南省的排位下降了 2 位，经济储蓄动员力指标排位保持不变，导致 2014 年安阳市的宏观金融效率竞争力指数在河南省的排位下降了 2 位，位居河南省第 9 位。

11.4.2　安阳市金融效率竞争力的三级指标：微观金融效率

2013~2014 年，安阳市微观金融效率竞争力指标及其下属指标在河南省的排位变化情况，如表 11 - 4 - 2 和图 11 - 4 - 1 所示。

表 11 - 4 - 2　安阳市 2013~2014 年微观金融效率竞争力及其四级指标

年　　份		贷存比	保险深度	证券市场效率	微观金融效率竞争力
2013	原　　值	0.4754	0.0265	0.0465	0.1558
	标准化后	- 0.8557	0.0021	- 0.3258	
2013	原　　值	0.4397	0.0307	0.1	- 1.0961
	标准化后	- 1.3756	0.4919	- 0.2718	
2013 年排名		15	11	10	8
2014 年排名		16	6	9	15
升降		- 1	- 5	1	- 7

①2014 年安阳市微观金融效率竞争力指标在整个河南省的综合排位处于第 15 位，表明其在河南省处于劣势地位；与 2013 年相比排位下降了 7 位。

②从指标所处水平看，2014 年安阳市的证券市场效率指标排名在整个河南省中处于中游区；贷存比指标排位较为靠后，处于下游区，为劣势指标；保险深度在整个河南省中排名较靠前，是优势指标。

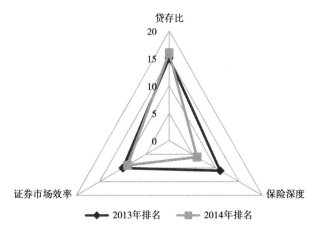

图 11 - 4 - 1 安阳市 2013~2014 年微观金融效率竞争力及其四级指标比较

③从雷达图图形变化看，2014 年与 2013 年相比，面积有所增大，说明微观效率竞争力处于下降趋势。其中保险深度和贷存比成为图形扩张的动力点。

④从排位变化的动因看，虽然证券市场效率指标排位上升了 1 位，但由于贷存比指标排位下降了 1 位，保险深度下降了 5 位，综合作用下，2014 年安阳市微观金融效率竞争力指标综合排位下降了 7 位，位居河南省第 15 位，说明保险深度指标对微观金融效率的影响较大。

11.4.3 安阳市金融效率竞争力指标分析

2013~2014 年，安阳市金融效率竞争力指标及其下属指标在河南省的排位变化和指标结构情况，如表 11 - 4 - 3 所示。

表 11 - 4 - 3 安阳市 2013~2014 年金融效率竞争力指标及其三级指标

年 份	宏观金融效率	微观金融效率	金融效率竞争力
2013	0.2322	0.1558	0.2572
2014	0.0392	- 1.0961	0.617
2013 年排位	7	8	9
2014 年排位	9	15	6
升降	- 2	- 7	3

①2014 年安阳市金融效率竞争力指标综合排位处于第 6 位，表明其在河南省处于优势地位；与 2013 年相比，排位上升了 3 位。

②从指标所处水平看，2014 年安阳市宏观金融效率在整个河南省处于第 9 位，处于中游区，微观金融效率排名处于第 15 位，处于中下游区。

③从指标变化趋势看，宏观金融效率指标与上一年相比排位下降了 2 位，而微观金融效率指标与上一年相比下降明显，指标排名下降 7 位。

④从排位综合分析看，虽然安阳市微观金融效率和宏观金融效率排位均有下降，但由于其指标的区域劣势与其他地市相比均不明显，2014 年安阳市金融效率竞争力综合排位

上升了3位，位居河南省第6位。

11.5　安阳市金融综合竞争力指标分析

2013～2014年，安阳市金融综合竞争力指标及其下属指标在河南省的排位变化和指标结构情况，如表11－5－1所示。

表11－5－1　安阳市2013～2014年金融综合竞争力指标及其二级指标

年　　份	金融生态竞争力	金融规模竞争力	金融效率竞争力	金融综合竞争力
2013	－0.1484	0.0208	0.2572	0.0349
2014	0.1542	0.0335	0.617	0.2638
2013年排位	8	5	9	4
2014年排位	6	5	6	5
升降	2	0	3	－1

①2014年安阳市金融综合竞争力综合排位处于第5位，表明其在河南省处于优势地位，与2013年相比，排位下降了1位。

②从指标所处水平看，2014年安阳市金融生态竞争力、金融规模竞争力、金融效率竞争力三个指标排名分别处于第6位、第5位、第6位，属于优势指标。

③从指标变化趋势看，金融规模竞争力指标与上一年相比没有变化，但金融生态竞争力和金融效率竞争力指标排位与上一年相比分别上升了2位和3位。

④从排位综合分析看，三个较优势指标决定了2014年安阳市金融综合竞争力综合排位居河南省第5位。这说明安阳市的金融效率竞争力、金融规模竞争力、金融生态竞争力三者发展较为平行，需要在深度和力度上继续加强，持续提升绝对值及相对值。

第 12 章
鹤壁市 2014 年金融竞争力研究报告

12.1 鹤壁市概述

鹤壁市地处河南省北部，太行山东麓，与华北平原接连，北、东、西与安阳毗邻，南与新乡为邻，是中原经济区城市之一。京广铁路、107 国道、京深高速、京珠高速、京广高铁、鹤濮高速等在鹤壁市区交会，交通发达。鹤壁市矿产资源丰富，并且规划建设了 4 个省级产业集聚区和 3 个市级特色产业园区。

2014 年，鹤壁市地区生产总值突破 682 亿元，达到 682.2 亿元，按可比价格计算，比上年增长 9.66%。全市上下紧紧围绕创建科学发展示范区、在全省率先崛起的奋斗目标，加快构建新型产业基础和新型城市骨架与新型经济的建设，在经济运行中，总体实现了平稳较快发展。表现为：人均可支配收入为 23113 元；全年地方财政一般预算收入达到 34.95 亿元；固定资产投资达到 588.5 亿元，同比增长 14.94%。

12.2 鹤壁市金融生态竞争力分析

12.2.1 鹤壁市金融生态环境的三级指标：区域经济实力

2013 ~ 2014 年，鹤壁市区域经济实力竞争力指标及其下属指标在河南省的排位变化情况，如表 12 - 2 - 1 和图 12 - 2 - 1 所示。

表 12 - 2 - 1 鹤壁市 2013 ~ 2014 年区域经济实力竞争力及其四级指标

年 份		GDP（亿元）	人均 GDP（元）	固定资产投资（亿元）	人均固定资产投资（元）	城镇人均可支配收入（元）	农村人均纯收入（元）	财政收入（亿元）	区域经济实力竞争力
2013	原 值	622.12	38665	512.01	31821.63	21228	10608	39.60	0.1568
	标准化后	-0.9415	0.1059	-0.9836	0.2125	-0.1837	0.66	-0.5606	
2014	原 值	682.20	42082.54	588.50	36836.50	23113	11709	34.95	0.0392
	标准化后	-0.8887	0.2524	-0.9549	0.1505	-0.2454	0.6262	-0.6749	
2013 年排名		17	7	17	7	11	5	17	7
2014 年排名		17	7	17	7	12	5	18	8
升降		0	0	0	0	-1	0	-1	-1

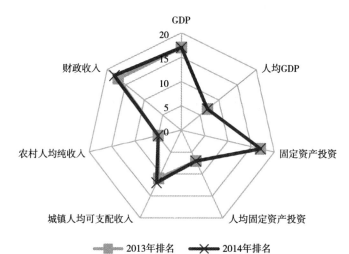

图 12 − 2 − 1　鹤壁市 2013 ~ 2014 年区域经济实力竞争力及其四级指标比较

①2014 年鹤壁市区域经济实力竞争力在整个河南省的综合排位处于第 8 位，与 2013 年相比排位有所下降，在河南省排名处于中势地位。

②从指标所处水平看，GDP、财政收入、固定资产投资、城镇人均可支配收入四个指标排名比较靠后，人均 GDP、人均固定资产投资、农村人均纯收入指标在河南省排位比较靠前，尤其是农村人均纯收入排名第 5 位，在区域经济实力竞争力综合排名上贡献较大。

③从雷达图图形变化看，2014 年与 2013 年相比，除城镇人均可支配收入和财政收入下降 1 位外，其他各个指标的排名没有发生变动，导致雷达图的面积与上年相比有所增加，总体排名下降了 1 位。

④鹤壁市城镇人均可支配收入、财政收入排位下降 1 位以及其他各指标排位保持不变，综合导致 2014 年鹤壁市区域经济实力竞争力指标综合下降了 1 位。

12.2.2　鹤壁市金融生态环境的三级指标：区域开放程度

2013 ~ 2014 年，鹤壁市区域开放程度竞争力指标及其下属指标在河南省的排位变化情况，如表 12 − 2 − 2 所示。

表 12 − 2 − 2　鹤壁市 2013 ~ 2014 年区域开放程度竞争力及其四级指标

年　　份		实际利用外资额	进出口总额	区域开放程度竞争力
2013	原值（万美元）	55783	26419	− 0.2947
	标准化后	− 0.2436	− 0.3200	
2014	原值（万美元）	66785	32224	− 0.5668
	标准化后	− 0.1834	− 0.8624	
2013 年排名		7	17	9
2014 年排名		8	17	14
升降		− 1	0	− 5

①2014 年鹤壁市区域开放程度竞争力经过标准化和加权处理后得分为 - 0.5668，在整个河南省中处于第 14 位，表明其区域开放程度竞争力在河南省处于较劣势的地位；与 2013 年相比排位下降了 5 位。

②从指标所处水平看，实际利用外资额与上年相比下降了 1 位，进出口总额与上年相比排位不变，但还是处于较后的位置。实际利用外资额排位处于 8 位，说明其实际利用外资额处于中等水平，进出口总额排位处于第 17 位，综合说明经济的开放程度并不高，对经济发展的直接影响力表现较一般。

③从排位变化的动因看，2014 年鹤壁市实际利用外资额排位下降 1 位，进出口总额在河南省的排位未发生变化，但是，综合作用下，2014 年鹤壁市区域开放程度竞争力得分下降了，排位的下降说明经济开放力度有所减弱，需要进一步优化。

12.2.3　鹤壁市金融生态环境的三级指标：区域服务水平

2013 ~ 2014 年，鹤壁市金融生态环境区域服务水平竞争力指标及其下属指标在河南省的排位情况，如表 12 - 2 - 3 和图 12 - 2 - 2 所示。

表 12 - 2 - 3　鹤壁市 2013 ~ 2014 年区域服务水平竞争力及四级指标

年　份		会计师事务所数量	律师事务所数量	资产评估事务所数量	区域服务水平竞争力
2013	原值（所）	5	9	2	- 0.5625
	标准化后	- 0.4080	- 0.7852	- 0.4795	
2014	原值（所）	5	9	2	- 1.3447
	标准化后	- 1.1662	- 1.3642	- 0.443	
2013 年排名		16	17	17	17
2014 年排名		17	17	16	17
升降		- 1	0	1	0

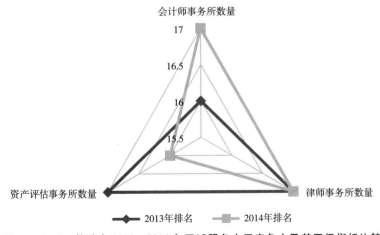

图 12 - 2 - 2　鹤壁市 2013 ~ 2014 年区域服务水平竞争力及其四级指标比较

①2014 年鹤壁市区域服务水平竞争力综合排位处于第 17 位，表明其在河南省处于绝对劣势的地位；与 2013 年相比，排位没有发生变化。

②从指标所处水平看，2014 年鹤壁市律师事务所数量的排位没有发生变化，资产评估事务所数量、会计师事务所数量都变化 1 位，但一个上升 1 位一个下降 1 位，导致整体区域服务水平竞争力没有发生变化，仍处于第 17 位。

③从雷达图图形的变化上来看，2014 年和 2013 年相比面积没有发生变化，使鹤壁市的区域服务水平竞争力没有发生变化。

12.2.4 鹤壁市金融生态竞争力指标分析

2013 ~ 2014 年，鹤壁市金融生态竞争力指标及其下属指标在河南省的排位变化和指标结构情况，如表 12 - 2 - 4 所示。

表 12 - 2 - 4 鹤壁市 2013 ~ 2014 年金融生态竞争力指标及其三级指标

年 份	区域经济实力竞争力	区域开放程度竞争力	区域服务水平竞争力	金融生态竞争力
2013	0.1568	− 0.2947	− 0.5319	− 0.2505
2014	0.0390	− 0.5668	− 1.3447	− 0.5965
2013 年排位	7	9	17	10
2014 年排位	8	14	17	14
升降	− 1	− 5	0	− 4

①2014 年鹤壁市金融生态竞争力综合排位为第 14 位，在河南省的总体排位上处于中势的位置。

②从指标所处水平看，区域经济实力竞争力排名为第 8 位，有所下降，区域服务水平竞争力没有发生变化，仍处于第 17 位。区域开放程度竞争力下降了 5 位。

③从指标变化趋势上来看，2014 年与 2013 年相比，区域经济实力竞争力、区域开放程度竞争力、区域服务水平竞争力分别处于中势位置、较劣势位置和绝对劣势的位置。

④从排位的综合分析可以看出，由于区域开放程度竞争力和区域经济实力竞争力的排位有所下降，金融生态竞争力总体上下降了 4 位，但由于排名是第 14 位，表明鹤壁市的金融生态竞争力还比较弱。

12.3 鹤壁市金融规模竞争力分析

12.3.1 鹤壁市金融规模竞争力的三级指标：银行业规模

2013 ~ 2014 年，鹤壁市银行业规模竞争力指标及其下属指标在河南省的排位变化情况，如表 12 - 3 - 1 和图 12 - 3 - 1 所示。

表 12 – 3 – 1　鹤壁市 2013～2014 年银行业规模竞争力及其四级指标

年　份		金融系统存款余额	金融系统贷款余额	城乡居民储蓄余额	银行业规模竞争力
2013	原值（亿元）	426.00	389.57	264.67	– 0.6579
	标准化后	– 0.6048	– 0.4332	– 0.9208	
2014	原值（亿元）	477.70	438.34	302.72	– 0.6634
	标准化后	– 0.5986	– 0.4396	– 0.9365	
2013 年排名		17	15	17	17
2014 年排名		17	16	17	17
升降		0	– 1	0	0

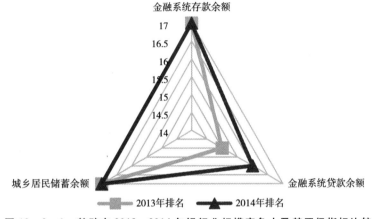

图 12 – 3 – 1　鹤壁市 2013～2014 年银行业规模竞争力及其四级指标比较

①2014 年银行业规模竞争力与 2013 年相比排名没有发生变化，仍处于第 17 位。

②从指标所处的水平来看，金融系统存款余额和城乡居民储蓄余额位于第 17 位，表明其当地居民的储蓄意向较差；金融系统贷款余额处于第 16 位，说明其融资能力比较差。

③从雷达图的图形上看，2014 年的面积与 2013 年的比较明显增大，主要由于鹤壁市金融系统贷款余额的排名下降所致，使得银行业规模仍处于第 17 位，处于绝对劣势的位置。

12.3.2　鹤壁市金融规模竞争力的三级指标：保险业规模

2013～2014 年，鹤壁市保险业规模竞争力指标及其下属指标在河南省的排位变化情况，如表 12 – 3 – 2 所示。

表 12 – 3 – 2　鹤壁市 2013～2014 年保险业规模竞争力及其四级指标

年　份		保险公司保费收入	保险赔付额	保险业规模竞争力
2013	原值（亿元）	11.93	4.34	– 0.8618
	标准化后	– 0.8469	– 0.8733	
2014	原值（亿元）	10.74	3.25	– 0.8336
	标准化后	– 0.7737	– 0.8902	

年　份	保险公司保费收入	保险赔付额	保险业规模竞争力
2013 年排名	17	17	17
2014 年排名	17	17	17
升降	0	0	0

①2014 年鹤壁市保险业规模竞争力经过标准化和加权处理后得分为 -0.8336，在整个河南省中处于第 17 位，表明其在河南省处于十分靠后的位置；与 2013 年相比排位没有发生变化。

②从指标所处水平看，保险公司保费收入、保险赔付额这两个指标在 2014 年的河南省各个地市中均处于第 17 位，即在整个省域内处于下游区，说明该地区的保险业保险规模非常小，保险实力及竞争力较弱。

③从排位变化的动因看，2014 年鹤壁市的保险公司保费收入和保险赔付额在河南省的排位均没有发生变化，使其 2014 年的保险业规模竞争力指标的综合排位保持不变，位居河南省第 17 位。

12.3.3　鹤壁市金融规模竞争力的三级指标：证券业规模

2013 ~ 2014 年，鹤壁市证券业规模竞争力指标及其下属指标在河南省的排位变化情况，如表 12 - 3 - 3 所示。

表 12 - 3 - 3　鹤壁市 2013 ~ 2014 年证券业规模竞争力及其四级指标

年　份		上市公司总资产（亿元）	本地区股本总数（亿股）	证券业规模竞争力
2013	原　值	0	0	-0.7592
	标准化后	-0.7512	-0.7331	
2014	原　值	0	0	-1.0394
	标准化后	-0.9501	-1.0297	
2013 年排名		17	17	17
2014 年排名		17	17	17
升降		0	0	0

截至 2014 年，鹤壁市上市公司总资产、本地区股本总数均为 0，证券业规模竞争力指标经过标准化和加权处理后得分为 -1.0394，在整个河南省中处于第 17 位。鹤壁市虽在 2007 年成功反向收购雪城国际控股有限公司，在新加坡成功上市，从此结束了其没有上市公司的历史，但鉴于本研究的上市公司主要指在国内证券交易所上市的企业，并以此来衡量其上市对本地区经济的影响，故鹤壁市的上市公司不在本研究的考虑范围。所以，可以说鹤壁市还未开拓国内证券业规模领域，因此排名末位，这种情况是很正常的。

12.3.4　鹤壁市金融规模竞争力指标分析

2013 ~ 2014 年，鹤壁市金融规模竞争力指标及其下属指标在河南省的排位变化和指标结构情况，如表 12 - 3 - 4 所示。

表 12 - 3 - 4　鹤壁市 2013 ~ 2014 年金融规模竞争力指标及其三级指标

年　　份	银行业规模竞争力	保险业规模竞争力	证券业规模竞争力	金融规模竞争力
2013	- 0.6579	- 0.8616	- 0.8682	- 0.8352
2014	- 0.6630	- 0.8336	- 1.0394	- 0.9109
2013 年排位	17	17	17	18
2014 年排位	17	17	17	18
升降	0	0	0	0

①2014 年鹤壁市金融规模竞争力综合排位处于第 18 位，在河南省处于末位；与 2013 年相比排位没有变化。

②从指标所处水平看，2014 年鹤壁市银行业规模竞争力、保险业规模竞争力、证券业规模竞争力处于第 17 位，处于劣势地位。

③从指标变化趋势看，2014 年银行业规模竞争力、保险业规模竞争力、证券业规模竞争力三个指标排位与上一年相比均没有变化。

④从排位综合分析看，由于不具备证券业规模，2014 年鹤壁市金融规模竞争力综合排位仍然位居河南省第 18 位。鹤壁市还未开拓国内证券业领域，因此在金融规模这方面还有非常大的提升空间，也是鹤壁市的一个机遇。

12.4　鹤壁市金融效率竞争力指数分析

12.4.1　鹤壁市金融效率竞争力的三级指标：宏观金融效率

2013 ~ 2014 年，鹤壁市宏观金融效率竞争力指标及其下属指标在河南省的排位变化情况，如表 12 - 4 - 1 所示。

表 12 - 4 - 1　鹤壁市 2013 ~ 2014 年宏观金融效率竞争力及其四级指标

年　　份		经济储蓄动员力	储蓄投资转化系数	宏观金融效率竞争力
2013	原　　值	0.43	0.52	- 1.1991
	标准化后	- 1.1949	- 1.1398	
2014	原　　值	0.44	0.51	- 1.1657
	标准化后	- 1.1997	- 1.0727	
2013 年排名		16	16	17
2014 年排名		16	15	15
升降		0	1	2

①2014 年鹤壁市宏观金融效率竞争力指标经过标准化和加权处理后得分为 - 1.1657，在整个河南省中处于第 15 位，表明其在河南省处于较劣势地位；与 2013 年相比排位上升

2位。

②从指标所处水平看，经济储蓄动员力、储蓄投资转化系数这两个指标2014年在河南省排位分别处于第16位和第15位，排位比较靠后。

③从排位变化的动因看，2014年鹤壁市的经济储蓄动员力在河南省的排位不变，储蓄投资转化系数上升了1位，2014年鹤壁市的宏观金融效率竞争力指数在河南省的排位位居第15位。鹤壁市的宏观金融效率在河南省的排位十分靠后，这说明鹤壁市的宏观经济对储蓄资源的动员力较弱，缺乏储蓄向投资转化的渠道。鹤壁市还需要在宏观金融效率方面下功夫，提高金融效率，增强经济竞争力。

12.4.2 鹤壁市金融效率竞争力的三级指标：微观金融效率

2013~2014年，鹤壁市微观金融效率竞争力指标及其下属指标在河南省的排位变化情况，如表12-4-2和图12-4-1所示。

表12-4-2 鹤壁市2013~2014年微观金融效率竞争力及其四级指标

年份		贷存比	保险深度	证券市场效率	微观金融效率竞争力
2013	原值	0.9145	0.0192	0	-1.5100
	标准化后	2.3827	-1.4035	-0.6177	
2014	原值	0.9176	0.0157	0	2.0373
	标准化后	2.2810	-1.5230	-0.8137	
2013年排名		1	16	17	18
2014年排名		1	17	17	1
升降		0	-1	0	17

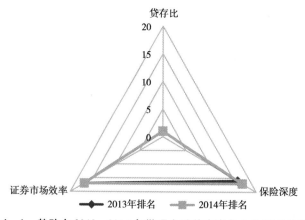

图12-4-1 鹤壁市2013~2014年微观金融效率竞争力及其四级指标比较

①2014年鹤壁市微观金融效率竞争力指标在整个河南省的综合排位处于第1位，在河南省处于上游区；与2013年相比排位上升了17位。

②从指标所处水平看，2014年鹤壁市的贷存比排位为第1位，属于优势指标，保险

深度、证券市场效率两个指标比较靠后，处于劣势指标。

③从雷达图图形变化看，2014 年与 2013 年相比，面积基本没有变化，但微观金融效率竞争力优势较为明显。

④由于鹤壁市不存在股票市场，所以证券市场效率和保险深度排名均处于第 17 位，但是在贷存比排位第 1 位的情况下，2014 年鹤壁市微观金融效率竞争力指标综合得分比较高，位居河南省第 1 位。

12.4.3　鹤壁市金融效率竞争力指标分析

2013～2014 年，鹤壁市金融效率竞争力指标及其下属指标在河南省的排位变化和指标结构情况，如表 12 - 4 - 3 所示。

表 12 - 4 - 3　鹤壁市 2013～2014 年金融效率竞争力指标及其三级指标

年　　份	宏观金融效率	微观金融效率	金融效率竞争力
2013	- 1. 1991	- 1. 5100	- 1. 8888
2014	- 1. 1660	1. 6338	- 1. 5034
2013 年排名	17	18	18
2014 年排名	15	1	17
升降	2	17	1

①2014 年鹤壁市金融效率竞争力指标综合排位处于第 17 位，在河南省处于劣势地位；与 2013 年相比，排位上升了 1 位。

②从指标所处水平看，2014 年鹤壁市宏观金融效率排名在整个河南省处于第 15 位，而微观金融效率处于第 1 位。

③从指标变化趋势看，宏观金融效率指标与上一年相比上升了 2 位，微观金融效率上升了 17 位。

④从排位综合分析看，由于宏观效率的排名较低，即使微观效率排名十分靠前，但是综合作用下 2014 年鹤壁市金融效率竞争力综合排位位居河南省第 17 位。

12.5　鹤壁市金融综合竞争力指标分析

2013～2014 年，鹤壁市金融综合竞争力指标及其下属指标在河南省的排位变化和指标结构情况，如表 12 - 5 - 1 所示。

表 12 - 5 - 1　鹤壁市 2013～2014 年金融综合竞争力指标及其二级指标

年　　份	金融生态竞争力	金融规模竞争力	金融效率竞争力	金融综合竞争力
2013	- 0. 2505	- 0. 8352	- 1. 8888	- 0. 9004
2014	- 0. 5956	- 0. 9109	- 1. 5034	- 1. 0252

年　　份	金融生态竞争力	金融规模竞争力	金融效率竞争力	金融综合竞争力
2013 年排名	10	18	18	18
2014 年排名	14	18	17	18
升降	-4	0	1	0

①2014 年鹤壁市金融综合竞争力综合排位处于第 18 位，在河南省处于末位；与 2013 年相比，排位没有变化。

②从指标所处水平看，2014 年鹤壁市金融生态竞争力排名第 14 位，金融规模竞争力和金融效率竞争力两个指标排名分别处于第 18 位和第 17 位，处于劣势地位。

③从指标变化趋势看，金融规模竞争力指标与上一年相比没有变化，金融生态竞争力指标下降了 4 位，金融效率竞争力提升 1 位。

④从排位综合分析看，由于金融规模竞争力和金融效率竞争力指标均排在较末位，2014 年鹤壁市金融综合竞争力综合排位位居河南省第 18 位。说明单从金融生态指标方面评价，鹤壁市排名较劣势，但金融规模、金融效率两个方面均排名末位，因此从金融竞争力方面进行综合评价，鹤壁市竞争力始终处于整个河南省的末位。这与鹤壁市本身的地理环境分不开，面积小，人口少。鹤壁市的金融规模和金融效率仍然需要加大力度开放，争取提升鹤壁市金融综合排名。

第 13 章

新乡市 2014 年金融竞争力研究报告

13.1 新乡市概述

新乡市地处河南省北部,南临黄河,与省会郑州、古都开封隔河相望;北倚太行,与鹤壁、安阳毗邻;西连煤城焦作,与晋东南接壤;东接油城濮阳,与鲁西相连。新乡工业基础良好,门类齐全,结构合理,产品科技含量较高,具有较强的产品配套能力,是中原地区重要的工业基地。

2014 全年完成地区生产总值 1918.00 亿元,同比增长 8.60%。全年实现公共财政预算收入 139.13 亿元,同比增长 7.44%;全年实现固定资产投资 1841.93 亿元,同比增长 17.99%;全年进出口总额 121000.00 万美元,同比增长 7.36%;金融系统存款余额 1898.47 亿元,同比增长 10.14%;金融系统贷款余额 1175.07 亿元,同比增长 13.23%;全年城镇人均可支配收入 23984.00 元,同比增长 8.50%;农村人均纯收入 10730.00 元,同比增长 10.30%。

13.2 新乡市金融生态竞争力分析

13.2.1 新乡市金融生态环境的三级指标:区域经济实力

2013~2014 年,新乡市区域经济实力竞争力指标及其下属指标在河南省的排位变化情况,如表 13-2-1 和图 13-2-1 所示。

表 13-2-1 新乡市 2013~2014 年区域经济实力竞争力及其四级指标

年　份		GDP (亿元)	人均 GDP (元)	固定资产投资 (亿元)	人均固定资产投资 (元)	城镇人均可支配收入 (元)	农村人均纯收入 (元)	财政收入 (亿元)	区域经济实力竞争力
2013	原　值	1766.10	31121.00	1561.15	27509.00	22105.00	9728.00	129.50	-0.0598
	标准化后	-0.0337	-0.4185	0.1649	-0.1613	0.2431	0.1832	0.0177	
2014	原　值	1918.00	33601.96	1841.93	32269.27	23984.00	10730.00	139.13	-0.0372
	标准化后	0.0108	-0.2355	0.2037	-0.1990	0.1441	0.1411	-0.0944	
2013 年排名		6	12	4	8	6	7	3	9
2014 年排名		6	10	4	9	6	8	5	9
升降		0	2	0	-1	0	-1	-2	0

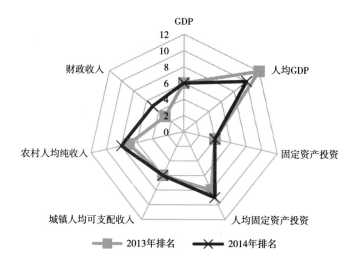

图 13 - 2 - 1　新乡市 2013～2014 年区域经济实力竞争力及其四级指标比较

①2014 年新乡市区域经济实力竞争力在整个河南省的综合排位处于第 9 位，与 2013 年相比排位不变，在河南省排名处于中势地位。

②从指标所处水平看，GDP、固定资产投资、财政收入、城镇人均可支配收入四个指标排名处于中上游区；人均 GDP、人均固定资产投资、农村人均纯收入指标在河南省排名处于中游区，由此可以看出，由于新乡市人口基数较大，人均指标排名相对落后。

③从雷达图图形变化看，2014 年与 2013 年相比，雷达图的面积有所增大，新乡市区域经济实力竞争力呈下降趋势。

④新乡市人均 GDP 排位上升 2 位，农村人均纯收入和人均固定资产投资排位下降 1 位，财政收入排位下降 2 位，其他各指标排位与 2013 年相比没有变动，在综合作用下，2014 年新乡市区域经济实力竞争力指标综合排位不变，仍居河南省第 9 位。

13.2.2　新乡市金融生态环境的三级指标：区域开放程度

2013～2014 年，新乡市区域开放程度竞争力指标及其下属指标在河南省的排位变化情况，如表 13 - 2 - 2 所示。

表 13 - 2 - 2　新乡市 2013～2014 年区域开放程度竞争力及其四级指标

年　份		实际利用外资额	进出口总额	区域开放程度竞争力
2013	原值（万美元）	74000.00	112700.00	- 0.1265
	标准化后	- 0.0094	- 0.2324	
2014	原值（万美元）	76000.00	121000.00	- 0.0754
	标准化后	- 0.1834	- 0.8624	
2013 年排名		4	8	5
2014 年排名		5	8	7
升降		- 1	0	- 2

①2014年新乡市区域开放程度竞争力经过标准化和加权处理后得分为－0.0754，在整个河南省中处于第7位，表明其区域开放程度竞争力在河南省处于较优势的地位；与2013年相比排位下降了2位。

②从指标所处水平看，实际利用外资额排位处于第5位，处于中上游区；进出口总额排位处于第8位，处于中游区，综合说明新乡市经济的开放程度水平一般。

③从排位变化的动因看，2014年新乡市实际利用外资额在河南省的排位下降了1位，进出口总额排位不变，综合作用使得2014年新乡市区域开放程度竞争力排位下降了2位。新乡市的对外贸易发展对经济发展的直接影响力表现较一般，新乡市政府可加大对外开放力度。

13.2.3　新乡市金融生态环境的三级指标：区域服务水平

2013~2014年，新乡市金融生态环境区域服务水平竞争力指标及其下属指标在河南省的排位情况，如表13-2-3和图13-2-2所示。

表13-2-3　新乡市2013~2014年区域服务水平竞争力及四级指标

年　　份		会计师事务所数量	律师事务所数量	资产评估事务所数量	区域服务水平竞争力
2013	原值（所）	13	46	9	－0.1198
	标准化后	－0.2319	－0.0080	－0.1162	
2014	原值（所）	11	46	9	0.1124
	标准化后	－0.2916	0.5607	－0.0963	
2013年排名		8	5	5	5
2014年排名		11	5	4	7
升降		－3	0	1	－2

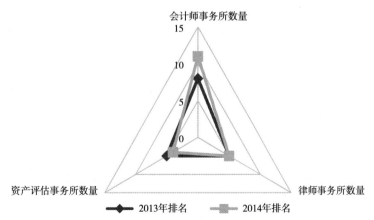

图13-2-2　新乡市2013~2014年区域服务水平竞争力及其四级指标比较

①2014年新乡市区域服务水平竞争力综合排位处于第7位，在河南省处于较优势的地位；与2013年相比，排位下降2位。

②从指标所处水平看，2014年新乡市会计师事务所数量排位下降3位，律师事务所数量排位没有发生变化，资产评估事务所数量的排位上升1位，综合作用使得整体区域服务水平竞争力下降2位。

③从雷达图图形的变化上来看，2014年较2013年的面积增大，新乡市律师事务所数量和资产评估事务所数量的排位相对靠前，处于中上游区，但由于会计师事务所数量排位较为靠后，新乡市的区域服务水平竞争力综合排位略靠后，新乡市政府可在会计师事务所数量提升方面加大力度。

13.2.4　新乡市金融生态竞争力指标分析

2013～2014年，新乡市金融生态竞争力指标及其下属指标在河南省的排位变化和指标结构情况，如表13-2-4所示。

表13-2-4　新乡市2013～2014年金融生态竞争力指标及其三级指标

年　份	区域经济实力竞争力	区域开放程度竞争力	区域服务水平竞争力	金融生态竞争力
2013	-0.0598	-0.1265	-0.1198	-0.1189
2014	-0.0372	-0.0754	0.1124	-0.0202
2013年排位	9	5	5	7
2014年排位	9	7	7	7
升降	0	-2	-2	0

①2014年新乡市金融生态竞争力综合排位为第7名，在河南省的总体排位上处于较优势的位置。

②从指标所处水平看，2014年新乡市区域经济实力竞争力排名为第9位，处于中游区；区域开放程度竞争力和区域服务水平竞争力排名均为第7位，处于中上游区。

③从指标变化趋势上来看，2014年与2013年相比，区域经济实力竞争力排位不变，区域开放程度竞争力和区域服务水平竞争力排位均下降2位。

④从排位的综合分析可以看出，虽然2014年新乡市区域开放程度竞争力和区域服务水平竞争力排位均有所下降，但由于区域经济实力竞争力排位不变，综合作用下，2014年新乡市金融生态竞争力排位不变，仍居河南省第7位，新乡市的金融生态竞争力有待进一步提升。

13.3　新乡市金融规模竞争力分析

13.3.1　新乡市金融规模竞争力的三级指标：银行业规模

2013～2014年，新乡市银行业规模竞争力指标及其下属指标在河南省的排位变化情况，如表 13 - 3 - 1 和图 13 - 3 - 1 所示。

表 13 - 3 - 1　新乡市 2013～2014 年银行业规模竞争力及其四级指标

年　　份		金融系统存款余额	金融系统贷款余额	城乡居民储蓄余额	银行业规模竞争力
2013	原值（亿元）	1723.62	1037.76	1081.82	- 0.0966
	标准化后	- 0.1229	- 0.1175	- 0.0464	
2014	原值（亿元）	1898.47	1175.07	1206.60	- 0.1008
	标准化后	- 0.1288	- 0.1313	- 0.0388	
2013 年排名		5	5	8	6
2014 年排名		6	5	8	7
升降		- 1	0	0	- 1

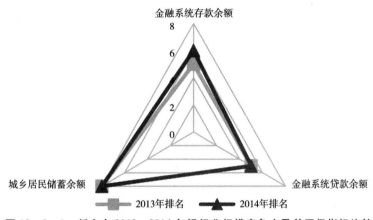

图 13 - 3 - 1　新乡市 2013～2014 年银行业规模竞争力及其四级指标比较

①2014 年银行业规模竞争力与 2013 年相比排名下降 1 位，居第 7 位，处于较优势地位。

②从指标所处的水平来看，2014 年新乡市金融系统存款余额和金融系统贷款余额分别处于第 6 位和第 5 位，处于中上游区；城乡居民储蓄余额位于第 8 位，处于中游区。

③从雷达图的图形上看，由于新乡市金融系统存款余额排名下降 1 位，使得 2014 年的面积与 2013 年相比略微增大，综合作用下，2014 年银行业规模竞争力居河南省第 7 位。

13.3.2　新乡市金融规模竞争力的三级指标：保险业规模

2013～2014 年，新乡市保险业规模竞争力指标及其下属指标在河南省的排位变化情况，如表 13 - 3 - 2 所示。

表 13 - 3 - 2 新乡市 2013 ~ 2014 年保险业规模竞争力及其四级指标

年 份		保险公司保费收入	保险赔付额	保险业规模竞争力
2013	原值（亿元）	47.97	14.99	- 0.0515
	标准化后	- 0.0637	- 0.0391	
2014	原值（亿元）	52.26	14.88	- 0.0959
	标准化后	- 0.0704	- 0.1210	
2013 年排名		6	6	5
2014 年排名		5	10	7
升降		- 1	- 4	- 2

①2014 年新乡市保险业规模竞争力经过标准化和加权处理后得分为 - 0.0959，在整个河南省中处于第 7 位，在河南省处于较优势地位；与 2013 年相比排位下降 2 位。

②从指标所处水平看，保险公司保费收入在 2014 年的河南省各个地市中居第 5 位，处于中上游区；保险赔付额指标在 2014 年的河南省各个地市中居第 10 位，处于中游区，说明新乡市应加大保险赔付力度。

③从排位变化的动因看，2014 年新乡市的保险公司保费收入在河南省的排位下降 1 位，保险赔付额在河南省的排位下降 4 位，综合作用下，2014 年新乡市保险业规模竞争力指标的综合排位下降 2 位，居河南省第 7 位。

13.3.3 新乡市金融规模竞争力的三级指标：证券业规模

2013 ~ 2014 年，新乡市证券业规模竞争力指标及其下属指标在河南省的排位变化情况，如表 13 - 3 -3 所示。

表 13 - 3 - 3 新乡市 2013 ~ 2014 年证券业规模竞争力及其四级指标

年 份		上市公司总资产（亿元）	本地区股本总数（亿股）	证券业规模竞争力
2013	原 值	79.50	14.10	- 0.5016
	标准化后	- 0.5695	- 0.4144	
2014	原 值	82.40	16.09	- 0.5772
	标准化后	- 0.6472	- 0.4521	
2013 年排名		12	10	10
2014 年排名		11	11	11
升降		1	- 1	- 1

①2014 年新乡市证券业规模竞争力经过标准化和加权处理后得分为 - 0.5772，在整个河南省中处于第 11 位，在河南省处于中势地位；与 2013 年相比排位下降 1 位。

②从指标所处水平看，上市公司总资产和本地区股本总数在 2014 年的河南省各个地市中均居第 11 位，处于中游区，说明新乡市政府可加大对证券市场的扶植发展力度，发

挥证券市场投融资功能，以此促进经济发展。

③从排位变化的动因看，2014 年新乡市上市公司总资产在河南省的排位上升了 1 位，本地区股本总数在河南省的排位下降了 1 位，综合作用下，2014 年新乡市证券业规模竞争力指标的综合排位下降 1 位，居河南省第 11 位。

13.3.4　新乡市金融规模竞争力指标分析

2013～2014 年，新乡市金融规模竞争力指标及其下属指标在河南省的排位变化和指标结构情况，如表 13－3－4 所示。

图 13－3－4　新乡市 2013～2014 年金融规模竞争力指标及其三级指标

年　份	银行业规模竞争力	保险业规模竞争力	证券业规模竞争力	金融规模竞争力
2013	－0.0966	－0.0515	－0.5016	－0.2193
2014	－0.1008	－0.0959	－0.5772	－0.2602
2013 年排位	6	5	10	9
2014 年排位	7	7	11	10
升降	－1	2	－1	－1

①2014 年新乡市金融规模竞争力综合排位处于第 10 位，在河南省处于中势地位；与 2013 年相比排位下降 1 位。

②从指标所处水平看，2014 年新乡市银行业规模竞争力和保险业规模竞争力排名均居第 7 位，处于中上游区；证券业规模竞争力排名居第 11 位，处于中游区。

③从指标变化趋势看，2014 年银行业规模竞争力指标排位下降 1 位，保险业规模竞争力指标排位上升 2 位，证券业规模竞争力指标排位下降 1 位。

④从排位综合分析看，2014 年银行业和证券业规模竞争力指标排位均下降 1 位，保险业规模竞争力指标排位上升 2 位，综合作用使得新乡市 2014 年金融规模竞争力下降 1 位。由数据分析可以看出，新乡市证券市场的发展相对于银行业和保险业的发展稍落后，说明了新乡市尚未充分发挥证券市场投融资功能，居民更倾向于相对风险较小的银行和保险业，在保证了安全性的前提下，也一定程度上降低了金融市场发展的效率，新乡市政府可进一步发展证券市场，实现金融市场的协调发展。

13.4　新乡市金融效率竞争力分析

13.4.1　新乡市金融效率竞争力的三级指标：宏观金融效率

2013～2014 年，新乡市宏观金融效率竞争力指标及其下属指标在河南省的排位变化情况，如表 13－4－1 所示。

表 13 - 4 - 1　新乡市 2013～2014 年宏观金融效率竞争力及其四级指标

年　　份		经济储蓄动员力	储蓄投资转化系数	宏观金融效率竞争力
2013	原　值	0.61	0.69	-0.0712
	标准化后	0.1680	-0.3066	
2014	原　值	0.63	0.66	-0.2431
	标准化后	-0.0698	-0.4042	
2013 年排名		9	11	11
2014 年排名		10	12	12
升降		-1	-1	-1

①2014 年新乡市宏观金融效率竞争力指标经过标准化和加权处理后得分为 -0.2431，在整个河南省中处于第 12 位，在河南省处于较劣势地位；与 2013 年相比排位下降 1 位。

②从指标所处水平看，2014 年新乡市经济储蓄动员力在河南省排名居第 10 位，处于中游区；储蓄投资转化系数指标排名居第 12 位，处于中下游区。

③从排位变化的动因看，2014 年新乡市的经济储蓄动员力和储蓄投资转化系数排位均下降 1 位，综合作用使得新乡市宏观金融效率竞争力指数在河南省的排位下降 1 位，居第 12 位。说明新乡市的宏观金融效率处于一般水平，可进一步提高金融效率，增强金融竞争力。

13.4.2　新乡市金融效率竞争力的三级指标：微观金融效率

2013～2014 年，新乡市微观金融效率竞争力指标及其下属指标在河南省的排位变化情况，如表 13 - 4 - 2 和图 13 - 4 - 1 所示。

表 13 - 4 - 2　新乡市 2013～2014 年微观金融效率竞争力及其四级指标

年　　份		贷存比	保险深度	证券市场效率	微观金融效率竞争力
2013	原　值	0.6021	0.0272	0.01	0.0440
	标准化后	0.0788	0.1369	0.0545	
2014	原　值	0.6190	0.0272	0.12	-0.1464
	标准化后	-0.0043	0.0281	-0.1635	
2013 年排名		8	8	6	11
2014 年排名		10	9	7	11
升降		-2	-1	-1	0

①2014 年新乡市微观金融效率竞争力指标在整个河南省的综合排位处于第 11 位，在河南省处于中游区；与 2013 年相比排位不变。

②从指标所处水平看，2014 年新乡市的贷存比和保险深度分别居第 10 位、第 9 位，均处于中势地位。证券市场效率居第 7 位，处于较优势地位。

③从雷达图图形变化看，2014 年与 2013 年相比，面积显著增大，说明微观金融效率

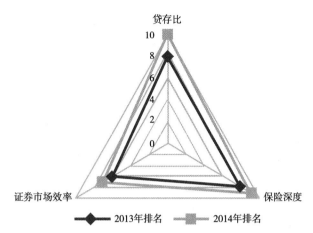

图 13 - 4 - 1 新乡市 2013~2014 年微观金融效率竞争力及其四级指标比较

竞争力下降。

④从排位变化的动因看，与 2013 年相比，2014 年新乡市贷存比下降 2 位，保险深度和证券市场效率均下降 1 位，综合作用使得 2014 年新乡市微观金融效率竞争力指标排名不变，居河南省第 11 位。

13.4.3 新乡市金融效率竞争力指标分析

2013~2014 年，新乡市金融效率竞争力指标及其下属指标在河南省的排位变化和指标结构情况，如表 13 - 4 - 3 所示。

表 13 - 4 - 3 新乡市 2013~2014 年金融效率竞争力指标及其三级指标

年　　份	宏观金融效率	微观金融效率	金融效率竞争力
2013	- 0.0712	0.0440	- 0.0059
2014	- 0.2431	- 0.1464	- 0.0519
2013 年排名	11	11	11
2014 年排名	12	11	10
升降	- 1	0	1

①2014 年新乡市金融效率竞争力指标综合排位处于第 10 位，在河南省处于中势地位；与 2013 年相比，排位上升了 1 位。

②从指标所处水平看，2014 年新乡市宏观金融效率排名在整个河南省居第 12 位，处于中下游区；微观金融效率排名居第 11 位，处于中游区。

③从指标变化趋势看，新乡市 2014 年宏观金融效率指标与上一年相比上升了 1 位，微观金融效率指标与上一年相比保持不变。

④从排位综合分析看，由于宏观金融效率和微观金融效率的排名分别处于中下游区和中游区，综合作用使得 2014 年新乡市金融效率竞争力综合排位位居河南省第 10 位。

13.5　新乡市金融综合竞争力指标分析

2013～2014年，新乡市金融综合竞争力指标及其下属指标在河南省的排位变化和指标结构情况，如表13-5-1所示。

表13-5-1　新乡市2013～2014年金融综合竞争力指标及其二级指标

年　份	金融生态竞争力	金融规模竞争力	金融效率竞争力	金融综合竞争力
2013	-0.1189	-0.2193	-0.0059	-0.1169
2014	-0.0202	-0.2602	-0.0519	-0.1245
2013年排名	7	9	11	11
2014年排名	7	10	10	9
升降	0	-1	1	2

①2014年新乡市金融综合竞争力综合排位处于第9位，在河南省处于中势地位；与2013年相比，排位上升2位。

②从指标所处水平看，2014年新乡市金融生态竞争力排名第7位，处于中上游区；金融规模竞争力和金融效率竞争力两个指标排名均居第10位，处于中游区。

③从指标变化趋势看，金融效率竞争力指标与上一年相比上升1位，金融规模竞争力指标下降1位，金融生态竞争力排位不变。

④从排位综合分析看，由于金融生态竞争力指标居第7位，相比2013年排位不变；金融规模竞争力指标居第10位，相比2013年下降1位；金融效率竞争力指标居第10位，相比2013年上升1位；综合作用使得2014年新乡市金融综合竞争力排名较2013年上升2位，居河南省第9位。新乡市金融综合竞争力跻身河南省前十名，在实现了自身发展的同时也为中原区经济和社会发展做出了突出贡献，充分凸显了新乡市在中原经济区建设中的地位。

第14章
焦作市 2014 年金融竞争力研究报告

14.1　焦作市概述

焦作市位于河南省西北部，东连新乡、西接洛阳。焦作的旅游交通条件极为便利，是河南省交通发达地区之一，焦郑、焦晋高速公路和焦作黄河公路大桥与国道融会贯通。

据初步核算，2014 年焦作市完成地区生产总值 1846.32 亿元，按可比口径计算，比上年增长 8.1%，其中第三产业增加值为 462.96 亿元，增长 7.7%。全市公共财政预算收入 105.58 亿元，增长 8.5%。全年社会消费品零售总额 555.21 亿元，比上年增长 12.2%。全年进出口总额 24.64 亿美元，比上年增长 9.0%。截至 2014 年末，金融机构各项人民币存款余额 1264.32 亿元，比上年末增长 9.8%；各项人民币贷款余额 853.98 亿元，增长 10.4%。

14.2　焦作市金融生态竞争力分析

14.2.1　焦作市金融生态环境的三级指标：区域经济实力

2013~2014 年，焦作市区域经济实力竞争力指标及其下属指标在河南省的排位变化情况，如表 14-2-1 和图 14-2-1 所示。

表 14-2-1　焦作市 2013~2014 年区域经济实力竞争力及其四级指标

年　份		GDP（亿元）	人均 GDP（元）	固定资产投资（亿元）	人均固定资产投资（元）	城镇人均可支配收入（元）	农村人均纯收入（元）	财政收入（亿元）	区域经济实力竞争力
2013	原　值	1707.36	48586	1374.04	39100.77	22058	11367	97.34	0.6272
	标准化后	-0.0803	0.7955	-0.0400	0.8434	0.2203	1.0713	-0.1891	
2014	原　值	1846.32	52415.05	1623.53	46090	23977	12518	105.58	0.5568
	标准化后	-0.0414	0.8468	0.0018	0.8587	0.1410	1.0270	-0.2813	
2013 年排名		7	4	6	5	7	3	7	3
2014 年排名		7	4	7	4	7	3	9	4
升降		0	0	-1	1	0	0	-2	-1

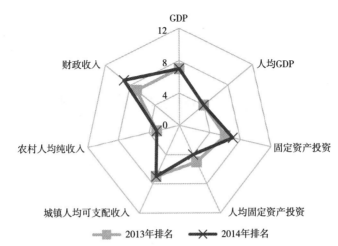

图 14 - 2 - 1　焦作市 2013 ~ 2014 年区域经济实力竞争力及其四级指标比较

①2014 年焦作市区域经济实力竞争力在整个河南省的综合排位为第 4 位，在河南省处于较优势地位，与 2013 年相比排名下降 1 位。

②从指标所处水平看，农村人均纯收入指标的排名为第 3 位，属于绝对优势指标，财政收入指标排名为第 9 位，属于中势指标，其余区域经济实力竞争力四级指标均属于较优势指标。整体来看，2014 年焦作市区域经济实力竞争力各项指标排名均比较靠前，在河南省处于较优势地位。

③从雷达图图形变化看，2014 年与 2013 年相比，面积有所扩大，焦作市区域经济实力竞争力呈现下降态势。

④从排位变化的动因看，2014 年财政收入指标排名下降 2 位，固定资产投资排名下降 1 位，人均固定资产投资排名上升 1 位，其余指标的排名不变，综合作用下，2014 年焦作市区域经济实力竞争力指标下降 1 位，位于第 4 位。不论是从经济总量指标还是人均经济指标来看，焦作市的区域经济实力都具有较强的竞争力，且人均经济指标较经济总量指标排名更为靠前，这充分说明焦作市具有良好的经济发展势头。

14.2.2　焦作市金融生态环境的三级指标：区域开放程度

2013 ~ 2014 年，焦作市区域开放程度竞争力指标及其下属指标在河南省的排位变化情况，如表 14 - 2 - 2 所示。

表 14 - 2 - 2　焦作市 2013 ~ 2014 年区域开放程度竞争力及其四级指标

年　份		实际利用外资额	进出口总额	区域开放程度竞争力
2013	原值（万美元）	66000	226000	- 0.1201
	标准化后	- 0.1123	- 0.1174	
2014	原值（万美元）	72800	246400	0.5151
	标准化后	- 0.1125	1.0628	

年　　份	实际利用外资额	进出口总额	区域开放程度竞争力
2013 年排名	6	3	4
2014 年排名	6	2	3
升降	0	1	1

①2014 年焦作市区域开放程度竞争力经过标准化和加权处理后得分为 0.5151，在河南省各个地市中排名为第 3 位，处于绝对优势地位，与 2013 年相比排名上升 1 位。

②从指标所处水平看，2014 年焦作市实际利用外资额排名为第 6 位，在整个河南省处于中上游区，进出口总额指标的排名为第 2 位，处于上游区。焦作市区域开放程度竞争力较高，招商引资能力较强。

③从排位变化的动因看，2014 年焦作市实际利用外资额排名不变，进出口总额指标排名上升 1 位，综合作用下，焦作市区域开放程度竞争力指标的综合排名上升 1 位。焦作是闻名全国的粮食高产区和小麦、玉米等种子培育基地。在发展过程中，焦作把链条产业高端化、传统农业新型化作为经济转型的新的增长极，带动了焦作市的进出口总额和实际利用外资额的迅速增长。

14.2.3　焦作市金融生态环境的三级指标：区域服务水平

2013 ~ 2014 年，焦作市金融生态环境区域服务水平竞争力指标及其下属指标在河南省的排位情况，如表 14 - 2 - 3 和图 14 - 2 - 2 所示。

表 14 - 2 - 3　焦作市 2013 ~ 2014 年区域服务水平竞争力及四级指标

年　　份		会计师事务所数量	律师事务所数量	资产评估事务所数量	区域服务水平竞争力
2013	原值（所）	15	41	3	− 0.2431
	标准化后	− 0.1891	− 0.1109	− 0.4222	
2014	原值（所）	14	41	3	0.1651
	标准化后	0.1458	0.3006	− 0.3935	
2013 年排名		5	6	15	9
2014 年排名		5	6	15	6
升降		0	0	0	3

①2014 年焦作市区域服务水平竞争力综合排位为第 6 位，在河南省处于较优势地位；与 2013 年相比排位上升了 3 位。

②从指标所处水平看，2014 年焦作市会计师事务所数量和律师事务所数量在河南省的排名分别为第 5 位和第 6 位，属于较优势指标；资产评估事务所数量的排位较为靠后，处于中下游区。

③从雷达图图形的变化上来看，与上年相比，2014 年雷达图面积不变。焦作市已经

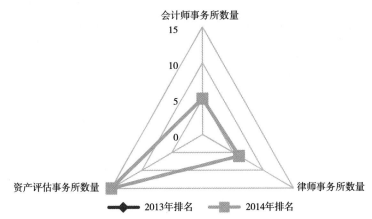

图 14 - 2 - 2　焦作市 2013～2014 年区域服务水平竞争力及其四级指标比较

具备完善的金融服务体系，但仍存在提升空间，资产评估服务机构数量的不足成为其提升服务水平竞争力的短板。

14.2.4　焦作市金融生态竞争力指标分析

2013～2014 年，焦作市金融生态竞争力指标及其下属指标在河南省的排位变化和指标结构情况，如表 14 - 2 - 4 所示。

表 14 - 2 - 4　焦作市 2013～2014 年金融生态竞争力指标及其三级指标

年　　份	区域经济实力竞争力	区域开放程度竞争力	区域服务水平竞争力	金融生态竞争力
2013	0.6272	- 0.1201	- 0.2431	0.1191
2014	0.5568	0.5151	0.1651	0.5210
2013 年排位	3	4	9	4
2014 年排位	4	3	6	3
升降	- 1	1	3	1

①2014 年焦作市金融生态竞争力综合排位为第 3 位，在河南省处于绝对优势地位；与 2013 年相比，排名上升 1 位。

②从指标所处水平看，2014 年区域经济实力竞争力和区域服务水平竞争力的排名分别为第 4 位和第 6 位，属于较优势指标；区域开放程度竞争力的排名为第 3 位，属于绝对优势指标。不论从经济实力、开放程度、服务水平任何一个维度进行考虑，焦作市都具有较强的竞争力。

③从指标变化趋势看，2014 年焦作市区域经济实力竞争力排名下降 1 位，区域开放程度竞争力指标排名上升 1 位，区域服务水平竞争力指标排名上升 3 个名次。在区域开放程度竞争力和服务水平竞争力的拉升作用下，2014 年焦作市金融生态竞争力排名上升 1 位。

④从排位综合分析看，三个指标的优势地位，决定了 2014 年焦作市金融生态竞争力综合排位为第 3 位。焦作市经济发展程度较高，对外贸易水平稳中趋优，金融服务体系较

为完善，为其金融业的发展营造了良好的生态环境。焦作市应坚持以农业作为基础产业，同时加快现代服务业的发展，使其成为焦作经济增长的重要"引擎"。

14.3　焦作市金融规模竞争力分析

14.3.1　焦作市金融规模竞争力的三级指标：银行业规模

2013～2014 年，焦作市银行业规模竞争力指标及其下属指标在河南省的排位变化情况，如表 14-3-1 和图 14-3-1 所示。

表 14-3-1　焦作市 2013～2014 年银行业规模竞争力及其四级指标

年 份		金融系统存款余额	金融系统贷款余额	城乡居民储蓄余额	银行业规模竞争力
2013	原值（亿元）	1151.52	773.40	722.91	-0.3401
	标准化后	-0.3354	-0.2462	-0.4305	
2014	原值（亿元）	1264.32	853.98	794.50	-0.3537
	标准化后	0.41415	0.33145	0.5355	
2013 年排名		12	9	13	13
2014 年排名		13	11	13	13
升降		-1	-2	0	0

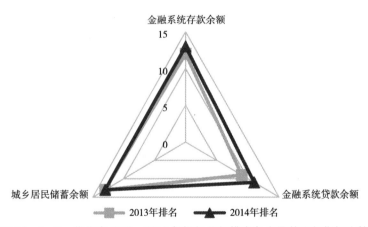

图 14-3-1　焦作市 2013～2014 年银行业规模竞争力及其四级指标比较

①2014 年焦作市银行业规模竞争力在整个河南省的综合排位中处于第 13 位，在河南省处于较劣势地位；与 2013 年相比排位没有发生变化。

②从指标所处水平看，2014 年焦作市金融系统贷款余额排名为第 11 位，处于中游区；金融系统存款余额和城乡居民储蓄余额的排名均为第 13 位，处于中下游区。这说明焦作市银行业规模较小，整体资金面较为紧张，不利于企业进行融资，最终将制约经济的发展。

③从雷达图图形变化看，2014 年与 2013 年相比，面积略有扩大，金融系统存款余额和贷款余额成为图形扩张的动力点。2014 年焦作市银行业规模竞争力指标综合排位虽然保持不变，但已经呈现恶化趋势。当前经济下行的压力较大，对金融业发展产生了一定的消极影响，焦作市政府应对此予以重视。

14.3.2 焦作市金融规模竞争力的三级指标：保险业规模

2013～2014 年，焦作市保险业规模竞争力指标及其下属指标在河南省的排位变化情况，如表 14-3-2 所示。

表 14-3-2 焦作市 2013～2014 年保险业规模竞争力及其四级指标

年 份		保险公司保费收入	保险赔付额	保险业规模竞争力
2013	原值（亿元）	41.97	12.96	-0.1964
	标准化后	-0.1941	-0.1918	
2014	原值（亿元）	45.74	12.68	-0.2241
	标准化后	-0.1809	-0.2665	
2013 年排名		12	11	12
2014 年排名		10	11	11
升降		2	0	1

①2014 年焦作市保险业规模竞争力经过标准化和加权处理后得分为 -0.2241，在整个河南省中排第 11 位，在河南省处于中势地位；与 2013 年相比排名上升了 1 位。

②从指标所处水平看，保险公司保费收入和保险赔付额这两个指标在 2014 年河南省各个地市的排名分别为第 10 位和第 11 位，处于中游区。焦作市保险业规模不大，保险业规模竞争力仍有待于提升。

③从排位变化的动因看，2014 年焦作市的保险公司保费收入排名较上年上升 2 位，在其拉升作用下，保险业规模竞争力指标排名也上升 1 位，处于第 11 位。

14.3.3 焦作市金融规模竞争力的三级指标：证券业规模

2013～2014 年，焦作市证券业规模竞争力指标及其下属指标在河南省的排位变化情况，如表 14-3-3 所示。

表 14-3-3 焦作市 2013～2014 年证券业规模竞争力及其四级指标

年 份		上市公司总资产（亿元）	本地区股本总数（亿股）	证券业规模竞争力
2013	原 值	245.41（亿元）	42.37（亿股）	0.2452
	标准化后	0.0239	0.4572	
2014	原 值	354.86	31.29	0.2351
	标准化后	-0.7459	-0.1449	

年　　份	上市公司总资产（亿元）	本地区股本总数（亿股）	证券业规模竞争力
2013 年排名	7	3	6
2014 年排名	6	7	7
升降	1	-4	-1

①2014 年焦作市证券业规模竞争力指标经过标准化和加权处理后得分为 0.2351，在整个河南省中排名为第 7 位，在河南省处于较优势地位，与 2013 年相比排名下降 1 位。

②从指标所处水平看，焦作市上市公司总资产和本地区股本总数的排名为第 6 位和第 7 位，处于中上游区，属于较优势指标。焦作市资本市场凝聚优势企业及投资者的能力较强，具有较强的融资能力。

③从排位变化的动因看，2014 年焦作市上市公司总资产排名上升 1 位，本地区股本总数的排名下降 4 位，综合作用下，焦作市的证券业规模竞争力指数排名下降 1 位，位于河南省第 7 位。受国内外复杂的经济环境影响，焦作市部分上市公司出现回购股份现象，造成本地区股本总数的减少。

14.3.4　焦作市金融规模竞争力指标分析

2013～2014 年，焦作市金融规模竞争力指标及其下属指标在河南省的排位变化和指标结构情况，如表 14-3-4 所示。

表 14-3-4　焦作市 2013～2014 年金融规模竞争力指标及其三级指标

年　　份	银行业规模竞争力	保险业规模竞争力	证券业规模竞争力	金融规模竞争力
2013	-0.3401	-0.1964	0.2452	-0.1124
2014	-0.3537	-0.2241	0.2351	-0.1486
2013 年排位	13	12	6	7
2014 年排位	13	11	7	7
升降	0	1	-1	0

①2014 年焦作市金融规模竞争力综合排名为第 7 位，在河南省处于较优势地位，与 2013 年相比排名不变。

②从指标所处水平看，2014 年焦作市银行业规模竞争力排名为第 13 位，处于中下游区，属于较劣势指标；保险业规模竞争力排名为第 11 位，处于中游区，属于中势指标；证券业规模竞争力排名为第 7 位，处于中上游区，属于较优势指标。焦作市银行、保险和证券三大金融行业的规模水平存在一定的差异，证券业规模相对较大，银行业规模最小。

③从指标变化趋势看，银行业规模竞争力指标与上年相比排名不变，保险业规模竞争力排名上升 1 位，证券业规模竞争力排名下降 1 位，三个指标排名变化幅度不大。

④从排位综合分析看，证券业规模竞争力和保险业规模竞争力这两个指标排名一升一降，综合作用下，焦作市 2014 年金融规模竞争力排名不变，仍处于第 7 位。

14.4 焦作市金融效率竞争力指数分析

14.4.1 焦作市金融效率竞争力的三级指标：宏观金融效率

2013～2014 年，焦作市宏观金融效率竞争力指标及其下属指标在河南省的排位变化情况，如表 14－4－1 所示。

表 14－4－1 焦作市 2013～2014 年宏观金融效率竞争力及其四级指标

年 份		经济储蓄动员力	储蓄投资转化系数	宏观金融效率竞争力
2013	原 值	0.42	0.53	−1.1842
	标准化后	−1.2095	−1.0963	
2014	原 值	0.43	0.49	−1.2452
	标准化后	−1.2625	−1.1648	
2013 年排名		17	15	16
2014 年排名		17	16	17
升降		0	−1	−1

①2014 年焦作市宏观金融效率竞争力指标经过标准化和加权处理后得分为 −1.2452，在整个河南省中排位处于第 17 位，在河南省处于绝对劣势地位，与 2013 年相比排名下降 1 位。

②从指标所处水平看，经济储蓄动员力和储蓄投资转化系数两个指标在河南省的排名分别为第 17 位和第 16 位，位于下游区，属于绝对劣势指标。

③从排位变化的动因看，2014 年焦作市经济储蓄动员力与上年相比未发生变化，储蓄投资转化系数排名下降 1 位，综合作用下，2014 年焦作市的宏观金融效率竞争力指数在河南省的排位下降 1 位，仍处于次末位。焦作市储蓄资源对经济的促进作用较弱，储蓄向投资转化的渠道并不通畅，宏观金融效率整体较低。

14.4.2 焦作市金融效率竞争力的三级指标：微观金融效率

2013～2014 年，焦作市微观金融效率竞争力指标及其下属指标在河南省的排位变化情况，如表 14－4－2 和图 14－4－1 所示。

表 14－4－2 焦作市 2013～2014 年微观金融效率竞争力及其四级指标

年 份		贷存比	保险深度	证券市场效率	微观金融效率竞争力
2013	原 值	0.6716	0.0246	0.10	−0.3267
	标准化后	0.5913	−0.3637	−0.0109	
2013	原 值	0.6754	0.0248	0.24	0.4767
	标准化后	0.4280	−0.3054	0.4867	

续表

年　　份	贷存比	保险深度	证券市场效率	微观金融效率竞争力
2013 年排名	5	12	7	13
2014 年排名	7	12	4	6
升降	− 2	0	3	7

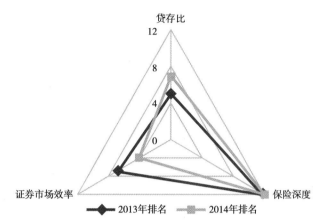

图 14 - 4 - 1　焦作市 2013 ~ 2014 年微观金融效率竞争力及其四级指标比较

①2014 年焦作市微观金融效率竞争力指标在整个河南省的综合排位处于第 6 位，在河南省处于较优势地位；与 2013 年相比排位上升了 7 位。

②从指标所处水平看，2014 年焦作市的贷存比和证券市场效率指标在河南省的排位分别为第 7 位和第 4 位，属于较优势指标；保险深度的排名为第 12 位，属于较劣势指标。

③从雷达图图形变化看，2014 年与 2013 年相比，面积有所缩小，说明焦作市微观效率竞争力呈现优化的趋势。

④从排位变化的动因看，虽然焦作市 2014 年贷存比指标排名下降 2 位，但证券市场效率指标的排名上升 3 位，在其拉升作用下，焦作市微观金融效率竞争力指标综合排位上升了 7 位，位居河南省第 6 位。

14.4.3　焦作市金融效率竞争力指标分析

2013 ~ 2014 年，焦作市金融效率竞争力指标及其下属指标在河南省的排位变化和指标结构情况，如表 14 - 4 - 3 所示。

表 14 - 4 - 3　焦作市 2013 ~ 2014 年金融效率竞争力指标及其三级指标

年　　份	宏观金融效率	微观金融效率	金融效率竞争力
2013	− 1. 1842	− 0. 3267	− 0. 9400
2014	− 1. 2452	0. 4767	− 1. 1072
2013 年排位	16	13	15
2014 年排位	17	6	16
升降	− 1	7	− 1

①2014年焦作市金融效率竞争力指标综合排位为第16位，在河南省处于绝对劣势地位；与2013年相比排位下降1位。

②从指标所处水平看，2014年焦作市宏观金融效率在整个河南省排名为第17位，处于下游区，属于绝对劣势指标；微观金融效率指标的排名为第6位，处于中上游区，属于较优势指标。

③从指标变化趋势看，宏观金融效率指标与上年相比下降1位，微观金融效率指标与上一年相比上升7位。

④从排位综合分析看，虽然焦作市微观金融效率指标排名较为靠前，但宏观金融效率的次末位决定了焦作市金融效率竞争力综合排位的落后。

14.5 焦作市金融综合竞争力指标分析

2013～2014年，焦作市金融综合竞争力指标及其下属指标在河南省的排位变化和指标结构情况，如表14－5－1所示。

表14－5－1 焦作市2013～2014年金融综合竞争力指标及其二级指标

年　　份	金融生态竞争力	金融规模竞争力	金融效率竞争力	金融综合竞争力
2013	0.1191	－ 0.1124	－ 0.9400	－ 0.2654
2014	0.5210	－ 0.1486	－ 1.1072	－ 0.2933
2013 年排位	4	7	15	13
2014 年排位	3	7	16	13
升降	1	0	－ 1	0

①2014年焦作市金融综合竞争力综合排位为第13位，在河南省处于较劣势地位，与2013年相比排名没有发生变化。

②从指标所处水平看，2014年焦作市金融生态竞争力指标的排名为第3名，属于绝对优势指标；金融规模竞争力指标的排名为第7位，属于较优势指标；金融效率竞争力排名为第16位，属于绝对劣势指标。

③从指标变化趋势看，金融生态竞争力指标排名与上年相比上升1位，金融规模竞争力指标排名不变，金融效率竞争力排名下降1位。

④从排位综合分析看，2014年焦作市金融综合竞争力在河南省的综合排位为第13位，其金融综合竞争力排名落后的主要原因是金融效率竞争力较弱。焦作市应该充分意识到自身的短板，采取措施从宏观和微观两个方面大力推进焦作市金融效率改革，同时加快经济转型速度，将金融业的发展作为经济增长点，全面提升焦作市的金融竞争力。

第 15 章
濮阳市 2014 年金融竞争力研究报告

15.1　濮阳市概述

濮阳市位于河南省的东北部，黄河下游北岸，冀、鲁、豫三省交界处，是国家历史文化名城，也是中原经济区重要出海通道，是豫鲁冀省际交会区域性中心城市。濮阳是国家重要商品粮生产基地和河南省粮棉油主产区之一，资源丰富，环境优越，有"中国最佳文化生态旅游城市"之称。

2014 年，濮阳市实现地区生产总值 1253.61 亿元，同比增长 10.9%，高于全省平均水平 1.1 个百分点，居全省第 2 位。其中第三产业完成 254.73 亿元，同比增长 7.1%，居全省第 16 位。全市固定资产投资完成 1115.8 亿元，同比增长 18.5%，低于全省平均水平 0.7 个百分点，增速居全省第 13 位。全市进出口总值为 7.54 亿美元，增长 3.4%，居全省第 7 位。2014 年濮阳市金融业保持稳定，金融机构存款余额达到 1059.14 亿元，比年初增加 87.65 亿元，同比增长 9.0%，居全省第 15 位；各项贷款余额为 461.36 亿元，比年初增加 82.31 亿元，同比增长 21.7%，居全省第 5 位。

15.2　濮阳市金融生态竞争力分析

15.2.1　濮阳市金融生态环境的三级指标：区域经济实力

2013～2014 年，濮阳市区域经济实力竞争力指标及其下属指标在河南省的排位变化情况，如表 15-2-1 和图 15-2-1 所示。

表 15-2-1　濮阳市 2013～2014 年区域经济实力竞争力及其四级指标

年　　份		GDP（亿元）	人均 GDP（元）	固定资产投资（亿元）	人均固定资产投资（元）	城镇人均可支配收入（元）	农村人均纯收入（元）	财政收入（亿元）	区域经济实力竞争力
2013	原　值	1130.48	31483	941.89	26280.41	21571	7904	60.51	-0.3392
	标准化后	-0.5381	-0.3933	-0.5130	-0.2678	-0.0168	-0.8053	-0.4261	
2014	原　值	1253.61	34813	1115.78	30985.28	23766	8828	70.4	-0.3136
	标准化后	-0.4728	-0.1658	-0.4675	-0.2973	0.0466	-0.8014	-0.4774	
2013 年排名		15	11	14	9	10	15	15	12
2014 年排名		14	9	15	10	8	15	15	12
升降		1	2	-1	-1	2	0	0	0

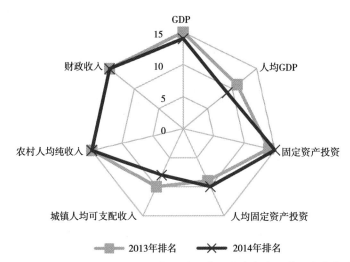

图 15 - 2 - 1　濮阳市 2013～2014 年区域经济实力竞争力及其四级指标比较

①2014 年濮阳市区域经济实力竞争力在整个河南省的综合排位处于第 12 位，在河南省处于较劣势地位，与 2013 年相比排位没有变化。

②从指标所处水平看，人均 GDP、人均固定资产投资和城镇人均可支配收入指标在全河南省排位处于中势地位；GDP、财政收入、固定资产投资和农村人均纯收入指标排位处在中下游区，处于较劣势地位。总体来说濮阳市的区域经济实力竞争力在河南省处于较劣势地位。

③从雷达图图形变化看，2014 年与 2013 年相比，面积有所减小，濮阳市经济实力竞争力呈现上升的趋势。

④从排位变化的动因看，虽然 2014 年固定资产投资和人均固定资产投资排位与 2013 年相比均下降了一位，但在 GDP、人均 GDP 与城镇人均可支配收入排位上升的拉动下，2014年濮阳市区域经济实力竞争力指标综合排位保持不变，位居河南省第 12 位。进一步增加固定资产投资，促进投资对经济的拉动作用，是濮阳市提升经济实力的有效途径之一。

15.2.2　濮阳市金融生态环境的三级指标：区域开放程度

2013～2014 年，濮阳市区域开放程度竞争力指标及其下属指标在河南省的排位变化情况，如表 15 - 2 - 2 所示。

表 15 - 2 - 2　濮阳市 2013～2014 年区域开放程度竞争力及其四级指标

年　　份		实际利用外资额	进出口总额	区域开放程度竞争力
2013	原值（万美元）	39000	72900	- 0.3829
	标准化后	- 0.4594	- 0.2728	
2014	原值（万美元）	48700	75400	- 0.4720
	标准化后	- 0.3966	- 0.4743	
2013 年排名		14	10	16
2014 年排名		11	11	12
升降		3	- 1	4

①2014 年濮阳市区域开放程度竞争力在整个河南省排位为第 12 位，处于较劣势地位，与 2013 年相比排位上升了 4 位，进步明显。

②从指标所处水平看，2014 年实际利用外资额、进出口总额这两个指标在河南省各个地市中均排在第 11 位，处于中势地位，说明其经济的开放程度处于全省的平均水平，还有较大的提升空间。

③从排位变化的动因看，虽然 2014 年濮阳市的进出口总额指标排位与 2013 年相比下降了一个排位，但在实际利用外资额指标上升 3 个排位的拉动下，濮阳市 2014 年区域开放程度竞争力综合排位上升了 4 位，处于第 12 位。濮阳市在继续扩大招商引资规模的同时，应适当关注外贸的发展，促进对外贸易的健康增长。

15.2.3　濮阳市金融生态环境的三级指标：区域服务水平

2013～2014 年，濮阳市区域服务水平竞争力指标及其下属指标在河南省的排位情况，如表 15 - 2 - 3 和图 15 - 2 - 2 所示。

表 15 - 2 - 3　濮阳市 2013～2014 年区域服务水平竞争力及四级指标

年　　份		会计师事务所数量	律师事务所数量	资产评估事务所数量	区域服务水平竞争力
2013	原值（所）	13	30	5	- 0.2988
	标准化后	- 0.2319	- 0.3373	- 0.3202	
2014	原值（所）	13	30	5	- 0.1786
	标准化后	0	- 0.2717	- 0.2944	
2013 年排名		8	12	11	12
2014 年排名		7	11	10	10
升降		1	1	1	2

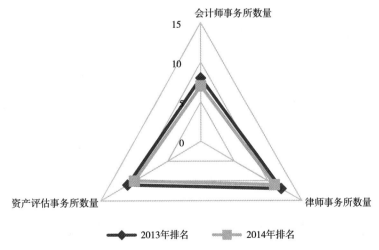

图 15 - 2 - 2　濮阳市 2013～2014 年区域服务水平竞争力及其四级指标比较

①2014 年濮阳市区域服务水平竞争力综合排位处于第 10 位，在河南省处于中势地位；与 2013 年相比排位上升了 2 位。

②从指标所处水平看，2014 年濮阳市会计师事务所数量在全省排位处于中上游区，律师事务所数量、资产评估事务所数量排位在全省处于中游区，且整体区域服务水平竞争力居于第 10 位，说明濮阳市金融服务环境在全省处于中等水平。

③从雷达图图形的变化上来看，2014 年与 2013 年相比，面积有所缩小。在三个四级指标的排位均上升 1 位的影响下，2014 年濮阳市的区域服务水平竞争力排位较 2013 年相比，提升了 2 位，显示了良好的发展势头。

15.2.4 濮阳市金融生态竞争力指标分析

2013 ~ 2014 年，濮阳市金融生态竞争力指标及其下属指标在河南省的排位变化和指标结构情况，如表 15 – 2 – 4 所示。

表 15 – 2 – 4 濮阳市 2013 ~ 2014 年金融生态竞争力指标及其三级指标

年　份	区域经济实力竞争力	区域开放程度竞争力	区域服务水平竞争力	金融生态竞争力
2013	– 0.3392	– 0.3829	– 0.2988	– 0.4007
2014	– 0.3136	– 0.4720	– 0.1786	– 0.3978
2013 年排位	12	16	12	13
2014 年排位	12	12	10	11
升降	0	4	2	2

①2014 年濮阳市金融生态竞争力经过标准化和加权处理后得分为 – 0.3978，综合排位处于第 11 位，在河南省处于中势地位；与 2013 年相比，上升了 2 个排位。

②从指标所处水平看，2014 年区域经济实力竞争力和区域开放程度竞争力在全省均排在第 12 位，处于中下游区；区域服务水平竞争力排在第 10 位，处于中游区。

③从指标变化趋势看，2014 年区域经济实力竞争力指标排位较上一年保持不变，区域开放程度竞争力和区域服务水平竞争力指标排位分别上升了 4 位和 2 位，说明濮阳市金融生态环境有所提升，为金融发展奠定了良好的基础。

④从排位综合分析看，两个中下游区和一个中游区排位的四级指标，决定了 2014 年濮阳市金融生态竞争力综合排位位居河南省第 11 位，处于全省中游区。增强濮阳市经济实力，发挥金融机构对经济的带动作用，继续加大对外开放程度，有利于濮阳市金融生态竞争力的长足提升。

15.3 濮阳市金融规模竞争力分析

15.3.1 濮阳市金融规模竞争力的三级指标：银行业规模

2013 ~ 2014 年，濮阳市银行业规模竞争力指标及其下属指标在河南省的排位变化情况，如表 15 - 3 - 1 和图 15 - 3 - 1 所示。

表 15 - 3 - 1　濮阳市 2013 ~ 2014 年银行业规模竞争力及其四级指标

年　　份		金融系统存款余额	金融系统贷款余额	城乡居民储蓄余额	银行业规模竞争力
2013	原值（亿元）	971.49	379.05	686.07	- 0.4405
	标准化后	- 0.4022	- 0.4383	- 0.4699	
2014	原值（亿元）	1059.14	461.36	764.25	- 0.4419
	标准化后	- 0.40632	- 0.4300	- 0.47813	
2013 年排名		14	16	14	14
2014 年排名		14	15	14	14
升降		0	1	0	0

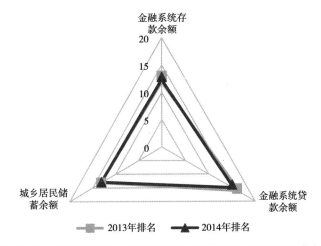

图 15 - 3 - 1　濮阳市 2013 ~ 2014 年银行业规模竞争力及其四级指标比较

①2014 年濮阳市银行业规模竞争力在整个河南省的排位处于第 14 位，在河南省处于较劣势地位；与 2013 年相比排位没有发生变化。

②从指标所处水平看，2014 年金融系统存款余额和城乡居民储蓄余额指标在全省均处于第 14 位，金融系统贷款余额在全省处于第 15 位，各个指标在整个省域内处于中下游区，说明濮阳市资金存量和流量在全省范围内并不占优势，还应逐步发展金融基础设施，扩大金融规模。

③从雷达图图形变化看，2014 年与 2013 年相比，面积略微缩小。金融系统贷款余额是图形缩小的动力点。

④从排位变化的动因看，2014 年濮阳市的金融系统贷款余额在全省排位较 2013 年上升了 1 位，但金融系统存款余额和城乡居民储蓄余额金融排位保持不变，综合作用下，濮阳市 2014 年银行业规模竞争力指标综合排位保持不变，仍然位居河南省第 14 位。

15.3.2 濮阳市金融规模竞争力的三级指标：保险业规模

2013～2014年，濮阳市保险业规模竞争力指标及其下属指标在河南省的排位变化情况，如表15-3-2所示。

表15-3-2 濮阳市2013～2014年保险业规模竞争力及其四级指标

年 份		保险公司保费收入	保险赔付额	保险业规模竞争力
2013	原值（亿元）	38.55	11.77	-0.2803
	标准化后	-0.2684	-0.2913	
2014	原值（亿元）	40.64	12.43	-0.2757
	标准化后	-0.2672	-0.2830	
2013年排名		13	13	13
2014年排名		12	12	12
升降		1	1	1

①2014年濮阳市保险业规模竞争力在整个河南省排位处于第12位，在全省处于较劣势地位；与2013年相比排位上升1位。

②从指标所处水平看，2014年保险公司保费收入和保险赔付额这两个指标在全省排第12位，处于中下游区，说明保险业规模跟河南省其地市相比还有较大差距，保险业规模竞争力较弱。

③从排位变化的动因看，在2014年濮阳市的保险公司保费收入和保险赔付额指标排位均上升1位的拉动下，濮阳市的保险业规模竞争力指标的综合排位上升1位，处于全省第12位。

15.3.3 濮阳市金融规模竞争力的三级指标：证券业规模

2013～2014年，濮阳市证券业规模竞争力指标及其下属指标在河南省的排位变化情况，如表15-3-3所示。

表15-3-3 濮阳市2013～2014年证券业规模竞争力及其四级指标

年 份		上市公司总资产（亿元）	本地区股本总数（亿股）	证券业规模竞争力
2013	原 值	37.83	7.93	-0.6746
	标准化后	-0.7186	-0.6047	
2014	原 值	48.99	8.63	-0.7822
	标准化后	-0.7700	-0.7199	
2013年排名		15	13	15
2014年排名		15	14	15
升降		0	-1	0

①2014 年濮阳市证券业规模竞争力在整个河南省中处于第 15 位，处于较劣势地位，与 2013 年相比排位没有变化。

②从指标所处水平看，濮阳市上市公司总资产、本地区股本总数这两个指标在河南省排位处于中下游区，说明濮阳市上市公司的实力相对较弱，资本市场的发展较为缓慢，阻碍了金融市场的发展。

③从排位变化的动因看，本地区股本总数指标在全省排位下降 1 位，而上市公司总资产指标排位保持不变，综合作用下，2014 年濮阳市的证券业规模竞争力指数在河南省的排位保持不变，仍位居第 15 位，处于中下游区。增强资本市场规模，积极引导优秀企业上市，是濮阳市金融市场发展的当务之急。

15.3.4　濮阳市金融规模竞争力指标分析

2013～2014 年，濮阳市金融规模竞争力指标及其下属指标在河南省的排位变化和指标结构情况，如表 15－3－4 所示。

表 15－3－4　濮阳市 2013～2014 年金融规模竞争力指标及其三级指标

年　　份	银行业规模竞争力	保险业规模竞争力	证券业规模竞争力	金融规模竞争力
2013	－ 0.4405	－ 0.2803	－ 0.6746	－ 0.4831
2014	－ 0.4419	－ 0.2757	－ 0.7822	－ 0.5272
2013 年排位	14	13	15	15
2014 年排位	14	12	15	16
升降	0	1	0	－ 1

①2014 年濮阳市金融规模竞争力指标经过标准化和加权处理后得分为 － 0.5272，在整个河南省综合排位为第 16 位，在河南省处于绝对劣势地位，与 2013 年相比，排位下降 1 位。

②从指标所处水平看，2014 年濮阳市银行业规模竞争力、保险业规模竞争力和证券业规模竞争力指标在全省分别处于第 14 位、第 12 位和第 15 位，处于中下游区。

③从指标变化趋势看，2014 年银行业规模竞争力和证券业规模竞争力指标与 2013 年相比排位没有变化，保险业规模竞争力排位上升 1 位，但是由于濮阳市金融规模发展速度与河南省大部分地市相比较有所减缓，其金融规模竞争力指标在全省的排位下滑了 1 位。

④从排位综合分析看，由于 3 个指标的较劣势地位，决定了 2014 年濮阳市金融规模竞争力综合排位处在河南省第 16 位，排名相对靠后。增大金融规模，促进银行业、保险业和证券业的协同增长，是濮阳市提升金融竞争力的关键。

15.4　濮阳市金融效率竞争力分析

15.4.1　濮阳市金融效率竞争力的三级指标：宏观金融效率

2013～2014 年，濮阳市宏观金融效率竞争力指标及其下属指标在河南省的排位变化情况，如表15-4-1所示。

表15-4-1 濮阳市2013～2014年宏观金融效率竞争力及其四级指标

年　份		经济储蓄动员力	储蓄投资转化系数	宏观金融效率竞争力
2013	原　值	0.6069	0.7284	-0.0061
	标准化后	0.1272	-0.1391	
2014	原　值	0.6100	0.6900	-0.1928
	标准化后	-0.1325	-0.2432	
2013年排名		10	10	10
2014年排名		11	11	11
升降		-1	-1	-1

①2014年濮阳市宏观金融效率竞争力指标在整个河南省中处于第11位，在河南省处于中势地位，与2013年相比排位下降了1位。

②从指标所处水平看，经济储蓄动员力、储蓄投资转化系数这两个指标2014年在全省范围内排位均为第11位，处于中游区。

③从排位变化的动因看，2014年濮阳市的储蓄投资转化系数和经济储蓄动员力排位均下降1位，导致2014年濮阳市的宏观金融效率竞争力指数在全省综合排位下降1位，位居河南省第11位。

15.4.2　濮阳市金融效率竞争力的三级指标：微观金融效率

2013～2014年，濮阳市微观金融效率竞争力指标及其下属指标在河南省的排位变化情况，如表15-4-2和图15-4-1所示。

表15-4-2 濮阳市2013～2014年微观金融效率竞争力及其四级指标

年　份		贷存比	保险深度	证券市场效率	微观金融效率竞争力
2013	原　值	0.3902	0.0341	0.0150	0.8108
	标准化后	-1.4840	1.4656	-0.5233	
2014	原　值	0.4356	0.0324	1.50	-1.2771
	标准化后	-1.4073	0.7254	-0.5428	
2013年排名		18	2	15	2
2014年排名		17	4	13	18
升降		1	-2	2	-16

①2014年濮阳市微观金融效率竞争力指标在整个河南省的综合排位处于第18位，在河南省处于绝对劣势地位；与2013年相比排位下降了16位。

②从指标所处水平看，2014年濮阳市的保险深度在全省范围内排位为第4位，属于较优势指标；证券市场效率指标排位为第13位，是相对劣势指标；贷存比排位为第17

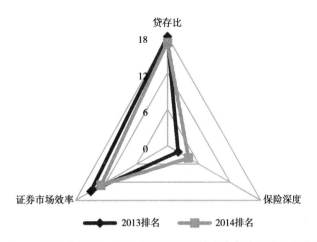

图 15 - 4 - 1　濮阳市 2013～2014 年微观金融效率竞争力及其四级指标比较

位，属于绝对劣势指标。

③从雷达图图形变化看，2014 年与 2013 年相比，面积有略微增大，濮阳市微观效率竞争力有所下降。

④从排位变化的动因看，2014 年濮阳市微观金融效率四级指标在河南省的排位有升有降，贷存比和证券市场效率排位有所上升，保险深度排位下降了 2 位，综合作用下，濮阳市微观金融效率竞争力指标综合排位下降了 16 位，位居全省末位。这说明尽管全市2014 年贷存比与证券市场效率与 2013 年相比有所提高，但跟全省其他地市相比还有一定的差距。未来濮阳市应提升资金使用效率，促进证券业、保险业对金融的贡献程度，提高资本向资产的转换效率。

15.4.3　濮阳市金融效率竞争力指标分析

2013～2014 年，濮阳市金融效率竞争力指标及其下属指标在河南省的排位变化和指标结构情况，如表 15 - 4 - 3 所示。

表 15 - 4 - 3　濮阳市 2013～2014 年金融效率竞争力指标及其三级指标

年　　份	宏观金融效率	微观金融效率	金融效率竞争力
2013	- 0.0061	0.8108	0.6408
2014	- 0.1928	- 1.2771	0.5173
2013 年排位	10	2	7
2014 年排位	11	18	7
升降	- 1	- 16	0

①2014 年濮阳市金融效率竞争力指标经过标准化和加权处理后得分为 0.5173，综合排位处于第 7 位，在河南省处于较优势地位；与 2013 年相比，排位保持不变。

②从指标所处水平看，2014 年濮阳市宏观金融效率在整个河南省排位为第 11 位，处

于中游区，微观金融效率排名为第18位，处于下游区。

③从指标变化趋势看，2014年宏观金融效率指标排位与上一年相比下降了1位，微观金融效率指标与上一年相比下降了16位。2014年濮阳市微观金融效率下滑很大，但整体的金融效率竞争力仍保持在全省第7位。在保证资金安全性的前提下，促进银行业、保险业、证券业的资金使用效率和盈利能力，是提升全市金融效率从而提升金融竞争力的有效途径之一。

15.5　濮阳市金融综合竞争力指标分析

2013～2014年，濮阳市金融综合竞争力指标及其下属指标在河南省的排位变化和指标结构情况，如表15－5－1所示。

表15－5－1　濮阳市2013～2014年金融综合竞争力指标及其二级指标

年　　份	金融生态竞争力	金融规模竞争力	金融效率竞争力	金融综合竞争力
2013	－0.4007	－0.4831	0.6408	－0.1179
2014	－0.3978	－0.5272	0.5173	－0.1371
2013 年排位	13	15	7	12
2014 年排位	11	16	7	10
升降	2	－1	0	2

①2014年濮阳市金融综合竞争力综合排位在全省处于第10位，在河南省处于中势地位，与2013年相比，排位上升了2位。

②从指标所处水平看，2014年濮阳市金融生态竞争力、金融效率竞争力两个指标排位分别处于第11位、第7位，属于中游区，而金融规模竞争力排位处于第16位，属于下游区。

③从指标变化趋势看，尽管2014年濮阳市金融规模竞争力指标在全省范围内排位下降1位，但在金融生态竞争力指标排位上升2位的拉动下，2014年濮阳市金融综合竞争力综合排位提升了2位。

④从排位综合分析看，在金融生态竞争力指标的中势地位、金融效率竞争力指标的较优势地位以及金融规模竞争力的绝对劣势地位的共同影响下，2014年濮阳市金融综合竞争力在全省处于中等水平，还有较大的提升空间。

濮阳正处于"保持态势、创新优势、转型升级、赶超发展"的关键时期，面临着国内外严峻的经济形势，想要在新常态下实现"弯道超车"，就更要努力提升金融业规模，增强金融业效率，发挥金融业对经济的支撑保障作用。

第 16 章
许昌市 2014 年金融竞争力研究报告

16.1 许昌市概述

许昌市位于河南省中部，是中原城市群核心城市之一、中国历史文化名城，连续多年获得"中国优秀旅游城市""国家园林城市"等荣誉称号，是国家现代化机电研发基地。许昌市地理位置优越，京港澳等 4 条高速公路在此交会。全市总面积 4996 平方公里，2014 年底全市总人口 487.1 万。

2014 年，许昌市完成地区生产总值 2108 亿元，增长 10.76%。其中，第三产业增加值 480.1 亿元，增长 9.0%，占总增加值比重为 22.8%。全年全市固定资产投资 1637.2 亿元，增长 19.41%；社会消费品零售总额 619 亿元，增长 12.70%。全市金融机构人民币存款余额 1533.3 亿元，比年初增加 122.8 亿元，其中，城乡居民储蓄存款余额 959.8 亿元，比年初增加 93.1 亿元；金融机构人民币贷款余额 1166.2 亿元，比年初增加 167.0 亿元，增长 16.71%。

16.2 许昌市金融生态竞争力分析

16.2.1 许昌市金融生态环境的三级指标：区域经济实力

2013～2014 年，许昌市区域经济实力竞争力指标及其下属指标在河南省的排位变化情况，如表 16-2-1 和图 16-2-1 所示。

表 16-2-1 许昌市 2013～2014 年区域经济实力竞争力及其四级指标

年 份		GDP（亿元）	人均 GDP（元）	固定资产投资（亿元）	人均固定资产投资（元）	城镇人均可支配收入（元）	农村人均纯收入（元）	财政收入（亿元）	区域经济实力竞争力
2013	原 值	1903.30	44294	1371.10	31908.31	21717	11007	108.50	0.3490
	标准化后	-0.7515	-0.2562	-0.8344	-0.3635	-0.2100	0.2634	-0.4686	
2014	原 值	2108.00	48853	1637.20	37942.06	23753	12140	125.20	0.3467
	标准化后	0.1490	0.6418	0.0145	0.2351	0.0409	0.8397	-0.1720	
2013 年排名		4	6	7	6	8	4	6	6
2014 年排名		4	6	6	6	9	4	7	6
升降		0	0	-1	1	0	0	-1	0

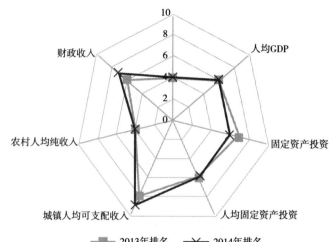

图 16 - 2 - 1　许昌市 2013～2014 年区域经济实力竞争力及其四级指标比较

①2014 年许昌市区域经济实力竞争力在整个河南省的综合排位处于第 6 位，在河南省处于较优势地位，与 2013 年相比排位没有变化。

②从指标所处水平看，2014 年 GDP、人均 GDP、财政收入、固定资产投资、人均固定资产投资和农村人均纯收入指标在全省范围内排位具有相对优势，城镇人均可支配收入排位处于中势地位。总体来说许昌市的区域经济实力竞争力在全省具有相对优势。

③从雷达图图形变化看，2014 年与 2013 年相比，面积基本不变，区域经济实力竞争力保持稳定。

④从排位变化的动因看，虽然 2014 年财政收入和城镇人均可支配收入排位与 2013 年相比均下降了 1 位，但在固定资产投资排位上升的拉动下，2014 年许昌市区域经济实力竞争力指标综合排位保持不变，位居河南省第 6 位。

16.2.2　许昌市金融生态环境的三级指标：区域开放程度

2013～2014 年，许昌市区域开放程度竞争力指标及其下属指标在河南省的排位变化情况，如表 16 - 2 - 2 所示。

表 16 - 2 - 2　许昌市 2013～2014 年区域开放程度竞争力及其四级指标

年　　份		实际利用外资额	进出口总额	区域开放程度竞争力
2013	原值（万美元）	53000	214000	- 0.2139
	标准化后	- 0.2794	- 0.1296	
2014	原值（万美元）	60000	228000	0.3436
	标准化后	- 0.2634	0.8974	
2013 年排名		8	4	7
2014 年排名		9	3	4
升降		- 1	1	3

①2014 年许昌市区域开放程度竞争力在整个河南省排位为第 4 位，区域开放程度竞争力在全省范围内处于较优势地位，与 2013 年相比排位上升了 3 位，开放程度有显著提升。

②从指标所处水平看，2014 年实际利用外资额指标排位处于全省中游，进出口总额指标排位处于全省上游。

③从排位变化的动因看，2014 年许昌市的实际利用外资额指标与 2013 年相比下降了 1 个排位，进出口总额指标上升了 1 个排位，综合作用下，许昌市 2014 年区域开放程度竞争力综合排位上升了 3 位，处于全省第 4 位。许昌市对外贸易规模相对较大，招商引资工作还有待加强。

16.2.3　许昌市金融生态环境的三级指标：区域服务水平

2013～2014 年，许昌市区域服务水平竞争力指标及其下属指标在河南省的排位情况，如表 16-2-3 和图 16-2-2 所示。

表 16-2-3　许昌市 2013～2014 年区域服务水平竞争力及四级指标

年　份		会计师事务所数量	律师事务所数量	资产评估事务所数量	区域服务水平竞争力
2013	原值（所）	12	26	8	-0.2819
	标准化后	-0.2533	-0.4196	-0.1672	
2014	原值（所）	12	26	8	-0.3347
	标准化后	-0.1458	-0.4798	-0.1459	
2013 年排名		10	14	6	10
2014 年排名		9	13	5	11
升降		1	1	1	-1

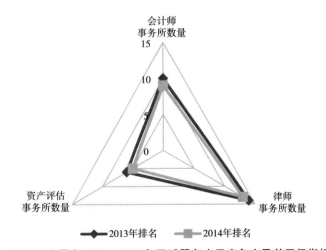

图 16-2-2　许昌市 2013～2014 年区域服务水平竞争力及其四级指标比较

①2014年许昌市区域服务水平竞争力综合排位处于第11位，在河南省处于中势地位；与2013年相比排位下降了1位。

②从指标所处水平看，2014年许昌市会计师事务所数量在全省排位处于中游区，律师事务所数量排位处于中下游区，资产评估事务所数量排位处于中上游区，整体区域服务水平竞争力居于第11位，说明许昌市金融服务环境在全省处于中等水平。

③从雷达图图形的变化上来看，2014年与2013年相比，面积略微减小。尽管2014年许昌市三个四级指标的排位较2013年均上升1位，但由于河南省大部分地市服务水平快速发展，2014年许昌市的区域服务水平竞争力排位下降了1位。服务机构是金融市场重要的组成部分，是金融业发展的必要前提。许昌市的经济总量在全省范围内名列前茅，相应的服务机构规模却略显不足，成为制约其经济发展的一大瓶颈。

16.2.4　许昌市金融生态竞争力指标分析

2013～2014年，许昌市金融生态竞争力指标及其下属指标在河南省的排位变化和指标结构情况，如表16-2-4所示。

表16-2-4　许昌市2013～2014年金融生态竞争力指标及其三级指标

年　　份	区域经济实力竞争力	区域开放程度竞争力	区域服务水平竞争力	金融生态竞争力
2013	0.3490	- 0.2139	- 0.2819	- 0.0461
2014	0.3467	0.3436	- 0.3347	0.2178
2013 年排位	6	7	10	6
2014 年排位	6	4	11	5
升降	0	3	- 1	1

①2014年许昌市金融生态竞争力综合排位处于第5位，在河南省处于相对优势地位；与2013年相比，排位上升了1位。

②从指标所处水平看，2014年区域经济实力竞争力和区域开放程度竞争力指标在全省排位分别为第6位和第4位，属于中上游区；区域服务水平竞争力指标排位为第11位，属于中游区。

③从指标变化趋势看，尽管2014年区域服务水平竞争力指标排位下降1位，但在区域开放程度竞争力排位上升3位的拉动下，整体金融生态竞争力指数综合排位上升1位，位居全省第5位，具有相对优势。

④从排位综合分析看，2014年许昌市金融生态竞争力下属三级指标排位处于全省中上游，使得2014年许昌市金融生态竞争力综合排位位居河南省第5位，处于较领先地位。这说明许昌市金融生态环境在全省占有优势，金融"软硬件"实力较强，为整体金融竞争力的提升打下坚实的基础。

16.3　许昌市金融规模竞争力分析

16.3.1　许昌市金融规模竞争力的三级指标：银行业规模

2013~2014 年，许昌市银行业规模竞争力指标及其下属指标在河南省的排位变化情况，如表 16-3-1 和图 16-3-1 所示。

表 16-3-1　许昌市 2013~2014 年银行业规模竞争力及其四级指标

年　份		金融系统存款余额	金融系统贷款余额	城乡居民储蓄余额	银行业规模竞争力
2013	原值（亿元）	1410.50	999.20	866.70	-0.2192
	标准化后	0.4813	0.3346	0.5713	
2014	原值（亿元）	1533.3	1166.20	959.8	-0.2248
	标准化后	-0.2496	-0.1350	-0.2839	
2013 年排名		11	6	11	11
2014 年排名		11	6	11	11
升降		0	0	0	0

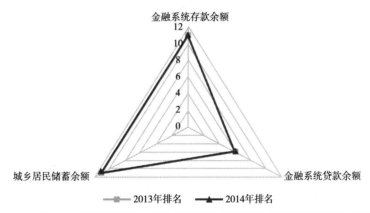

图 16-3-1　许昌市 2013~2014 年银行业规模竞争力及其四级指标比较

①2014 年许昌市银行业规模竞争力在整个河南省的排位处于第 11 位，在全省处于中势地位；与 2013 年相比排位没有发生变化。

②从指标所处水平看，2014 年金融系统存款余额和城乡居民储蓄余额指标在全省均处于第 11 位，属于中游区；金融系统贷款余额在全省处于第 6 位，属于中上游区。

③从雷达图图形变化看，2014 年与 2013 年相比，面积保持不变。

④从排位变化的动因看，2014 年许昌市银行业规模四级指标在全省范围内的排位与 2013 年相比均没有发生变化，使得许昌市 2014 年银行业规模竞争力指标综合排位保持不变，仍然位居河南省第 11 位。许昌市银行业规模在河南省保持中等水平，与其占有优势的经济总量相比，银行业规模发展还略显不足。

16.3.2　许昌市金融规模竞争力的三级指标：保险业规模

2013～2014年，许昌市保险业规模竞争力指标及其下属指标在河南省的排位变化情况，如表16-3-2所示。

表16-3-2　许昌市2013～2014年保险业规模竞争力及其四级指标

年　份		保险公司保费收入	保险赔付额	保险业规模竞争力
2013	原值（亿元）	42.76	13.28	-0.1753
	标准化后	0.4325	0.8074	
2014	原值（亿元）	45.4	15.15	-0.1451
	标准化后	-0.1866	-0.1031	
2013年排名		9	10	11
2014年排名		11	8	10
升降		-2	2	1

①2014年许昌市保险业规模竞争力在整个河南省处于第10位，在河南省处于中势地位；与2013年相比排位上升1位。

②从指标所处水平看，2014年保险公司保费收入和保险赔付额这两个指标在全省排位分别为第11位和第8位，处于中游区。2014年许昌市保险业规模处于河南省中等水平。

③从排位变化的动因看，2014年许昌市保险公司保费收入指标排位下降2位，保险赔付额指标排位上升2位，综合作用下，许昌市的保险业规模竞争力指标的综合排位上升1位，位居全省第10位。

16.3.3　许昌市金融规模竞争力的三级指标：证券业规模

2013～2014年，许昌市证券业规模竞争力指标及其下属指标在河南省的排位变化情况，如表16-3-3所示。

表16-3-3　许昌市2013～2014年证券业规模竞争力及其四级指标

年　份		上市公司总资产（亿元）	本地区股本总数（亿股）	证券业规模竞争力
2013	原　值	220.44	26.47	-0.0502
	标准化后	-0.0654	-0.033	
2014	原　值	263.36	55.84	0.5211
	标准化后	0.0181	0.9746	
2013年排名		8	7	8
2014年排名		8	3	4
升降		0	4	4

①2014年许昌市证券业规模竞争力在整个河南省中处于第4位，在河南省处于较优

势地位，与 2013 年相比排位上升了 4 位。

②从指标所处水平看，2014 年许昌市上市公司总资产指标排在全省第 8 位，处于中游区；本地区股本总数指标排在全省第 3 位，处于上游区。说明许昌市上市公司整体实力较强，证券业规模在全省占有一定优势。

③从排位变化的动因看，2014 年上市公司总资产指标排位保持不变，而本地区股本总数指标排位上升 4 位，使得 2014 年许昌市的证券业规模竞争力指数在全省范围内的排位上升了 4 位，位居第 4 位，显示了良好的发展势头，为金融竞争力提升奠定了基础。

16.3.4　许昌市金融规模竞争力指标分析

2013 ~ 2014 年，许昌市金融规模竞争力指标及其下属指标在河南省的排位变化和指标结构情况，如表 16 - 3 - 4 所示。

表 16 - 3 - 4　许昌市 2013 ~ 2014 年金融规模竞争力指标及其三级指标

年　　　份	银行业规模竞争力	保险业规模竞争力	证券业规模竞争力	金融规模竞争力
2013	- 0.2192	- 0.1753	- 0.0502	- 0.1589
2014	- 0.2248	- 0.1452	0.5211	0.0231
2013 年排位	11	11	8	8
2014 年排位	11	10	4	6
升降	0	1	4	2

①2014 年许昌市金融规模竞争力指标经过标准化和加权处理后得分为 0.0231，在整个河南省综合排位为第 6 位，处于较优势地位，与 2013 年相比，排位上升 2 位。

②从指标所处水平看，2014 年许昌市银行业规模竞争力和保险业规模竞争力指标在全省分别处于第 11 位和第 10 位，属于中游区；证券业规模竞争力指标排位为第 4 位，属于中上游区。

③从指标变化趋势看，2014 年在保险业规模竞争力和证券业规模竞争力指标排位的上升拉动下，许昌市金融规模竞争力指数综合排位上升了 2 位。

④从排位综合分析看，金融规模竞争力三级指标处于全省的中上游区，决定了 2014 年许昌市金融规模竞争力综合排位处在第 6 位，具有相对优势。许昌市金融规模发展态势良好，形成了证券业、银行业和保险业的良性互动，有利于经济健康发展。

16.4　许昌市金融效率竞争力指数分析

16.4.1　许昌市金融效率竞争力的三级指标：宏观金融效率

2013 ~ 2014 年，许昌市宏观金融效率竞争力指标及其下属指标在河南省的排位变化情况，如表 16 - 4 - 1 所示。

中原经济区金融竞争力报告（2015）

表16－4－1 许昌市2013～2014年宏观金融效率竞争力及其四级指标

年 份		经济储蓄动员力	储蓄投资转化系数	宏观金融效率竞争力
2013	原 值	0.4554	0.6321	－0.8069
	标准化后	－0.9764	－0.5948	
2014	原 值	0.4600	0.5900	－0.7946
	标准化后	－1.0742	－0.7040	
2013 年排名		15	14	14
2014 年排名		15	14	14
升降		0	0	0

①2014年许昌市宏观金融效率竞争力指标在整个河南省中处于第14位，在河南省处于较劣势地位，与2013年相比排位没有变化。

②从指标所处水平看，经济储蓄动员力、储蓄投资转化系数这两个指标2014年在全省范围内排位均为中下游区。

③从排位变化的动因看，2014年许昌市的储蓄投资转化系数和经济储蓄动员力指标排位保持不变，导致2014年许昌市的宏观金融效率竞争力指数在全省综合排位保持不变，仍位居河南省第14位。许昌市宏观金融效率相对较弱，与河南省大部分城市还有一定的差距。

16.4.2 许昌市金融效率竞争力的三级指标：微观金融效率

2013～2014年，许昌市微观金融效率竞争力指标及其下属指标在河南省的排位变化情况，如表16－4－2和图16－4－1所示。

表16－4－2 许昌市2013～2014年微观金融效率竞争力及其四级指标

年 份		贷存比	保险深度	证券市场效率	微观金融效率竞争力
2013	原 值	0.7084	0.0225	0.1300	－0.4775
	标准化后	0.8627	－0.7681	0.2081	
2014	原 值	0.7606	0.0215	0.2000	1.0614
	标准化后	1.0795	－0.7418	0.2700	
2013 年排名		4	14	4	15
2014 年排名		3	14	5	2
升降		1	0	－1	13

①2014年许昌市微观金融效率竞争力指标在整个河南省的综合排位处于第2位，在河南省处于绝对优势地位；与2013年相比排位上升了13位。

②从指标所处水平看，2014年许昌市的保险深度在全省范围内排位为第14位，属于较劣势指标；贷存比和证券市场效率指标分别排在第3位和第5位，是较优势指标。

③从雷达图图形变化看，2014年与2013年相比，面积基本保持不变，许昌市微观效

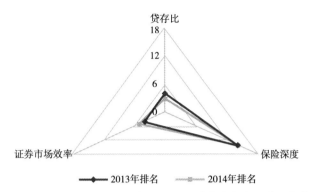

图 16 - 4 - 1　许昌市 2013～2014 年微观金融效率竞争力及其四级指标比较

率竞争力呈上升趋势。

④从排位变化的动因看，2014 年许昌市证券市场效率排位下降了 1 位，贷存比指标排位上升 1 位，综合作用下，许昌市微观金融效率竞争力指标综合排位上升了 13 位，位居全省第 2 位。许昌市金融业资金利用效率有所增加，盈利性提升，上市公司集聚资金的能力不断增强，促进金融竞争力的显著提升。2014 年许昌市政府建立的企业发展互助基金制度，较好地发挥了蓄水池的作用，缓解了企业调贷的压力，增强了银行、社会和企业的信心，保证了金融业稳定高效运转。

16.4.3　许昌市金融效率竞争力指标分析

2013～2014 年，许昌市金融效率竞争力指标及其下属指标在河南省的排位变化和指标结构情况，如表 16 - 4 - 3 所示。

表 16 - 4 - 3　许昌市 2013～2014 年金融效率竞争力指标及其三级指标

年　　份	宏观金融效率	微观金融效率	金融效率竞争力
2013	- 0.8069	- 0.4775	- 0.8430
2014	- 0.7946	1.0614	- 1.0133
2013 年排位	14	15	14
2014 年排位	14	2	15
升降	0	13	- 1

①2014 年许昌市金融效率竞争力指标综合排位处于第 15 位，在河南省处于较劣势地位；与 2013 年相比，排位下降了 1 位。

②从指标所处水平看，2014 年许昌市宏观金融效率在全省范围内处于第 14 位，属于中下游区；微观金融效率处于第 2 位，属于上游区。

③从指标变化趋势看，2014 年宏观金融效率指标排位与上一年相比没有变化，微观金融效率指标排位上升了 13 位，金融效率竞争力指标排位下降了 1 位。

④从排位综合分析看，虽然许昌市的微观金融效率在全省处于绝对优势地位，但受到宏观金融效率指标的较劣势地位的影响，许昌市 2014 年金融效率竞争力综合排位处于第

15 位，处于中下游区。

16.5 许昌市金融综合竞争力指标分析

2013～2014 年，许昌市金融综合竞争力指标及其下属指标在河南省的排位变化和指标结构情况，如表 16－5－1 所示。

表 16－5－1 许昌市 2013～2014 年金融综合竞争力指标及其二级指标

年 份	金融生态竞争力	金融规模竞争力	金融效率竞争力	金融综合竞争力
2013	－ 0.0461	－ 0.1589	－ 0.8430	－ 0.3043
2014	0.2178	0.0231	－ 1.0133	－ 0.2761
2013 年排位	6	8	14	14
2014 年排位	5	6	15	12
升降	1	2	－ 1	2

①2014 年许昌市金融综合竞争力综合排位处于第 12 位，在河南省处于较劣势地位，与 2013 年相比排位上升了 2 位。

②从指标所处水平看，2014 年许昌市金融生态竞争力和金融规模竞争力指标在全省范围内排位分别为第 5 位和第 6 位，属于中上游区；金融效率竞争力排位为第 15 位，属于中下游区。

③从指标变化趋势看，尽管 2014 年金融效率竞争力在全省的排位与 2013 年相比下降了 1 位，但在金融生态竞争力和金融规模竞争力排位上升的拉动下，2014 年许昌市金融效率竞争力指标排位与上一年相比上升了 2 位。

④从排位综合分析看，2014 年许昌市金融生态竞争力和金融规模竞争力综合排位在全省比较靠前，金融效率竞争力排位比较靠后，综合作用下，许昌市 2014 年金融综合竞争力排在全省第 12 位，属于较劣势地位。许昌市的经济总量在全省处于较领先地位，相应的金融生态环境和金融规模也得到了快速的发展，下一步应提升资金使用效率，形成银行业、保险业和证券业的良性互动，提升金融效率从而促进金融整体竞争力的提升。

许昌市作为全国金融生态城市，在吸引金融资本、活跃金融交易方面已经取得了突出的成效，接下来应该在保证资金存量的同时，逐步完善金融创新工作体制，增强金融业的效率和活力，为中原经济区金融腾飞贡献力量。

第 17 章
漯河市 2014 年金融竞争力研究报告

17.1 漯河市概述

漯河市位于河南省中南部，曾是"内陆经济特区"，现已被评为"中国品牌城市"，而且是中西部首个、全国第二个获此殊荣的城市。漯河是中国首个"食品名城"。漯河市是国家二类交通枢纽城市，距郑州新郑国际机场不足一小时车程，石武、京广、漯宝（丰）、漯阜（阳）4 条铁路和京港澳高速、宁洛高速、107 国道及 5 条省道贯穿全境。

2014 年漯河市完成地区生产总值 952.30 亿元，按可比价计算，比上年增长 10.5%；规模以上工业增加值 555.3 亿元，增长 12%；固定资产投资 773.3 亿元，增长 19.3%；社会消费品零售总额 380.2 亿元，增长 13.1%；地方公共财政预算收入 62.9 亿元，增长 16.7%；城镇居民人均可支配收入 23281 元，增长 10%；农民人均纯收入 10893 元，增长 10.3%；金融机构人民币贷款余额 420.2 亿元，比年初增加 76.3 亿元，增长 22.2%，贷款增量创历史最好水平。

17.2 漯河市金融生态竞争力分析

17.2.1 漯河市金融生态环境的三级指标：区域经济实力

2013～2014 年，漯河市区域经济实力竞争力指标及其下属指标在河南省的排位变化情况，如表 17－2－1 和图 17－2－1 所示。

表 17－2－1 漯河市 2013～2014 年区域经济实力竞争力及其四级指标

年 份		GDP（亿元）	人均 GDP（元）	固定资产投资（亿元）	人均固定资产投资（元）	城镇人均可支配收入（元）	农村人均纯收入（元）	财政收入（亿元）	区域经济实力竞争力
2013	原　值	861.50	33456	648.29	25176.31	21174	9876	53.90	－0.1437
	标准化后	－0.7515	－0.2562	－0.8344	－0.3635	－0.2100	0.2634	－0.4686	
2014	原　值	952.3	25533.58	773.3	28854.48	23281	10893	62.9	－0.6806
	标准化后	－0.6922	－0.6996	－0.7841	－0.4604	－0.1703	0.2218	－0.5192	
2013 年排名		16	8	16	11	12	6	16	10
2014 年排名		16	14	16	12	11	7	16	16
升降		0	－4	0	－1	1	－1	0	－6

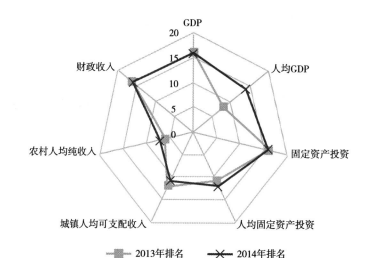

图 17 - 2 - 1　漯河市 2013~2014 年区域经济实力竞争力及其四级指标比较

①2014 年漯河市区域经济实力竞争力在整个河南省的综合排位处于第 16 位，在河南省处于劣势地位，与 2013 年相比排位大幅下滑。

②从指标所处水平看，GDP、人均 GDP、财政收入、固定资产投资在整个河南省排位均很靠后，人均固定资产投资、城镇人均可支配收入处于中下游区，只有农村人均纯收入指标排名中等，总体来说，漯河市的区域经济实力竞争力在河南省处于相对落后地位。

③从雷达图图形变化看，2014 年与 2013 年相比，面积大幅增大，漯河市经济实力减弱。

④从排位变化的动因看，人均 GDP 排位下降了 4 位，人均固定资产投资、农村人均纯收入排位下降了 1 位，只有城镇人均可支配收入指标排位提升 1 位，其他指标保持不变，综合作用下，2014 年漯河市区域经济实力竞争力指标综合排位下滑明显，滑落至河南省第 16 位，说明漯河地区区域经济实力竞争力水平亟待提高。

17.2.2　漯河市金融生态环境的三级指标：区域开放程度

2013~2014 年，漯河市区域开放程度竞争力指标及其下属指标在河南省的排位变化情况，如表 17 - 2 - 2 所示。

表 17 - 2 - 2　漯河市 2013~2014 年区域开放程度竞争力及其四级指标

年　　份		实际利用外资额	进出口总额	区域开放程度竞争力
2013	原值（万美元）	70401	44452	- 0.1869
	标准化后	- 0.0557	- 0.3017	
2014	原值（万美元）	79000	50233	- 0.4010
	标准化后	- 0.0394	- 0.7005	
2013 年排名		5	14	6
2014 年排名		4	13	10
升降		1	1	- 4

①2014 年漯河市区域开放程度竞争力经过标准化和加权处理后得分为 - 0.4010，在整个河南省中处于第 10 位，其区域开放程度竞争力在河南省处于中势地位，与 2013 年相比排位大幅下滑。

②从指标所处水平看，实际利用外资额、进出口总额这两个指标在 2014 年的河南省各个地市中分别处于第 4 位、第 13 位，分别在整个河南省域内处于中上游区和中下游区，说明其经济的开放程度不均衡，外资的利用效率较高，但是进出口总额较低。

③从排位变化的动因看，2014 年漯河市的实际利用外资额在河南省的排位提升 1 位，进出口总额在河南省的排位提升 1 位，综合作用下，2014 年漯河市的区域开放程度竞争力指标的综合排位反而下降 4 位，位居河南省第 10 位。对于漯河市来说，2014 年相比其他地市，对外开放程度提高幅度较小。

17.2.3　漯河市金融生态环境的三级指标：区域服务水平

2013 ~ 2014 年，漯河市金融生态环境区域服务水平竞争力指标及其下属指标在河南省的排位情况，如表 17 - 2 - 3 和图 17 - 2 - 2 所示。

表 17 - 2 - 3　漯河市 2013 ~ 2014 年区域服务水平竞争力及四级指标

年　　份		会计师事务所数量	律师事务所数量	资产评估事务所数量	区域服务水平竞争力
2013	原值（所）	10	19	6	- 0.3789
	标准化后	- 0.2961	- 0.5637	- 0.2692	
2014	原值（所）	10	19	6	- 0.6806
	标准化后	- 0.4373	- 0.8440	- 0.2449	
2013 年排名		13	16	8	16
2014 年排名		14	16	7	16
升降		- 1	0	1	0

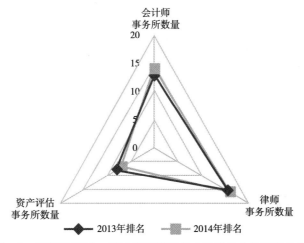

图 17 - 2 - 2　漯河市 2013 ~ 2014 年区域服务水平竞争力及其四级指标比较

①2014 年漯河市区域服务水平竞争力综合排位处于第 16 位，在河南省处于绝对劣势的地位；与 2013 年相比排位保持不变。

②从指标所处水平看，2014 年漯河市会计师事务所数量处于较劣势地位，律师事务所数量处于劣势，资产评估事务所数量的排位处于较优势区，整体区域服务水平竞争力居于第 16 位，说明其金融服务环境差，区域服务水平竞争力有待提高。

③从雷达图图形的变化上来看，2014 年和 2013 年的会计师事务所数量和资产评估事务所数量指标排名方向面积增减互补，总面积基本不变，三个指标的排位各有升降。

17.2.4　漯河市金融生态竞争力指标分析

2013～2014 年，漯河市金融生态竞争力指标及其下属指标在河南省的排位变化和指标结构情况，如表 17－2－4 所示。

表 17－2－4　漯河市 2013～2014 年金融生态竞争力指标及其三级指标

年　份	区域经济实力竞争力	区域开放程度竞争力	区域服务水平竞争力	金融生态竞争力
2013	－ 0.1437	－ 0.1869	－ 0.3789	－ 0.2742
2014	－ 0.3278	－ 0.4010	－ 0.6806	－ 0.5063
2013 年排位	10	6	16	11
2014 年排位	13	10	16	13
升降	－ 3	－ 4	0	－ 2

①2014 年漯河市金融生态竞争力综合排位处于第 13 位，在河南省处于较劣势地位；与 2013 年相比，排位下滑 2 位。

②从指标所处水平看，2014 年漯河市区域经济实力竞争力、区域开放程度竞争力、区域服务水平竞争力三个指标排位分别为第 13 位、第 10 位、第 16 位，分别位于较劣势、中等和绝对劣势地位。

③从指标变化趋势看，漯河市区域经济实力竞争力指标排位下滑 3 位，而区域开放水平竞争力排位下降 4 位，区域服务程度竞争力指标与上一年相比没有变化。

④从排位综合分析看，由于三个指标均处于中下游区，且均表现不佳，2014 年漯河市金融生态竞争力综合排位位居河南省第 13 位。这说明其经济发展程度中等偏下，也反映出漯河市金融产出能力在整个河南省中处于较落后地位。

17.3　漯河市金融规模竞争力分析

17.3.1　漯河市金融规模竞争力的三级指标：银行业规模

2013～2014 年，漯河市银行业规模竞争力指标及其下属指标在河南省的排位变化情况，如表 17－3－1 和图 17－3－1 所示。

表 17 – 3 – 1　漯河市 2013 ~ 2014 年银行业规模竞争力及其四级指标

年 份		金融系统存款余额	金融系统贷款余额	城乡居民储蓄余额	银行业规模竞争力
2013	原值（亿元）	687.40	343.90	438.50	– 0.5704
	标准化后	– 0.5077	– 0.4554	– 0.7348	
2014	原值（亿元）	665.58	420.2	612.35	– 0.5422
	标准化后	– 0.5364	– 0.4472	– 0.6290	
2013 年排名		16	17	16	16
2014 年排名		16	17	15	16
升降		0	0	1	0

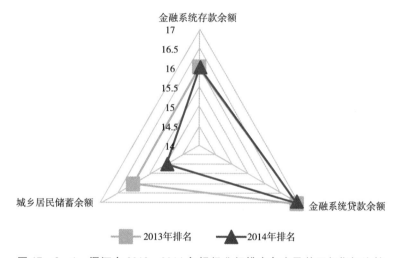

图 17 – 3 – 1　漯河市 2013 ~ 2014 年银行业规模竞争力及其四级指标比较

①2014 年漯河市银行业规模竞争力在整个河南省的综合排位处于第 16 位，在河南省处于绝对劣势地位；与 2013 年相比排位没有发生变化。

②从指标所处水平看，金融系统存款余额、金融系统贷款余额、城乡居民储蓄余额等指标均在 2014 年的河南省各个地市中处于中下游水平，说明其金融资产在规模上较小，没有形成规模效应，漯河市的资源配置效率不高。

③从雷达图图形变化看，2014 年与 2013 年相比，面积基本保持不变，2014 年的城乡居民储蓄余额指标的排位小幅提升 1 位。综合作用下，漯河市银行业规模竞争力指标综合排位保持不变，位居河南省第 16 位。

17.3.2　漯河市金融规模竞争力的三级指标：保险业规模

2013 ~ 2014 年，漯河市保险业规模竞争力指标及其下属指标在河南省的排位变化情况，如表 17 – 3 – 2 所示。

表 17 - 3 - 2   漯河市 2013～2014 年保险业规模竞争力及其四级指标

年　份		保险公司保费收入	保险赔付额	保险业规模竞争力
2013	原值（亿元）	24.87	8.03	-0.5760
	标准化后	-0.5657	-0.5843	
2014	原值（亿元）	27.43	9.97	-0.4693
	标准化后	-0.4910	-0.4452	
2013 年排名		15	15	15
2014 年排名		14	14	14
升降		1	1	1

①2014 年漯河市保险业规模竞争力经过标准化和加权处理后得分为 -0.4693，在整个河南省中处于第 14 位，在河南省处于较劣势地位；与 2013 年相比排位提升 1 位。

②从指标所处水平看，保险公司保费收入、保险赔付额这两个指标在 2014 年的河南省各个地市中均处于第 14 位，即在整个省域内处于中下游区且均为较劣势指标，说明该地区的保险业保险规模较小，保险实力及竞争力较弱。

③从排位变化的动因看，2014 年漯河市的保险公司保费收入、保险赔付额在河南省的排位均提升 1 位，所以 2014 年漯河市的保险业规模竞争力指标的综合排位提升 1 位，位居河南省第 14 位。

17.3.3　漯河市金融规模竞争力的三级指标：证券业规模

2013～2014 年，漯河市证券业规模竞争力指标及其下属指标在河南省的排位变化情况，如表 17 - 3 - 3 所示。

表 17 - 3 - 3   漯河市 2013～2014 年证券业规模竞争力及其四级指标

年　份		上市公司总资产（亿元）	本地区股本总数（亿股）	证券业规模竞争力
2013	原　值	258.37	30.26	0.0785
	标准化后	0.0702	0.0838	
2014	原　值	275.46	30.26	0.0625
	标准化后	-0.0626	0.0565	
2013 年排名		6	6	7
2014 年排名		7	8	8
升降		-1	-2	-1

①2014 年漯河市证券业规模竞争力指标经过标准化和加权处理后得分为 0.0625，在整个河南省中处于第 8 位，在河南省处于明显的中势地位，与 2013 年相比排位下降了 1 位。

②从指标所处水平看，漯河市上市公司总资产、本地区股本总数这两个指标在 2014 年的河南省各个地市中分别处于第 7 位、第 8 位，即在整个省域内处于中上游区且均为相

对优势指标，说明漯河市证券市场凝聚优势企业以及投资者的能力较强，侧面反映了该区域证券市场较高的筹融资能力。

③从排位变化的动因看，在上市公司总资产排位下降 1 位和本地区股本总数排位下降 2 位的综合作用下，2014 年漯河市的证券业规模竞争力指数在河南省的排位下降 1 位，位居河南省第 8 位。

17.3.4 漯河市金融规模竞争力指标分析

2013～2014 年，漯河市金融规模竞争力指标及其下属指标在河南省的排位变化和指标结构情况，如表 17-3-4 所示。

表 17-3-4 漯河市 2013～2014 年金融规模竞争力指标及其三级指标

年　　份	银行业规模竞争力	保险业规模竞争力	证券业规模竞争力	金融规模竞争力
2013	-0.5704	-0.5760	0.0785	-0.3875
2014	-0.5422	-0.4693	0.0625	-0.3715
2013 年排位	16	15	7	13
2014 年排位	16	14	8	12
升降	0	1	-1	1

①2014 年漯河市金融规模竞争力综合排位处于第 2 位，在河南省处于优势地位，与 2013 年相比，排位没有变化。

②从指标所处水平看，2014 年漯河市银行业规模竞争力、保险业规模竞争力、证券业规模竞争力指标排名分别处于第 16 位、第 14 位、第 8 位，分别处于下游区、中下游区和中等区。

③从指标变化趋势看，证券业规模竞争力、保险业规模竞争力指标与上一年相比分别下降和上升 1 位，而银行业规模竞争力指标保持不变。

④从排位综合分析看，由于 2 个指标的明显劣势，虽然证券业规模竞争力指标排名靠前一点，综合作用下，2014 年漯河市金融规模竞争力综合排位位居河南省第 12 位，提升 1 位。这说明在整个河南省中，漯河市居民的投资偏好较弱，银行业、保险业和证券业的筹融资能力中等偏下。由于双汇这个已上市的食品巨头的存在，漯河市证券业在河南省起到了很好的推动作用。

17.4 漯河市金融效率竞争力分析

17.4.1 漯河市金融效率竞争力的三级指标：宏观金融效率

2013～2014 年，漯河市宏观金融效率竞争力指标及其下属指标在河南省的排位变化情况，如表 17-4-1 所示。

表 17 - 4 - 1　漂河市 2013 ~ 2014 年宏观金融效率竞争力及其四级指标

年　　份		经济储蓄动员力	储蓄投资转化系数	宏观金融效率竞争力
2013	原　　值	50.90	67.64	-0.4988
	标准化后	-0.5859	-0.3852	
2014	原　　值	0.64	0.79	0.1402
	标准化后	0.0558	0.2176	
2013 年排名		13	12	12
2014 年排名		9	7	8
升降		4	5	4

①2014 年漂河市宏观金融效率竞争力指标经过标准化和加权处理后得分为 0.1402，在整个河南省中处于第 8 位，在河南省处于中势地位，与 2013 年相比排位提升了 4 位。

②从指标所处水平看，经济储蓄动员力、储蓄投资转化系数这两个指标 2014 年在河南省排位处于第 9 位、第 7 位，排位中等靠前，处于中上游区。

③从排位变化的动因看，2014 年漂河市的储蓄投资转化系数和经济储蓄动员力在河南省的排位均大幅提升，导致 2014 年漂河市的宏观金融效率竞争力指数在河南省的排位提高了 4 位，位居河南省第 8 位。可以看到漂河市的宏观金融效率在河南省的排位比较靠前，漂河市的宏观经济对储蓄资源的动员力较好，而且两个指标都有较大的提高。

17.4.2　漂河市金融效率竞争力的三级指标：微观金融效率

2013 ~ 2014 年，漂河市微观金融效率竞争力指标及其下属指标在河南省的排位变化情况，如表 17 - 4 - 2 和图 17 - 4 - 1 所示。

表 17 - 4 - 2　漂河市 2013 ~ 2014 年微观金融效率竞争力及其四级指标

年　　份		贷存比	保险深度	证券市场效率	微观金融效率竞争力
2013	原　　值	50.03	2.89	70.14	1.8109
	标准化后	-0.6720	0.4643	3.7862	
2014	原　　值	0.63	0.03	0.77	0.3623
	标准化后	0.0904	0.2381	3.3585	
2013 年排名		13	7	1	1
2014 年排名		8	8	1	8
升降		5	-1	0	-7

①2014 年漂河市微观金融效率竞争力指标在整个河南省的综合排位处于第 8 位，在河南省处于中势地位；与 2013 年相比排位下降了 7 位。

②从指标所处水平看，2014 年漂河市的保险深度、贷存比在整个河南省中排第 8 位，处于中间位置。证券市场效率指标在整个河南省中排名第 1 位，是绝对优势指标。

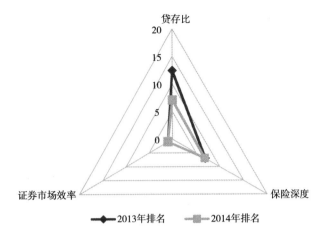

图 17 - 4 - 1　漯河市 2013 ~ 2014 年微观金融效率竞争力及其四级指标比较

③从雷达图图形变化看,2014 年与 2013 年相比,面积有所缩小,说明微观效率竞争力处于上升趋势。其中贷存比成为图形缩小的动力点。

④从排位变化的动因看,在证券市场效率排位保持不变的作用下,虽然贷存比指标排位上升了 5 位,但保险深度下降了 1 位,但是相比其他地市,2014 年表现不佳,使得2014 年漯河市微观金融效率竞争力指标综合排位下降了 7 位。

17.4.3　漯河市金融效率竞争力指标分析

2013 ~ 2014 年,漯河市金融效率竞争力指标及其下属指标在河南省的排位变化和指标结构情况,如表 17 - 4 - 3 所示。

表 17 - 4 - 3　漯河市 2013 ~ 2014 年金融效率竞争力指标及其三级指标

年　　份	宏观金融效率	微观金融效率	金融效率竞争力
2013	- 0.4988	1.8109	1.1525
2014	0.1402	0.3623	- 0.1041
2013 年排位	12	1	3
2014 年排位	8	8	11
升降	4	- 7	- 8

①2014 年漯河市金融效率竞争力指标综合排位处于第 11 位,在河南省处于中势地位;与 2013 年相比,排位下降了 8 位。

②从指标所处水平看,2014 年漯河市宏观金融效率和微观金融效率排名在整个河南省均处于第 8 位,均处于中游区。

③从指标变化趋势看,微观金融效率指标与上一年相比大幅下滑,而宏观金融效率指标与上一年相比小幅提升,综合作用下,金融效率竞争力指标排位下滑十分明显。

④从排位综合分析看,在漯河市微观金融效率排位下滑 7 位、宏观金融效率排位仅仅提升 4 位的综合作用下,2014 年漯河市金融效率竞争力综合排位下降了 8 位,位居河南

省第 11 位。表明微观金融效率相较于宏观金融效率而言，对于漯河市的金融效率竞争力影响更大。

17.5　漯河市金融综合竞争力指标分析

2013～2014 年，漯河市金融综合竞争力指标及其下属指标在河南省的排位变化和指标结构情况，如表 17 - 5 - 1 所示。

表 17 - 5 - 1　漯河市 2013～2014 年金融综合竞争力指标及其二级指标

年　　份	金融生态竞争力	金融规模竞争力	金融效率竞争力	金融综合竞争力
2013	- 0. 2742	- 0. 3875	1. 1525	0. 0955
2014	- 0. 5063	- 0. 3715	- 0. 1041	- 0. 3163
2013 年排位	11	13	3	3
2014 年排位	13	12	11	14
升降	- 2	1	- 8	- 11

①2014 年漯河市金融综合竞争力综合排位处于第 14 位，在河南省处于较劣势地位，与 2013 年相比，排位下降了 11 位。

②从指标所处水平看，2014 年漯河市金融生态竞争力、金融规模竞争力两个指标排名处于第 13 位、第 12 位，处于较劣势地位；金融效率竞争力排名处于第 11 位，属于中势指标。

③从指标变化趋势看，仅金融规模竞争力指标与上一年相比小幅提升，但金融生态竞争力和金融效率竞争力指标排位与上一年相比下滑明显，拖累金融综合竞争力下滑。

④从排位综合分析看，2014 年漯河市金融综合竞争力综合排位位居河南省第 14 位。漯河市的金融效率竞争力仍需继续加强。

第 18 章
三门峡市 2014 年金融竞争力研究报告

18.1 三门峡市概述

三门峡位于河南省西部，地处豫西边陲，自古是通秦连晋、承东启西的咽喉要塞，是东部产业转移和西部资源输出的必经之地，与山西运城、临汾、陕西渭南构成黄河金三角经济协作区。独特的区位优势使三门峡市在全省的交通发展中发挥着重要作用。

据初步核算，2014 年全市完成地区生产总值 1240.13 亿元，按可比价计算，比 2013 年增长 2.9%。其中，第一产业增加值 111.98 亿元，增长 4.2%；第二产业增加值 792.92 亿元，增长 9.9%；第三产业增加值 335.23 亿元，增长 8.1%。三次产业结构由 2013 年的 8.3∶66.4∶25.3 变化为 9.0∶64.0∶27.0。全年全市财政总收入 126.52 亿元，比 2013 年增长 9.2%。公共财政预算收入 92.45 亿元，增长 13.0%。2014 年全年全部工业增加值 726.88 亿元，比 2013 年增长 9.8%，增速比 2013 年加快 0.3 个百分点。全年固定资产投资完成 1339.11 亿元，比 2013 年增长 17.7%。年末全市金融机构各项存款余额 942.33 亿元，比年初增加 6.29 亿元；城乡居民储蓄存款余额 582.52 亿元，比年初增加 32.6 亿元；各项贷款余额 587.04 亿元，比年初增加 38.88 亿元。

18.2 三门峡市金融生态竞争力分析

18.2.1 三门峡市金融生态环境的三级指标：区域经济实力

2013～2014 年，三门峡市区域经济实力竞争力指标及其下属指标在河南省的排位变化情况，如表 18-2-1 和图 18-2-1 所示。

表 18-2-1 三门峡市 2013～2014 年区域经济实力竞争力及其四级指标

年 份		GDP（亿元）	人均 GDP（元）	固定资产投资（亿元）	人均固定资产投资（元）	城镇人均可支配收入（元）	农村人均纯收入（元）	财政收入（亿元）	区域经济实力竞争力
2013	原 值	1204.68	53754	1138.03	50779.97	20938	8926	81.79	0.5910
	标准化后	-0.4792	1.1547	-0.2983	1.8556	-0.3249	-0.2514	-0.2892	
2014	原 值	1240.13	55188.02	1339.11	59592.81	22739	9979	92.45	0.4452
	标准化后	-0.4827	1.0063	-0.2611	1.8921	-0.4127	-0.2311	-0.3545	

续表

年　　份	GDP （亿元）	人均 GDP （元）	固定资产投资 （亿元）	人均固定资产投资 （元）	城镇人均可支配收入 （元）	农村人均纯收入 （元）	财政收入 （亿元）	区域经济实力竞争力
2013 年排名	14	3	12	1	13	9	10	4
2014 年排名	15	3	10	1	13	9	13	5
升降	−1	0	2	0	0	0	−3	−1

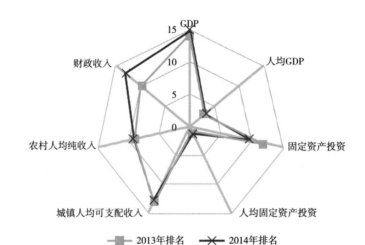

图 18 −2 −1　三门峡市 2013 ～ 2014 年区域经济实力竞争力及其四级指标比较

①2014 年三门峡市区域经济实力竞争力在整个河南省的综合排位处于第 5 位，在河南省处于较优势地位，与 2013 年相比排位下滑 1 位。

②从指标所处水平看，人均 GDP、人均固定资产投资处于中上游区；固定资产投资、农村人均纯收入处于中游区；GDP、财政收入、城镇人均可支配收入在整个河南省排位均很靠后。总体来说，三门峡市的区域经济实力竞争力在河南省处于较优势地位。

③从雷达图图形变化看，2014 年与 2013 年相比，面积有所扩大，经济实力竞争力呈现下降的趋势。

④从排位变化的动因看，GDP 指标排名下滑 1 位，财政收入指标排位下降了 3 位，虽然固定资产投资指标排名提升了 2 位，综合作用下，2014 年三门峡市区域经济实力竞争力指标综合排位提升了 5 位，位居河南省第 6 位，该地区 2014 年固定资产投资额剧增，对区域经济实力竞争力影响较大。

18.2.2　三门峡市金融生态环境的三级指标：区域开放程度

2013 ～ 2014 年，三门峡市区域开放程度竞争力指标及其下属指标在河南省的排位变化情况，如表 18 −2 −2 所示。

表 18 - 2 - 2　三门峡市 2013 ~ 2014 年区域开放程度竞争力及其四级指标

年　　份		实际利用外资额	进出口总额	区域开放程度竞争力
2013	原值（万美元）	86857	29218	- 0.0843
	标准化后	0.1559	- 0.3172	
2014	原值（万美元）	95679	23848	- 0.4230
	标准化后	0.1573	- 0.9377	
2013 年排名		3	16	3
2014 年排名		3	18	11
升降		0	- 2	- 8

资料来源：2011 ~ 2013 年《河南统计年鉴》和 2013 ~ 2014 年《三门峡市国民经济和社会发展统计公报》及相关数据计算所得。

①2014 年三门峡市区域开放程度竞争力经过标准化和加权处理后得分为 - 0.4230，在整个河南省中处于第 11 位，表明其区域开放程度竞争力在河南省处于明显的劣势地位，与 2013 年相比排位大幅下滑。

②从指标所处水平看，实际利用外资额、进出口总额这两个指标在 2014 年的河南省各个地市中分别处于第 3 位、第 18 位，即在整个河南省域内处于绝对领先和绝对靠后，两极分化严重，该地区外资投入较大，但是进出口贸易没有优势。

③从排位变化的动因看，2014 年三门峡市的实际利用外资额在河南省的排位没有发生变化，虽然其进出口总额在河南省的排位仅下降了 2 位，但是 2014 年三门峡市的区域开放程度竞争力指标的综合排位大幅下滑，位居河南省第 11 位。表明对于三门峡市来说，实际利用外资额比进出口总额对其区域开放程度竞争力贡献更大，同时需要重视进出口贸易方面的问题。

18.2.3　三门峡市金融生态环境的三级指标：区域服务水平

2013 ~ 2014 年，三门峡市金融生态环境区域服务水平竞争力指标及其下属指标在河南省的排位情况，如表 18 - 2 - 3 和图 18 - 2 - 2 所示。

表 18 - 2 - 3　三门峡市 2013 ~ 2014 年区域服务水平竞争力及四级指标

年　　份		会计师事务所数量	律师事务所数量	资产评估事务所数量	区域服务水平竞争力
2013	原值（所）	11	27	5	- 0.3338
	标准化后	- 0.2747	- 0.3990	- 0.3202	
2014	原值（所）	11	28	6	- 0.3735
	标准化后	- 0.3757	- 0.2449	- 0.4449	
2013 年排名		12	13	11	13
2014 年排名		11	12	7	12
升降		1	1	4	1

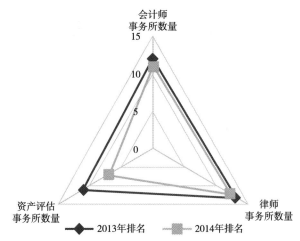

图18－2－2　三门峡市2013～2014年区域服务水平竞争力及其四级指标比较

①2014年三门峡市区域服务水平竞争力综合排位处于第12位，在河南省处于相对劣势的地位；与2013年相比排位上升了1位。

②从指标所处水平看，2014年三门峡市会计师事务所数量、律师事务所数量、资产评估事务所数量的排位均处于中等水平，整体区域服务水平竞争力居于第12位，说明其金融服务环境一般。

③从雷达图图形的变化上来看，2014年比2013年的面积小幅缩小，三个指标的排位均有所提升，三门峡市的区域服务水平竞争力与2013年相比，提升了1位，有所进步。

18.2.4　三门峡市金融生态竞争力指标分析

2013～2014年，三门峡市金融生态竞争力指标及其下属指标在河南省的排位变化和指标结构情况，如表18－2－4所示。

表18－2－4　三门峡市2013～2014年金融生态竞争力指标及其三级指标

年　份	区域经济实力竞争力	区域开放程度竞争力	区域服务水平竞争力	金融生态竞争力
2013	0.5910	－0.0843	－0.3338	0.0841
2014	0.4452	－0.4230	－0.3735	－0.0925
2013年排位	4	3	13	5
2014年排位	5	11	12	9
升降	－1	－8	1	－4

①2014年三门峡市金融生态竞争力综合排位处于第9位，在河南省处于中势地位；与2013年相比，排位下滑4位，下滑幅度较明显。

②从指标所处水平看，2014年区域经济实力竞争力、区域开放程度竞争力、区域服务水平竞争力三个指标排位分别为第5位、第11位、第12位，位于中上游区，处于相对优势地位。

③从指标变化趋势看，区域经济实力竞争力指标排位下滑 1 位，而区域开放程度竞争力排位下滑 8 位，虽然区域服务水平竞争力排位上升了 1 位，但金融生态竞争力指标与上一年相比大幅下滑。

④从排位综合分析看，由于三个指标处于中势地位和相对优势地位，2014 年三门峡市金融生态竞争力综合排位仍然位居河南省第 9 位。这说明其经济发展程度中等，也反映出三门峡市金融产出能力在整个河南省中处于中等水平。

18.3　三门峡市金融规模竞争力分析

18.3.1　三门峡市金融规模竞争力的三级指标：银行业规模

2013～2014 年，三门峡市银行业规模竞争力指标及其下属指标在河南省的排位变化情况，如表 18 - 3 - 1 和图 18 - 3 - 1 所示。

表 18 - 3 - 1　三门峡市 2013～2014 年银行业规模竞争力及其四级指标

年　　份		金融系统存款余额	金融系统贷款余额	城乡居民储蓄余额	银行业规模竞争力
2013	原值（亿元）	936.03	548.16	549.92	- 0.4659
	标准化后	- 0.4154	- 0.3559	- 0.6156	
2014	原值（亿元）	942.33	587.04	582.52	- 0.4976
	标准化后	- 0.4449	- 0.3774	- 0.6586	
2013 年排名		15	14	15	15
2014 年排名		15	14	16	15
升降		0	0	- 1	0

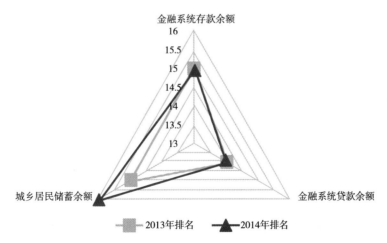

图 18 - 3 - 1　三门峡市 2013～2014 年银行业规模竞争力及其四级指标比较

①2014 年三门峡市银行业规模竞争力在整个河南省的综合排位处于第 15 位，在河南

省处于较劣势地位；与 2013 年相比排位没有发生变化。

②从指标所处水平看，金融系统存款余额、金融系统贷款余额、城乡居民储蓄余额等指标在 2014 年的河南省各个地市中分别处于第 15 位、第 14 位、第 16 位，各个指标在整个省域内处于中下游区，说明其金融资产在规模上较小，三门峡市的资源配置效率不高。

③从雷达图图形变化看，2014 年与 2013 年相比，面积基本保持不变，2014 年的金融系统存款余额、金融系统贷款余额指标的排位都没有发生变化，城乡居民储蓄余额指标排位小幅下降。综合作用下，三门峡市银行业规模竞争力指标综合排位保持不变，位居河南省第 15 位。

18.3.2 三门峡市金融规模竞争力的三级指标：保险业规模

2013～2014 年，三门峡市保险业规模竞争力指标及其下属指标在河南省的排位变化情况，如表 18－3－2 所示。

表 18－3－2 三门峡市 2013～2014 年保险业规模竞争力及其四级指标

年　份		保险公司保费收入	保险赔付额	保险业规模竞争力
2013	原值（亿元）	21.51	7.07	－0.6502
	标准化后	－0.6387	－0.6595	
2014	原值（亿元）	22.61	7.75	－0.5837
	标准化后	－0.5726	－0.5926	
2013 年排名		16	16	16
2014 年排名		16	15	15
升降		0	1	1

①2014 年三门峡市保险业规模竞争力经过标准化和加权处理后得分为 －0.5837，在整个河南省中处于第 15 位，在河南省处于比较劣势地位；与 2013 年相比排位提升 1 位。

②从指标所处水平看，保险公司保费收入、保险赔付额这两个指标在 2014 年的河南省各个地市中处于第 16 位、第 15 位，即在整个省域内处于中下游区，说明该地区的保险业规模较小，保险实力及竞争力较弱。

③从排位变化的动因看，2014 年三门峡市的保险公司保费收入在河南省的排位保持不变，保险赔付额指标排名提升 1 位，综合作用下，2014 年三门峡门保险业规模竞争力指标的综合排位提升 1 位，位居河南省第 15 位，比 2013 年有所进步。

18.3.3 三门峡市金融规模竞争力的三级指标：证券业规模

2013～2014 年，三门峡市证券业规模竞争力指标及其下属指标在河南省的排位变化情况，如表 18－3－3 所示。

表 18 - 3 - 3　三门峡市 2013 ~ 2014 年证券业规模及其四级指标

年　　份		上市公司总资产（亿元）	本地区股本总数（亿股）	证券业规模
2013	原　　值	154.35	23.91	- 0.2109
	标准化后	- 0.3018	- 0.1120	
2014	原　　值	161.83	23.91	- 0.2765
	标准化后	- 0.3552	- 0.1715	
2013 年排名		9	8	9
2014 年排名		9	9	10
升降		0	- 1	- 1

①2014 年三门峡市证券业规模指标经过标准化和加权处理后得分为 - 0.2765，在整个河南省中处于第 10 位，在河南省处于明显的中势地位，与 2013 年相比排位下滑了 1 位。

②从指标所处水平看，三门峡市上市公司总资产、本地区股本总数这两个指标在 2014 年的河南省各个地市中均处于第 9 位，即在整个省域内处于中等水平，说明三门峡市证券市场凝聚优势企业以及投资者的能力均衡且中等。

③从排位变化的动因看，在 2014 年三门峡市的上市公司总资产排位不变，本地区股本总数排位下滑 1 位的综合作用下，2014 年三门峡市的证券业规模竞争力指数在河南省的排位下滑 1 位，位居河南省第 10 位。

18.3.4　三门峡市金融规模竞争力指标分析

2013 ~ 2014 年，三门峡市金融规模竞争力指标及其下属指标在河南省的排位变化和指标结构情况，如表 18 - 3 - 4 所示。

表 18 - 3 - 4　三门峡市 2013 ~ 2014 年金融规模竞争力指标及其三级指标

年　　份	银行业规模竞争力	保险业规模竞争力	证券业规模竞争力	金融规模竞争力
2013	- 0.4659	- 0.6502	- 0.2109	- 0.4723
2014	- 0.4976	- 0.5837	- 0.2765	- 0.5067
2013 年排位	15	16	9	14
2014 年排位	15	15	10	14
升降	0	1	- 1	0

①2014 年三门峡市金融规模竞争力综合排位处于第 14 位，在河南省处于较劣势地位，与 2013 年相比，排位没有变化。

②从指标所处水平看，2014 年三门峡市银行业规模竞争力、保险业规模竞争力、证券业规模竞争力指标排名分别处于第 15 位、第 15 位、第 10 位，处于上游区。

③从指标变化趋势看，保险业规模竞争力、证券业规模竞争力指标与上一年相比分别上升和下降1位，而银行业规模竞争力指标保持不变。

④从排位综合分析看，由于3个指标的相对劣势且变化不大，决定了2014年三门峡市金融规模竞争力综合排位仍然位居河南省第14位。这说明在整个河南省中，三门峡市在金融规模上相对落后。

18.4 三门峡市金融效率竞争力分析

18.4.1 三门峡市金融效率竞争力的三级指标：宏观金融效率

2013～2014年，三门峡市宏观金融效率竞争力指标及其下属指标在河南省的排位变化情况，如表18-4-1所示。

表18-4-1 三门峡市2013～2014年宏观金融效率竞争力及其四级指标

年 份		经济储蓄动员力	储蓄投资转化系数	宏观金融效率竞争力
2013	原 值	45.65	48.32	-1.1646
	标准化后	-0.9684	-1.2993	
2014	原 值	0.47	0.44	-1.2346
	标准化后	-1.0114	-1.3952	
2013年排名		14	17	15
2014年排名		14	17	16
升降		0	0	-1

①2014年三门峡市宏观金融效率竞争力指标经过标准化和加权处理后得分为-1.2346，在整个河南省中处于第16位，在河南省处于明显劣势地位，与2013年相比排位又下降了1位。

②从指标所处水平看，经济储蓄动员力、储蓄投资转化系数这两个指标2014年在河南省排位处于第14位和第17位，排位较为靠后，处于下游区。

③从排位变化的动因看，2014年三门峡市的储蓄投资转化系数和经济储蓄动员力在河南省的排位均不变，2014年三门峡市的宏观金融效率竞争力指数在河南省的排位下降了1位，位居河南省第16位。可以看到三门峡市的宏观金融效率在河南省的排位比较靠后，三门峡市的宏观经济对储蓄资源的动员力较弱。

18.4.2 三门峡市金融效率竞争力的三级指标：微观金融效率

2013～2014年，三门峡市微观金融效率竞争力指标及其下属指标在河南省的排位变化情况，如表18-4-2和图18-4-1所示。

表 18 - 4 - 2　三门峡市 2013 ~ 2014 年微观金融效率竞争力及其四级指标

年　份		贷存比	保险深度	证券市场效率	微观金融效率竞争力
2013	原　值	58.56	1.79	2.07	- 0.7637
	标准化后	- 0.0429	- 1.6538	- 0.4875	
2014	原　值	0.6230	0.0182	0.12	0.6410
	标准化后	0.0264	- 1.1875	- 0.1635	
2013 年排名		10	18	12	16
2014 年排名		9	16	8	4
升降		1	2	4	12

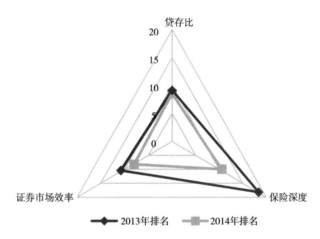

图 18 - 4 - 1　三门峡市 2013 ~ 2014 年微观金融效率竞争力及其四级指标比较

①2014 年三门峡市微观金融效率竞争力指标在整个河南省的综合排位处于第 4 位，表明其在河南省处于较优势地位；与 2013 年相比排位上升了 12 位，表现非常抢眼。

②从指标所处水平看，2014 年三门峡市的贷存比、证券市场效率指标在整个河南省中排位第 9 位和第 8 位，处于中间位置，而保险深度排名处于下游区。

③从雷达图图形变化看，2014 年与 2013 年相比，面积大幅缩小，说明微观金融效率竞争力处于上升趋势。其中证券市场效率、保险深度成为图形缩小的动力点。

④从排位变化的动因看，证券市场效率排位上升了 4 位，贷存比指标排位上升了 1 位，保险深度上升了 2 位，使得 2014 年三门峡市微观金融效率竞争力指标综合排位上升了 12 位，跃居河南省第 4 位，说明证券市场效率指标和保险深度指标对微观金融效率的影响较大，相比其他地市，三门峡市近一年整体表现出色。

18.4.3　三门峡市金融效率竞争力指标分析

2013 ~ 2014 年，三门峡市金融效率竞争力指标及其下属指标在河南省的排位变化和指标结构情况，如表 18 - 4 - 3 所示。

表 18 - 4 - 3　三门峡市 2013 ~ 2014 年金融效率竞争力指标及其三级指标

年　　份	宏观金融效率	微观金融效率	金融效率竞争力
2013	- 1.1646	- 0.7637	- 1.2759
2014	- 1.2346	0.6410	- 0.9022
2013 年排位	15	16	16
2014 年排位	16	4	14
升降	- 1	12	2

①2014 年三门峡市金融效率竞争力指标综合排位处于第 14 位，在河南省处于较劣势地位；与 2013 年相比，排位小幅提高 2 位。

②从指标所处水平看，2014 年三门峡市宏观金融效率排名在整个河南省处于第 16 位，微观金融效率排名处于第 4 位，两者分布不均衡。

③从指标变化趋势看，微观金融效率指标与上一年相比大幅提升，而宏观金融效率指标与上一年相比有下降趋势。

④从排位综合分析看，在三门峡市宏观金融效率排位小幅下降 1 位，微观金融效率排位提升了 12 位的综合作用下，2014 年三门峡市金融效率竞争力综合排位上升 2 位。表明宏观金融效率近一年提升不如微观金融效率，应当努力提高该地区宏观金融效率水平。

18.5　三门峡市金融综合竞争力指标分析

2013 ~ 2014 年，三门峡市金融综合竞争力指标及其下属指标在河南省的排位变化和指标结构情况，如表 18 - 5 - 1 所示。

表 18 - 5 - 1　三门峡市 2013 ~ 2014 年金融综合竞争力指标及其二级指标

年　　份	金融生态竞争力	金融规模竞争力	金融效率竞争力	金融综合竞争力
2013	0.0841	- 0.4723	- 1.2759	- 0.5002
2014	- 0.0925	- 0.5067	- 0.9022	- 0.5284
2013 年排位	5	14	16	16
2014 年排位	9	14	14	16
升降	- 4	0	2	0

①2014 年三门峡市金融综合竞争力综合排位处于第 16 位，在河南省处于绝对劣势地位，与 2013 年相比，排位不变。

②从指标所处水平看，2014 年三门峡市金融生态竞争力指标排名处于第 9 位，处于中势地位，金融规模竞争力和金融效率竞争力指标排名均保持第 14 位，属于较劣势

指标。

③从指标变化趋势看，金融生态竞争力排名下滑 4 位，金融规模竞争力排名不变，金融效率竞争力指标排名提升 2 位。

④从排位综合分析看，2014 年三门峡市金融综合竞争力综合排位位居河南省第 16 位。金融生态竞争力、金融规模竞争力、金融效率竞争力，这三个优势指标均没有较好的表现。三门峡地区 2014 年在三个方面建设上相对其他地市有所落后，需要注意该地区金融竞争力水平的提高，对该地区经济建设会有更大帮助。

第 19 章
商丘市 2014 年金融竞争力研究报告

19.1 商丘市概述

商丘市东临沿海，西扼中原，南襟江淮，北接齐鲁，是我国中西部地区与东部沿海地区的接合部，是河南省实施"东引西进"战略的桥头堡，是中原经济区的重要前沿。商丘是重要的物资集散地和商贸中心，被河南省政府确定为区域性物流中心城市，是河南省距出海口最近的省辖市，目前正致力于打造中原经济区物流枢纽。

2014 年商丘市完成地区生产总值 1697.58 亿元，同比增长 10.36%；全年实现公共财政预算收入 100.75 亿元，同比增长 17.37%；全年进出口总额 34053.00 万美元，同比增长 35.03%；全年实际利用外资额 30897.00 万美元，同比增长 11.75%；金融系统存款余额 1759.88 亿元，同比增长 12.88%；金融系统贷款余额 1007.19 亿元，同比增长 20.85%。全年城镇人均可支配收入 22274.00 元，同比增长 10.19%。农村人均纯收入 8025.00 元，同比增长 11.20%。

19.2 商丘市金融生态竞争力分析

19.2.1 商丘市金融生态环境的三级指标：区域经济实力

2013～2014 年，商丘市区域经济实力竞争力指标及其下属指标在河南省的排位变化情况，如表 19 - 2 - 1 和图 19 - 2 - 1 所示。

表 19 - 2 - 1 商丘市 2013～2014 年区域经济实力竞争力及其四级指标

年 份		GDP（亿元）	人均 GDP（元）	固定资产投资（亿元）	人均固定资产投资（元）	城镇人均可支配收入（元）	农村人均纯收入（元）	财政收入（亿元）	区域经济实力
2013	原　值	1538.22	21138.00	1246.79	17133.30	20214.00	7217.00	85.84	-0.8639
	标准化后	-0.2145	-1.1124	-0.1793	-1.0606	-0.6772	-1.1775	-0.2631	
2014	原　值	1697.58	28073.09	1288.72	21311.72	22274.00	8025.00	100.75	-0.7003
	标准化后	-0.1497	-0.5536	-0.3076	-1.0376	-0.6206	-1.1993	-0.3083	
2013 年排名		12	17	9	16	14	17	9	16
2014 年排名		9	13	11	16	14	17	10	16
升降		3	4	-2	0	0	0	-1	0

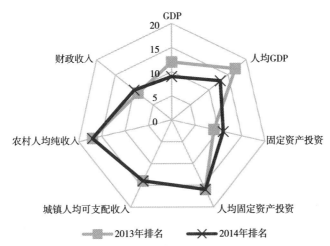

图 19 - 2 - 1　商丘市 2013 ~ 2014 年区域经济实力竞争力及其四级指标比较

①2014 年商丘市区域经济实力竞争力在整个河南省的综合排位处于第 16 位，在河南省处于绝对劣势地位，与 2013 年相比排位不变。

②从指标所处水平看，GDP、财政收入、固定资产投资在河南省的排名分别为第 9 位、第 10 位、第 11 位，均处于中游区；人均 GDP 和城镇人均可支配收入在河南省的排名分别为第 13 位和第 14 位，均处于中下游区；农村人均纯收入和人均固定资产投资指标在河南省的排名分别为第 17 位和第 16 位，均处于下游区。

③从雷达图图形变化看，2014 年与 2013 年相比，面积减小，商丘市经济实力竞争力呈上升趋势。

④从排位变化的动因看，2014 年商丘市 GDP 和人均 GDP 排名皆有所上升，固定资产投资和财政收入排名下降，其他各项指标排名不变，综合作用使得 2014 年商丘市区域经济实力竞争力指标综合排位不变，仍居河南省第 16 位。近年来，商丘加快豫鲁苏皖四省接合部区域性中心城市建设步伐，抢抓机遇，增强区域竞争力。

19.2.2　商丘市金融生态环境的三级指标：区域开放程度

2013 ~ 2014 年，商丘市区域开放程度竞争力指标及其下属指标在河南省的排位变化情况，如表 19 - 2 - 2 所示。

表 19 - 2 - 2　商丘市 2013 ~ 2014 年区域开放程度竞争力及其四级指标

年　份		实际利用外资额	进出口总额	区域开放程度竞争力
2013	原值（万美元）	27649.00	25218.00	- 0.4845
	标准化后	- 0.6054	- 0.3212	
2014	原值（万美元）	30897.00	34053.00	- 0.7872
	标准化后	- 0.6065	- 0.8460	
2013 年排名		17	18	18
2014 年排名		16	16	18
升降		1	2	0

①2014 年商丘市区域开放程度竞争力经过标准化和加权处理后得分为 - 0.7872，在整个河南省中处于第 18 位，其区域开放程度竞争力在河南省处于末位；与 2013 年相比排位不变。

②从指标所处水平看，实际利用外资额和进出口总额排位均处于第 16 位，在整个河南省处于绝对劣势地位，说明其经济开放程度低，外资利用效率低，对经济发展的促进作用较一般。

③从排位变化的动因看，2014 年商丘市实际利用外资额排位上升 1 位，进出口总额排位上升 2 位，但由于绝对值与其他市相比仍处于较低水平，综合作用下，2014 年商丘市区域开放程度竞争力排位不变，仍居河南省第 18 位。商丘市政府应增强紧迫感，抢抓产业转移机遇，突出工业经济主导地位，在经济发展新常态下努力实现招商引资大突破，带动外贸进出口、引进境内外资金、社会消费品零售总额等主要经济指标平稳增长。

19.2.3 商丘市金融生态环境的三级指标：区域服务水平

2013～2014 年，商丘市金融生态环境区域服务水平竞争力指标及其下属指标在河南省的排位情况，如表 19 - 2 - 3 和图 19 - 2 - 2 所示。

表 19 - 2 - 3 商丘市 2013～2014 年区域服务水平竞争力及四级指标

年 份		会计师事务所数量	律师事务所数量	资产评估事务所数量	区域服务水平竞争力
2013	原值（所）	4	38	6	- 0.2913
	标准化后	- 0.4245	- 0.1727	- 0.2692	
2014 年	原值（所）	7	38	4	- 0.4323
	标准化后	- 0.8746	0.1445	- 0.3440	
2013 年排名		17	7	8	11
2014 年排名		16	7	14	14
升降		1	0	- 6	- 3

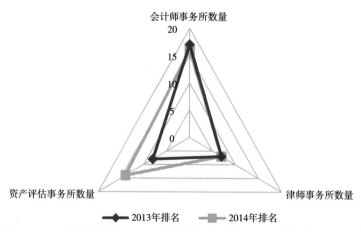

图 19 - 2 - 2 商丘市 2013～2014 年区域服务水平竞争力及其四级指标比较

①2014 年商丘市区域服务水平竞争力综合排位处于第 14 位，在河南省处于绝对劣势的地位；与 2013 年相比，排位下降 3 位。

②从指标所处水平看，2014 年商丘市会计师事务所数量在河南省排第 16 位，处于下游区；律师事务所数量在河南省排第 7 位，处于中上游区；资产评估事务所数量在河南省排第 14 位，处于中下游区。

③从雷达图图形的变化上来看，2014 年和 2013 年相比，面积明显增大，资产评估事务所数量排位下降 6 位，会计师事务所数量排位上升 1 位，综合作用使商丘市 2014 年的区域服务水平竞争力下降 3 位，居河南省第 14 位。

19.2.4　商丘市金融生态竞争力指标分析

2013～2014 年，商丘市金融生态竞争力指标及其下属指标在河南省的排位变化和指标结构情况，如表 19 - 2 - 4 所示。

表 19 - 2 - 4　商丘市 2013～2014 年金融生态竞争力指标及其三级指标

年　　份	区域经济实力竞争力	区域开放程度竞争力	区域服务水平竞争力	金融生态竞争力
2013	− 0.8639	− 0.4845	− 0.2913	− 0.6528
2014	− 0.7003	− 0.7872	− 0.4323	− 0.7776
2013 年排位	16	18	11	17
2014 年排位	16	18	14	17
升降	0	0	− 3	0

①2014 年商丘市金融生态竞争力在河南省的综合排位为第 17 位，处于劣势。

②从指标所处水平看，区域经济实力竞争力和区域开放程度竞争力排名分别为第 16 位和第 18 位，均处于下游区；区域服务水平竞争力排名为第 14 位，处于中下游区。

③从指标变化趋势上来看，2014 年与 2013 年相比，区域经济实力竞争力和区域开放程度竞争力排位不变；区域服务水平竞争力排位下降 3 位。

④从排位的综合分析可以看出，尽管区域服务水平竞争力排位下降 3 位，但由于区域经济实力竞争力和区域开放程度竞争力排位不变，综合作用下，2014 年商丘市金融生态竞争力总体排位不变，仍居河南省第 17 位，表明商丘市的金融生态竞争力有待提高。商丘市政府可考虑加快产业结构升级，优化金融生态环境，经济保持快速发展，为企业和个人提供优质、规范、高效的金融服务。

19.3　商丘市金融规模竞争力分析

19.3.1　商丘市金融规模竞争力的三级指标：银行业规模

2013～2014 年，商丘市银行业规模竞争力指标及其下属指标在河南省的排位变化情况，如表19－3－1和图19－3－1所示。

表19－3－1 商丘市2013～2014年银行业规模竞争力及其四级指标

年　　份		金融系统存款余额	金融系统贷款余额	城乡居民储蓄余额	银行业规模竞争力
2013	原值（亿元）	1559.11	833.41	1098.58	－0.1448
	标准化后	－0.1840	－0.2170	－0.0285	
2014	原值（亿元）	1759.88	1007.19	1233.20	－0.1311
	标准化后	－0.1747	－0.2016	－0.0124	
2013年排名		10	8	7	9
2014年排名		10	8	7	8
升降		0	0	0	1

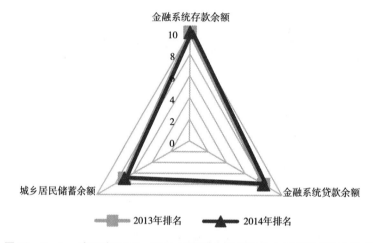

图19－3－1 商丘市2013～2014年银行业规模竞争力及其四级指标比较

①2014年银行业规模竞争力在整个河南省的排位为第8位，处于中势地位，与2013年相比排名上升1位。

②从指标所处的水平来看，金融系统存款余额和金融系统贷款余额在河南省各个城市的排位分别为第10位和第8位，均处于中游区；城乡居民储蓄余额位于第7位，处于中上游区。

③从雷达图的图形上看，2014年的面积与2013年相比没有发生变化，与河南省其他地市相比，商丘市2014年银行业规模竞争力排位上升1位，处于第8位。说明商丘市银行业规模在河南省有一定的竞争力，但仍有提升空间。

19.3.2 商丘市金融规模竞争力的三级指标：保险业规模

2013～2014年，商丘市保险业规模竞争力指标及其下属指标在河南省的排位变化情况，如表19－3－2所示。

表 19 - 3 - 2　商丘市 2013 ~ 2014 年保险业规模竞争力及其四级指标

年　　份		保险公司保费收入	保险赔付额	保险业规模竞争力
2013	原值（亿元）	50.01	13.65	- 0.0819
	标准化后	- 0.0194	- 0.1440	
2014	原值（亿元）	25.27	5.95	- 0.6208
	标准化后	- 0.5276	- 0.7116	
2013 年排名		5	8	7
2014 年排名		15	16	16
升降		- 10	- 8	- 9

①2014 年商丘市保险业规模竞争力经过标准化和加权处理后得分为 - 0.6208，在整个河南省中处于第 16 位，在河南省处于绝对劣势；与 2013 年相比排位下降 9 位。

②从指标所处水平看，保险公司保费收入、保险赔付额这两个指标在 2014 年的河南省各个地市中排名分别为第 15 位和第 16 位，均处于下游区，表明该地区的保险业保险规模非常小，保险实力及竞争力较弱。

③从排位变化的动因看，2014 年商丘市的保险公司保费收入和保险赔付额在河南省的排位分别下降了 10 位和 8 位，综合作用使得商丘市 2014 年的保险业规模竞争力指标的综合排位下降 9 位，居河南省第 16 位。

19.3.3　商丘市金融规模竞争力的三级指标：证券业规模

2013 ~ 2014 年，商丘市证券业规模竞争力指标及其下属指标在河南省的排位变化情况，如表 19 - 3 - 3 所示。

表 19 - 3 - 3　商丘市 2013 ~ 2014 年证券业规模竞争力及其四级指标

年　　份		上市公司总资产（亿元）	本地区股本总数（亿股）	证券业规模竞争力
2013	原　值	436.47	20.29	0.2466
	标准化后	0.7072	- 0.2236	
2014	原　值	513.30	20.29	0.3337
	标准化后	0.9369	- 0.3014	
2013 年排名		3	9	5
2014 年排名		3	10	6
升降		0	- 1	- 1

①2014 年商丘市证券业规模竞争力经过标准化和加权处理后得分为 0.3337，在整个河南省中处于第 6 位，处于较优势地位；与 2013 年相比排位下降 1 位。

②从指标所处水平看，上市公司总资产在 2014 年的河南省各个地市中排名为第 3 位，处于上游区；本地区股本总数排名为第 10 位，处于中游区。

③从排位变化的动因看，与上年相比，2014年商丘市的上市公司总资产在河南省的排位不变，本地区股本总数排位下降1位，综合作用使得商丘市2014年的证券业规模竞争力指标的综合排位下降1位，居河南省第6位。说明商丘市在推动公司上市方面取得了较大成效。

19.3.4 商丘市金融规模竞争力指标分析

2013～2014年，商丘市金融规模竞争力指标及其下属指标在河南省的排位变化和指标结构情况，如表19-3-4所示。

表19-3-4 商丘市2013～2014年金融规模竞争力指标及其三级指标

年　　份	银行业规模竞争力	保险业规模竞争力	证券业规模竞争力	金融规模竞争力
2013	-0.1448	-0.0819	0.2466	-0.0002
2014	-0.1311	-0.6208	0.3337	-0.1845
2013年排位	9	7	5	6
2014年排位	8	16	6	8
升降	1	-9	-1	-2

①2014年商丘市金融规模竞争力综合排位处于第8位，在河南省处于中势地位；与2013年相比排位下降2位。

②从指标所处水平看，2014年商丘市银行业规模竞争力在河南省排位处于第8位，处于中游区；保险业规模竞争力在河南省排位处于第16位，处于下游区；证券业规模竞争力在河南省排位处于第6位，处于中上游区。

③从指标变化趋势看，2014年银行业规模竞争力指标排位上升1位，保险业规模竞争力指标排位下降9位，证券业规模竞争力指标排位下降1位。

④从排位综合分析看，商丘市银行业规模的中势地位、保险业规模的绝对劣势和证券业规模的较优势地位综合作用，决定了商丘市金融规模竞争力的中势地位。整体来看，商丘市整体金融规模竞争力表现良好，能够有效促进商丘市经济和社会发展。2014年，商丘市金融行业取得较大成绩，在增加信贷规模、新增贷存比、资本市场利用等方面取得突破性进展，金融发展呈现稳步向好的态势。

19.4 商丘市金融效率竞争力分析

19.4.1 商丘市金融效率竞争力的三级指标：宏观金融效率

2013～2014年，商丘市宏观金融效率竞争力指标及其下属指标在河南省的排位变化情况，如表19-4-1所示。

表 19 - 4 - 1　商丘市 2013 ~ 2014 年宏观金融效率竞争力及其四级指标

表 19 - 4 - 1　商丘市 2013 ~ 2014 年宏观金融效率竞争力及其四级指标

年　　份		经济储蓄动员力	储蓄投资转化系数	宏观金融效率竞争力
2013	原　　值	0.71	0.88	0.7664
	标准化后	0.9089	0.5834	
2014	原　　值	0.73	0.96	0.7925
	标准化后	0.5580	0.9867	
2013 年排名		5	5	5
2014 年排名		6	3	5
升降		- 1	2	0

①2014 年商丘市宏观金融效率竞争力指标经过标准化和加权处理后得分为 0.7925，在整个河南省中处于第 5 位，在河南省处于较优势地位；与 2013 年相比排位不变。

②从指标所处水平看，经济储蓄动员力指标 2014 年在河南省排位为第 6 位，处于中上游区；储蓄投资转化系数指标 2014 年在河南省排位为第 3 位，处于上游区。

③从排位变化的动因看，2014 年商丘市的经济储蓄动员力排位较上年下降 1 位，储蓄投资转化系数排位较上年上升 2 位，综合作用使得 2014 年商丘市的宏观金融效率竞争力指数在河南省的排位不变，仍居河南省第 5 位。商丘市的宏观金融效率在河南省的排位靠前，这说明商丘市的宏观经济对储蓄资源的动员力较强，储蓄向投资转化的渠道充足。在增进商丘市经济竞争力方面起到推动作用。

19.4.2　商丘市金融效率竞争力的三级指标：微观金融效率

2013 ~ 2014 年，商丘市微观金融效率竞争力指标及其下属指标在河南省的排位变化情况，如表 19 - 4 - 2 和图 19 - 4 - 1 所示。

表 19 - 4 - 2　商丘市 2013 ~ 2014 年微观金融效率竞争力及其四级指标

年　　份		贷存比	保险深度	证券市场效率	微观金融效率竞争力
2013	原　　值	0.5345	0.0325	0.0679	0.4799
	标准化后	- 0.4198	1.1575	- 0.1911	
2014	原　　值	0.5723	0.0149	0.08	0.6352
	标准化后	- 0.3612	- 1.6386	- 0.3802	
2013 年排名		12	3	9	3
2014 年排名		12	18	10	5
升降		0	- 15	- 1	- 2

①2014 年商丘市微观金融效率竞争力指标在整个河南省的综合排位处于第 5 位，在

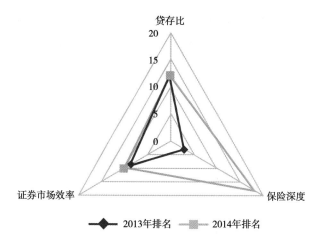

图 19 - 4 - 1 商丘市 2013～2014 年微观金融效率竞争力及其四级指标比较

河南省处于较优势地位；与 2013 年相比排位下降 2 位。

②从指标所处水平看，2014 年商丘市的贷存比排第 12 位，处于中下游区；保险深度排第 18 位，处于下游区；证券市场效率排第 10 位，处于中游区。

③从雷达图图形变化看，2014 年与 2013 年相比，面积明显增大，说明微观金融效率竞争力水平下降。

④从排位变化的动因看，保险深度排位下降幅度较大，贷存比和证券市场效率排位基本不变，综合作用使得商丘市 2014 年微观金融效率竞争力排位下降 2 位，居河南省第 5 位。

19.4.3 商丘市金融效率竞争力指标分析

2013～2014 年，商丘市金融效率竞争力指标及其下属指标在河南省的排位变化和指标结构情况，如表 19 - 4 - 3 所示。

表 19 - 4 - 3 商丘市 2013～2014 年金融效率竞争力指标及其三级指标

年　　份	宏观金融效率	微观金融效率	金融效率竞争力
2013	0.7664	0.4799	0.8216
2014	0.7925	0.6352	0.1147
2013 年排名	5	3	5
2014 年排名	5	5	9
升降	0	-2	-4

①2014 年商丘市金融效率竞争力指标综合排位处于第 9 位，在河南省处于中势地位；与 2013 年相比，排位下降了 4 位。

②从指标所处水平看，2014 年商丘市宏观金融效率和微观金融效率指标在整个河南省的排名均为第 5 位，处于中上游区。

③从指标变化趋势看，宏观金融效率指标排位未发生变化，微观金融效率指标排位下

降 2 位。

④从排位综合分析看，在商丘市宏观金融效率排位未发生变化和微观金融效率排位下降 2 位的情况下，商丘市金融效率竞争力排名下降了 4 位，说明河南省其他地市也在着力提高宏微观金融效率，商丘市可进一步促进金融资源配置效率的提高。

19.5 商丘市金融综合竞争力指标分析

2013 ~ 2014 年，商丘市金融综合竞争力指标及其下属指标在河南省的排位变化和指标结构情况，如表 19 - 5 - 1 所示。

表 19 - 5 - 1 商丘市 2013 ~ 2014 年金融综合竞争力指标及其二级指标

年 份	金融生态竞争力	金融规模竞争力	金融效率竞争力	金融综合竞争力
2013	- 0.6528	- 0.0002	0.8216	0.0347
2014	- 0.7776	- 0.1845	0.1147	- 0.2422
2013 年排名	17	6	5	6
2014 年排名	17	8	9	11
升降	0	- 2	- 4	- 5

①2014 年商丘市金融综合竞争力综合排位处于第 11 位，在河南省处于中势地位；与 2013 年相比，排位下降 5 位。

②从指标所处水平看，2014 年商丘市金融生态竞争力排第 17 位，处于下游区；金融规模竞争力和金融效率竞争力两个指标排名分别为第 8 位和第 9 位，均处于中游区。

③从指标变化趋势看，金融生态竞争力指标排名不变；金融规模竞争力指标排名下降 2 位；金融效率竞争力指标排名下降 4 位。

④从排位综合分析看，由于金融规模竞争力和金融效率竞争力指标排名均下降，综合作用使得 2014 年商丘市金融综合竞争力综合排位下降 5 位，居河南省第 11 位。由以上分析可以看出，商丘市金融生态竞争力有待提高，需尽快赶上金融规模和金融效率竞争力，然后齐头并进，促进金融业的稳定健康发展，加大金融业对实体经济的支持力度。

第 20 章
周口市 2014 年金融竞争力研究报告

20.1 周口市概述

周口市位于河南省东南部，东临安徽省阜阳市，西接河南省漯河市、许昌市，南与驻马店市相连，北与开封、商丘市接壤。周口交通四通八达，公路、铁路、水路运输交织成网，形成了公路、铁路、水路三位一体的大交通格局。周口已形成了以食品加工、纺织服装、医药化工为支柱，以电力、机械、皮革皮毛为特色的门类齐全的工业体系，拥有国内外知名的工业品牌莲花味精和宋河酒。

2014 年周口市全年全市实现地区生产总值 1992.08 亿元，按可比价格计算，同比增长 11.25%。其中，第一产业实现增加值 459.22 亿元，同比增长 4.4%；第二产业实现增加值 1026.38 亿元，同比增长 10.7%；第三产业实现增加值 506.48 亿元，同比增长 10.5%。三次产业结构由上年的 24.9∶49.9∶25.2 调整为 23.1∶51.5∶25.4。全年地方财政总收入 424.6 亿元，比上年增长 5.8%。地方公共财政预算收入 90.95 亿元，比上年增长 19.6%。全年全部工业增加值 1600.2 亿元，比上年增长 20.7%。全年全社会固定资产投资 1375.44 亿元，比上年增长 19.7%。年末金融机构人民币各项存款余额 1881.22 亿元，比年初增加 225.6 亿元。居民储蓄存款余额 1496.03 亿元，比年初增加 184.4 亿元。金融机构人民币各项贷款余额 818.34 亿元，比年初增加 114.63 亿元。

20.2 周口市金融生态竞争力分析

20.2.1 周口市金融生态环境的三级指标：区域经济实力

2013~2014 年，周口市区域经济实力竞争力指标及其下属指标在河南省的排位变化情况，如表 20-2-1 和图 20-2-1 所示。

表 20-2-1 周口市 2013~2014 年区域经济实力竞争力及其四级指标

年 份		GDP（亿元）	人均 GDP（元）	固定资产投资（亿元）	人均固定资产投资（元）	城镇人均可支配收入（元）	农村人均纯收入（元）	财政收入（亿元）	区域经济实力竞争力
2013	原 值	1790.65	20385	1151.55	13109.63	18046	6950	76.05	−1.1534
	标准化后	−0.0142	−1.1647	−0.2835	−1.4094	−1.7324	−1.3222	−0.3261	

续表

年 份		GDP （亿元）	人均 GDP （元）	固定资 产投资 （亿元）	人均固定 资产投资 （元）	城镇人均可 支配收入 （元）	农村人均 纯收入 （元）	财政收入 （亿元）	区域经济 实力 竞争力
2014	原 值	1992.08	22624.67	1375.44	15621.3	19742	7742	90.95	-1.0544
	标准化后	0.0647	-0.8670	-0.2275	-1.4731	-1.7529	-1.3395	-0.3629	
2013 年排名		5	18	11	18	18	18	12	18
2014 年排名		5	16	9	18	18	18	14	17
升降		0	2	2	0	0	0	-2	1

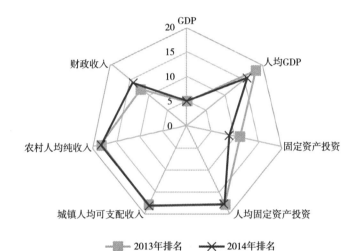

图 20 - 2 - 1 周口市 2013～2014 年区域经济实力竞争力及其四级指标比较

①2014 年周口市区域经济实力竞争力在整个河南省的综合排位处于第 17 位，在河南省处于绝对劣势地位，与 2013 年相比排位提高 1 位。

②从指标所处水平看，GDP 指标排名靠前，固定资产投资排名中等，人均 GDP 和财政收入指标排名靠后，但是人均固定资产投资、城镇人均可支配收入、农村人均纯收入在整个河南省排位均垫底，总体来说周口市的区域经济实力竞争力在河南省处于十分落后的地位。

③从雷达图图形变化看，2014 年与 2013 年相比，面积小幅减小，周口市经济实力竞争力呈现复苏的趋势。

④从排位变化的动因看，人均 GDP 和固定资产投资指标排位上升了 2 位，但财政收入排位下降了 2 位，综合作用下，2014 年周口市区域经济实力竞争力指标综合排位提高 1 位，位居河南省第 17 位，说明该地区 2014 年区域经济实力竞争力增长仍然较缓慢。

20.2.2 周口市金融生态环境的三级指标：区域开放程度

2013～2014 年，周口市区域开放程度竞争力指标及其下属指标在河南省的排位变化情况，如表 20 - 2 - 2 所示。

表 20 - 2 - 2　周口市 2013 ~ 2014 年区域开放程度竞争力及其四级指标

年　　份		实际利用外资额	进出口总额	区域开放程度竞争力
2013	原值（万美元）	44241	77493	-0.3452
	标准化后	-0.3920	-0.2681	
2014	原值（万美元）	70080	79223	-0.3168
	标准化后	-0.1446	-0.4399	
2013 年排名		11	9	11
2014 年排名		7	9	9
升降		-4	0	2

①2014 年周口市区域开放程度竞争力经过标准化和加权处理后得分为 -0.3168，在整个河南省中处于第 9 位，其区域开放程度竞争力在河南省处于中势地位，与 2013 年相比排位提高 2 位。

②从指标所处水平看，实际利用外资额、进出口总额这两个指标在 2014 年的河南省各个地市中分别处于第 7 位、第 9 位，即在整个河南省域内处于中上游区，说明其经济的开放程度较高，对外贸易发展水平较高，外资的利用效率下滑，但仍处于较高水平，对经济发展的直接影响力比较大。

③从排位变化的动因看，该地区利用外资的水平下滑 4 位，2014 年周口市的进出口总额在河南省的排位不变，表明对于周口市来说，其区域开放程度竞争力水平相对下滑。

20.2.3　周口市金融生态环境的三级指标：区域服务水平

2013 ~ 2014 年，周口市金融生态环境区域服务水平竞争力指标及其下属指标在河南省的排位情况，如表 20 - 2 - 3 和图 20 - 2 - 2 所示。

表 20 - 2 - 3　周口市 2013 ~ 2014 年区域服务水平竞争力及四级指标

年　　份		会计师事务所数量	律师事务所数量	资产评估事务所数量	区域服务水平竞争力
2013	原值（所）	8	33	3	-0.3485
	标准化后	-0.3389	-0.2756	-0.4222	
2014	原值（所）	8	33	2	-0.5005
	标准化后	-0.7289	-0.1156	-0.4430	
2013 年排名		15	11	15	15
2014 年排名		15	10	16	15
升降		0	1	-1	0

①2014 年周口市区域服务水平竞争力综合排位处于第 15 位，在河南省处于绝对劣势的地位；与 2013 年相比排位不变。

②从指标所处水平看，2014 年周口市会计师事务所数量、律师事务所数量、资产评

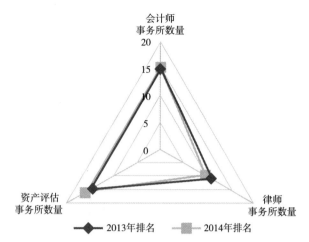

图 20 - 2 - 2 周口市 2013 ~ 2014 年区域服务水平竞争力及其四级指标比较

估事务所数量的排位均处于中下游区，且整体区域服务水平竞争力居于第 15 位，说明其金融服务环境较差，金融业的发展缺乏相应的服务保障。

③从雷达图图形的变化上来看，2014 年相较于 2013 年的面积基本不变，律师事务所数量指标的排位稍有提高，但是资产评估事务所数量指标排位对应下滑。

20.2.4 周口市金融生态竞争力指标分析

2013 ~ 2014 年，周口市金融生态竞争力指标及其下属指标在河南省的排位变化和指标结构情况，如表 20 - 2 - 4 所示。

表 20 - 2 - 4 周口市 2013 ~ 2014 年金融生态竞争力指标及其三级指标

年　　份	区域经济实力竞争力	区域开放程度竞争力	区域服务水平竞争力	金融生态竞争力
2013	- 1.1534	- 0.3452	- 0.3485	- 0.7389
2014	- 1.0544	- 0.3168	- 0.5005	- 0.7416
2013 年排位	18	11	15	18
2014 年排位	17	9	15	16
升降	1	2	0	2

①2014 年周口市金融生态竞争力综合排位处于第 16 位，在河南省处于绝对劣势地位；与 2013 年相比，排位提高 2 位。

②从指标所处水平看，2014 年区域经济实力竞争力、区域开放程度竞争力、区域服务水平竞争力三个指标排位分别为第 17 位、第 9 位、第 15 位，除了区域开放程度竞争力较好，其他两个指标均十分落后。

③从指标变化趋势看，区域经济实力竞争力指标排位提升 1 位，区域开放程度竞争力指标与上一年相比提升 2 位，区域服务水平竞争力排位不变。

④从排位综合分析看，由于两个指标均处于绝对劣势地位，2014 年周口市金融生态竞争力综合排位十分落后。这说明其经济发展程度不高，2014 年表现一般，也反映出周

口市金融生态增长方面力度较弱。

20.3 周口市金融规模竞争力分析

20.3.1 周口市金融规模竞争力的三级指标：银行业规模

2013～2014 年，周口市银行业规模竞争力指标及其下属指标在河南省的排位变化情况，如表 20 - 3 - 1 和图 20 - 3 - 1 所示。

表 20 - 3 - 1 周口市 2013～2014 年银行业规模竞争力及其四级指标

年　　　份		金融系统存款余额	金融系统贷款余额	城乡居民储蓄余额	银行业规模竞争力
2013	原值（亿元）	1655.62	703.71	1311.63	- 0.0778
	标准化后	- 0.1481	- 0.2802	0.1995	
2014	原值（亿元）	1881.22	818.34	1496.03	- 0.0568
	标准化后	- 0.1345	- 0.2806	0.2486	
2013 年排名		8	12	4	5
2014 年排名		7	12	4	5
升降		1	0	0	0

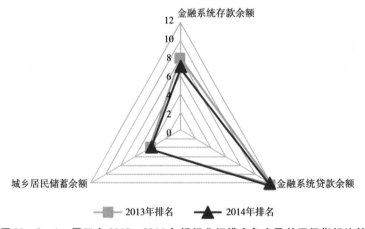

图 20 - 3 - 1 周口市 2013～2014 年银行业规模竞争力及其四级指标比较

①2014 年周口市银行业规模在整个河南省的综合排位处于第 5 位，在河南省处于比较优势地位；与 2013 年相比排位没有发生变化。

②从指标所处水平看，金融系统存款余额、金融系统贷款余额、城乡居民储蓄余额等指标在 2014 年的河南省各个地市中分别处于第 7 位、第 12 位、第 4 位，三个指标分布不均衡，说明其储蓄多，存款多，贷款少，该地区缺乏可投资标的。

③从雷达图图形变化看，2014 年与 2013 年相比，面积小幅减小，2014 年的金融系统存款余额指标排位提升 1 位，而金融系统存款余额、金融系统贷款余额没有发生变化。综

合作用下，周口市银行业规模竞争力指标综合排位保持不变，位居河南省第 5 位。

20.3.2 周口市金融规模竞争力的三级指标：保险业规模

2013～2014 年，周口市保险业规模竞争力指标及其下属指标在河南省的排位变化情况，如表 20－3－2 所示。

表 20－3－2 周口市 2013～2014 年保险业规模竞争力及其四级指标

年 份		保险公司保费收入	保险赔付额	保险业规模竞争力
2013	原值（亿元）	53.17	15.07	0.0082
	标准化后	0.0493	－0.0328	
2014	原值（亿元）	53.87	18.48	0.0371
	标准化后	－0.0432	0.1171	
2013 年排名		4	5	4
2014 年排名		4	4	4
升降		0	1	0

①2014 年周口市保险业规模经过标准化和加权处理后得分为 0.0371，在整个河南省中处于第 4 位，在河南省处于明显的优势地位；与 2013 年相比排位不变。

②从指标所处水平看，保险公司保费收入、保险赔付额这两个指标均在 2014 年的河南省各个地市中处于第 4 位，即在整个省域内处于上游区且均为优势指标，说明该地区的保险业规模较大，保险实力及竞争力较强。

③从排位变化的动因看，2014 年周口市的保险公司保费收入在河南省的排位保持不变，保险赔付额指标排名提升 1 位，综合作用下，周口市总体保险业水平位居河南省第 4 位。

20.3.3 周口市金融规模竞争力的三级指标：证券业规模

2013～2014 年，周口市证券业规模竞争力指标及其下属指标在河南省的排位变化情况，如表 20－3－3 所示。

表 20－3－3 周口市 2013～2014 年证券业规模竞争力及其四级指标

年 份		上市公司总资产（亿元）	本地区股本总数（亿股）	证券业规模竞争力
2013	原 值	27.86	10.62	－0.6504
	标准化后	－0.7542	－0.5217	
2014	原 值	26.36	14.62	－0.7130
	标准化后	－0.8532	－0.5049	
2013 年排名		16	11	14
2014 年排名		16	12	13
升降		0	－1	1

①2014年周口市证券业规模竞争力指标经过标准化和加权处理后得分为 - 0.7130，在整个河南省中处于第13位，在河南省处于比较劣势地位，与2013年相比排位不变。

②从指标所处水平看，周口市上市公司总资产、本地区股本总数这两个指标在2014年的河南省各个地市中处于第16位、第12位，即在整个省域内处于中下游，说明周口市证券市场凝聚优势企业以及投资者的能力较弱，侧面反映了该区域证券市场筹融资能力不强。

③从排位变化的动因看，在2014年周口市上市公司总资产排位不变和本地区股本总数排位下降1位的综合作用下，2014年周口市的证券业规模竞争力指数在河南省的排位提升1位，位居河南省第13位，变化不明显。

20.3.4 周口市金融规模竞争力指标分析

2013～2014年，周口市金融规模竞争力指标及其下属指标在河南省的排位变化和指标结构情况，如表20-3-4所示。

表20-3-4 周口市2013～2014年金融规模竞争力指标及其三级指标

年 份	银行业规模竞争力	保险业规模竞争力	证券业规模竞争力	金融规模竞争力
2013	- 0.0778	0.0082	- 0.6504	- 0.2402
2014	- 0.0568	0.0371	- 0.7130	- 0.2351
2013 年排位	5	4	14	10
2014 年排位	5	4	13	9
升降	0	0	1	1

①2014年周口市金融规模竞争力综合排位处于第9位，在河南省处于中势地位，与2013年相比，排位略有提升。

②从指标所处水平看，2014年周口市银行业规模竞争力、保险业规模竞争力、证券业规模竞争力指标排名分别处于第5位、第4位、第13位，只有证券业规模竞争力表现落后。

③从指标变化趋势看，保险业规模竞争力和银行业规模竞争力指标均保持不变，证券业规模竞争力指标排名提升1位。

④从排位综合分析看，银行业规模竞争力和保险业规模竞争力2个指标的优势明显，但是证券业规模竞争力水平相对落后，好在2014年有所提高，综合作用下，2014年周口市规模竞争力综合排位位居河南省第9位，略有提高。这说明在整个河南省中，周口市居民强大的投资偏好，银行业、保险业和证券业较高的筹融资能力，使得周口市能够吸纳优势的资金供求者，有效地实现区域内资金需求的对接。这些优势具体表现为较高的金融规模竞争力，但是在证券业方面需要加大努力，鼓励更多公司上市。

20.4　周口市金融效率竞争力指数分析

20.4.1　周口市金融效率竞争力的三级指标：宏观金融效率

2013 ~ 2014 年，周口市宏观金融效率竞争力指标及其下属指标在河南省的排位变化情况，如表 20 - 4 - 1 所示。

表 20 - 4 - 1　周口市 2013 ~ 2014 年宏观金融效率竞争力及其四级指标

年　　份		经济储蓄动员力	储蓄投资转化系数	宏观金融效率竞争力
2013	原　值	73.25	113.90	1.4616
	标准化后	1.0422	1.8036	
2014	原　值	0.75	1.09	1.2037
	标准化后	0.7463	1.6000	
2013 年排名		3	2	2
2014 年排名		5	2	2
升降		- 2	0	0

①2014 年周口市宏观金融效率竞争力指标经过标准化和加权处理后得分为 1.2037，在整个河南省中处于第 2 位，在河南省处于领先地位，与 2013 年相比排位保持不变。

②从指标所处水平看，经济储蓄动员力、储蓄投资转化系数这两个指标 2014 年在河南省排位处于第 5 位和第 2 位，排位较为领先。

③从排位变化的动因看，2014 年周口市的经济储蓄动员力指标排名下降了 2 位，储蓄投资转化系数在河南省的排位保持不变，2014 年周口市的宏观金融效率竞争力指数在河南省的排位仍然保持不变，可以看出，两方面的排位绝对领先。

20.4.2　周口市金融效率竞争力的三级指标：微观金融效率

2013 ~ 2014 年，周口市微观金融效率竞争力指标及其下属指标在河南省的排位变化情况，如表 20 - 4 - 2 和图 20 - 4 - 1 所示。

表 20 - 4 - 2　周口市 2013 ~ 2014 年微观金融效率竞争力及其四级指标

年　　份		贷存比	保险深度	证券市场效率	微观金融效率竞争力
2013	原　值	42.50	2.97	1.53	0.4240
	标准化后	- 1.2274	0.6183	- 0.5216	
2014	原　值	0.4350	0.0270	0.02	- 0.9059
	标准化后	- 1.4119	0.0005	- 0.7053	
2013 年排名		17	5	14	4
2014 年排名		18	10	15	14
升降		- 1	- 5	- 1	- 10

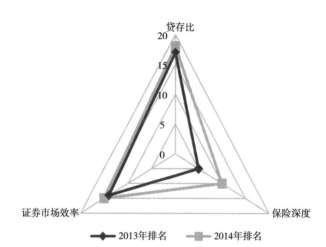

图 20 - 4 - 1　周口市 2013～2014 年微观金融效率竞争力及其四级指标比较

①2014 年周口市微观金融效率竞争力指标在整个河南省的综合排位处于第 14 位，在河南省处较劣势地位；与 2013 年相比排位下降了 10 位。

②从指标所处水平看，2014 年周口市的保险深度排名第 10 位，证券市场效率指标在整个河南省中排名也比较靠后，处于第 15 位，是绝对劣势指标，贷存比排名在整个河南省中排位垫底。

③从雷达图图形变化看，2014 年与 2013 年相比，面积大幅扩大，说明周口市微观效率竞争力处于下降趋势。其中贷存比、保险深度成为图形扩大的动力点。

④从排位变化的动因看，证券市场效率排位下降了 1 位，贷存比指标排位下降了 1 位，但保险深度上升了 5 位，使得 2014 年周口市微观金融效率竞争力指标综合排位下降了 10 位，位居河南省第 14 位，说明贷存比指标和保险深度指标对微观金融效率的影响较大。

20.4.3　周口市金融效率竞争力指标分析

2013～2014 年，周口市金融效率竞争力指标及其下属指标在河南省的排位变化和指标结构情况，如表 20 - 4 - 3 所示。

表 20 - 4 - 3　周口市 2013～2014 年金融效率竞争力指标及其三级指标

年　　份	宏观金融效率	微观金融效率	金融效率竞争力
2013	1.4616	0.424	1.1766
2014	1.2037	- 0.9059	1.2821
2013 年排位	2	4	2
2014 年排位	2	14	2
升降	0	- 10	0

①2014 年周口市金融效率竞争力指标综合排位处于第 2 位，在河南省处于领先地位；与 2013 年相比，排位不变。

②从指标所处水平看，2014 年周口市宏观金融效率排名在整个河南省处于第 2 位，处于绝对领先地位；微观金融效率排名处于第 14 位，处于较劣势地位。

③从指标变化趋势看，宏观金融效率指标与上一年相比没有变化，而微观金融效率指标与上一年相比有大幅下降，指标排名下降 10 名。

④从排位综合分析看，在周口市宏观金融效率排位保持不变，微观金融效率排位下降了 10 位的综合作用下，2014 年周口市金融效率竞争力综合排位不变，位居河南省第 2 位，仍然保持领先地位。

20.5　周口市金融综合竞争力指标分析

2013～2014 年，周口市金融综合竞争力指标及其下属指标在河南省的排位变化和指标结构情况，如表 20 - 5 - 1 所示。

表 20 - 5 - 1　周口市 2013～2014 年金融综合竞争力指标及其二级指标

年　　份	金融生态竞争力	金融规模竞争力	金融效率竞争力	金融综合竞争力
2013	- 0.7389	- 0.2402	1.1766	0.0195
2014	- 0.7416	- 0.2351	1.2821	0.1437
2013 年排位	18	10	2	8
2014 年排位	16	9	2	7
升降	2	1	0	1

①2014 年周口市金融综合竞争力综合排位处于第 7 位，在河南省处于较优势地位，与 2013 年相比，排位提高 1 位。

②从指标所处水平看，2014 年周口市金融生态竞争力表现最差，排名第 16 位；金融规模竞争力指标排名次之，排名中等；金融效率竞争力排名处于第 2 位，属于绝对领先指标。

③从指标变化趋势看，金融生态竞争力、金融规模竞争力两个指标与上一年相比均有所提升，但金融效率竞争力指标排位与上一年相比不变。

④从排位综合分析看，2014 年周口市金融综合竞争力综合排位位居河南省第 7 位。金融效率竞争力、金融规模竞争力这两项指标决定了周口市的金融综合竞争力在河南省的领先地位，但是就周口市的生态效率竞争力来说，这个指标位于绝对劣势地位，因此周口市的金融生态竞争力水平方面的短板亟待补足。

第 21 章
驻马店市 2014 年金融竞争力研究报告

21.1 驻马店市概述

驻马店市位于河南省中南部，地处我国南北方、东西部的接合地带，承东启西，贯南通北。2008 年，驻马店市以"聚焦'三项建设'，统筹'平安崛起'"的做法当选 2008 年度提升竞争力最佳案例城市。

2014 年驻马店市全年完成地区生产总值 1540.92 亿元，比上年下降 0.07%；其中第三产业增加值 486.10 亿元，增长 10.2%，第三产业比重提高 0.5 个百分点；全社会固定资产投资完成 1174.09 亿元，比上年增长 15.7%，其中，第三产业投资 468.37 亿元，增长 8.8%；全年进出口总额 40062 万美元，比上年下降 0.9%；全年财政总收入 131.57 亿元，比上年增长 15.8%，其中地方公共财政预算收入 85.68 亿元，增长 19.1%；2014 年末，全部金融机构人民币存款余额 1982.89 亿元，增长 16.0%；全年城镇居民人均可支配收入 21320 元，比上年增长 9.7%，全年农村居民人均纯收入 8270 元，比上年增长 11.2%。

21.2 驻马店市金融生态竞争力分析

21.2.1 驻马店市金融生态环境的三级指标：区域经济实力

2013~2014 年，驻马店市区域经济实力竞争力指标及其下属指标在河南省的排位变化情况，如表 21-2-1 和图 21-2-1 所示。

表 21-2-1 驻马店市 2013~2014 年区域经济实力竞争力及其四级指标

年 份		GDP（亿元）	人均 GDP（元）	固定资产投资（亿元）	人均固定资产投资（元）	城镇人均可支配收入（元）	农村人均纯收入（元）	财政收入（亿元）	区域经济实力
2013	原 值	1542.02	22296	1014.62	14715.30	19431	7437	71.93	-0.9328
	标准化后	-0.2115	-1.0319	-0.4334	-1.2702	-1.0583	-1.0583	-0.3526	
2014	原 值	1540.92	25290.00	1174.09	19269.49	21320.00	8270.00	85.68	-1.0862
	标准化后	-0.2637	-2.0230	-0.4136	-1.1939	-1.0472	-1.0779	-0.1365	
2013 年排名		11	16	13	17	16	16	13	17
2014 年排名		11	18	13	17	16	16	6	18
升降		0	-2	0	0	0	0	7	-1

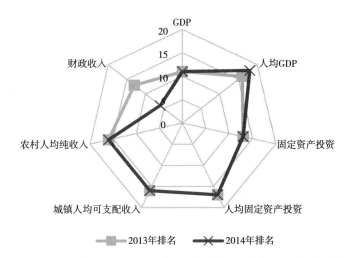

图 21 - 2 - 1　驻马店市 2013 ~ 2014 年区域经济实力竞争力及其四级指标比较

①2014 年驻马店市区域经济实力竞争力在整个河南省的综合排位处于第 18 位, 与 2013 年相比排位下降 1 位。表明其在河南省排名处于绝对劣势地位。

②从指标所处水平看, GDP 在河南省中排名处于中游区; 人均 GDP, 人均固定资产投资, 城镇人均可支配收入和农村人均纯收入指标在河南省排名靠后, 处于下游区; 财政收入指标排名处于中游区。这说明驻马店市的区域经济实力竞争力在河南省处于十分落后的地位。

③从雷达图图形变化看, 2014 年与 2013 年相比, 由于财政收入和人均 GDP 指标排名变化, 导致 2014 年图形面积有所缩小。

④从排位变化的动因来看, 驻马店市人均 GDP 和财政收入指标排位有所变化。综合作用下, 2014 年驻马店市区域经济实力竞争力综合排位为第 18 位, 与上年相比下降 1 位。

21.2.2　驻马店市金融生态环境的三级指标: 区域开放程度

2013 ~ 2014 年, 驻马店市区域开放程度竞争力指标及其下属指标在河南省的排位变化情况, 如表 21 - 2 - 2 所示。

表 21 - 2 - 2　驻马店市 2013 ~ 2014 年区域开放程度竞争力及其四级指标

年　　份		实际利用外资额	进出口总额	区域开放程度竞争力
2013	原值 (万美元)	31590	40439	- 0.4499
	标准化后	- 0.5547	- 0.3058	
2014	原值 (万美元)	33792	40062	- 0.7395
	标准化后	- 0.5724	- 0.7919	
	2013 年排名	16	15	17
	2014 年排名	15	15	17
	升降	1	0	0

①2014 年驻马店市区域开放程度竞争力经过标准化和加权处理后得分为 - 0. 7395，在整个河南省中处于第 17 位，其区域开放程度竞争力在河南省处于绝对劣势的地位；与 2013 年相比排位不变。

②从指标所处水平看，实际利用外资额指标排名与上年相比上升了 1 位，但仍处于中下游区，进出口总额指标排名没有变化，位居第 15 位，也处于中下游区。综合说明其经济的开放程度很低，外资利用效率很低，对经济发展的直接影响很小。

③从排位变化的动因看，2014 年驻马店市实际利用外资额在河南省的排名中上升了 1 位，在综合作用下，2014 年驻马店市区域开放程度竞争力排名保持不变，在河南省的排名是第 17 位。

21.2.3　驻马店市金融生态环境的三级指标：区域服务水平

2013～2014 年，驻马店市金融生态环境区域服务水平竞争力指标及其下属指标在河南省的排位情况，如表 21 - 2 - 3 和图 21 - 2 - 2 所示。

表 21 - 2 - 3　驻马店市 2013～2014 年区域服务水平竞争力及四级指标

年　　份		会计师事务所数量	律师事务所数量	资产评估事务所数量	区域服务水平竞争力
2013	原值（所）	15	36	7	- 0. 2087
	标准化后	- 0. 1891	- 0. 2138	- 0. 2182	
2014	原值（所）	13	36	7	- 0. 0093
	标准化后	0	0. 0405	- 0. 1954	
2013 年排名		5	8	7	6
2014 年排名		7	8	6	9
升降		- 2	0	1	- 3

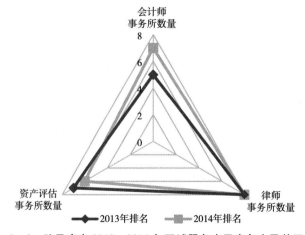

图 21 - 2 - 2　驻马店市 2013～2014 年区域服务水平竞争力及其四级指标

①2014 年驻马店市区域服务水平竞争力综合排位处于第 9 位，在河南省处于中势的地位，与 2013 年相比，排位下降了 3 位。

②从指标所处水平看，2014 年驻马店市会计师事务所数量、律师事务所数量、资产评估事务所数量指标的排名分别为第 7 位、第 8 位和第 6 位，即在全省中处于中上游区，且均为较优势指标。说明其金融服务水平较高，为金融业的发展奠定了良好的基础，提供了完全的保障。

③从雷达图图形的变化上来看，2014 年比 2013 年的面积有所扩大，会计事务所数量指标的排名下降 2 位，资产评估事务所数量指标排名上升 1 位，综合作用下，驻马店市区域服务水平竞争力指标综合排名下降了 3 位，位居第 9 位。

21.2.4　驻马店市金融生态竞争力指标分析

2013～2014 年，驻马店市金融生态竞争力指标及其下属指标在河南省的排位变化和指标结构情况，如表 21 - 2 - 4 所示。

表 21 - 2 - 4　驻马店市 2013～2014 年金融生态竞争力指标及其三级指标

年　　份	区域经济实力竞争力	区域开放程度竞争力	区域服务水平竞争力	金融生态竞争力
2013	- 0.9328	- 0.4499	- 0.2087	- 0.6366
2014	- 1.0862	- 0.7395	- 0.0093	- 0.8139
2013 年排位	17	17	6	16
2014 年排位	18	17	9	18
升降	- 1	0	- 3	- 2

①2014 年驻马店市金融生态竞争力综合排位为第 18 名，在河南省的总体排位上处于绝对劣势的地位。

②从指标所处水平看，区域经济实力竞争力排名为第 18 位，处于绝对劣势的地位；区域开放程度竞争力指标排名第 17 位，处于绝对劣势的地位；区域服务水平竞争力指标排名第 9 位，处于中游区。

③从指标变化趋势上来看，2014 年与 2013 年相比，区域经济实力竞争力和区域服务水平竞争力与上年相比分别下降了 1 位和 3 位，除区域服务水平竞争力指标处于中游区外，其他指标均处于下游区。

④从排位的综合分析可以看出，两个三级指标排名均有不同程度的下降，这导致了驻马店市金融生态竞争力指标排名与 2013 年相比下降了 2 位，位居河南省第 18 位，说明驻马店市的金融生态环境不容乐观，亟待改善。

21.3　驻马店市金融规模竞争力分析

21.3.1　驻马店市金融规模竞争力的三级指标：银行业规模

2013～2014 年，驻马店市银行业规模竞争力指标及其下属指标在河南省的排位变化情况，如表 21 - 3 - 1 和图 21 - 3 - 1 所示。

表 21 - 3 - 1　驻马店市 2013 ~ 2014 年银行业规模竞争力及其四级指标

年　　份		金融系统存款余额	金融系统贷款余额	城乡居民储蓄余额	银行业规模竞争力
2013	原值（亿元）	1710.03	757.68	1196.83	-0.1031
	标准化后	-0.1279	-0.2539	0.0762	
2014	原值（亿元）	1982.89	939.35	1393.24	-0.0625
	标准化后	-0.1009	-0.1032	0.1466	
2013 年排名		6	10	6	7
2014 年排名		5	9	6	6
升降		1	1	0	1

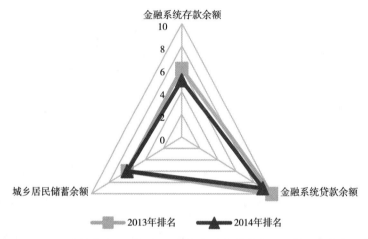

图 21 - 3 - 1　驻马店市 2013 ~ 2014 年银行业规模竞争力及其四级指标比较

①2014 年驻马店市银行业规模竞争力的排名在河南省中位列第 6 位，处于较优势地位，与 2013 年相比排名上升 1 位。

②从指标所处的水平来看，金融系统存款余额和城乡居民储蓄余额的排名分别位列第 5 位和第 6 位，处于中上游区，且为较优势指标；金融系统贷款余额处于第 9 位，处于中游区。

③从雷达图的图形上看，2014 年的面积与 2013 年相比有所缩小，主要由于驻马店市金融系统存款余额和金融系统贷款余额的排名均上升 1 位，使得驻马店市银行业规模竞争力排名也上升 1 位。

21.3.2　驻马店市金融规模竞争力的三级指标：保险业规模

2013 ~ 2014 年，驻马店市保险业规模竞争力指标及其下属指标在河南省的排位变化情况，如表 21 - 3 - 2 所示。

表 21 - 3 - 2　驻马店市 2013 ~ 2014 年保险业规模竞争力及其四级指标

年　份		保险公司保费收入	保险赔付额	保险业规模竞争力
2013	原值（亿元）	45.87	15.35	- 0.0602
	标准化后	- 0.1094	- 0.0109	
2014	原值（亿元）	49.33	14.99	- 0.1171
	标准化后	- 0.1201	- 0.1137	
2013 年排名		7	4	6
2014 年排名		7	9	8
升降		0	- 5	- 2

①2014 年驻马店市保险业规模竞争力经过标准化和加权处理后得分为 - 0.1171，在整个河南省中处于第 8 位，在河南省处于中势的位置；与 2013 年相比排位下降了 2 位。

②从指标所处水平看，保险公司保费收入、保险赔付额这两个指标在 2014 年的河南省各个地市中排名分别为第 7 位和第 9 位，即在整个省域内处于中游区。

③从排位变化的动因看，2014 年驻马店市的保险赔付额指标数值原值不升反将，导致其排名迅速下降 5 位，由上年较优势的地位变为中势地位，由此导致驻马店市保险业规模竞争力指标下降 2 位，位居河南省第 8 位。

21.3.3　驻马店市金融规模竞争力的三级指标：证券业规模

2013 ~ 2014 年，驻马店市证券业规模竞争力指标及其下属指标在河南省的排位变化情况，如表 21 - 3 - 3 所示。

表 21 - 3 - 3　驻马店市 2013 ~ 2014 年证券业规模竞争力及其四级指标

年　份		上市公司总资产（亿元）	本地区股本总数（亿股）	证券业规模竞争力
2013	原　值	0	0	- 0.8682
	标准化后	- 0.8539	- 0.8492	
2014	原　值	0	0	- 1.0394
	标准化后	- 0.9211	- 1.0297	
2013 年排名		17	17	17
2014 年排名		17	17	17
升降		0	0	0

①2014 年驻马店市证券业规模竞争力指标经过标准化和加权处理后得分为 - 1.0394，在河南省全省中排名为第 17 位，在河南省处于绝对劣势的地位，与 2013 年相比排名没有变化。

②从指标所处水平看，2014 年驻马店市上市公司总资产、本地区股本总数这两个指

标在河南省所有地市中处于第17位，处于下游区，且为绝对劣势指标，这说明驻马店市通过证券市场进行融资的能力十分屡弱，驻马店市缺少上市公司的现实使得该地区失去了一项重要的融资渠道，对于金融发展是不利的。

③从排位变化的动因看，2014 年驻马店市的上市公司总资产和本地区股本总数指标排名均没有变化，驻马店市的证券业规模竞争力指标排名也未发生变化。

21.3.4 驻马店市金融规模竞争力指标分析

2013～2014 年，驻马店市金融规模竞争力指标及其下属指标在河南省的排位变化和指标结构情况，如表 21 - 3 - 4 所示。

表 21 - 3 - 4 驻马店市 2013～2014 年金融规模竞争力指标及其三级指标

年　　份	银行业规模竞争力	保险业规模竞争力	证券业规模竞争力	金融规模竞争力
2013	- 0.1031	- 0.0602	- 0.8682	- 0.3460
2014	- 0.0625	- 0.1171	- 1.0394	0.4011
2013 年排位	7	6	17	12
2014 年排位	6	8	17	13
升降	1	- 2	0	- 1

①2014 年驻马店市金融规模竞争力综合排位处于第 13 位，在河南省处于劣势地位，与 2013 年相比排位下降 1 位。

②从指标所处水平看，2014 年驻马店市银行业规模竞争力指标排名为第 6 位，处于较优势地位；保险业规模竞争力指标排名处于第 8 位，属于中势地位指标；证券业规模竞争力指标排名处于第 17 位，处于绝对劣势地位。

③从指标变化趋势看，驻马店市 2014 年银行业规模竞争力指标排名上升 1 位，保险业规模竞争力指标排名与上年相比下降了 2 位，证券业规模竞争力指标排名无变化。

④从排位综合分析看，由于不具备证券业规模且另外两个指标排名均出现不同程度的升降，综合作用下，2014 年驻马店市金融规模竞争力综合排位位居河南省第 13 位，与2013 年相比下降了 1 位，处于较劣势地位。

21.4 驻马店市金融效率竞争力分析

21.4.1 驻马店市金融效率竞争力的三级指标：宏观金融效率

2013～2014 年，驻马店市宏观金融效率竞争力指标及其下属指标在河南省的排位变化情况，如表 21 - 4 - 1 所示。

表 21 - 4 - 1 驻马店市 2013 ~ 2014 年宏观金融效率竞争力及其四级指标

年 份		经济储蓄动员力	储蓄投资转化系数	宏观金融效率竞争力
2013	原 值	0.78	1.18	1.7233
	标准化后	1.3598	1.9957	
2014	原 值	0.90	1.19	1.9153
	标准化后	1.6880	2.0456	
2013 年排名		2	1	1
2014 年排名		1	1	1
升降		1	0	0

①2014 年驻马店市宏观金融效率竞争力指标经过标准化和加权处理后得分为 1.9153，在整个河南省中处于第 1 位，在河南省处于绝对优势地位，与 2013 年相比排位保持不变。

②从指标所处水平看，经济储蓄动员力、储蓄投资转化系数这两个指标 2014 年在河南省排位均处于第 1 位，属于绝对优势指标。

③从排位变化的动因看，2014 年驻马店市的经济储蓄动员力指标排位上升 1 位，储蓄投资转化系数在河南省的排位不变，2014 年驻马店市的宏观金融效率竞争力指数在河南省的排位位居河南省第 1 位。驻马店市的宏观金融效率在河南省的排位十分靠前，这说明驻马店市的宏观经济对储蓄资源的动员力较强，储蓄向投资转化的渠道非常畅通，在河南省宏观金融效率方面优势十分明显。

21.4.2 驻马店市金融效率竞争力的三级指标：微观金融效率

2013 ~ 2014 年，驻马店市微观金融效率竞争力指标及其下属指标在河南省的排位变化情况，如表 21 - 4 - 2 和图 21 - 4 - 1 所示。

表 21 - 4 - 2 驻马店市 2013 ~ 2014 年微观金融效率竞争力及其四级指标

年 份		贷存比	保险深度	证券市场效率	微观金融效率竞争力
2013	原 值	0.4430	0.0297	0	0.3447
	标准化后	- 1.0946	0.6183	- 0.6177	
2014	原 值	0.4737	0.0320	0	- 1.1147
	标准化后	- 1.1156	0.6708	- 0.8137	
2013 年排名		16	5	17	5
2014 年排名		15	5	17	16
升降		1	0	0	- 11

①2014 年驻马店市微观金融效率竞争力指标在整个河南省的综合排位处于第 16 位，在河南省处于下游区，与 2013 年相比排位下降了 11 位。

②从指标所处水平看，2014 年驻马店市的贷存比排位第 15 位，属于较劣势指标，保

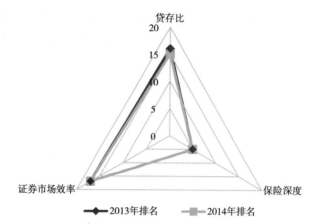

——◆——2013年排名 ——■——2014年排名

图 21 - 4 - 1　驻马店市 2013～2014 年微观金融效率竞争力及其四级指标比较

险深度指标排名第 5 位，属于较优势指标，证券市场效率指标排名第 17 位，属于绝对劣势指标。

③从雷达图图形变化看，2014 年与 2013 年相比，面积基本没有变化，贷存比指标上升 1 位。

④从排位变化的动因来看，贷存比指标排名上升 1 位，保险深度和证券市场效率指标排名均保持不变，但是在其他地市各指标变化的影响下，2014 年驻马店市微观金融效率竞争力指标综合得分比较低，位居河南省第 16 位。

21.4.3　驻马店市金融效率竞争力指标分析

2013～2014 年，驻马店市金融效率竞争力指标及其下属指标在河南省的排位变化和指标结构情况，如表 21 - 4 - 3 所示。

表 21 - 4 - 3　驻马店市 2013～2014 年金融效率竞争力指标及其三级指标

年　　份	宏观金融效率	微观金融效率	金融效率竞争力
2013	1.7233	0.3447	1.2640
2014	1.9153	- 1.1147	1.6044
2013 年排名	1	5	1
2014 年排名	1	16	1
升降	0	- 11	0

①2014 年驻马店市金融效率竞争力指标综合排位处于第 1 位，在河南省处于绝对优势地位，与 2013 年相比，排位保持不变。

②从指标所处水平看，2014 年驻马店市宏观金融效率排名在整个河南省处于第 1 位，属于绝对优势指标；而微观金融效率排名处于第 16 位，属于绝对劣势指标。

③从指标变化趋势看，宏观金融效率指标与上一年相比排名没有发生变化；而微观金融效率指标与上年相比排位有大幅下降，排名下降了 11 位。

④从排位综合分析看，由于宏观效率的排名较高，即使微观效率排名十分靠后，但是综合作用下 2014 年驻马店市金融效率竞争力综合排位位居河南省第 1 位。

21.5 驻马店市金融综合竞争力指标分析

2013～2014 年，驻马店市金融综合竞争力指标及其下属指标在河南省的排位变化和指标结构情况，如表 21-5-1 所示。

表 21-5-1 驻马店市 2013～2014 年金融综合竞争力指标及其二级指标

年 份	金融生态竞争力	金融规模竞争力	金融效率竞争力	金融综合竞争力
2013	-0.6366	-0.3460	1.2640	0.0349
2014	-0.8139	-0.4011	1.6044	0.1689
2013 年排名	16	12	1	5
2014 年排名	18	13	1	6
升降	-2	-1	0	-1

①2014 年驻马店市金融综合竞争力综合排位处于第 6 位，在河南省处于较优势地位，与 2013 年相比，排位下降 1 位。

②从指标所处水平看，2014 年驻马店市金融生态竞争力排名第 18 位，金融规模竞争力排名处于第 13 位，处于较劣势地位；金融效率竞争力排名为第 1 位，处于绝对优势地位。

③从指标变化趋势看，金融生态竞争力金融规模竞争力指标与上一年相比分别下降了 2 位和 1 位，综合作用下，2014 年驻马店市金融综合竞争力与 2013 年相比下降了 1 位。

④从排位综合分析看，由于金融效率竞争力指标的绝对优势，缓和了金融规模竞争力指标和金融生态竞争力指标的不利状况，决定了 2014 年驻马店市金融综合竞争力综合排位位居河南省第 6 位。虽然驻马店市 2014 年的金融效率竞争力指标位居河南省第 1 位，排名十分理想，但在金融生态竞争力和金融规模竞争力指标上驻马店市的整体排名靠后，情况不容乐观。尤其是驻马店市在金融生态竞争力方面处于河南省的末位，这就要求驻马店市必须尽快改善金融生态环境，为金融业的健康有序发展提供必要的生态环境支持，以促进当地经济发展。

第 22 章
南阳市 2014 年金融竞争力研究报告

22.1 南阳市概述

南阳市位于河南省西南部，与湖北、陕西接壤，地理位置优越，交通便利。是豫、鄂、陕的交通要道。

2014 年南阳市完成地区生产总值 2347.09 亿元，比上年下降 6.07%。人均 GDP 23455.89 元。全年全市地方公共财政收入 234 亿元，比上年增长 89.3%。全年全社会固定资产投资 2238.46 亿元，比上年增长 5.52%。全年进出口总额 19.35 亿美元，比上年增长 7.74%。年末全市金融机构人民币各项存款余额 2756.77 亿元，年末金融机构人民币各项贷款余额 1552.53 亿元。

22.2 南阳市金融生态竞争力分析

22.2.1 南阳市金融生态环境的三级指标：区域经济实力

2013～2014 年，南阳市区域经济实力竞争力指标及其下属指标在河南省的排位变化情况，如表 22-2-1 和图 22-2-1 所示。

表 22-2-1 南阳市 2013～2014 年区域经济实力竞争力及其四级指标

年　份		GDP（亿元）	人均 GDP（元）	固定资产投资（亿元）	人均固定资产投资（元）	城镇人均可支配收入（元）	农村人均纯收入（元）	财政收入（亿元）	区域经济实力竞争力
2013	原　值	2498.66	24764	2121.40	21024.78	21653	8729	123.63	-0.4411
	标准化后	0.5477	-0.8604	0.7782	-0.7233	0.2320	-0.3582	-0.0200	
2014	原　值	2347.09	23455.89	2238.46	26089.28	23711	9741	234.00	-0.3085
	标准化后	0.3231	-0.8192	0.5702	-0.6720	0.0220	-0.3490	0.4343	
2013 年排名		3	14	3	14	9	11	4	13
2014 年排名		3	15	3	14	10	10	3	11
升降		0	-1	0	0	-1	1	1	2

①2014 年南阳市区域经济实力竞争力在整个河南省的综合排位处于第 11 位，在河南省处于中势地位；与 2013 年相比排位上升了 2 位。

②从指标所处的水平看，GDP、财政收入、固定资产投资处于上游区，人均 GDP、人

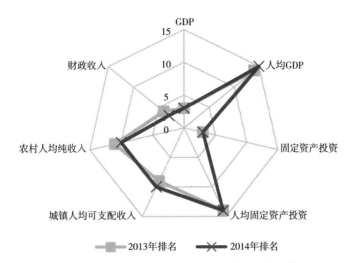

图 22 - 2 - 1 南阳市 2013 ~ 2014 年区域经济实力竞争力及其四级指标比较

均固定资产投资在整个河南省排位均较靠后，处于下游区，城镇人均可支配收入、农村人均纯收入处于中游区。

③从雷达图图形变化看，2014 年与 2013 年相比，面积没有变化，但经济实力竞争力有所上升。

④从排位变化的动因看，2014 年南阳市的区域经济实力竞争力下的农村人均纯收入和财政收入指标在河南省的排位的上升，使其 2014 年的区域经济实力竞争力指标的综合排位上升 2 位，位居河南省第 11 位。

22.2.2 南阳市金融生态环境的三级指标：区域开放程度

2013 ~ 2014 年，南阳市区域开放程度竞争力指标及其下属指标在河南省的排位变化情况，如表 22 - 2 - 2 所示。

表 22 - 2 - 2 南阳市 2013 ~ 2014 年区域开放程度竞争力及其四级指标

年 份		实际利用外资额	进出口总额	区域开放程度竞争力
2013	原值（万美元）	50400	179600	- 0.2496
	标准化后	- 0.3129	- 0.1645	
2014	原值（万美元）	56700	193500	0.1544
	标准化后	- 0.3023	0.5873	
2013 年排名		9	6	8
2014 年排名		10	4	2
升降		- 1	2	6

①2014 年南阳市区域开放程度竞争力经过标准化和加权处理后得分为 0.1544，在整个河南省中处于第 2 位，与 2013 年相比排位上升了 6 位。

②从指标所处水平看，实际利用外资额在 2014 年的河南省各个地市中处于中游区，

进出口总额位于上游区。

③从排位变化的动因看，2014 年南阳市的实际利用外资额在河南省的排位下降了 1位，进出口总额排位上升 2 位。2014 年南阳市区域开放程度竞争力指标的综合排位上升了 6 位，位居河南省第 2 位。

22.2.3　南阳市金融生态环境的三级指标：区域服务水平

2013 ~2014 年，南阳市区域服务水平竞争力指标及其下属指标在河南省的排位变化情况，如表 22 - 2 - 3 和图 22 - 2 - 2 所示。

表 22 - 2 - 3　南阳市 2013 ~ 2014 年区域服务水平竞争力及其四级指标

年　　份		会计师事务所数量	律师事务所数量	资产评估事务所数量	区域服务水平竞争力
2013	原值 （所）	24	62	16	0.1899
	标准化后	0.0036	0.3213	0.2408	
2014	原值 （所）	24	63	18	1.5968
	标准化后	1.6035	1.4451	0.3495	
2013 年排名		3	3	2	3
2014 年排名		3	3	2	2
升降		0	0	0	1

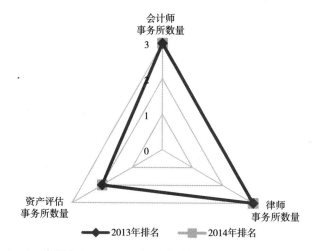

图 22 - 2 - 2　南阳市 2013 ~ 2014 年区域服务水平竞争力及其四级指标比较

①2014 年南阳市区域服务水平竞争力经过标准化和加权处理后得分为 1.5968，在整个河南省中排第 2 位，表明其区域服务水平竞争力在河南省处于绝对优势的地位，与2013 年相比排位上升了 1 位。

②从指标所处的水平看，会计师事务所数量、律师事务所数量、资产评估事务所数量三个指标分别处于第 3 位、第 3 位和第 2 位，即在整个河南省内处于上游区，且均为绝对优势指标，说明其金融服务水平较高，为金融业的发展提供了良好的保障。

③从雷达图的图形变化看，2014 年与 2013 年相比较，面积基本保持不变，2014 年会计

师事务所数量、律师事务所数量、资产评估事务所数量在河南省的排位均没有发生变化。

22.2.4 南阳市金融生态竞争力指标分析

2013 ~ 2014 年，南阳市金融生态竞争力指标及其下属指标在河南省的排位变化和指标结构情况，如表 22 - 2 - 4 所示。

表 22 - 2 - 4 南阳市 2013 ~ 2014 年金融生态竞争力指标及其三级指标

年 份	区域经济实力竞争力	区域开放程度竞争力	区域服务水平竞争力	金融生态竞争力
2013	- 0.4411	- 0.2496	0.1899	- 0.2069
2014	- 0.3085	0.1544	1.5968	0.3592
2013 年排位	13	8	3	9
2014 年排位	11	2	2	4
升降	2	1	1	5

①2014 年南阳市金融生态竞争力综合排位处于第 4 位，在河南省处于较优势地位，与 2013 年相比排位上升了 5 位。

②从指标所处水平看，2014 年南阳市区域经济实力竞争力在河南省处于中游区，区域开放程度竞争力处于上游区，区域服务水平竞争力处于上游区。

③从指标变化趋势看，区域经济实力竞争力、区域开放程度竞争力和区域服务水平竞争力与上一年相比均有一定的变化。

④从排位综合分析看，由于南阳市区域经济实力竞争力处于劣势，区域开放程度竞争力和区域服务水平竞争力均处于绝对优势，2014 年南阳市金融生态竞争力综合排位比较靠前且处于较优势，位居河南省第 4 位。

22.3 南阳市金融规模竞争力分析

22.3.1 南阳市金融规模竞争力的三级指标：银行业规模

2013 ~ 2014 年，南阳市银行业规模竞争力指标及其下属指标在河南省的排位变化情况，如表 22 - 3 - 1 和图 22 - 3 - 1 所示。

表 22 - 3 - 1 南阳市 2013 ~ 2014 年银行业规模竞争力及其四级指标

年 份		金融系统存款余额	金融系统贷款余额	城乡居民储蓄余额	银行业规模竞争力
2013	原值（亿元）	2476.73	1326.19	1586.56	0.2257
	标准化后	0.1568	0.0230	0.4936	
2014	原值（亿元）	2756.77	1552.53	1777.19	0.2378
	标准化后	0.1549	0.0267	0.5279	
2013 年排名		3	3	3	3
2014 年排名		3	3	3	3
升降		0	0	0	0

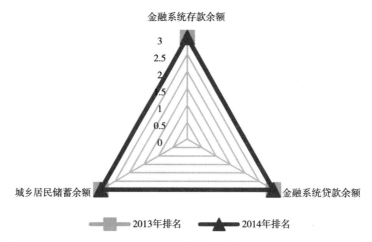

图 22 - 3 - 1　南阳市 2013～2014 年银行业规模竞争力及其四级指标比较

①2014 年南阳市银行业规模竞争力在整个河南省的综合排位处于第 3 位，在河南省处于明显的优势地位；与 2013 年相比排位没有发生变化。

②从指标所处水平看，金融系统存款余额、金融系统贷款余额、城乡居民储蓄余额在 2014 年的河南省各个地市中均处于上游区，说明其金融资产在规模上较大，容易形成规模效应，降低资金的操作成本，增加南阳市的资源配置效率。

③从雷达图图形变化看，2014 年与 2013 年相比，面积没有变化，说明其银行业规模没有变化的趋势。

④从排位变化的动因看，2014 年南阳市的银行业规模下的各项指标排位均未发生变化，使其 2014 年的银行业规模指标的综合排位保持不变，位居河南省第 3 位。

22.3.2　南阳市金融规模竞争力的三级指标：保险业规模

2013～2014 年，南阳市保险业规模竞争力指标及其下属指标在河南省的排位变化情况，如表 22 - 3 - 2 所示。

表 22 - 3 - 2　南阳市 2013～2014 年保险业规模竞争力及其四级指标

年　　份		保险公司保费收入	保险赔付额	保险业规模竞争力
2013	原值（亿元）	74.71	22.87	0.5487
	标准化后	0.5173	0.5782	
2014	原值（亿元）	90.78	24.74	0.5577
	标准化后	0.5820	0.5312	
2013 年排名		2	3	3
2014 年排名		2	3	2
升降		0	0	1

①2014 年南阳市保险业规模竞争力经过标准化和加权处理后得分为 0.5577，在整个河南省中处于第 2 位，在河南省处于明显的优势地位；与 2013 年相比排位上升 1 位。

②从指标所处水平看，保险公司保费收入、保险赔付额这两个指标在 2014 年的河南省各个地市中均处于上游区，属于优势指标。

③从排位变化的动因看，2014 年南阳市的保险公司保费收入、保险赔付额排位排名均未发生变化，但其 2014 年的保险业规模指标的综合排位上升了 1 位，位居河南省第 2 位。

22.3.3　南阳市金融规模竞争力的三级指标：证券业规模

2013～2014 年，南阳市证券业规模竞争力指标及其下属指标在河南省的排位变化情况，如表 22 - 3 - 3 所示。

表 22 - 3 - 3　南阳市 2013～2014 年证券业规模竞争力及其四级指标

年　份		上市公司总资产（亿元）	本地区股本总数（亿股）	证券业规模竞争力
2013	原　值	79.54	8.15	- 0.5950
	标准化后	- 0.5694	- 0.5979	
2014	原　值	78.20	36.18	- 0.2067
	标准化后	- 0.6626	0.2689	
2013 年排名		11	12	12
2014 年排名		12	5	9
升降		- 1	7	3

①2014 年南阳市证券业规模竞争力指标经过标准化和加权处理后得分为 - 0.2067，在整个河南省中处于第 9 位，在河南省处于中势地位；与 2013 年相比排位上升了 3 位。

②从指标所处水平看，2014 年南阳市上市公司总资产、本地区股本总数这两个指标在 2014 年的河南省各个地市中分别处于中下游区和中上游区，说明南阳市证券市场的筹资和融资能力一般。

③从排位变化的动因看，在 2014 年南阳市的上市公司总资产、本地区股本总数的综合作用下，2014 年南阳市的证券业规模竞争力指数在河南省的排位上升了 3 位，位居河南省第 9 位。

22.3.4　南阳市金融规模竞争力指标分析

2013～2014 年，南阳市金融规模竞争力指标及其下属指标在河南省的排位变化和指标结构情况，如表 22 - 3 - 4 所示。

表 22 - 3 - 4　南阳市 2013～2014 年金融规模竞争力指标及其三级指标

年　份	银行业规模竞争力	保险业规模竞争力	证券业规模竞争力	金融规模竞争力
2013	0.2257	0.5487	- 0.5950	0.0825
2014	0.2378	0.5577	- 0.2067	0.2419
2013 年排位	3	3	12	3
2014 年排位	3	2	9	3
升降	0	1	3	0

①2014年南阳市金融规模竞争力综合排位处于第3位，在河南省处于明显的优势地位，与2013年相比排位不变。

②从指标所处水平看，2014年南阳市银行业规模竞争力、保险业规模竞争力处于上游区，证券业规模竞争力处于中游区。

③从指标变化趋势看，银行业规模竞争力与上一年相比没有变化，保险业规模竞争力与上年相比上升1位，证券业规模竞争力与上年相比上升了3位。

④从排位综合分析看，由于南阳市银行业规模竞争力和保险业规模竞争力处于优势地位，证券业规模竞争力处于中势地位，2014年南阳市规模竞争力综合排位比较靠前，位居河南省第3位。这说明南阳市居民投资偏好主要集中于储蓄和保险业，而证券业筹融资能力一般，但是由于银行业和保险业规模较大，提升了南阳市整体的金融规模。

22.4 南阳市金融效率竞争力分析

22.4.1 南阳市金融效率竞争力的三级指标：宏观金融效率

2013～2014年，南阳市宏观金融效率竞争力指标及其下属指标在河南省的排位变化情况，如表22-4-1所示。

表22-4-1 南阳市2013～2014年宏观金融效率竞争力及其四级指标

年 份		经济储蓄动员力	储蓄投资转化系数	宏观金融效率竞争力
2013	原 值	0.64	0.75	0.1464
	标准化后	0.3319	-0.0469	
2014	原 值	0.76	0.79	0.5267
	标准化后	0.8091	0.2176	
2013年排名		7	9	8
2014年排名		4	7	7
升降		3	2	1

①2014年南阳市宏观金融效率竞争力指标经过标准化和加权处理后得分为0.5267，在整个河南省中处于第7位，在河南省处于较优势的地位，与2013年相比排位上升了1位。

②从指标所处水平看，经济储蓄动员力和储蓄投资转化系数在2014年河南省排位均位于中上游区。

③从排位变化的动因看，在经济储蓄动员力排位上升3位和储蓄投资转化系数排位上升2位的综合作用下，2014年南阳市的宏观金融效率竞争力指数在河南省的排位上升1位，位居河南省第7位。表明投资储蓄转化系数对南阳市宏观金融效率影响较大，最终导致二者同方向变化。

22.4.2　南阳市金融效率竞争力的三级指标：微观金融效率

2013～2014 年，南阳市微观金融效率竞争力指标及其下属指标在河南省的排位变化情况，如表 22－4－2 和图 22－4－1 所示。

表 22－4－2　南阳市 2013～2014 年微观金融效率竞争力及其四级指标

年　份		贷存比	保险深度	证券市场效率	微观金融效率竞争力
2013	原　值	0.5355	0.0299	0.0176	0.1787
	标准化后	－0.4124	0.6568	－0.5075	
2014	原　值	0.5632	0.0387	0.0800	－1.1535
	标准化后	－0.4311	1.5694	－0.3802	
2013 年排名		11	4	13	7
2014 年排名		13	2	10	17
升降		－2	2	3	－10

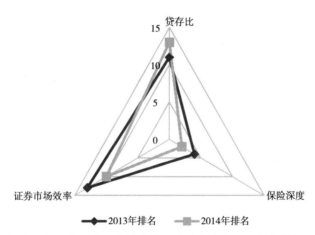

图 22－4－1　南阳市 2013～2014 年微观金融效率竞争力及其四级指标比较

①2014 年南阳市微观金融效率竞争力指标在整个河南省的综合排位处于第 17 位，在河南省处于劣势地位，与 2013 年相比下降 10 位。

②从指标所处水平看，2014 年南阳市的贷存比处于中下游区，保险深度处于上游区，证券市场效率处于中游区。

③从雷达图图形变化看，2014 年与 2013 年相比，面积略有缩小，但微观效率竞争力处于下降趋势。其中贷存比排名的下降是图形扩张的动力点。

④从排位变化的动因看，在贷存比排名下降 2 位，证券市场效率排名上升 3 位和保险深度上升 2 位的综合作用下，2014 年南阳市微观金融效率竞争力指标综合排位下降 10 位，位居河南省第 17 位。

22.4.3　南阳市金融效率竞争力指标分析

2013～2014 年，南阳市金融效率竞争力指标及其下属指标在河南省的排位变化和指标结构情况，如表 22 - 4 - 3 所示。

表 22 - 4 - 3　南阳市 2013 ~ 2014 年金融效率竞争力指标及其三级指标

年　　份	宏观金融效率	微观金融效率	金融效率竞争力
2013	0.1464	0.1787	0.2262
2014	0.5267	- 1.3654	0.0160
2013 年排名	8	7	10
2014 年排名	7	17	3
升降	1	- 10	7

①2014 年南阳市金融效率竞争力指标综合排位处于第 3 位，在河南省处于绝对优势的地位，与 2013 年相比，排位上升 7 位。

②从指标所处水平看，2014 年南阳市宏观金融效率在整个河南省处中上游区，微观金融效率处于下游区。

③从指标变化趋势看，宏观金融效率指标与上一年相比排名上升 1 位，微观金融效率指标排名下降 10 位。

④从排位综合分析看，在南阳市宏观金融效率排位处于较优势和微观金融效率排位处于绝对劣势的综合作用下，2014 年南阳市金融效率竞争力综合排位与上年相比上升 7 位，位居河南省第 3 位。

22.5　南阳市金融综合竞争力指标分析

2013 ~ 2014 年，南阳市金融综合竞争力指标及其下属指标在河南省的排位变化和指标结构情况，如表 22 - 5 - 1 所示。

表 22 - 5 - 1　南阳市 2013 ~ 2014 年金融综合竞争力指标及其二级指标

年　　份	金融生态竞争力	金融规模竞争力	金融效率竞争力	金融综合竞争力
2013	- 0.2069	0.0825	0.2262	0.0318
2014	0.3592	0.2419	0.0160	0.5355
2013 年排名	9	3	10	7
2014 年排名	4	3	3	3
升降	5	0	7	4

①2014 年南阳市金融综合竞争力综合排位处于第 3 位，在河南省处于绝对优势地位，与 2013 年相比，排位上升了 4 位。

②从指标所处水平看，2014 年南阳市金融生态竞争力处于中上游区，金融规模竞争

力和金融效率竞争力均处于上游区。

③从指标变化趋势看，金融生态竞争力、金融规模竞争力、金融效率竞争力与上一年相比排名分别为上升 5 位、保持不变和上升 7 位。

④从排位综合分析看，由于金融生态竞争力处于较优势的地位，金融规模竞争力和金融效率竞争力处于绝对优势的地位，2014 年南阳市金融综合竞争力综合排位位居河南省第 3 位，处于绝对优势的地位。说明了南阳市金融规模较大，带动了南阳市金融综合竞争力的提升。

第 23 章
信阳市 2014 年金融竞争力研究报告

23.1 信阳市概述

信阳市，又名"申城"，位于河南省南部，东邻安徽，南接湖北，为三省通衢，是江淮河汉间的战略要地，豫南政治、经济、文化、教育、交通中心，鄂豫皖区域性中心城市。

据初步核算，2014 年信阳市完成地区生产总值 1757.34 亿元，比上年增长 11.11%。全年进出口总额 75620 万美元，比上年增长 10.8%。年末金融机构各项人民币存款余额 2094.96 亿元，城乡居民储蓄余额 1488.43 亿元，各项人民币贷款余额 1107.74 亿元。

23.2 信阳市金融生态竞争力分析

23.2.1 信阳市金融生态环境的三级指标：区域经济实力

2013～2014 年，信阳市区域经济实力竞争力指标及其下属指标在河南省的排位变化情况，如表 23 - 2 - 1 和图 23 - 2 - 1 所示。

表 23 - 2 - 1 信阳市 2013～2014 年区域经济实力竞争力及其四级指标

年 份		GDP（亿元）	人均 GDP（元）	固定资产投资（亿元）	人均固定资产投资（元）	城镇人均可支配收入（元）	农村人均纯收入（元）	财政收入（亿元）	区域经济实力竞争力
2013	原 值	1581.16	24762	1472.38	23088.55	19150	7982	67.93	- 0.6849
	标准化后	- 0.1804	- 0.8605	0.0677	- 0.5445	- 1.1951	- 0.7630	- 0.3783	
2014	原 值	1757.34	20320.77	1723.17	26890.92	21060	8868	107.66	- 0.6878
	标准化后	- 0.1062	- 0.9995	0.0939	- 0.6106	- 1.1635	- 0.7816	- 0.2697	
2013 年排名		9	15	5	13	17	14	14	15
2014 年排名		8	17	5	3	17	14	8	15
升降		1	- 2	0	10	0	0	6	0

①2014 年信阳市区域经济实力竞争力在整个河南省的综合排位处于第 15 位，在河南省处于劣势地位；与 2013 年相比排位没有发生变化。

②从指标所处水平看，GDP 处于中游区，固定资产投资处于中上游区，人均 GDP、城镇人均可支配收入、农村人均纯收入在整个河南省排位均较靠后，处于下游区。

③从雷达图图形变化看，2014 年与 2013 年相比，面积有所减小，信阳市经济实力竞

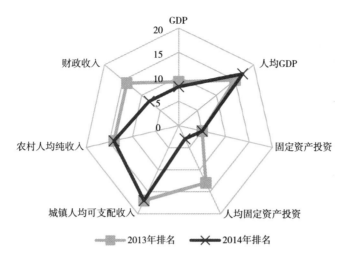

图 23 - 2 - 1　信阳市 2013 ~ 2014 年区域经济实力竞争力及其四级指标比较

争力增强。

④从排位变化的动因看，在 2014 年信阳市的区域经济实力竞争力所属的各项指标的综合作用下，2014 年信阳市区域经济实力竞争力指标的综合排位保持不变，仍位于第 15 位。

23.2.2　信阳市金融生态环境的三级指标：区域开放程度

2013 ~ 2014 年，信阳市区域开放程度竞争力指标及其下属指标在河南省的排位变化情况，如表 23 - 2 - 2 所示。

表 23 - 2 - 2　信阳市 2013 ~ 2014 年区域开放程度竞争力及其四级指标

年　　份		实际利用外资额	进出口总额	区域开放程度竞争力
2013	原值（万美元）	42237	68219	- 0.3636
	标准化后	- 0.4178	- 0.2776	
2014	原值（万美元）	42249	75620	- 0.5122
	标准化后	- 0.4727	- 0.4723	
2013 年排名		13	11	14
2014 年排名		14	10	13
升降		- 1	1	1

①2014 年信阳市区域开放程度竞争力经过标准化和加权处理后得分为 - 0.5122，在整个河南省中处于第 13 位，与 2013 年相比排位上升 1 位。

②从指标所处水平看，实际利用外资额在 2014 年的河南省各个地市中处于下游区，进出口总额在 2014 年的河南省各个地市中处于中游区，说明其经济的开放程度较低。

③从排位变化的动因看，2014 年信阳市的实际利用外资额在河南省的排位下降 1 位，进出口总额排位上升 1 位，综合作用下，2014 年的区域开放程度竞争力指标的综合排位

上升1位, 位居河南省第13位。

23.2.3 信阳市金融生态环境的三级指标: 区域服务水平

2013~2014年, 信阳市区域服务水平竞争力指标及其下属指标在河南省的排位变化情况, 如表23-2-3和图23-2-2所示。

表 23-2-3 信阳市 2013~2014 年区域服务水平竞争力及其四级指标

年 份		会计师事务所数量	律师事务所数量	资产评估事务所数量	区域服务水平竞争力
2013	原值 (所)	18	35	6	-0.2112
	标准化后	-0.1248	-0.2344	-0.2692	
2014	原值 (所)	18	35	6	0.3344
	标准化后	0.7289	-0.0116	-0.2449	
2013 年排名		4	10	8	7
2014 年排名		15	10	7	4
升降		-11	0	1	3

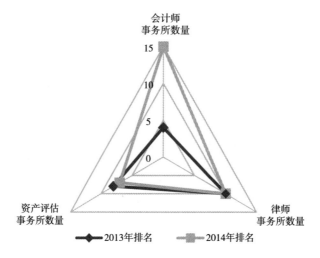

图 23-2-2 信阳市 2013~2014 年区域服务水平竞争力及其四级指标比较

①2014年信阳市区域服务水平竞争力经过标准化和加权处理后的结果为0.3344, 在整个河南省排位第4位, 其区域开放程度竞争力在河南省处于较优势的地位; 与2013年相比, 排位上升了3位。

②从指标所处的水平看, 会计师事务所数量排位为第15位, 处于较劣势地位; 律师事务所数量排位为第10位, 处于中势的位置; 资产评估事务所数量排名为第7位, 处于较优势的位置。

③从雷达图的图形变化上来看, 2014年和2013年相比, 面积扩大, 综合作用下, 信阳市区域服务水平竞争力指标综合排名上升了3位, 位于河南省第4位。

23.2.4　信阳市金融生态竞争力指标分析

2013 ~ 2014 年，信阳市金融生态竞争力指标及其下属指标在河南省的排位变化和指标结构情况，如表 23 - 2 - 4 所示。

表 23 - 2 - 4　信阳市 2013 ~ 2014 年金融生态竞争力指标及其三级指标

年　　份	区域经济实力竞争力	区域开放程度竞争力	区域服务水平竞争力	金融生态竞争力
2013	- 0.6849	- 0.3636	- 0.2112	- 0.5021
2014	- 0.6878	- 0.5122	0.3344	- 0.4442
2013 年排位	15	14	7	14
2014 年排位	11	13	4	12
升降	4	1	3	2

①2014 年信阳市金融生态竞争力综合排位处于第 12 位，在河南省处于较劣势地位；与 2013 年相比，排位上升了 2 位。

②从指标所处水平看，2014 年信阳市区域经济实力竞争力和区域开放程度竞争力在河南省均处于下游区，区域服务水平竞争力位于中上游区。

③从指标变化趋势看，区域经济实力竞争力与上一年相比上升 4 位，区域开放程度竞争力与上一年相比排名上升 1 位，区域服务水平竞争力上升 3 位。

④从排位综合分析看，由于信阳市区域经济实力竞争力和区域开放程度竞争力均处于劣势，2014 年信阳市金融生态竞争力综合排位比较靠后且处于劣势，位居河南省第 12 位。

23.3　信阳市金融规模竞争力分析

23.3.1　信阳市金融规模竞争力的三级指标：银行业规模

2013 ~ 2014 年，信阳市银行业规模竞争力指标及其下属指标在河南省的排位变化情况，如表 23 - 3 - 1 和图 23 - 3 - 1 所示。

表 23 - 3 - 1　信阳市 2013 ~ 2014 年银行业规模竞争力及其四级指标

年　　份		金融系统存款余额	金融系统贷款余额	城乡居民储蓄余额	银行业规模竞争力
2013	原值（亿元）	1830.06	909.49	1306.03	- 0.0241
	标准化后	- 0.0833	- 0.1800	0.1935	
2014	原值（亿元）	2094.96	1107.74	1488.43	0.0053
	标准化后	- 0.0639	- 0.1595	0.2411	
2013 年排名		4	7	5	4
2014 年排名		4	7	5	4
升降		0	0	0	0

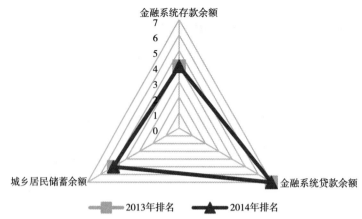

图23-3-1 信阳市2013~2014年银行业规模竞争力及其四级指标比较

①2014年信阳市银行业规模竞争力在整个河南省的综合排位处于第4位，在河南省处于优势地位，与2013年相比排位没有发生变化。

②从指标所处水平看，金融系统存款余额、金融系统贷款余额、城乡居民储蓄余额在2014年的河南省各个地市中处于中上游区，说明其金融资产在规模上较大，容易形成规模效应，降低资金的操作成本，增加信阳市的资源配置效率。

③从雷达图图形变化看，2014年与2013年相比，面积保持不变，说明其银行业规模保持不变，仍处于第4位。

④从排位变化的动因看，在金融系统存款余额、金融系统贷款余额和城乡居民储蓄余额排名均保持不变的综合作用下，2014年信阳市的银行业规模指标的综合排位保持不变，位居河南省第4位。

23.3.2 信阳市金融规模竞争力的三级指标：保险业规模

2013~2014年，信阳市保险业规模竞争力指标及其下属指标在河南省的排位变化情况，如表23-3-2所示。

表23-3-2 信阳市2013~2014年保险业规模竞争力及其四级指标

年 份		保险公司保费收入	保险赔付额	保险业规模竞争力
2013	原值（亿元）	42.21	13.45	-0.1746
	标准化后	-0.1889	-0.1597	
2014	原值（亿元）	51.34	15.77	-0.0742
	标准化后	-0.0860	-0.0621	
2013年排名		10	9	10
2014年排名		6	6	6
升降		4	3	4

①2014 年信阳市保险业规模竞争力经过标准化和加权处理后得分为 - 0.0742，在整个河南省中处于第 6 位，在河南省处于较优势地位，与 2013 年相比排位上升 4 位。

②从指标所处水平看，保险公司保费收入、保险赔付额这两个指标在 2014 年的河南省各个地市中均处于中上游区。

③从排位变化的动因看，2014 年信阳市的保险公司保费收入排位上升 4 位，保险赔付额排位上升 3 位，使其 2014 年的保险业规模指标的综合排位上升 4 位，位居河南省第 6 位。

23.3.3　信阳市金融规模竞争力的三级指标：证券业规模

2013 ~ 2014 年，信阳市证券业规模竞争力指标及其下属指标在河南省的排位变化情况，如表 23 - 3 - 3 所示。

表 23 - 3 - 3　信阳市 2013 ~ 2014 年证券业规模竞争力及其四级指标

年　　份		上市公司总资产（亿元）	本地区股本总数（亿股）	证券业规模竞争力
2013	原　　值	52.02	7.83	- 0.6503
	标准化后	- 0.6678	- 0.6077	
2014	原　　值	58.20	9.62	- 0.7458
	标准化后	- 0.7362	- 0.6844	
2013 年排名		13	14	13
2014 年排名		13	13	14
升降		0	1	- 1

①2014 年信阳市证券业规模竞争力指标经过标准化和加权处理后得分为 - 0.7458，在整个河南省中处于第 14 位，在河南省处于明显的劣势地位，与 2013 年相比排位下降 1 位。

②从指标所处水平看，2014 年信阳市上市公司总资产、本地区股本总数这两个指标在 2014 年的河南省各个地市中均处于中下游区，说明信阳市证券市场的筹资和融资能力较低。

③从排位变化的动因看，在上市公司总资产排位保持不变和本地区股本总数排位上升 1 位的综合作用下，2014 年信阳市的证券业规模竞争力指数在河南省的排位下降 1 位，位居河南省第 14 位。

23.3.4　信阳市金融规模竞争力指标分析

2013 ~ 2014 年，信阳市金融规模竞争力指标及其下属指标在河南省的排位变化和指标结构情况，如表 23 - 3 - 4 所示。

表 23 - 3 - 4　信阳市 2013~2014 年金融规模竞争力指标及其三级指标

年　　份	银行业规模竞争力	保险业规模竞争力	证券业规模竞争力	金融规模竞争力
2013	- 0.0241	- 0.1746	- 0.6503	- 0.2867
2014	0.0053	- 0.0742	- 0.7458	- 0.2646
2013 年排位	4	10	13	11
2014 年排位	4	6	14	11
升降	0	4	- 1	0

①2014 年信阳市金融规模竞争力综合排位处于第 11 位，在河南省处于中势地位，与 2013 年相比，排位没有发生变化。

②从指标所处水平看，2014 年信阳市银行业规模竞争力处于上游区，保险业规模竞争力处于中游区，证券业规模竞争力处于下游区。

③从指标变化趋势看，银行业规模竞争力与上一年相比没有变化，保险业规模竞争力上升了 4 位，证券业规模竞争力下降了 1 位。

④从排位综合分析看，由于信阳市银行业规模竞争力处于优势地位，保险业规模竞争力处于中势地位，证券业规模竞争力处于劣势地位，2014 年信阳市金融规模竞争力综合排位位居河南省第 11 位。这说明信阳市居民投资偏好主要集中于储蓄和保险业，而证券业筹融资能力较低。

23.4　信阳市金融效率竞争力分析

23.4.1　信阳市金融效率竞争力的三级指标：宏观金融效率

2013~2014 年，信阳市宏观金融效率竞争力指标及其下属指标在河南省的排位变化情况，如表 23 - 4 - 1 所示。

表 23 - 4 - 1　信阳市 2013~2014 年宏观金融效率竞争力及其四级指标

年　　份		经济储蓄动员力	储蓄投资转化系数	宏观金融效率竞争力
2013	原　值	0.83	0.89	1.1990
	标准化后	1.7233	0.6113	
2014	原　值	0.85	0.86	0.9820
	标准化后	1.3741	0.5401	
2013 年排名		1	4	3
2014 年排名		3	6	4
升降		- 2	- 2	- 1

①2014 年信阳市宏观金融效率竞争力指标经过标准化和加权处理后得分为 0.9820，在整个河南省中处于第 4 位，在河南省处于优势地位，与 2013 年相比排位下降了 1 位。

②从指标所处水平看，经济储蓄动员力在河南省排位处于第 3 位，储蓄投资转化系数处于第 6 位，排位均较为靠前且位于上游区。

③从排位变化的动因看，在经济储蓄动员力排位下降 2 位和储蓄投资转化系数排位下降 2 位的综合作用下，2014 年信阳市的宏观金融效率竞争力指数在河南省的排位下降 1 位，位居河南省第 4 位。表明信阳市的宏观经济对储蓄资源的动员力较强，储蓄向投资转化的渠道较为通畅。

23.4.2　信阳市金融效率竞争力的三级指标：微观金融效率

2013 ~ 2014 年，信阳市微观金融效率竞争力指标及其下属指标在河南省的排位变化情况，如表 23 - 4 - 2 和图 23 - 4 - 1 所示。

表 23 - 4 - 2　信阳市 2013 ~ 2014 年微观金融效率竞争力及其四级指标

年　份		贷存比	保险深度	证券市场效率	微观金融效率竞争力
2013	原　值	0.4970	0.0267	0.0299	0.0787
	标准化后	- 0.6964	0.0407	- 0.4297	
2014	原　值	0.5288	0.0292	0.0116	- 0.6594
	标准化后	- 0.6944	0.2934	- 0.7595	
2013 年排名		14	10	11	9
2014 年排名		14	7	16	13
升降		0	3	- 5	- 4

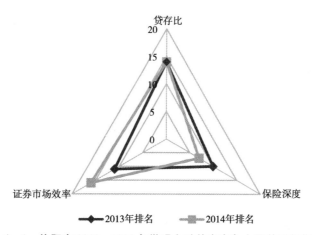

图 23 - 4 - 1　信阳市 2013 ~ 2014 年微观金融效率竞争力及其四级指标比较

①2014 年信阳市微观金融效率竞争力指标在整个河南省的综合排位处于第 13 位，在河南省处于劣势地位，与 2013 年相比排位下降 4 位。

②从指标所处水平看，2014 年信阳市的贷存比处于中下游区，证券市场效率处于下游区，保险深度排名比较靠前，处于上游区。

③从雷达图图形变化看，2014 年与 2013 年相比，面积扩大，说明信阳市微观效率竞

争力处于下降趋势。其中，证券市场效率指标排名的下降成为图形扩张的动力点。

④从排位变化的动因看，在所有三个指标位置优劣不等的状况下，2014年信阳市微观金融效率竞争力指标综合排位下降4位，位居河南省第13位。

23.4.3 信阳市金融效率竞争力指标分析

2013～2014年，信阳市金融效率竞争力指标及其下属指标在河南省的排位变化和指标结构情况，如表23-4-3所示。

表23-4-3 信阳市2013～2014年金融效率竞争力指标及其三级指标

年　　份	宏观金融效率	微观金融效率	金融效率竞争力
2013	1.199	0.0787	0.7514
2014	0.9820	-0.6594	0.9857
2013年排名	3	9	6
2014年排名	4	13	5
升降	-1	-4	1

①2014年信阳市金融效率竞争力指标综合排位处于第5位，在河南省处于优势地位，与2013年相比，排位上升了1位。

②从指标所处水平看，2014年信阳市宏观金融效率位于上游区，微观金融效率在整个河南省处于下游区。

③从指标变化趋势看，宏观金融效率指标与上一年相比排名下降1位，而微观金融效率指标与上一年相比排名下降4位。

④从排位综合分析看，在信阳市宏观金融效率位居优势和微观金融效率位居劣势的综合作用下，2014年信阳市金融效率竞争力综合排位上升了1位，位居河南省第5位。

23.5 信阳市金融综合竞争力指标分析

2013～2014年，信阳市金融综合竞争力指标及其下属指标在河南省的排位变化和指标结构情况，如表23-5-1所示。

表23-5-1 信阳市2013～2014年金融综合竞争力指标及其二级指标

年　　份	金融生态竞争力	金融规模竞争力	金融效率竞争力	金融综合竞争力
2013	-0.5021	-0.2867	0.7514	-0.0453
2014	-0.4442	-0.2646	0.9857	0.1025
2013年排名	14	11	6	10
2014年排名	12	11	5	8
升降	2	0	1	2

①2014 年信阳市金融综合竞争力综合排位处于第 8 位，在河南省处于中势地位，与 2013 年相比，排位上升了 2 位。

②从指标所处水平看，2014 年信阳市金融生态竞争力处于中下游区，金融规模竞争力处于中游区，金融效率竞争力处于上游区。

③从指标变化趋势看，金融生态竞争力与上一年相比排名上升 2 位，金融规模竞争力保持不变，金融效率竞争力与上一年相比排名上升 1 位。

④从排位综合分析看，金融生态竞争力处于较劣势地位，金融规模竞争力处于中势地位，金融效率竞争力处于较优势地位，决定了 2014 年信阳市金融综合竞争力综合排位位居河南省第 8 位，处于中势地位。说明了信阳市金融效率较高，但是金融规模和金融生态的不发达阻碍了其金融综合竞争力的提升，是亟待提升的关键因素。

第 24 章
济源市 2014 年金融竞争力研究报告

24.1 济源市概述

济源市是河南十八个省辖市之一。济源市矿产资源丰富，已形成能源、化工、冶金等工业生产体系，同时也是全国重要的铅锌深加工基地和电力能源基地、中西部地区重要的矿用电器生产基地和煤化工基地、河南省重要的盐化工和特种装备制造基地，2003 年被列入河南省"中原城市群"，2005 年被列为河南省城乡一体化试点城市。

2014 年济源市完成地区生产总值 480.46 亿元，按可比价计算，比上年增长 4.42%。全年地方公共财政收入 38.41 亿元，比上年增长 10.98%。全年全社会固定资产投资 412.5 亿元，比上年增长 19.26%。年末金融机构人民币各项存款余额 291.22 亿元，比年初增加 34.82 亿元。居民储蓄存款余额 175.39 亿元，比年初增加 21.4 亿元。金融机构人民币各项贷款余额 209.75 亿元，比年初增加 11.75 亿元。城镇人均可支配收入达 25219 元，同比增长 8.77%，农村人均纯收入达 13166 元，同比增长 10.1%。

24.2 济源市金融生态竞争力分析

24.2.1 济源市金融生态环境的三级指标：区域经济实力

2013～2014 年，济源市区域经济实力竞争力指标及其下属指标在河南省的排位变化情况，如表 24-2-1 和图 24-2-1 所示。

表 24-2-1 济源市 2013～2014 年区域经济实力竞争力及其四级指标

年 份		GDP（亿元）	人均 GDP（元）	固定资产投资（亿元）	人均固定资产投资（元）	城镇人均可支配收入（元）	农村人均纯收入（元）	财政收入（亿元）	区域经济实力竞争力
2013	原 值	460.10	64350	345.90	48377.62	23185	11958	34.61	1.2047
	标准化后	-1.0701	1.8912	-1.1655	1.6474	0.7688	1.3916	-0.5927	
2014	原 值	480.46	66777	412.5	56975	25219	13166	38.41	0.9353
	标准化后	-1.0356	1.673	-1.1176	1.6918	0.6964	1.3481	-0.6557	
2013 年排名		18	2	18	2	3	2	18	2
2014 年排名		18	2	18	2	4	2	17	2
升降		0	0	0	0	-1	0	1	0

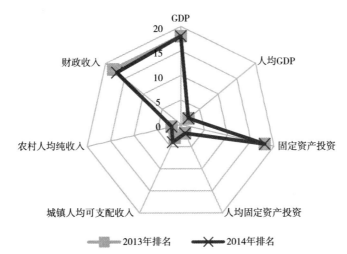

图 24 - 2 - 1　济源市 2013 ~ 2014 年区域经济实力竞争力及其四级指标比较

①2014 年济源市区域经济实力竞争力在整个河南省的综合排位处于第 2 位，在河南省处于绝对优势地位，与 2013 年相比保持不变。

②从指标所处水平看，GDP、固定资产投资、财政收入在整个河南省排位均较靠后；人均 GDP、人均固定资产投资、城镇人均可支配收入、农村人均纯收入在整个河南省排位均较靠前，这说明济源市的人均区域经济实力竞争力在河南省处于领先地位，但仍需从总量上提升区域经济实力竞争力。

③从雷达图图形变化看，2014 年与 2013 年相比，面积没有变化，济源市经济实力竞争力呈现上升的趋势。

④从排位变化的动因看，财政收入排位上升了 1 位，城镇人均可支配收入排位下降了 1 位，综合作用下，2014 年济源市区域经济实力竞争力指标综合排位保持不变，仍位居河南省第 2 位。这说明，尽管济源市各项指标绝对值排位不高，但由于人口基数较小的原因，其区域经济实力竞争力指标排位较高。

24.2.2　济源市金融生态环境的三级指标：区域开放程度

2013 ~ 2014 年，济源市区域开放程度竞争力指标及其下属指标在河南省的排位变化情况，如表 24 - 2 - 2 所示。

表 24 - 2 - 2　济源市 2013 ~ 2014 年区域开放程度竞争力及其四级指标

年　　份		实际利用外资额	进出口总额	区域开放程度竞争力
2013	原值（万美元）	22508	294000	- 0.3764
	标准化后	- 0.6714	- 0.0484	
2014	原值（万美元）	28125	172800	- 0.129
	标准化后	- 0.6392	0.4012	
2013 年排名		18	2	15
2014 年排名		17	7	8
升降		1	- 5	7

①2014 年济源市区域开放程度竞争力经过标准化和加权处理后得分为 - 0.129，在整个河南省中排位处于第 8 位，其区域开放程度竞争力在河南省处于优势地位，与 2013 年相比排位上升了 7 位。

②从指标所处水平看，实际利用外资额指标在 2014 年的河南省各个地市中处于第 17 位，说明济源市没有有效使用外资；进出口总额指标在河南省各个地市中排第 7 位，即在整个河南省域内处于上游区且均为优势指标，说明其经济的开放程度较高，对外贸易发展水平较高，这在一定程度上提升了其区域开放程度竞争力。

③从排位变化的动因看，2014 年济源市的实际利用外资额在河南省的排位上升了 1 位，虽然其进出口总额在河南省的排位下降了 5 位，但是其他地市各指标在一定程度上相对增加或减小，济源市 2014 年的区域开放程度竞争力指标的综合排位上升了 7 位，位居河南省第 8 位。

24.2.3 济源市金融生态环境的三级指标：区域服务水平

2013 ~ 2014 年，济源市金融生态环境区域服务水平竞争力指标及其下属指标在河南省的排位情况，如表 24 - 2 - 3 和图 24 - 2 - 2 所示。

表 24 - 2 - 3 济源市 2013 ~ 2014 年区域服务水平竞争力及四级指标

年 份		会计师事务所数量	律师事务所数量	资产评估事务所数量	区域服务水平竞争力
2013	原值（所）	3	6	1	- 0.6048
	标准化后	- 0.4459	- 0.8312	- 0.5242	
2014	原值（所）	3	6	1	- 1.5801
	标准化后	- 1.4577	- 1.5203	- 0.4926	
2013 年排名		18	18	18	18
2014 年排名		18	18	18	18
升降		0	0	0	0

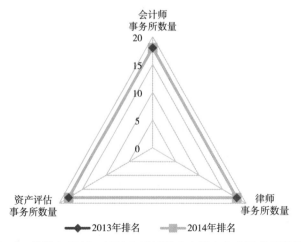

图 24 - 2 - 2 济源市 2013 ~ 2014 年区域服务水平竞争力及其四级指标比较

①2014 年济源市区域服务水平竞争力综合排位处于第 18 位，在河南省处于绝对劣势的地位；与 2013 年相比排位保持不变。

②从指标所处水平看，2014 年济源市会计师事务所数量、律师事务所数量、资产评估事务所数量的排位均处于下游区，为劣势指标，说明整体区域服务水平竞争力很低。

③从雷达图图形的变化上来看，2014 年和 2013 年的面积没有发生变化，三个指标的排位没有变化，使得 2014 年济源市的区域服务水平竞争力指标综合排位保持不变，仍居河南省第 18 位。

24.2.4　济源市金融生态竞争力指标分析

2013～2014 年，济源市金融生态竞争力指标及其下属指标在河南省的排位变化和指标结构情况，如表 24－2－4 所示。

表 24－2－4　济源市 2013～2014 年金融生态竞争力指标及其三级指标

年　　份	区域经济实力竞争力	区域开放程度竞争力	区域服务水平竞争力	金融生态竞争力
2013	1.2047	－0.3764	－0.6048	0.1203
2014	0.9353	－0.129	－1.5801	－0.0663
2013 年排位	2	15	18	3
2014 年排位	2	8	18	8
升降	0	7	0	－5

①2014 年济源市金融生态竞争力综合排位处于第 8 位，在河南省处于优势地位；与 2013 年相比，排位下降了 5 位。

②从指标所处水平看，2014 年区域经济实力竞争力排位为第 2 位，位于上游区；区域开放程度竞争力排位为第 8 位，处于中上游区；区域服务水平竞争力指标排位为第 18 位，位于下游区。

③从指标变化趋势看，区域经济实力竞争力和区域服务水平竞争力指标排位与上一年相比均保持不变，区域开放程度竞争力排位上升了 7 位。

④从排位综合分析看，尽管区域开放程度竞争力指标排位有大幅上升，但由于其指标的区域优势与其他地市相比不明显，且区域经济实力竞争力、区域开放程度竞争力两个指标均保持不变，2014 年济源市金融生态竞争力综合排位下降了 5 位，位居河南省第 8 位。这说明其内部经济发展程度较高，但对外经济发展程度较低，仍需继续发展对外经济，同时要大幅提高金融服务水平。

24.3　济源市金融规模竞争力分析

24.3.1　济源市金融规模竞争力的三级指标：银行业规模

2013～2014 年，济源市银行业规模竞争力指标及其下属指标在河南省的排位变化情况，如表 24 - 3 - 1 和图 24 - 3 - 1 所示。

表 24 - 3 - 1　济源市 2013 ~ 2014 年银行业规模竞争力及其四级指标

年份		金融系统存款余额	金融系统贷款余额	城乡居民储蓄余额	银行业规模竞争力
2013	原值（亿元）	256.40	198.00	154.00	-0.7502
	标准化后	-0.6678	-0.5265	-1.0392	
2014	原值（亿元）	291.22	209.75	175.39	-0.7587
	标准化后	-0.6602	-0.5353	-1.063	
2013 年排名		18	18	18	18
2014 年排名		18	18	18	18
升降		0	0	0	0

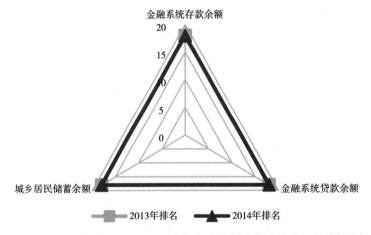

图 24 - 3 - 1　济源市 2013 ~ 2014 年银行业规模竞争力及其四级指标比较

①2014 年济源市银行业规模在整个河南省的综合排位处于第 18 位，在河南省处于绝对劣势地位；与 2013 年相比排位没有发生变化。

②从指标所处水平看，金融系统存款余额、金融系统贷款余额、城乡居民储蓄余额等指标在 2014 年的河南省各个地市中均处于第 18 位，各个指标在整个省域内处于下游区且均为绝对劣势指标，说明其金融资产在规模上较小，不易形成规模效应。

③从雷达图图形变化看，2014 年与 2013 年相比，面积保持不变，2014 年的金融系统存款余额、金融系统贷款余额、城乡居民储蓄余额三个指标的排位都没有发生变化。综合作用下使济源市银行业规模竞争力指标综合排位保持不变，位居河南省第 18 位。

24.3.2　济源市金融规模竞争力的三级指标：保险业规模

2013 ~ 2014 年，济源市保险业规模竞争力指标及其下属指标在河南省的排位变化情况，如表 24 - 3 - 2 所示。

表 24 - 3 - 2 济源市 2013 ~ 2014 年保险业规模竞争力及其四级指标

年 份		保险公司保费收入	保险赔付额	保险业规模竞争力
2013	原值（亿元）	8.35	2.86	- 0.9586
	标准化后	- 0.9246	- 0.9892	
2014	原值（亿元）	9.38	1.9	- 0.8899
	标准化后	- 0.7967	- 0.9795	
2013 年排名		18	18	18
2014 年排名		18	18	18
升降		0	0	0

①2014 年济源市保险业规模竞争力指标经过标准化和加权处理后得分为 - 0.8899，在整个河南省中处于第 18 位，在河南省处于绝对劣势地位；与 2013 年相比排位保持不变。

②从指标所处水平看，保险公司保费收入、保险赔付额这两个指标在 2014 年的河南省各个地市中均处于第 18 位，即在整个省域内处于下游区且均为绝对劣势指标，说明该地区的保险业保险规模较小。

③从排位变化的动因看，由于 2014 年济源市的保险公司保费收入、保险赔付额在河南省的排位保持不变，2014 年的保险业规模竞争力指标的综合排位也保持不变，位居河南省第 18 位。

24.3.3 济源市金融规模竞争力的三级指标：证券业规模

2013 ~ 2014 年，济源市证券业规模竞争力指标及其下属指标在河南省的排位变化情况，如表 24 - 3 - 3 所示。

表 24 - 3 - 3 济源市 2013 ~ 2014 年证券业规模竞争力及其四级指标

年 份		上市公司总资产（亿元）	本地区股本总数（亿股）	证券业规模竞争力
2013	原 值	110.3	7.61	- 0.5474
	标准化后	- 0.4594	- 0.6145	
2014	原 值	123.15	7.98	- 0.6513
	标准化后	- 0.4974	- 0.7432	
2013 年排名		10	15	11
2014 年排名		10	15	12
升降		0	0	- 1

①2014 年济源市证券业规模竞争力指标经过标准化和加权处理后得分为 - 0.6513，在整个河南省中处于第 12 位，在河南省处于中势地位，与 2013 年相比排位下降了 1 位。

②从指标所处水平看，济源市上市公司总资产在河南省各个地市中排第 10 位，处于

中游区，为中势指标；本地区股本总数指标排第 15 位，即在整个省域内处于中下游区且为较劣势指标，说明济源市证券市场凝聚优势企业以及投资者的能力较弱，侧面反映了该区域证券市场较低的筹融资能力。

③从排位变化的动因看，虽然 2014 年济源市的上市公司总资产和本地区股本总数在河南省的排位不变，但其他地市各指标在一定程度上的相对增加或减少，使得 2014 年济源市的证券业规模竞争力指数在河南省的排位下降 1 位，位居河南省第 12 位。

24.3.4 济源市金融规模竞争力指标分析

2013～2014 年，济源市金融规模竞争力指标及其下属指标在河南省的排位变化和指标结构情况，如表 24-3-4 所示。

表 24-3-4 济源市 2013～2014 年金融规模竞争力指标及其三级指标

年　　份	银行业规模竞争力	保险业规模竞争力	证券业规模竞争力	金融规模竞争力
2013	-0.7502	-0.9586	-0.5474	-0.7974
2014	-0.7587	-0.8899	-0.6513	-0.8458
2013 年排位	18	18	11	17
2014 年排位	18	18	12	17
升降	0	0	-1	0

①2014 年济源市金融规模竞争力综合排位处于第 17 位，在河南省处于绝对劣势地位，与 2013 年相比，排位没有变化。

②从指标所处水平看，2014 年济源市银行业规模竞争力、保险业规模竞争力两个指标的排位均为第 18 位，处于绝对劣势地位；证券业规模竞争力指标排名处于第 12 位，处于中游区。

③从指标变化趋势看，证券业规模竞争力指标与上一年相比下降了 1 位，而银行业规模竞争力、保险业规模竞争力指标保持不变。

④从排位综合分析看，由于 3 个指标的劣势，2014 年济源市金融规模竞争力综合排位仍然位居河南省第 17 位。这说明济源市居民与其他地市相比具有较小的投资偏好，因此银行业、保险业和证券业筹融资能力较弱。

24.4 济源市金融效率竞争力分析

24.4.1 济源市金融效率竞争力的三级指标：宏观金融效率

2013～2014 年，济源市宏观金融效率竞争力指标及其下属指标在河南省的排位变化情况，如表 24-4-1 所示。

表 24 - 4 - 1　济源市 2013 ~ 2014 年宏观金融效率竞争力及其四级指标

年　　份		经济储蓄动员力	储蓄投资转化系数	宏观金融效率竞争力
2013	原　　值	0.3347	0.4452	- 1.7127
	标准化后	- 1.8557	- 1.4790	
2014	原　　值	0.37	0.43	- 1.5803
	标准化后	- 1.6392	- 1.4413	
2013 年排名		18	18	18
2014 年排名		18	18	18
升降		0	0	0

①2014 年济源市宏观金融效率竞争力指标经过标准化和加权处理后得分为 - 1.5803，在整个河南省中处于第 18 位，在河南省处于绝对劣势地位，与 2013 年相比排位保持不变。

②从指标所处水平看，经济储蓄动员力、储蓄投资转化系数这两个指标 2014 年在河南省排位均处于第 18 位，排位靠后，处于下游区。

③从排位变化的动因看，由于 2014 年济源市的储蓄投资转化系数和经济储蓄动员力在河南省的排位均保持不变，济源市的宏观金融效率竞争力指数在河南省的排位保持不变，位居河南省第 18 位。可以看到济源市的储蓄向投资转化效率较差，其宏观经济对储蓄资源的动员力较弱。

24.4.2　济源市金融效率竞争力的三级指标：微观金融效率

2013 ~ 2014 年，济源微观金融效率竞争力指标及其下属指标在河南省的排位变化情况，如表 24 - 4 - 2 和图 24 - 4 - 1 所示。

表 24 - 4 - 2　济源市 2013 ~ 2014 年微观金融效率竞争力及其四级指标

年　　份		贷存比	保险深度	证券市场效率	微观金融效率竞争力
2013	原　　值	0.7722	0.0181	0.1470	- 0.8978
	标准化后	1.3333	- 1.6153	0.3051	
2013	原　　值	0.7202	0.0195	0.2	1.0316
	标准化后	0.7708	- 1.0134	0.27	
2013 年排名		2	17	3	17
2014 年排名		4	15	5	3
升降		- 2	2	- 2	14

①2014 年济源市微观金融效率竞争力指标在整个河南省的综合排位处于第 3 位，在河南省处于优势地位；与 2013 年相比排位上升了 14 位。

②从指标所处水平看，2014 年济源市的贷存比、证券市场效率排名在整个河南省中

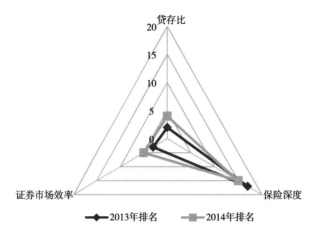

图 24 - 4 - 1　济源市 2013 ~ 2014 年微观金融效率竞争力及其四级指标比较

处于第 4 位、第 5 位，处于上游区。保险深度指标在整个河南省中排名较靠后，处于第 15 位，是劣势指标。

③从雷达图图形变化看，2014 年与 2013 年相比，面积有所增大，说明济源市微观效率竞争力处于下降趋势。

④从排位变化的动因看，由于贷存比指标排位和证券市场效率指标排位均下降了 2 位，保险深度排位上升了 2 位，但其他地市的三个指标在一定程度上有相对的增加或减少，综合作用下，2014 年济源市微观金融效率竞争力指标综合排位上升了 14 位，位居河南省第 3 位，说明保险深度指标对微观金融效率的影响较大。

24.4.3　济源市金融效率竞争力指标分析

2013 ~ 2014 年，济源市金融效率竞争力指标及其下属指标在河南省的排位变化和指标结构情况，如表 24 - 4 - 3 所示。

表 24 - 4 - 3　济源市 2013 ~ 2014 年金融效率竞争力指标及其三级指标

年　　份	宏观金融效率	微观金融效率	金融效率竞争力
2013	- 1.7127	- 0.8978	- 1.6974
2014	- 1.5802	1.0316	- 1.6394
2013 年排位	18	17	17
2014 年排位	18	3	18
升降	0	14	- 1

①2014 年济源市金融效率竞争力指标综合排位处于第 18 位，在河南省处于绝对劣势地位；与 2013 年相比，排位下降了 1 位。

②从指标所处水平看，2014 年济源市宏观金融效率在整个河南省处于第 18 位，处于下游区；微观金融效率排名处于第 3 位，处于上游区。

③从指标变化趋势看，宏观金融效率指标与上一年相比没有变化，而微观金融效率指标与上一年相比有上升趋势，指标排名上升 14 名。

④从排位综合分析看，虽然济源市宏观金融效率排位保持不变，微观金融效率排位上升了 14 位，但与其他地市相比，微观金融效率指标的区域优势并不明显。在综合作用下，2014 年济源市金融效率竞争力综合排位下降了 1 位，位居河南省第 18 位。

24.5　济源市金融综合竞争力指标分析

2013～2014 年，济源市金融综合竞争力指标及其下属指标在河南省的排位变化和指标结构情况，如表 24 - 5 - 1 所示。

表 24 - 5 - 1　济源市 2013～2014 年金融综合竞争力指标及其二级指标

年　　份	金融生态竞争力	金融规模竞争力	金融效率竞争力	金融综合竞争力
2013	0.1203	- 0.7974	- 1.6974	- 0.7248
2014	- 0.0663	- 0.8458	- 1.6394	- 0.9035
2013 年排位	3	17	17	17
2014 年排位	8	17	18	17
升降	- 5	0	- 1	0

①2014 年济源市金融综合竞争力综合排位处于第 17 位，在河南省处于劣势地位，与 2013 年相比，排位保持不变。

②从指标所处水平看，2014 年济源市金融效率竞争力、金融规模竞争力两个指标排名处于第 18 位、第 17 位，处于绝对劣势地位，但是金融生态竞争力排名处于第 8 位，属于中势指标。

③从指标变化趋势看，金融规模竞争力指标与上一年相比没有变化，金融效率竞争力指标排位与上一年相比下降了 1 位，金融生态竞争力指标排位与上一年相比下降了 5 位。

④从排位综合分析看，2014 年济源市金融综合竞争力综合排位位居河南省第 17 位。这说明济源市的金融生态竞争力具有优势，但其金融规模竞争力、金融效率竞争力均具有绝对劣势，因此其金融综合竞争力很低，在河南省排位中处于绝对劣势的地位。济源市需要继续提高金融效率，提升规模竞争力，努力从新兴城市转变为发达经济地区。

区域篇（山西、河北、山东、安徽部分）

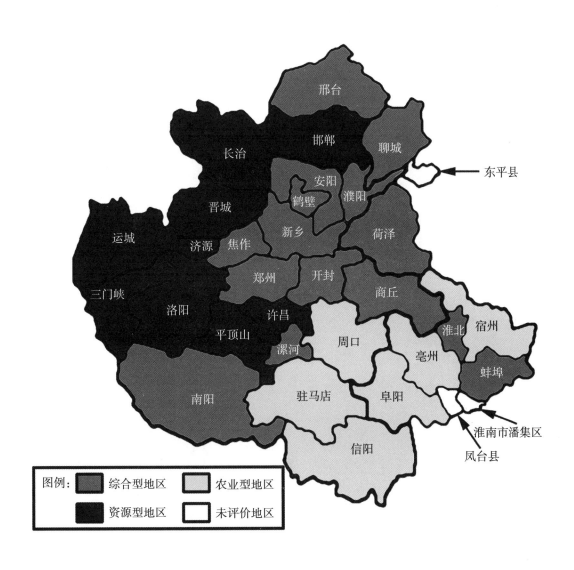

图例：
- 综合型地区
- 农业型地区
- 资源型地区
- 未评价地区

邢台
邯郸
聊城
东平县
长治
安阳
濮阳
鹤壁
晋城
新乡
荷泽
运城
济源
焦作
郑州
开封
商丘
三门峡
许昌
周口
淮北
宿州
洛阳
平顶山
漯河
亳州
蚌埠
南阳
驻马店
阜阳
淮南市潘集区
信阳
凤台县

第 25 章

运城市 2014 年金融竞争力研究报告

25.1　运城市概述

运城市历史悠久，是中华民族的最早发祥地之一。运城市地势平坦、气候温和，土地肥沃、光照充足，是传统的农业大区。近年来，运城市已经形成了粗具规模的果、畜、菜、粮、棉五大主导产业。

据 2014 年统计数据，运城市全年完成地区生产总值 1201.60 亿元，较上年增长 5.39%，其中第三产业增加值 507.70 亿元，增长 4.10%。全年社会固定资产投资 1202.70 亿元，较上年增长 19.21%，仍保持较高增幅。社会消费品零售总额 620.30 亿元，增长 12.30%。年末金融机构本外币各项存款余额 1592.90 亿元，增长 5.47%；各项贷款余额 859.30 亿元，增长 6.81%。

25.2　运城市金融生态竞争力评价分析

25.2.1　运城市区域经济实力评价分析

2010~2014 年运城市区域经济实力指标组的数据变化情况如表 25-2-1 所示。

表 25-2-1　运城市 2010~2014 年区域经济实力指标及数据

年　份	GDP（亿元）	固定资产投资（亿元）	财政收入（亿元）	人均 GDP（元）	人均固定资产投资（元）	城镇人均可支配收入（元）	农村人均纯收入（元）	财政支出/GDP（%）
2010	827.43	596.60	35.54	16170.00	11609.00	14952.00	4685.00	16.29
2011	1016.82	664.20	40.82	19733.00	12855.00	17346.00	5622.00	16.30
2012	1068.65	826.80	41.54	20628.00	15917.00	19661.00	6381.00	18.03
2013	1140.10	1008.90	45.40	21825.00	19313.00	20718.00	7198.00	20.10
2014	1201.60	1202.70	52.80	22941.00	22898.54	22226.00	8125.00	19.87

资料来源：2010~2014 年《山西统计年鉴》和《2014 年运城市国民经济和社会发展统计公报》及相关数据计算。

由表 25-2-1 可知，运城市 2014 年全年实现 GDP 1201.60 亿元，比上年增长 5.39%；固定资产投资达 1202.70 亿元，比上年增长 19.21%；财政收入达 52.80 亿元，比上年增长 16.30%；人均 GDP 为 22941 元，比上年增长 5.11%。2014 年运城市人均固定资产投资为 22898.54 元；城镇人均可支配收入为 22226 元，比上年增长 7.28%；农村人均纯收入为 8125 元，比上年增长 12.88%；财政支出占 GDP 的比重为 19.87%，较上年变动并不明显，说明政府与民间投资对经济的贡献率较为稳定。可以发现，运城市 2014 年区域经济实力各项指标较 2013 年均有所优化。2014 年，面对复杂多变的国际国内发展环境和经济不断下行的压力，运城市开拓进取、主动作为，实现了经济社会的持续发展。

运城市 2010～2014 年区域经济实力变化情况如图 25－2－1、图 25－2－2 所示。

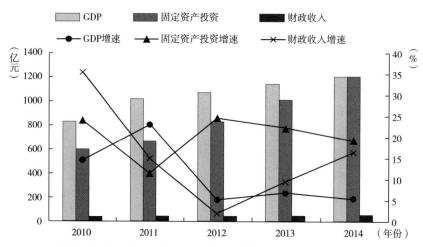

图 25－2－1　运城市 2010～2014 年区域经济实力变化情况（1）

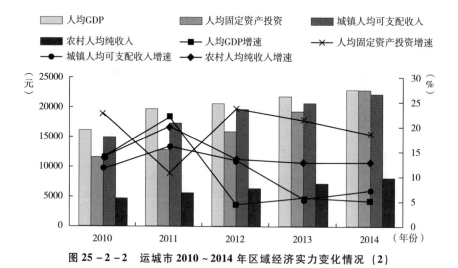

图 25－2－2　运城市 2010～2014 年区域经济实力变化情况（2）

25.2.2　运城市区域开放程度评价分析

2010～2014 年运城市区域开放程度指标的数据变化情况如表 25－2－2 所示。

表 25 - 2 - 2 运城市 2010～2014 年区域开放程度指标及数据

单位：万美元

年 份	实际利用外资额	出口总额	进口总额	进出口总额
2010	13965	28327	76155	104482
2011	20089	38964	86502	125466
2012	897	38847	67558	106405
2013	1351	48257	126310	174567
2014	1658	48038	101775	149813

资料来源：2010～2014 年《山西统计年鉴》和《2014 年运城市国民经济和社会发展统计公报》。

由表 25 - 2 - 2 可知，2014 年运城市实际利用外资额为 1658 万美元，比上年增长 22.72%。2014 年全市出口总额为 48038 万美元，比上年下降 0.45%；进口总额达 101775 万美元，比上年下降 19.42%；进出口总额为 149813 万美元，比上年下降 14.18%。从 2010～2014 年运城市区域开放程度指标数据来看，各项指标的变动趋势基本一致，在 2012 年增速降至最低点，其中实际利用外资额历年变动幅度最大，易受外部环境影响。这说明运城市区域开放程度并不稳定，较上年相比 2014 年有所下降，对外开放形势较为严峻。

运城市 2010～2014 年区域开放程度相关变化情况如图 25 - 2 - 3 所示。

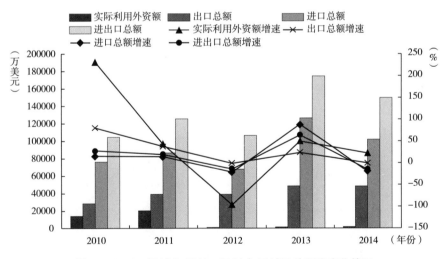

图 25 - 2 - 3 运城市 2010～2014 年区域开放程度变化情况

25.3 运城市金融规模竞争力评价分析

2010～2014 年运城市金融规模竞争力指标组的数据变化情况如表 25 - 3 - 1 所示。

表 25 - 3 - 1　运城市 2010~2014 年金融规模竞争力指标及数据

单位：亿元

年　份	借贷市场			保险市场	
	存款余额	贷款余额	居民储蓄余额	保费收入	保险赔付额
2010	953.20	501.50	655.20	36.40	6.80
2011	1118.20	605.30	757.50	39.00	9.40
2012	1320.60	713.40	878.20	40.30	11.60
2013	1510.30	838.20	1001.80	45.40	15.30
2014	1592.90	895.30	1103.20	52.80	17.70

资料来源：2010~2014 年《山西统计年鉴》和《2014 年运城市国民经济和社会发展统计公报》。

由表 25 - 3 - 1 可知，运城市 2014 年各项存款余额达 1592.90 亿元，同比上涨 5.47%；各项贷款余额为 895.30 亿元，较上年上涨 6.81%；城乡居民储蓄余额为 1103.20 亿元，同比增加 10.12%。从保险市场来看，运城市 2014 年保费收入为 52.80 亿元，与上年相比增加 16.30%；保险赔付额达 17.70 亿元，同比上涨 15.69%。从 2010~2014 年的金融规模竞争力指标数据来看，运城市借贷市场和保险市场规模逐年扩大，但 2014 年增速较之前明显放缓，可见，2014 年国内外经济下行的压力对运城市金融业的发展产生了较大的影响。

运城市 2010~2014 年金融规模变化情况如图 25 - 3 - 1、图 25 - 3 - 2 所示。

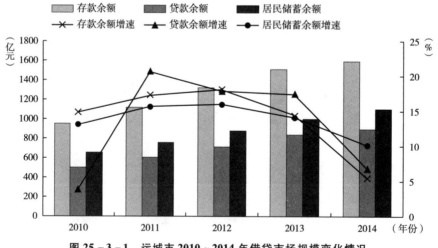

图 25 - 3 - 1　运城市 2010~2014 年借贷市场规模变化情况

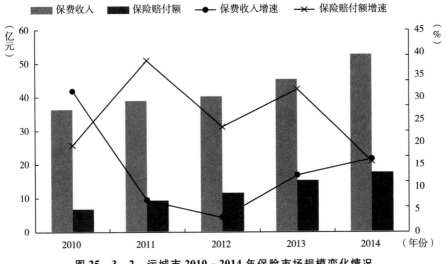

图 25 - 3 - 2 运城市 2010～2014 年保险市场规模变化情况

25.4 运城市金融效率竞争力评价分析

25.4.1 运城市宏观金融效率评价分析

2010～2014 年运城市宏观金融效率指标组的数据变化情况如表 25 - 4 - 1 所示。

表 25 - 4 - 1 运城市 2010～2014 年宏观金融效率指标数据

年 份	储蓄总额 （亿元）	固定资产投资 总额（亿元）	GDP （亿元）	储蓄投资 转化系数	经济储蓄 动员力
2010	655.20	596.60	827.43	1.0982	0.7918
2011	757.50	664.20	1016.82	1.1405	0.7450
2012	878.20	826.80	1068.65	1.0622	0.8218
2013	1001.80	1008.90	1140.10	0.9930	0.8787
2014	1103.20	1202.70	1201.60	0.9173	0.9181

资料来源：前三列数据摘自 2010～2014 年《山西统计年鉴》和《2014 年运城市国民经济和社会发展统计公报》，后两列数据根据上述文献计算得到。

由表 25 - 4 - 1 可知，2014 年运城市储蓄投资转化系数为 0.9173，与上年相比下降 7.62%，即与 2013 年相比，每单位固定资产投资所需的城乡居民储蓄资金数量有所减少，资金的使用效率得到提升；此外，运城市 2014 年的经济储蓄动员力为 0.9181，与上年相比增长了 4.48%，单位储蓄对经济的促进作用下降。从 2010～2014 年宏观金融效率指标数据来看，运城市宏观金融效率指标的变动幅度较小，宏观金融效率水平较为平稳。

运城市 2010～2014 年宏观金融效率相关变化情况如图 25 - 4 - 1 所示。

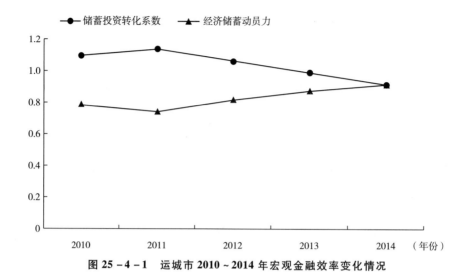

图 25 - 4 - 1　运城市 2010 ~ 2014 年宏观金融效率变化情况

25.4.2　运城市微观金融效率评价分析

2010 ~ 2014 年运城市微观金融效率指标组的数据变化情况如表 25 - 4 - 2 所示。

表 25 - 4 - 2　运城市 2010 ~ 2014 年微观金融效率指标及数据

年　份	存款余额占 GDP 比重（%）	贷款余额占 GDP 比重（%）	贷存比（%）	保险深度（%）	保险密度（元）
2010	115.20	60.61	52.61	4.40	708.00
2011	109.97	59.53	54.13	3.84	755.00
2012	123.58	66.76	54.02	3.77	776.00
2013	132.47	73.52	55.50	3.98	869.00
2014	132.56	74.51	56.21	4.39	1005.27

资料来源：2010 ~ 2014 年《山西统计年鉴》和《2014 年运城市国民经济和社会发展统计公报》及相关数据计算。

　　由表 25 - 4 - 2 可知，2014 年运城市存款余额占 GDP 比重为 132.56%，比上年增加 0.09 个百分点；贷款余额占 GDP 比重为 74.51%，与上年相比增加 0.99 个百分点；贷存比指标数据为 56.21%，比上年增加 0.71 个百分点；另外其保险深度为 4.39%，保险密度为 1005.27 元。综上所述，2014 年运城市微观金融效率各项指标较上年均有所提升。从运城市 2010 ~ 2014 年的微观金融效率指标相关数据来看，除保险深度指标先是下降，在 2012 年降至最低点，而后继续上升，其余各项指标数值总体呈现逐年增长的态势，2014 年增速明显放缓。运城市以银行业和保险业为代表的微观金融效率不断提升，但受 2014 年经济不景气的影响，微观金融效率指标基本与上年持平。

　　运城市 2010 ~ 2014 年微观金融效率相关变化情况如图 25 - 4 - 2、图 25 - 4 - 3 所示。

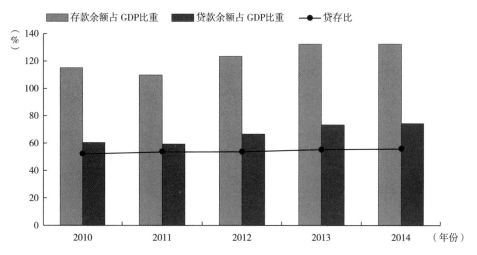

图 25 - 4 - 2　运城市 2010～2014 年银行业微观金融效率变化情况

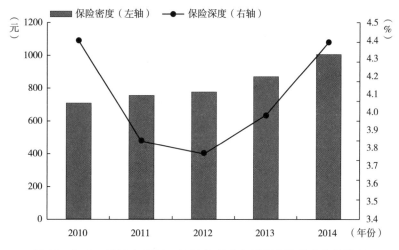

图 25 - 4 - 3　运城市 2010～2014 年保险业微观金融效率变化情况

25.5　运城市金融综合竞争力评价

通过对运城市金融生态竞争力、金融规模竞争力及金融效率竞争力的分析，我们得到如下结论。

①2014 年，面对复杂多变的国际国内发展环境和经济不断下行的压力，运城市政府带领全市人民开拓进取、主动作为，经济运行质量稳步提升，实现了经济社会持续稳定发展，区域经济实力竞争力呈现逐步优化的态势。但区域开放程度竞争力除实际利用外资额外其余各项指标较上年有所下降，对外开放形势较为严峻。地方政府要从战略高度推动出口升级、招商引资，争取稳中求进。

②从金融规模竞争力角度来看，2014年银行业和保险业规模较2013年有小幅提升，但较之前几年增速明显放缓，经济整体下行的压力对运城市金融规模的扩张产生了消极的影响。

③2014年运城市宏观金融效率和微观金融效率指标较上年变化不大，经济储蓄动员力更是呈现恶化趋势。运城市政府必须加强对金融效率竞争力的关注，调结构、促转型，坚持稳中求进的总基调，使全市金融业发展在新常态下平稳运行。

第 26 章
晋城市 2014 年金融竞争力研究报告

26.1 晋城市概述

晋城，雄踞太行之巅，俯瞰中原大地，是改革开放以来崛起的一座新兴现代化城市。晋城煤炭资源储量大，品质优，而且素有"山西生物资源宝库"之美称，荣膺 2007 年世界投资中国中小魅力城市、中国吸引华商投资最佳城市等荣誉。

2014 年晋城市全年实现地区生产总值 1035.80 亿元，比上年增长 0.39%；固定资产投资达 974.80 亿元，比上年增长 16.37%；财政收入达 98.00 亿元，比上年增长 3.59%；金融机构各项存款余额达 1812.60 亿元，比上一年上涨 3.02%；各项贷款余额为 922.10 亿元，比上年上涨 6.63%；城乡居民储蓄余额为 869.30 亿元，比上年增加 5.31%。

26.2 晋城市金融生态竞争力评价分析

26.2.1 晋城市区域经济实力评价分析

2010~2014 年晋城市区域经济实力指标组的数据变化情况如表 26-2-1 所示。

表 26-2-1 晋城市 2010~2014 年区域经济实力指标及数据

年 份	GDP（亿元）	固定资产投资（亿元）	财政收入（亿元）	人均 GDP（元）	人均固定资产投资（元）	城镇人均可支配收入（元）	农村人均纯收入（元）	财政支出/GDP（%）
2010	730.54	432.60	55.49	32326.00	18967.03	17353.00	5899.00	12.25
2011	894.98	504.10	67.92	39205.00	22056.44	20127.00	7043.00	12.65
2012	1012.81	655.00	82.91	44257.00	28585.14	22539.00	8037.00	12.82
2013	1031.80	837.70	94.60	44849.17	36412.24	23250.00	9026.00	15.25
2014	1035.80	974.80	98.00	44861.00	42219.24	24907.00	10087.00	15.50

资料来源：2010~2014 年《山西统计年鉴》和《2014 年晋城市国民经济和社会发展统计公报》及相关数据计算。

由表 26-2-1 可知，晋城市 2014 年全年实现 GDP 1035.80 亿元，比上年增长 0.39%；固定资产投资达 974.80 亿元，比上年增长 16.37%；财政收入达 98.00 亿元，比上年增长 3.59%；人均 GDP 为 44861.00 元，比上年增长 0.03%。2014 年晋城市人均固定资产投资为 42219.24 元，比上年增长 15.95%；城镇人均可支配收入为 24907.00 元，比上年增长 7.13%；农村人均纯收入为 10087.00 元，比上年增长 11.75%；财政支出占 GDP 的比重为 15.50%，比上年提高了 0.25 个百分点，说明政府投资拉动的 GDP 比重上升。综上所述，晋城市 2014 年经济环境的各项指标与 2013 年相比均有不同程度的上升。从全市 2010～2014 年区域经济实力的相关数据来看，晋城市的区域经济实力竞争力稳步提高，经济环境发展态势良好，金融生态竞争力水平提高。2011 年晋城市被评为"中国十大诚信城市"，近年来，当地政府把改善地区金融生态放到与改善地区投资环境同等重要的位置，并出台了一系列改善地区金融生态和优化金融资源配置的举措，加快构建社会信用体系，以良好的金融生态环境使晋城市成为投资热土和创业乐园。

晋城市 2010～2014 年区域经济实力变化情况如图 26-2-1、图 26-2-2 所示。

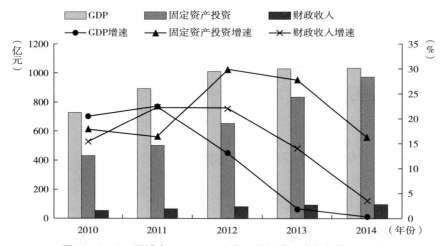

图 26-2-1　晋城市 2010～2014 年区域经济实力变化情况（1）

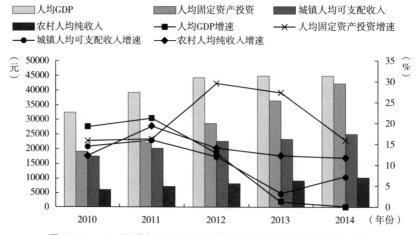

图 26-2-2　晋城市 2010～2014 年区域经济实力变化情况（2）

26.2.2　晋城市区域开放程度评价分析

2010～2014 年晋城市区域开放程度指标的数据变化情况如表 26 - 2 - 2 所示。

表 26 - 2 - 2　晋城市 2010～2014 年区域开放程度指标及数据

单位：万美元

年　份	实际利用外资额	出口总额	进口总额	进出口总额
2010	5933	21160	32044	53204
2011	21799	28177	85340	113517
2012	25775	24543	98954	123497
2013	28400	25890	65965	91855
2014	28425	26000	81000	110000

资料来源：2010～2014 年《山西统计年鉴》和《2014 年晋城市国民经济和社会发展统计公报》。

由表 26 - 2 - 2 可知，2014 年晋城市实际利用外资额为 28425 万美元，比上年增长 0.09%。2014 年全市出口总额为 26000 万美元，比上年增长 0.42%；进口总额达 81000 万美元，比上年增长 22.79%；进出口总额为 110000 万美元，比上年增长 19.75%。从 2010～2014 年晋城市区域开放程度指标数据来看，实际利用外资额在逐步上涨，出口总额 2012 年有所下滑，进口总额 2013 年有所下滑，进出口总额 2013 年有较大回落。为加快晋城建设步伐，完善投资环境，广泛吸收国内外资金、技术、人才，晋城市制定了鼓励外商投资的优惠政策，为投资者创造优良的投资软环境。晋城市区域开放程度总体呈不断加深趋势，但波动较大。

晋城市 2010～2014 年区域开放程度相关变化情况如图 26 - 2 - 3 所示。

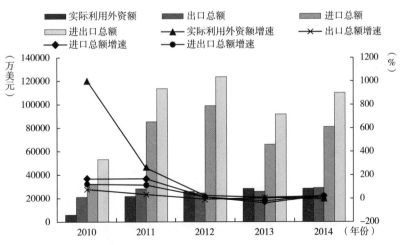

图 26 - 2 - 3　晋城市 2010～2014 年区域开放程度变化情况

26.3 晋城市金融规模竞争力评价分析

2010～2014 年晋城市金融规模竞争力指标组的数据变化情况如表 26 – 3 – 1 所示。

表 26 – 3 – 1 晋城市 2010～2014 年金融规模竞争力指标及数据

单位：亿元

年 份	借贷市场			保险市场	
	存款余额	贷款余额	居民储蓄余额	保费收入	保险赔付额
2010	1326.70	526.20	615.30	28.00	3.06
2011	1501.13	635.46	638.50	29.59	—
2012	1726.58	776.95	756.50	30.95	—
2013	1759.50	864.80	825.50	31.90	—
2014	1812.60	922.10	869.30	34.00	—

资料来源：2010～2014 年《山西统计年鉴》和《2014 年晋城市国民经济和社会发展统计公报》。

由表 26 – 3 – 1 可知，2014 年，晋城市各项存款余额达 1812.60 亿元，比上年上涨 3.02%，增速增量处于近十年来较低水平，但与 2013 年相比仍有提升，呈现恢复性增长态势，总体表现向好；各项贷款余额为 922.10 亿元，比上年上涨 6.63%，贷款集中于煤炭行业的现象仍然十分突出；城乡居民储蓄余额为 869.30 亿元，比上年增加 5.31%，为城乡居民购买力的增强和生活质量的改善打下了坚实的基础。从保险市场来看，晋城市 2014 年保费收入为 34.00 亿元，与 2013 年相比增加 6.58%。从 2010～2014 年的金融规模竞争力指标数据来看，晋城市的借贷市场和保险市场规模逐年扩大，表明该市金融规模不断增长，金融规模竞争力不断提升。

晋城市 2010～2014 年金融市场规模竞争力指标变化情况如图 26 – 3 – 1、图 26 – 3 – 2 所示。

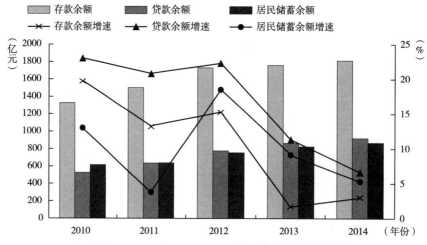

图 26 – 3 – 1 晋城市 2010～2014 年借贷市场规模变化情况

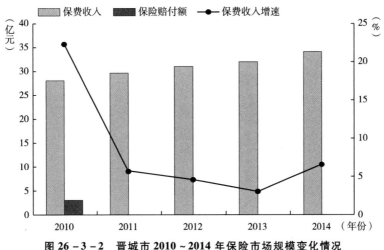

图 26 - 3 - 2　晋城市 2010～2014 年保险市场规模变化情况

26.4　晋城市金融效率竞争力评价分析

26.4.1　晋城市宏观金融效率评价分析

2010～2014 年晋城市宏观金融效率指标组的数据变化情况如表 26 - 4 - 1 所示。

表 26 - 4 - 1　晋城市 2010～2014 年宏观金融效率指标及数据

年　份	储蓄总额 （亿元）	固定资产投资总额 （亿元）	GDP （亿元）	储蓄投资 转化系数	经济储蓄 动员力
2010	615.30	432.60	730.54	1.4223	0.8423
2011	638.50	504.10	894.98	1.2666	0.7134
2012	756.50	655.00	1012.81	1.1551	0.7469
2013	825.50	837.70	1031.80	0.9854	0.8001
2014	869.30	974.80	1035.80	0.8918	0.8393

资料来源：前三列数据摘自 2010～2014 年《山西统计年鉴》和《2014 年晋城市国民经济和社会发展统计公报》，后两列数据根据上述文献计算得到。

由表 26 - 4 - 1 可知，2014 年晋城市储蓄投资转化系数为 0.8918，比上年下降了 9.50%，即意味着与 2013 年相比，每单位固定资产投资所需的城乡居民积累的资金数量减少了，资金使用效率提升；另外，晋城市 2014 年的经济储蓄动员力为 0.8393，与 2013 年相比增加了 4.90%，受经济下行压力持续加大，融资环境不宽松，企业投资意愿不足等影响，全省固定资产投资增速波动较大且有所回落，晋城市政府应高度重视，尽快扭转。从 2010 到 2014 年宏观金融效率的指标数据来看，晋城市的宏观金融效率总体呈现不断提升的态势。

晋城市 2010～2014 年宏观金融效率相关变化情况如图 26 - 4 - 1 所示。

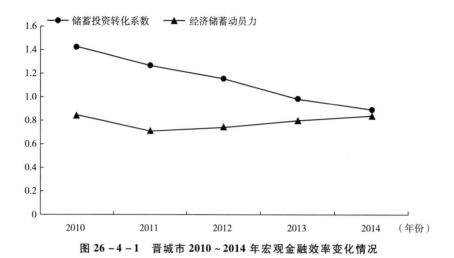

图 26 – 4 – 1　晋城市 2010～2014 年宏观金融效率变化情况

26.4.2　晋城市微观金融效率评价分析

2010～2014 年晋城市微观金融效率指标组的数据变化情况如表 26 – 4 – 2 所示。

表 26 – 4 – 2　晋城市 2010～2014 年微观金融效率指标及数据

年　份	存款余额占 GDP 比重 （%）	贷款余额占 GDP 比重 （%）	贷存比 （%）	保险深度 （%）	保险密度 （元）
2010	181.62	72.03	39.66	3.83	1227.64
2011	167.73	71.00	42.33	3.31	1265.00
2012	170.77	76.71	44.92	3.06	1350.76
2013	170.53	83.81	49.15	3.09	1386.59
2014	175.00	89.02	50.87	3.28	1472.56

资料来源：2010～2014 年《山西统计年鉴》和《2014 年晋城市国民经济和社会发展统计公报》及相关数据计算。

　　由表 26 – 4 – 2 可知，2014 年晋城市存款余额占 GDP 比重为 175.00%，比上年增加 4.47 个百分点；贷款余额占 GDP 比重为 89.02%，与上年相比增加 5.21 个百分点；贷存比指标数据为 50.87%，比上年增加 1.72 个百分点，说明信贷资金使用效率逐步提高；2014 年晋城市保险深度为 3.28%，保险密度为 1472.56 元，保险是建设和谐社会的基石和保障，晋城市保险行业面对错综复杂的形势，积极进取、开拓创新，呈现"稳中求进、进中向好"的良好态势。从晋城市 2010～2014 年的微观金融效率指标相关数据来看，各项指标总体上呈现逐年增长的态势。可以看出，晋城市银行业和保险业不断发展，晋城市的金融效率竞争力不断提升。

　　晋城市 2010～2014 年微观金融效率相关变化情况如图 26 – 4 – 2、图 26 – 4 – 3 所示。

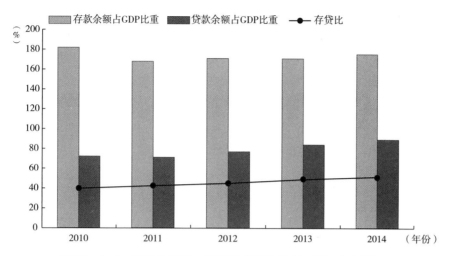

图 26 - 4 - 2　晋城市 2010～2014 年银行业微观金融效率变化情况

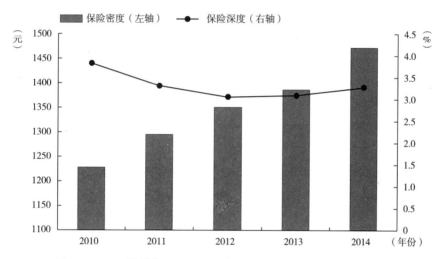

图 26 - 4 - 3　晋城市 2010～2014 年保险业微观金融效率变化情况

26.5　晋城市金融综合竞争力评价

通过对晋城市金融生态竞争力、金融规模竞争力及金融效率竞争力的分析，我们得到如下结论。

①2014 年，晋城市的经济实力不断增强，区域开放程度明显增大，其 2014 年金融生态环境与 2013 年相比有了明显改善，极大地促进了晋城市金融业的发展。

②晋城市 2014 年的借贷市场和保险市场的规模均有所扩大，金融规模竞争力不断提升。

③2014 年晋城市的宏观金融效率和微观金融效率均不断提升，晋城市可通过金融创

新和制定具体的金融发展特色规划来进一步促进地区的金融效率整体竞争力的增强。2014年，晋城市金融业总体形势好于2013年，但发展中出现的不稳定性和结构性矛盾不可忽视，其根本原因在于经济整体下行及因之而引发的金融风险。金融的发展有赖于经济的增长，也有赖于金融业自身适应经济环境变化而进行的改革创新。因此，金融业发展要适应经济发展的新常态，以确保区域性金融安全和稳定为前提，大力开展改革创新，着力支持晋城市经济的健康发展。

第 27 章

长治市 2014 年金融竞争力研究报告

27.1 长治市概述

长治市地处山西省东南部，总面积 13896 平方千米，总人口 40.44 万，是山西省传统能源重化工基地的重要组成部分和新兴能源产业的重要基地。

长治市全年完成地区生产总值 1331.20 亿元；全年固定资产投资 1245.60 亿元，比上年增长 14.61%；全年进出口总额 68296 美元，比上年下降 35.24%；全年财政收入 136.30 亿元，比上年下降 8.34%；全年人均固定资产投资为 36587.95 元，同比增长 14.05%；2014 年，城镇人均可支配收入达到 24565.00 元，同比增长 7.73%。

27.2 长治市金融生态竞争力评价分析

27.2.1 长治市区域经济实力评价分析

2010~2014 年长治市区域经济实力指标组的数据变化情况如表 27-2-1 所示。

表 27-2-1 长治市 2010~2014 年区域经济实力指标及数据

年 份	GDP（亿元）	固定资产投资（亿元）	财政收入（亿元）	人均 GDP（元）	人均固定资产投资（元）	城镇人均可支配收入（元）	农村人均纯收入（元）	财政支出/GDP（%）
2010	920.23	534.00	77.90	27574.00	16000.96	17123.00	5960.00	—
2011	1218.60	686.00	104.40	36337.00	20482.47	20131.00	7092.00	—
2012	1328.60	867.00	133.49	39428.00	25729.29	22545.00	8120.00	—
2013	1333.70	1086.80	148.70	39474.00	32079.82	22803.00	9119.00	17.38
2014	1331.20	1245.60	136.30	39199.00	36587.95	24565.00	10311.00	16.18

资料来源：2010~2014 年《山西统计年鉴》和《2014 年长治市国民经济和社会发展统计公报》及相关数据计算。

由表 27-2-1 可知，长治市 2014 年全年实现 GDP 1331.20 亿元，与上年相比下降了 0.19%；固定资产投资达 1245.60 亿元，比上年增长 14.61%；财政收入达 136.30 亿元，比上年下降 8.34%；人均 GDP 为 39199.00 元，比上年下降 0.70%。2014 年长治市人均固定资产投资为 36587.95 元；城镇人均可支配收入为 24565.00 元，比上年上升 7.73%；农村人均纯收入为 10311.00 元，比上年增长 13.07%；财政支出占 GDP 的比重为 16.18%。总之，长治市 2014 年区域经济实力的总体水平与上年相比有一定程度的提升。从全市 2010～2014 年区域经济实力的相关数据来看，长治市的区域经济实力稳步提高，经济发展状况良好，但增速放缓，发展后劲不足。整体来说，长治市的经济环境状况不是很稳定。

长治市 2010～2014 年区域经济实力变化情况如图 27-2-1、图 27-2-2 所示。

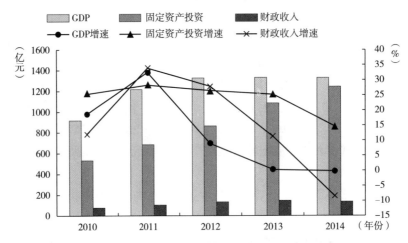

图 27-2-1　长治市 2010～2014 年区域经济实力变化情况（1）

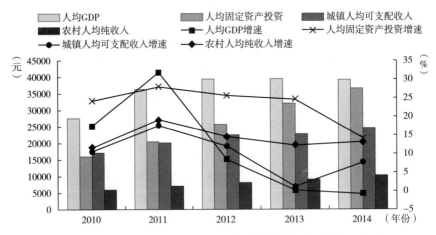

图 27-2-2　长治市 2010～2014 年区域经济实力变化情况（2）

27.2.2　长治市区域开放程度评价分析

2010～2014 年长治市区域开放程度指标的数据变化情况如表 27-2-2 所示。

表 27 - 2 - 2　长治市 2010 ~ 2014 年区域开放程度指标及数据

单位：万美元

年　份	实际利用外资额	出口总额	进口总额	进出口总额
2010	13893	4297	32911	37208
2011	20717	4809	73073	77882
2012	27929	87636	27254	114890
2013	31262	83741	21716	105457
2014	34402	36449	31847	68296

资料来源：2010 ~ 2014 年《山西统计年鉴》和《2014 年长治市国民经济和社会发展统计公报》。

由表 27 - 2 - 2 可知，2014 年长治市实际利用外资额为 34402 万美元，比上年增长 10.04%。2014 年全市出口总额为 36449 万美元，比上年下降 56.47%；进口总额达 31847 万美元，比上年增加 46.65%；进出口总额为 68296 万美元，比上年下降 35.24%。从 2010 到 2014 年长治市区域开放程度指标数据来看，实际利用外资额在逐步上涨，虽然进口总额从 2012 年开始有所下降，但出口总额和进出口总额均呈先升后降的趋势。这说明长治市区域开放程度竞争力有所萎缩，对外开放形势严峻。

长治市 2010 ~ 2014 年区域开放程度相关变化情况如图 27 - 2 - 3 所示。

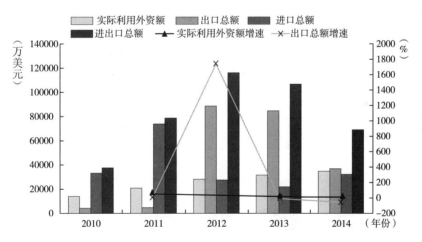

图 27 - 2 - 3　长治市 2010 ~ 2014 年区域开放程度变化情况

27.3　长治市金融规模竞争力评价分析

2010 ~ 2014 年长治市金融规模竞争力指标组的数据变化情况如表 27 - 3 - 1 所示。

由表 27 - 3 - 1 可知，长治市 2014 年各项存款余额达 1945.90 亿元，比上年上涨 5.30%；各项贷款余额为 1016.90 亿元，比上年上涨 10.68%；城乡居民储蓄余额为 1196.10 亿元，比上年增加 7.85%。从保险市场来看，长治市 2014 年保费收入为 38.40 亿元，与上年比增加 19.63%；保险赔付额达 12.60 亿元，比上年下降 7.35%。从 2010 ~

表 27 - 3 - 1　长治市 2010 ~ 2014 年金融规模竞争力指标及数据

单位：亿元

年　份	借贷市场			保险市场	
	存款余额	贷款余额	居民储蓄余额	保费收入	保险赔付额
2010	1367.63	631.17	726.88	27.48	4.89
2011	1547.20	730.76	849.60	29.27	7.16
2012	1724.05	841.48	981.33	30.96	10.90
2013	1848.00	918.80	1109.00	32.10	13.60
2014	1945.90	1016.90	1196.10	38.40	12.60

资料来源：2010 ~ 2014 年《山西统计年鉴》和《2014 年长治市国民经济和社会发展统计公报》。

2014 年的金融规模竞争力指标数据来看，长治市的借贷市场和保险市场总体规模逐年扩大，表明该市金融规模不断增长，竞争力不断提升。

长治市 2010 ~ 2014 年金融规模变化情况如图 27 - 3 - 1、图 27 - 3 - 2 所示。

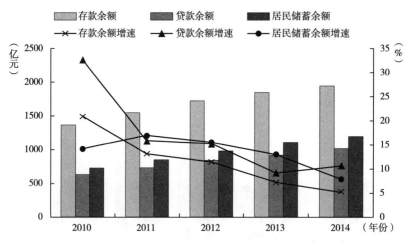

图 27 - 3 - 1　长治市 2010 ~ 2014 年借贷市场规模变化情况

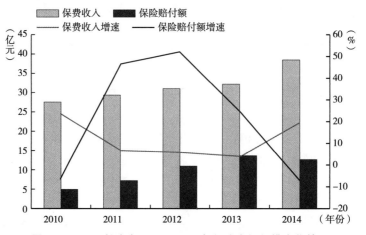

图 27 - 3 - 2　长治市 2010 ~ 2014 年保险市场规模变化情况

27.4　长治市金融效率竞争力评价分析

27.4.1　长治市宏观金融效率评价分析

2010～2014 年长治市宏观金融效率指标组的数据变化情况如表 27－4－1 所示。

表 27－4－1　长治市 2010～2014 年宏观金融效率指标及数据

年　份	储蓄总额 （亿元）	固定资产投资总额 （亿元）	GDP （亿元）	储蓄投资 转化系数	经济储蓄 动员力
2010	726.88	534.00	920.23	1.3612	0.7899
2011	849.60	686.00	1218.60	1.2369	0.6972
2012	981.33	867.00	1328.60	1.1319	0.7386
2013	1109.00	1086.80	1333.70	1.0204	0.8315
2014	1196.10	1245.60	1331.20	0.9600	0.9000

资料来源：前三列数据摘自 2010～2014 年《山西统计年鉴》和《2014 年长治市国民经济和社会发展统计公报》，后两列数据根据上述文献计算得到。

由表 27－4－1 可知，2014 年长治市储蓄投资转化系数为 0.9600，比上年下降了 5.92%，即意味着与 2013 年相比，每单位固定资产投资所需的城乡居民积累的资金数量减少了，资金的使用效率提高了；另外，长治市 2014 年的经济储蓄动员力为 0.9000，与上年相比增加了 8.24%。从 2010～2014 年宏观金融效率的指标数据来看，长治市的宏观金融效率不断提升。

长治市 2010～2014 年宏观金融效率相关变化情况如图 27－4－1 所示。

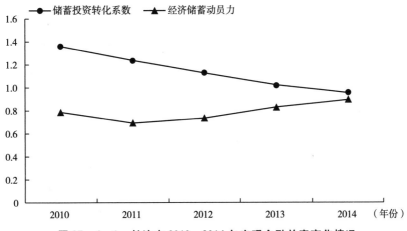

图 27－4－1　长治市 2010～2014 年宏观金融效率变化情况

27.4.2 长治市微观金融效率评价分析

2010～2014 年长治市微观金融效率指标组的数据变化情况如表 27－4－2 所示。

表 27－4－2 长治市 2010～2014 年微观金融效率指标及数据

年 份	存款余额占 GDP 比重（％）	贷款余额占 GDP 比重（％）	贷存比（％）	保险深度（％）	保险密度（元）
2010	148.62	68.59	46.15	2.99	823.42
2011	129.18	59.97	46.42	2.40	872.79
2012	129.76	63.34	48.81	2.33	918.78
2013	138.56	68.89	49.72	2.41	947.52
2014	146.18	76.39	52.26	2.88	1127.95

资料来源：2010～2014 年《山西统计年鉴》和《2014 年长治市国民经济和社会发展统计公报》及相关数据计算。

由表 27－4－2 可知，2014 年长治市存款余额占 GDP 比重为 146.18％，比上年增加 7.62 个百分点；贷款余额占 GDP 比重为 76.39％，与上年相比增加 7.5 个百分点；贷存比指标数据为 52.26％，比上年增加 2.54 个百分点；另外其保险深度为 2.88％，保险密度为 1127.95 元。综上所述，2014 年长治市微观金融效率指标较之 2013 年均有不同程度的提升。从长治市 2011～2014 年的微观金融效率指标相关数据来看，除保险深度指标呈现先下降后上升的趋势外，其他各项指标数值均逐年增长。可以看出，长治市银行业和保险业的行业效率不断提升，长治市的金融效率竞争力不断增强。

长治市 2010～2014 年微观金融效率相关变化情况如图 27－4－2、图 27－4－3 所示。

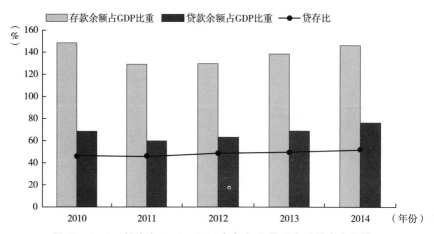

图 27－4－2 长治市 2010～2014 年银行业微观金融效率变化情况

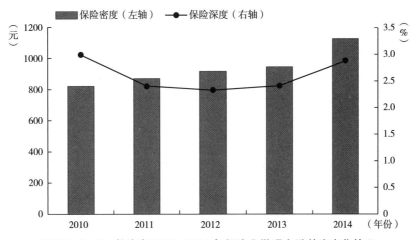

图 27 – 4 – 3　长治市 2010～2014 年保险业微观金融效率变化情况

27.5　长治市金融综合竞争力评价

通过对长治市金融生态竞争力、金融规模竞争力及金融效率竞争力的分析，我们得到如下结论。

①2014 年，长治市的区域经济实力竞争力进一步提升，区域开放程度竞争力明显增强，整体来看长治市金融生态竞争力较强，增长速度较快。

②2014 年长治市的借贷市场和保险市场的规模不断扩大，发展态势良好，金融规模竞争力不断提升，竞争力不断增强。

③2014 年长治市的经济储蓄动员力和贷存比等指标数据持续提高，宏观金融效率和微观金融效率均不断提升，整体地区的金融效率竞争力不断增强。

第 28 章
邢台市 2014 年金融竞争力研究报告

28.1 邢台市概述

邢台市地处河北省南部，位于中国北方环渤海经济区腹地，是华北重要的能源基地，也是京津冀地区的新型工业化、能源基地，国家光伏高新技术产业基地、中国太阳能建筑城、国家水生态文明城市建设试点城市。

2014 年邢台市完成地区生产总值 1668.10 亿元，比上年增长 3.96%。全市人均 GDP 22988.30 元，比上年增加 754.65 元。全市固定资产投资较快增长，2014 年完成投资总额 1708.70 亿元，增长 14.95%；全年进出口总额 20.76 亿美元，比上年增长 13.38%，其中出口总额 15.60 亿美元，增长 29.03%。全市金融机构各项存款余额达 2669.30 亿元，增长 11.35%；贷款余额 1548.10 亿元，增长 12.38%。贷存比指标为 58%，较上年提高 0.53 个百分点。

28.2 邢台市金融生态竞争力评价分析

28.2.1 邢台市区域经济实力评价分析

2010~2014 年邢台市区域经济实力指标组的数据变化情况如表 28-2-1 所示。

表 28-2-1 邢台市 2010~2014 年区域经济实力指标及数据

年　份	GDP（亿元）	固定资产投资（亿元）	财政收入（亿元）	人均 GDP（元）	人均固定资产投资（元）	城镇人均可支配收入（元）	农村人均纯收入（元）	财政支出/GDP（%）
2010	1021.62	754.15	57.10	18382.00	11450.97	14744.00	4966.00	14.03
2011	1426.30	978.90	70.60	19992.00	13670.46	16592.00	5814.00	14.94
2012	1532.00	1186.50	85.61	21312.00	16505.30	18639.00	6601.00	15.95
2013	1604.58	1486.43	89.90	22233.65	20596.52	20634.00	7477.00	16.05
2014	1668.10	1708.70	95.70	22988.30	23547.81	20007.00	8342.00	17.64

资料来源：2010~2013 年《河北经济年鉴》和 2013~2014 年《邢台市国民经济和社会发展统计公报》以及相关数据计算。

由表 28-2-1 可知，邢台市 2014 年全年实现 GDP 1668.10 亿元，比上年增长

3.96%；固定资产投资达 1708.70 亿元，比上年增长 14.95%；财政收入为 95.70 亿元，比上年增长 6.45%；人均 GDP 为 22988.3 元，比上年增长 3.39%；人均固定资产投资 23547.81 元，增长 14.33%。2014 年邢台市城镇人均可支配收入为 20007 元，比上年下降 3.04%；农村人均纯收入为 8342 元，比上年增长 11.57%；财政支出占 GDP 的比重为 17.64%，上升了 1.59 个百分点，这说明政府投资拉动的 GDP 比重有所上升。总之，邢台市 2014 年区域经济实力与 2013 年相比有不同程度的增强。从全市 2010～2014 年区域经济实力的相关数据来看，邢台市的区域经济实力逐年提高，增速趋于平缓，经济增长趋于稳定。2014 年全市深入推进"保增长、调结构、治污染"，努力发展经济规模，提升质量，增加了金融业的发展空间。

邢台市 2010～2014 年区域经济实力变化情况如图 28 - 2 - 1、图 28 - 2 - 2 所示。

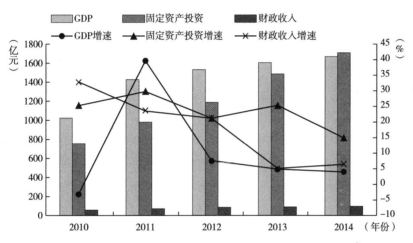

图 28 - 2 - 1　邢台市 2010～2014 年区域经济实力变化情况（1）

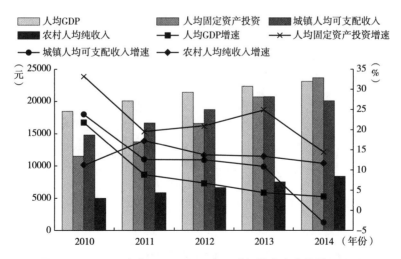

图 28 - 2 - 2　邢台市 2010～2014 年区域经济实力变化情况（2）

28.2.2 邢台市区域开放程度评价分析

2010~2014 年邢台市区域开放程度指标的数据变化情况如表 28 - 2 - 2 所示。

表 28 - 2 - 2　邢台市 2010~2014 年区域开放程度指标及数据

单位：万美元

年　份	实际利用外资额	出口总额	进口总额	进出口总额
2010	25600	96200	85700	181900
2011	36200	116100	102100	218200
2012	40000	107000	68200	175200
2013	45976	120900	62200	183100
2014	48600	156000	51600	207600

资料来源：2010~2013 年《河北经济年鉴》和 2013~2014 年《邢台市国民经济和社会发展统计公报》。

由表 28 - 2 - 2 可知，2014 年邢台市实际利用外资额为 48600 万美元，比上年增长 5.71%。2014 年全市进出口总额为 20.76 亿美元，比上年上涨 13.38%，其中进口总额 为 51600 万美元，比上年下降 17.04%；出口总额为 156000 万美元，比上年上涨 29.03%。从 2010~2014 年邢台市区域开放程度指标数据来看，实际利用外资额平稳 增长，进口总额呈下降趋势，出口总额总体呈上升趋势，外贸总量呈扩大趋势，对外 开放程度平稳提升。

邢台市 2010~2014 年区域开放程度相关变化情况如图 28 - 2 - 3 所示。

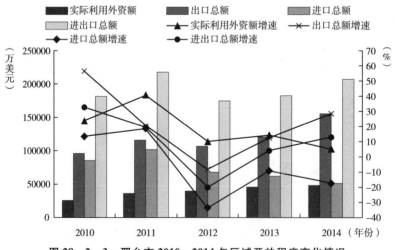

图 28 - 2 - 3　邢台市 2010~2014 年区域开放程度变化情况

28.3　邢台市金融规模竞争力评价分析

2010~2014 年邢台市金融规模竞争力指标组的数据变化情况如表 28 - 3 - 1 所示。

表 28 - 3 - 1 邢台市 2010 ~ 2014 年金融规模竞争力指标及数据

单位：亿元

年　份	借贷市场			保险市场	
	存款余额	贷款余额	居民储蓄余额	保费收入	保险赔付额
2010	1579.03	814.13	1092.10	42.30	8.10
2011	1284.70	946.90	1259.40	39.10	8.50
2012	2053.80	1164.00	1454.70	40.20	11.50
2013	2397.20	1377.60	1655.90	39.80	16.50
2014	2669.30	1548.10	1848.70	45.40	23.50

资料来源：2010 ~ 2013 年《河北经济年鉴》和 2013 ~ 2014 年《邢台市国民经济和社会发展统计公报》。

由表 28 - 3 - 1 可知，邢台市 2014 年各项存款余额达 2669.30 亿元，同比上涨 11.35%；各项贷款余额为 1548.10 亿元，同比上涨 12.38%；城乡居民储蓄余额为 1848.7 亿元，比上年增加 11.64%。2014 年邢台市保费收入为 45.40 亿元，与上年相比增加 14.07%；保险赔付额达 23.50 亿元，比上年上涨 42.42%。从 2010 ~ 2014 年的金融规模竞争力指标数据来看，邢台市的借贷市场和保险市场规模逐年增大，邢台市金融规模稳步上升，为金融竞争力的提升奠定了良好的基础。邢台市把金融业作为新的主导产业，加大信贷投放力度，扩大债券和基金融资规模，大力引进和发展银行、证券、保险等各类金融机构、金融服务中介机构，着力构建健全的金融体系。

邢台市 2010 ~ 2014 年金融规模变化情况如图 28 - 3 - 1、图 28 - 3 - 2 所示。

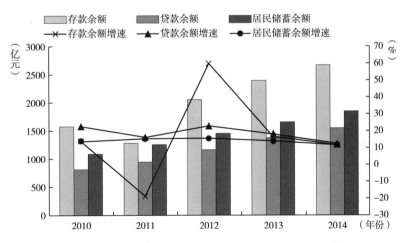

图 28 - 3 - 1 邢台市 2010 ~ 2014 年借贷市场规模变化情况

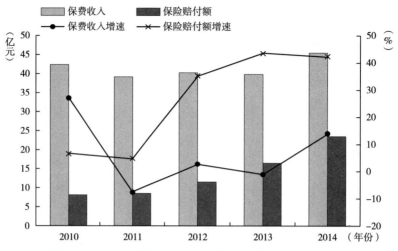

图 28 - 3 - 2　邢台市 2010～2014 年保险市场规模变化情况

28.4　邢台市金融效率竞争力评价分析

28.4.1　邢台市宏观金融效率评价分析

2010～2014 年邢台市宏观金融效率指标组的数据变化情况如表 28 - 4 - 1 所示。

表 28 - 4 - 1　邢台市 2010～2014 年宏观金融效率指标及数据

年　　份	储蓄总额 （亿元）	固定资产投资总额 （亿元）	GDP （亿元）	储蓄投资 转化系数	经济储蓄 动员力
2010	1092.10	754.15	1021.62	1.4481	0.9021
2011	1259.40	978.90	1426.30	1.2865	0.8830
2012	1454.70	1186.50	1532.00	1.2260	0.9495
2013	1655.90	1486.43	1604.58	1.1140	1.0320
2014	1848.70	1708.70	1668.10	1.0819	1.1083

资料来源：前三列数据摘自 2010～2013 年《河北经济年鉴》和 2013～2014 年《邢台市国民经济和社会发展统计公报》，后两列数据根据上述文献计算得到。

由表 28 - 4 - 1 可知，2014 年邢台市储蓄投资转化系数为 1.0819，比上年下降了 2.88%，与 2013 年相比，每单位固定资产投资所需的城乡居民积累的资金数量减少，资金的使用效率提升；经济储蓄动员力数值为 1.1083，比上一年增加了 7.39%。从 2010～2014 年宏观金融效率的指标数据来看，邢台市的宏观金融效率稳步提升，金融市场高效运转。邢台市着力于加强银政企合作，引导金融发展围绕经济转型升级的大方向，促进金融效率提升。

邢台市 2010～2014 年宏观金融效率相关变化情况如图 28 - 4 - 1 所示。

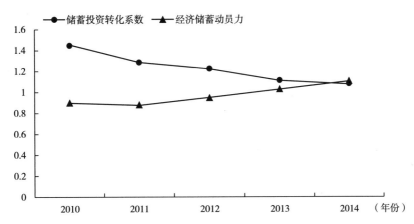

图 28 - 4 - 1　邢台市 2010～2014 年宏观金融效率变化情况

28.4.2　邢台市微观金融效率评价分析

2010～2014 年邢台市微观金融效率指标组的数据变化情况如表 28 - 4 - 2 所示。

表 28 - 4 - 2　邢台市 2010～2014 年微观金融效率指标及数据

年　　份	存款余额占 GDP 比重 （%）	贷款余额占 GDP 比重 （%）	贷存比 （%）	保险深度 （%）	保险密度 （元）
2010	130.43	67.25	51.56	3.49	642.28
2011	127.93	66.39	51.89	2.74	546.43
2012	134.06	75.98	56.68	2.62	559.22
2013	149.40	85.85	57.47	2.48	551.48
2014	160.02	92.81	58.00	2.72	625.66

资料来源：通过 2010～2013 年《河北经济年鉴》和 2013～2014 年《邢台市国民经济和社会发展统计公报》相关数据计算得到。

由表 28 - 4 - 2 可知，2014 年邢台市金融系统存款余额占 GDP 比重为 160.02%，比上一年增加 10.62 个百分点；贷款余额占 GDP 比重为 92.81%，增加 6.96 个百分点；贷存比指标数据为 58.00%，比上年增加 0.53 个百分点。全市 2014 年保险深度数值为 2.72%，保险密度为 625.66 元。综上所述，2014 年邢台市微观金融效率指标较上一年有所提高。从邢台市 2010～2014 年的微观金融效率指标相关数据来看，银行业集聚资金能力不断增强，资金使用效率提升，盈利性不断增强；保险业效率有所波动，金融业微观效率总体提高。

邢台市 2010～2014 年微观金融效率相关变化情况如图 28 - 4 - 2、图 28 - 4 - 3 所示。

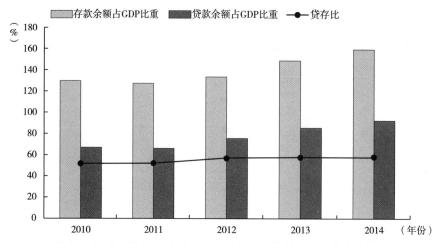

图 28 - 4 - 2　邢台市 2010～2014 年银行业微观金融效率变化情况

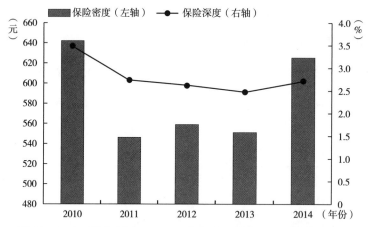

图 28 - 4 - 3　邢台市 2010～2014 年保险业微观金融效率变化情况

28.5　邢台市金融综合竞争力评价

通过对邢台市金融生态竞争力、金融规模竞争力及金融效率竞争力的分析，我们得到如下结论。

①2014 年，邢台市的区域经济实力竞争力逐年提高，增速趋于平缓，进口总额呈下降趋势，外贸规模扩大，招商引资力度加大。金融生态竞争力走强，发展态势良好。

②2014 年，邢台市的金融规模稳步提升，借贷市场和保险市场发展较快。邢台市着眼于筹集城建、交通、水利、保障房等资金，解决县域经济、中小企业和"三农"发展等问题，未来应加强融资平台建设，促进经济发展。

③2014 年，邢台市的经济储蓄动员力持续拉升，银行业集聚资金能力不断增强，资金使用效率提升，盈利性不断增强；保险业效率有所波动，金融业效率总体提高。发展邢台市保险市场，提升保险业效率，是保证全市金融效率乃至金融竞争力不断提升的重要途径之一。

第 29 章
邯郸市 2014 年金融竞争力研究报告

29.1 邯郸市概述

邯郸市是河北省省辖市，是中华文明重要的发祥地之一，国家历史文明古城。2007年邯郸市被交通部列入全国公路运输枢纽城市。2014 年河北百强企业榜单，邯郸市 22 家企业榜上有名。

邯郸市 2014 年完成地区生产总值 3080.00 亿元，比上年增长 0.60%，增幅明显下降；全市实现社会消费品零售总额 1228.90 亿元，比上年增长 12.30%；金融机构各项存款余额 3747.60 亿元，比年初增加 316.10 亿元；金融机构各项贷款余额 2364.80 亿元，比年初增加 269.80 亿元；证券市场各类证券交易额 1020.50 亿元，比上年增长 49.30%，其中股票成交额 772.10 亿元，增长 51.2%；基金成交额 5.9 亿元，增长 1.6 倍；新增股民 0.41 万人。[①]

29.2 邯郸市金融生态竞争力评价分析

29.2.1 邯郸市区域经济实力评价分析

2010～2014 年邯郸市区域经济实力指标组的数据变化情况如表 29－2－1 所示。

表 29－2－1　邯郸市 2010～2014 年区域经济实力指标及数据

年　份	GDP（亿元）	固定资产投资（亿元）	财政收入（亿元）	人均 GDP（元）	人均固定资产投资（元）	城镇人均可支配收入（元）	农村人均纯收入（元）	财政支出/GDP（%）
2010	2342.20	1596.30	116.00	24309.29	16567.72	17562.00	6085.00	10.96
2011	2787.40	1735.60	159.00	28445.75	17712.01	19322.00	7366.00	11.81
2012	3023.70	2083.80	184.60	30447.08	20982.78	21740.00	8447.00	12.09
2013	3061.50	2661.20	172.70	30253.47	26297.74	23936.00	9542.00	11.67
2014	3080.00	3090.70	183.20	29918.00	30021.95	22699.00	10343.00	12.91

资料来源：2010～2014 年《河北经济年鉴》和《2014 年邯郸市国民经济和社会发展统计公报》及相关数据计算。

---

① 邯郸市统计局：《2014 年邯郸市国民经济和社会发展统计公报》。

由表 29 - 2 - 1 所示，2014 年邯郸市 GDP 为 3080.00 亿元，较上年增长了 0.60%，增速达到近五年的最低点，虽然 GDP 仍处于增长状态，但增幅较之前明显下降。固定资产投资为 3090.70 亿元，比上年增长 16.14%；全年实现财政收入 183.20 亿元，比上年增长 6.08%；人均 GDP 值 29918.00 元，比上年下降 1.11%；人均固定资产 30021.95 元，比上年增长 14.16%；城镇人均可支配收入 22699.00 亿元，比上年下降 5.17%；农村人均纯收入 10343.00 元，比上年增长 8.39%。财政支出占 GDP 的比重为 12.91%，与上年相比略有提升，说明经济内生动力不足，政府推动经济增长的因素加大。总体来看，2014 年邯郸市区域经济实力并未呈现整体优化的态势，人均 GDP 和城镇人均可支配收入两个指标甚至出现了负增长，其余指标增速有所放缓，经济下行的压力对邯郸市经济的发展造成了一定程度的影响。

邯郸市 2010~2014 年区域经济实力变化情况如图 29 - 2 - 1、图 29 - 2 - 2 所示。

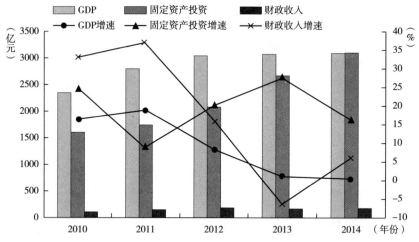

图 29 - 2 - 1　邯郸市 2010~2014 年区域经济实力变化情况（1）

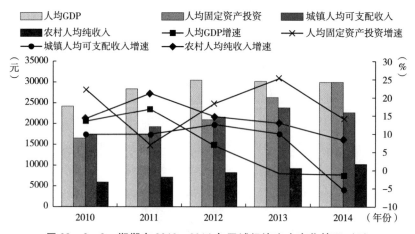

图 29 - 2 - 2　邯郸市 2010~2014 年区域经济实力变化情况（2）

29.2.2　邯郸市区域开放程度评价分析

2010～2014 年邯郸市区域开放程度指标的数据变化情况如表 29－2－2 所示。

表 29－2－2　邯郸市 2010～2014 年区域开放程度指标及数据

单位：万美元

年　份	实际利用外资额	出口总额	进口总额	进出口总额
2010	50646	88000	220000	308000
2011	66000	142000	243000	385000
2012	80000	147000	225000	372000
2013	88000	137000	224000	361000
2014	92500	165600	192000	357600

资料来源：2010～2014 年《河北经济年鉴》和《2014 年邯郸市国民经济和社会发展统计公报》。

由表 29－2－2 可知，2014 年邯郸市实际利用外资额为 92500 万美元，比上年增长 5.11%。2014 年全市出口总额为 165600 万美元，比上年增长 20.88%；进口总额达 192000 万美元，比上年下降 14.29%；进出口总额为 357600 万美元，比上年下降 0.94%。从 2010～2014 年邯郸市区域开放程度指标数据来看，实际利用外资额逐年上涨，出口总额除在 2013 年有小幅回落，其余年份均呈现增长趋势，进口总额从 2012 年开始连续三年持续下降。且由于进口总额下降幅度较大，造成邯郸市进出口总额连续三年下降。这说明邯郸市区域开放程度并不理想，进出口贸易带动力量不足。

邯郸市 2010～2014 年区域开放程度相关变化情况如图 29－2－3 所示。

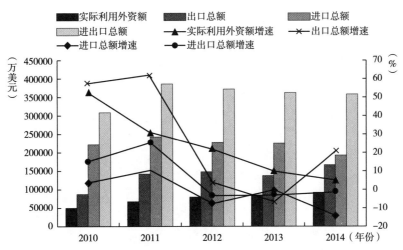

图 29－2－3　邯郸市 2010～2014 年区域开放程度变化情况

29.3 邯郸市金融规模竞争力评价分析

2010～2014年邯郸市金融规模竞争力指标组的数据变化情况如表29-3-1所示。

表 29 - 3 - 1　邯郸市 2010～2014 年金融规模竞争力指标及数据

单位：亿元

年　份	借贷市场			保险市场	
	存款余额	贷款余额	居民储蓄余额	保费收入	保险赔付额
2010	2131.50	1318.70	1373.10	93.70	36.60
2011	2491.00	1535.10	1569.10	109.00	26.30
2012	2924.50	1841.20	1803.70	65.60	19.70
2013	3431.50	2095.00	2033.20	72.22	45.92
2014	3747.60	2364.80	2274.60	82.10	30.20

资料来源：2010～2014年《河北经济年鉴》和《2014年邯郸市国民经济和社会发展统计公报》。

由表29-3-1可知，邯郸市2014年各项存款余额达3747.60亿元，同比上涨9.21%；各项贷款余额为2364.80亿元，同比上涨12.88%；城乡居民储蓄余额为2274.60亿元，比上年增加11.87%。从保险市场来看，邯郸市2014年保费收入为82.10亿元，与上年相比增加13.68%；保险赔付额达30.20亿元，比上年下降了34.23%。从2010～2014年的金融规模竞争力指标数据来看，邯郸市银行业规模连续五年增长，规模逐步扩大，但增速较前几年明显放缓，其中存款余额指标2014年增速首次降至10%以下；保险业规模波动较大，仍处于调整状态，增长趋势并不显著。

邯郸市2010～2014年金融规模变化情况如图29-3-1、图29-3-2所示。

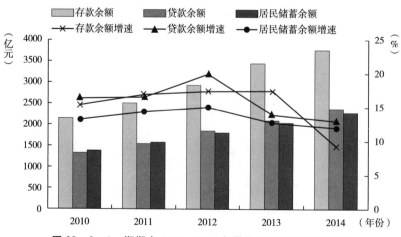

图 29 - 3 - 1　邯郸市 2010～2014 年借贷市场规模变化情况

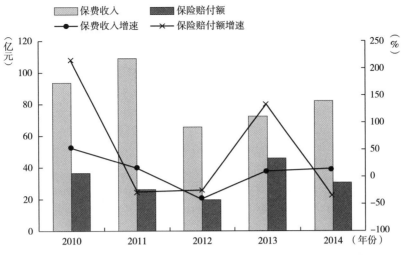

图 29 - 3 - 2 邯郸市 2010 ～ 2014 年保险市场规模变化情况

29.4 邯郸市金融效率竞争力评价分析

29.4.1 邯郸市宏观金融效率评价分析

2010 ～ 2014 年邯郸市宏观金融效率指标组的数据变化情况如表 29 - 4 - 1 所示。

表 29 - 4 - 1 邯郸市 2010 ～ 2014 年宏观金融效率指标及数据

年 份	储蓄总额 （亿元）	固定资产投资总额 （亿元）	GDP （亿元）	储蓄投资 转化系数	经济储蓄 动员力
2010	1373.10	1596.30	2342.20	0.8602	0.5862
2011	1569.10	1735.60	2787.40	0.9041	0.5726
2012	1803.70	2083.80	3023.70	0.8656	0.5965
2013	2033.20	2661.20	3061.50	0.7640	0.6641
2014	2274.60	3090.70	3080.00	0.7166	0.7385

资料来源：前三列数据摘自 2010 ～ 2014 年《河北经济年鉴》和《2014 年邯郸市国民经济和社会发展统计公报》，后两列数据根据上述文献计算得到。

由表 29 - 4 - 1 可知，2014 年邯郸市储蓄投资转化系数为 0.7166，比上年下降了 6.20%，这意味着，转化为每单位固定资产投资所需的城乡居民储蓄余额减少，资金的使用效率有所提升；此外，邯郸市 2014 年的经济储蓄动员力为 0.7385，与上年相比增加了 11.20%，说明单位储蓄对经济的促进作用减弱。从 2010 ～ 2014 年宏观金融效率的指标数据来看，邯郸市宏观金融效率指标变动幅度较小，整体呈稳定态势。

邯郸市 2010 ～ 2014 年宏观金融效率相关变化情况如图 29 - 4 - 1 所示。

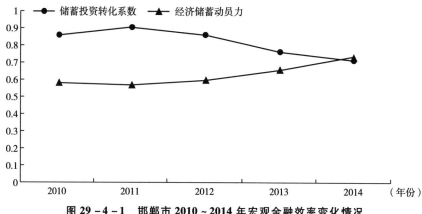

图 29 - 4 - 1　邯郸市 2010～2014 年宏观金融效率变化情况

29.4.2　邯郸市微观金融效率评价分析

2010～2014 年邯郸市微观金融效率指标组的数据变化情况如表 29 - 4 - 2 所示。

表 29 - 4 - 2　邯郸市 2010～2014 年微观金融效率指标及数据

年　份	存款余额占 GDP 比重 （%）	贷款余额占 GDP 比重 （%）	贷存比 （%）	保险深度 （%）	保险密度 （元）
2010	91.00	56.30	61.87	4.00	872.50
2011	89.36	55.07	61.62	3.91	1112.35
2012	96.71	60.89	62.96	2.16	660.56
2013	112.08	68.43	61.05	2.35	713.67
2014	121.68	76.78	63.10	2.67	797.49

资料来源：2010～2014 年《河北经济年鉴》和《2014 年邯郸市国民经济和社会发展统计公报》及相关数据计算。

由表 29 - 4 - 2 可知，2014 年邯郸市存款余额占 GDP 比重为 121.68%，比上年增加 9.60 个百分点；贷款余额占 GDP 比重为 76.78%，与上年相比增加 8.35 个百分点；贷存比指标数据为 63.10%，比上年增加 2.05 个百分点；此外，其保险深度为 2.67%，保险密度为 797.49 元。综上所述，2014 年邯郸市微观金融效率各项指标均有所提高。从邯郸市 2010～2014 年的微观金融效率指标相关数据来看，保险密度和保险深度指标呈现先下降后上升的态势，其余银行业数据总体呈现逐年平稳上升。这说明邯郸市银行业已初具规模，效率趋于稳定；而保险业效率波动较为明显，有待于进一步加强。

邯郸市 2010～2014 年微观金融效率相关变化情况如图 29 - 4 - 2、图 29 - 4 - 3 所示。

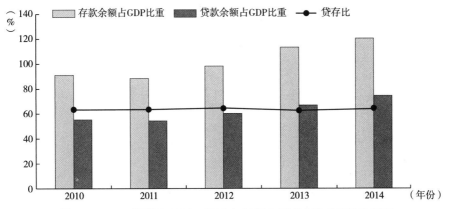

图 29 - 4 - 2 邯郸市 2010～2014 年银行业微观金融效率变化情况

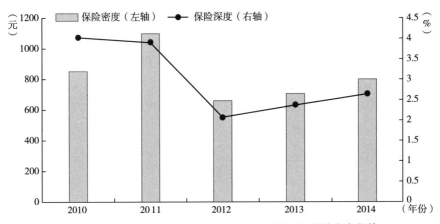

图 29 - 4 - 3 邯郸市 2010～2014 年保险业微观金融效率变化情况

29.5 邯郸市金融综合竞争力评价

通过对邯郸市金融生态竞争力、金融规模竞争力及金融效率竞争力的分析，我们得到如下结论。

①2014 年，在"三期叠加"的大背景下，邯郸市经济运行呈现下滑趋势，以 GDP 为代表的区域经济实力竞争力指标增速明显放缓，部分指标甚至出现负增长。区域开放程度竞争力并不理想，进出口贸易带动力量不足。邯郸市政府必须针对外界特殊的经济背景，采取积极的措施调结构、促改革，实现金融生态竞争力的不断优化。

②邯郸市 2014 年的借贷市场规模有所扩大，但增速较之前明显放缓，保险业规模波动较大，仍处于调整状态，增长趋势并不显著。邯郸市政府应加强对保险业发展的关注度，大力发展保险业，提升其金融规模竞争力。

③2014 年邯郸市宏观金融效率和微观金融效率变化幅度较小，整体趋于稳定，但效率提升动力不足。因此，提高金融业，尤其是保险业的效率是邯郸市提升其金融效率竞争力的努力方向。

第 30 章
聊城市 2014 年金融竞争力研究报告

30.1 聊城市概述

聊城市地处山东省西部，临河南、河北，位于华东、华中、华北三大区域交界处。是中国重要的交通枢纽、能源基地，中原经济区东部核心城市，济南都市圈副城市，山东西部经济隆起带中心城市。

2014 年聊城市完成地区生产总值 2516.40 亿元，比上年增长 6.36%。其中，第三产业增加值 909.38 亿元，增长 10.30%。固定资产投资 1833.13 亿元，比上年增长 21.13%，计划投资过亿元的项目 586 个，其中新开工项目 233 个，投资规模有所扩大。年末金融机构人民币各项存款余额 2270.43 亿元，比年初增加 324.60 亿元；各项贷款余额 1674.22 亿元，比年初增加 241.76 亿元，金融市场运行较为平稳。[①]

30.2 聊城市金融生态评价分析

30.2.1 聊城市区域经济实力评价分析

2010~2014 年聊城市区域经济实力指标组的数据变化情况如表 30-2-1 所示。

表 30-2-1　聊城市 2010~2014 年区域经济实力竞争力指标及数据

年　份	GDP（亿元）	固定资产投资（亿元）	财政收入（亿元）	人均 GDP（元）	人均固定资产投资（元）	城镇人均可支配收入（元）	农村人均纯收入（元）	财政支出/GDP（%）
2010	1622.38	887.70	70.50	28444.00	15563.39	17889.00	6377.00	8.91
2011	1919.42	1041.10	96.56	32968.00	17881.96	20649.00	7735.00	9.04
2012	2146.75	1260.70	104.49	36573.00	21477.85	23685.00	8872.00	10.11
2013	2365.87	1511.10	135.55	40084.00	25601.80	26087.00	10083.00	10.92
2014	2516.40	1833.13	156.19	42394.33	30883.13	28382.00	11232.00	11.36

资料来源：2010~2014 年《山西统计年鉴》和《2014 年聊城市国民经济和社会发展统计公报》及相关数据计算。

由表 30-2-1 可知，聊城市 2014 年全年实现 GDP 2516.40 亿元，比上年增长 6.36%；

---

① 聊城市统计局：《2014 年聊城市国民经济和社会发展统计公报》。

固定资产投资达 1833.13 亿元，比上年增长 21.31%；财政收入达 156.19 亿元，比上年增长 15.23%。2014 年聊城市人均 GDP 为 42394.33 元，比上年增长 5.76%；人均固定资产投资为 30883.13 元，比上年增长 20.63%；城镇人均可支配收入为 28382.00 元，比上年增长 8.80%；农村人均纯收入为 11232.00 元，比上年增长 11.40%；财政支出占 GDP 的比重为 11.36%，较上年有所提高，说明政府拉动经济增长的外生性不断增强，聊城市经济增长内生性减弱。聊城市区域经济实力各项指标较上年有所提升，从全市 2010～2014 年区域经济实力竞争力的相关数据来看，聊城市金融竞争力各项指标在近五年均呈现逐年上升趋势，但 GDP、人均 GDP、城镇人均可支配收入等主要指标增速逐年放缓，增长动力不足。虽然聊城市紧紧围绕"东融西借、跨越赶超，建设冀鲁豫三省交界科学发展先行区"的奋斗目标，攻坚克难，但受国内外复杂的经济影响，增长速度明显放缓。

聊城市 2010～2014 年区域经济实力变化情况如图 30-2-1、图 30-2-2 所示。

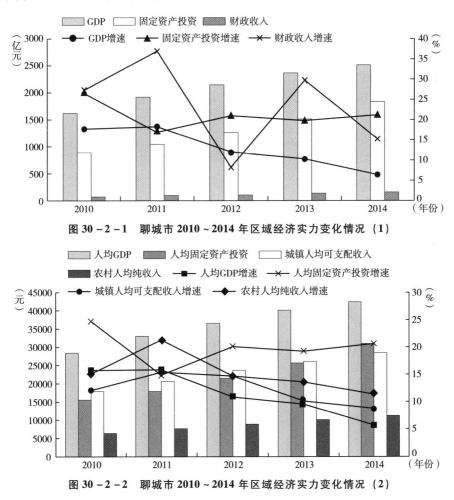

图 30-2-1 聊城市 2010～2014 年区域经济实力变化情况 （1）

图 30-2-2 聊城市 2010～2014 年区域经济实力变化情况 （2）

30.2.2 聊城市区域开放程度评价分析

2010～2014 年聊城市区域开放程度指标的数据变化情况如表 30-2-2 所示。

表 30 - 2 - 2　聊城市 2010 ～ 2014 年区域开放程度指标及数据

单位：万美元

年　份	实际利用外资额	出口总额	进口总额	进出口总额
2010	10064	128938	234233	363171
2011	104274	187526	377913	565439
2012	11521	184919	374313	559232
2013	16300	200303	418645	618948
2014	10600	238600	336800	575400

资料来源：2010 ～ 2014 年《山西统计年鉴》和《2014 年聊城市国民经济和社会发展统计公报》。

由表 30 - 2 - 2 可知，2014 年聊城市实际利用外资额为 10600 万美元，比上年下降 34.97%。2014 年全市出口总额为 238600 万美元，比上年增长 19.12%；进口总额达 336800 万美元，比上年下降 19.55%；进出口总额为 575400 万美元，比上年下降 7.04%。从 2010 ～ 2014 年聊城市区域开放程度指标数据来看，除实际利用外资额波动幅度较大，其余三项指标变动趋势基本一致，且在 2014 年呈现下滑趋势，说明聊城市对外贸易有所下降，区域开放程度较之前明显减弱。

聊城市 2010 ～ 2014 年区域开放程度相关变化情况如图 30 - 2 - 3 所示。

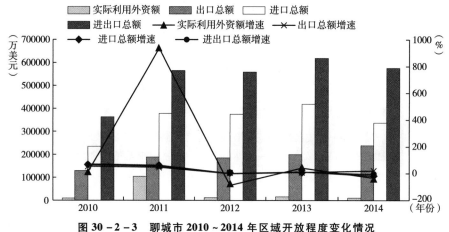

图 30 - 2 - 3　聊城市 2010 ～ 2014 年区域开放程度变化情况

30.3　聊城市金融规模竞争力评价分析

2010 ～ 2014 年聊城市金融规模竞争力指标组的数据变化情况如表 30 - 3 - 1 所示。

表 30 - 3 - 1　聊城市 2010 ～ 2014 年金融规模竞争力指标及数据

单位：亿元

年　份	借贷市场			保险市场	
	存款余额	贷款余额	居民储蓄余额	保费收入	保险赔付额
2010	1232.43	919.65	752.49	37.94	7.45
2011	1366.62	1110.66	845.72	40.92	8.72

续表

年 份	借贷市场			保险市场	
	存款余额	贷款余额	居民储蓄余额	保费收入	保险赔付额
2012	1687.69	1289.20	1020.03	46.69	11.05
2013	1945.83	1432.46	1187.29	49.10	17.70
2014	2270.43	1674.22	1422.68	56.80	17.00

资料来源：2010～2014 年《山西统计年鉴》和《2014 年聊城市国民经济和社会发展统计公报》。

由表 30 - 3 - 1 可知，聊城市 2014 年各项存款余额达 2270.43 亿元，同比上涨 16.68%；各项贷款余额为 1674.22 亿元，同比上涨 16.88%；城乡居民储蓄余额为 1422.68 亿元，比上年增加 19.83%。从保险市场相关数据来看，聊城市 2014 年保费收入为 56.80 亿元，与上年相比增加 15.68%；保险赔付额达 17.00 亿元，比上年下降 3.95%。从 2010～2014 年的金融规模竞争力指标数据来看，聊城市银行业规模持续扩张，平稳运行；保险业保费收入呈现稳定增长的态势，保险赔付额波幅略大，2014 年出现负增长，保险业整体呈现健康发展的状态。

聊城市 2010～2014 年金融规模变化情况如图 30 - 3 - 1、图 30 - 3 - 2 所示。

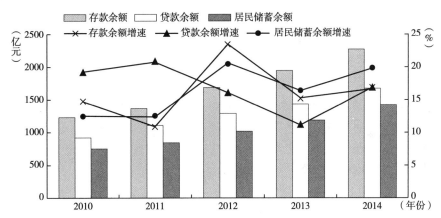

图 30 - 3 - 1 聊城市 2010～2014 年借贷市场规模变化情况

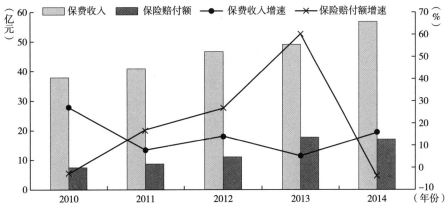

图 30 - 3 - 2 聊城市 2010～2014 年保险市场规模变化情况

30.4 聊城市金融效率竞争力评价分析

30.4.1 聊城市宏观金融效率评价分析

2010～2014 年聊城市宏观金融效率指标组的数据变化情况如表 30 - 4 - 1 所示。

表 30 - 4 - 1　聊城市 2010～2014 年宏观金融效率指标及数据

年　份	储蓄总额 （亿元）	固定资产投资总额 （亿元）	GDP （亿元）	储蓄投资 转化系数	经济储蓄 动员力
2010	752.49	887.70	1622.38	0.8477	0.4638
2011	845.72	1041.10	1919.42	0.8108	0.4398
2012	1020.03	1260.70	2146.75	0.8079	0.4745
2013	1187.29	1511.10	2365.87	0.7857	0.5018
2014	1422.68	1833.13	2516.40	0.7761	0.5654

资料来源：前三列数据摘自 2010～2014 年《山西统计年鉴》和《2014 年聊城市国民经济和社会发展统计公报》，后两列数据根据上述文献计算得到。

由表 30 - 4 - 1 可知，2014 年聊城市储蓄投资转化系数为 0.7761，比上年下降了 1.22%，即每单位固定资产投资所需的居民储蓄额降低，资金的使用效率得到提高；与此同时，聊城市 2014 年的经济储蓄动员力为 0.5654，比上年提高了 12.67%，储蓄带动经济增长的动力明显减弱。从 2010～2014 年宏观金融效率的指标数据来看，聊城市宏观金融效率指标变动幅度较小，整体变化不大。2014 年居民储蓄对投资的转化作用有所提升，但对经济的促进作用则明显下降。

聊城市 2010～2014 年宏观金融效率相关变化情况如图 30 - 4 - 1 所示。

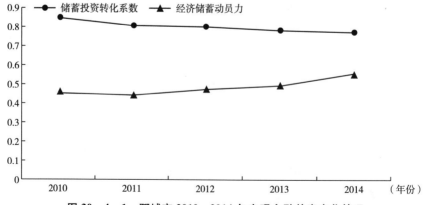

图 30 - 4 - 1　聊城市 2010～2014 年宏观金融效率变化情况

30.4.2　聊城市微观金融效率评价分析

2010～2014 年聊城市微观金融效率指标组的数据变化情况如表 30 - 4 - 2 所示。

表 30 - 4 - 2　聊城市 2010～2014 年微观金融效率指标及数据

年　份	存款余额占 GDP 比重（％）	贷款余额占 GDP 比重（％）	贷存比（％）	保险深度（％）	保险密度（元）
2010	75.96	56.69	74.62	2.34	665.00
2011	71.20	57.86	81.27	2.13	703.00
2012	78.62	60.05	76.39	2.17	795.00
2013	82.25	60.55	73.62	2.08	832.00
2014	90.23	66.53	73.74	2.26	957.00

资料来源：2010～2014 年《山西统计年鉴》和《2014 年聊城市国民经济和社会发展统计公报》及相关数据计算。

由表 30 - 4 - 2 可知，2014 年聊城市存款余额占 GDP 比重为 90.23％，比上年增加 7.98 个百分点；贷款余额占 GDP 比重为 66.53％，与上年相比增加 5.98 个百分点；贷存比指标数据为 73.74％，比上年增加 0.12 个百分点；保险深度为 2.26％，保险密度为 957.00 元。综上所述，2014 年聊城市微观金融效率各项指标较上年均有不同程度的提升。从聊城市 2010～2014 年的微观金融效率指标相关数据来看，存款余额占 GDP 比重和贷款余额占 GDP 比重呈现逐年稳定上升的趋势；贷存比指标虽整体呈现下滑趋势，但充分体现了聊城市银行业更加注重流动性的管理，有利于长远发展。保险深度指标波动幅度较大，保险密度则逐年增长，保险业效率整体也呈现优化的态势。

聊城市 2010～2014 年微观金融效率相关变化情况如图 30 - 4 - 2、图 30 - 4 - 3 所示。

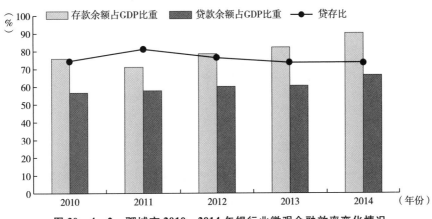

图 30 - 4 - 2　聊城市 2010～2014 年银行业微观金融效率变化情况

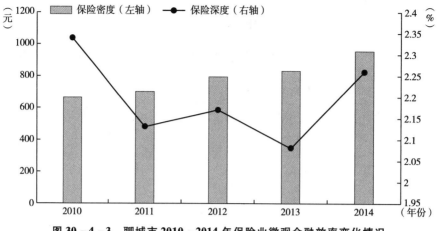

图 30 － 4 － 3　聊城市 2010 ~ 2014 年保险业微观金融效率变化情况

30.5　聊城市金融综合竞争力评价

通过对聊城市金融生态竞争力、金融规模竞争力及金融效率竞争力的分析，我们得到如下结论。

①2014 年，聊城市的区域经济实力竞争力较上年仍有所提高，但增幅较之前明显减弱。聊城市经济发展基调正确，在国内外复杂的经济环境下，聊城市政府稳中求进，实现了全市经济平稳较快的发展。而区域开放程度竞争力明显减弱，对外贸易下降。整体来看，聊城市金融生态竞争力的发展并不协调，聊城市政府要加强对区域开放程度竞争力的重视，招商引资，采取积极主动的措施促进进出口贸易的发展。

②聊城市 2014 年的借贷市场的规模仍持续扩张，保险市场的保费收入有所提高，保险赔付额小幅降低，保险市场健康发展。整体来看，金融规模竞争力继续呈现优化态势。

③2014 年聊城市居民储蓄对投资的转化作用有所提升，但对经济的促进作用则明显下降；与此同时，银行业和保险业效率均呈现优化的趋势。当前国内外复杂的经济形势对各地市金融业的发展形成巨大的挑战，聊城市政府必须积极应对，保持良好的发展趋势。

第 31 章

菏泽市 2014 年金融竞争力研究报告

31.1 菏泽市概述

菏泽市地处山东省西南部，与苏、豫、皖三省接壤，东与济宁市相邻，东南与江苏省徐州市、安徽省宿州市接壤，南与河南省商丘市相连，西与河南省开封市、新乡市毗邻，北接河南省濮阳市，总面积 12238.62 平方公里。

2014 年菏泽市经济发展稳中有进。全年全市实现地区生产总值 2222.19 亿元，第三产业增加值占比与上一年相比提高 1.3 个百分点。外贸出口健康发展，2014 年全市完成出口总值 21.58 亿美元，比上年增长 23.31%；进出口总值 35.23 亿美元，比上年增长 18.74%；全年新签利用外资项目 16 个，实际利用外资 21848 万美元，比上年增长 0.14%。财政实力不断增强，重点支出得到保障，金融运行平稳。全市金融机构本外币存款余额 2228.28 亿元，贷款余额 1447.04 亿元。

31.2 菏泽市金融生态评价分析

31.2.1 菏泽市区域经济实力评价分析

2010～2014 年菏泽市区域经济实力指标组的数据变化情况如表 31 - 2 - 1 所示。

表 31 - 2 - 1 菏泽市 2010～2014 年区域经济实力竞争力指标及数据

年 份	GDP (亿元)	固定资产投资 (亿元)	财政收入 (亿元)	人均 GDP (元)	人均固定资产投资 (元)	城镇人均可支配收入 (元)	农村人均纯收入 (元)	财政支出/GDP (%)
2010	1227.09	582.86	84.69	14781.01	7020.89	14419.00	5812.00	15.24
2011	1556.52	552.29	111.59	18711.10	6639.14	16658.00	7119.00	14.88
2012	1787.36	687.11	140.30	21436.06	8240.61	19140.00	8187.00	15.68
2013	2050.01	810.77	159.30	24498.50	9689.05	21236.00	9309.00	15.62
2014	2222.19	940.70	161.97	26335.82	11148.51	23344.00	10436.00	15.38

资料来源：2010～2014 年《山东统计年鉴》和《2014 年菏泽市国民经济和社会发展统计公报》及相关数据计算。

由表 31 - 2 - 1 可知，菏泽市 2014 年全年实现 GDP 2222.19 亿元，比上年增长 8.40%；固定资产投资达到 940.70 亿元，比上年增长 16.03%；财政收入 161.97 亿元，比上年增长 1.68%。2014 年全市人均 GDP 为 26335.82 元，比上年增长 7.50%；人均固定资产投资额为 11148.51 元，增长 15.06%；城镇人均可支配收入为 23344 元，比上年增加了 9.93%；农村人均纯收入为 10436 元，比上年增加 12.11%，人民生活水平有所提高。2014 年全市财政支出占 GDP 的比重为 15.38%，与 2013 年相比下降了 0.24 个百分点，说明政府投资拉动 GDP 比重小幅下降，民间投资比重相对上升。总之，菏泽市 2014 年区域经济实力的总体水平与 2013 年相比有所提升。从全市 2010～2014 年区域经济实力的相关数据来看，菏泽市的区域经济实力不断提高，但增长速度有所放缓。

菏泽市 2010～2014 年区域经济实力变化情况如图 31 - 2 - 1、图 31 - 2 - 2 所示。

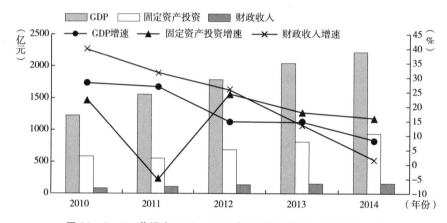

图 31 - 2 - 1　菏泽市 2010～2014 年区域经济实力变化情况（1）

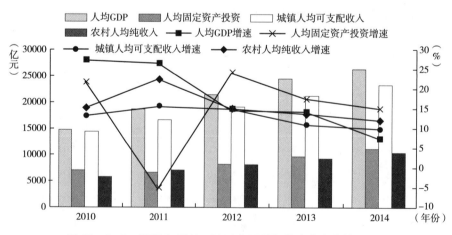

图 31 - 2 - 2　菏泽市 2010～2014 年区域经济实力变化情况（2）

31.2.2 菏泽市区域开放程度评价分析

2010～2014 年菏泽市区域开放程度指标的数据变化情况如表 31 - 2 - 2 所示。

表 31 - 2 - 2 菏泽市 2010～2014 年区域开放程度指标及数据

单位：万美元

年 份	实际利用外资额	出口总额	进口总额	进出口总额
2010	11858	121105	61237	182342
2011	8039	144051	129954	274005
2012	16505	152819	165234	318053
2013	21818	175000	121695	296695
2014	21848	215800	136500	352300

资料来源：2010～2014 年《山东统计年鉴》和《2014 年菏泽市国民经济和社会发展统计公报》。

由表 31 - 2 - 2 可知，2014 年菏泽市实际利用外资额为 21848 万美元，比上年增长 0.14%；全市进出口总额达到 352300 万美元，比上年增长了 18.74%；其中出口总额为 215800 万美元，比上年增加 23.31%；进口总额为 136500 万美元，比上年增加 12.17%。总之，菏泽市 2014 年开放程度较 2013 年有所提高。从 2010～2014 年菏泽市区域开放程度指标数据来看，实际利用外资额总体呈增加趋势，进出口总额和出口总额逐年增加，进口总额自 2013 年有所下滑，2014 年有小幅回升。菏泽区域开放程度不断提升，2014 年春、秋两季中国菏泽投资贸易洽谈会成功举办，签约外资项目 5 个，合同外资 17.4 亿元人民币；菏泽市政府与广东省贸促会签署了共同促进经贸交流合作协议，大力促进了对外贸易的发展。

菏泽市 2010～2014 年区域开放程度相关变化情况如图 31 - 2 - 3 所示。

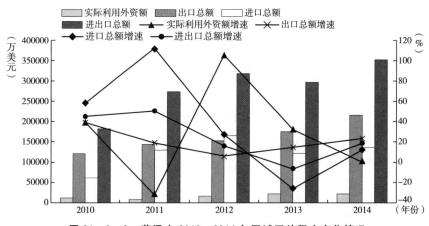

图 31 - 2 - 3 菏泽市 2010～2014 年区域开放程度变化情况

31.3 菏泽市金融规模竞争力评价分析

2010～2014 年菏泽市金融规模竞争力指标组数据变化情况如表 31-3-1 所示。

表 31-3-1 菏泽市 2010～2014 年金融规模竞争力指标及数据

单位：亿元

年　份	借贷市场			保险市场	
	存款余额	贷款余额	居民储蓄余额	保费收入	保险赔付额
2010	1089.77	797.66	804.70	38.31	7.91
2011	1326.40	877.13	984.92	42.60	9.00
2012	1607.77	1062.34	1219.92	47.30	10.50
2013	1918.86	1230.75	1428.86	53.10	17.20
2014	2228.28	1447.04	1663.12	71.63	15.85

资料来源：2010～2014 年《山东统计年鉴》和《2014 年菏泽市国民经济和社会发展统计公报》。

由表 31-3-1 可知，菏泽市 2014 年各项存款余额达 2228.28 亿元，同比上涨 16.13%；各项贷款余额为 1447.04 亿元，同比上涨 17.57%；城乡居民储蓄余额为 1663.12 亿元，比上年增长了 16.39%。全市 2014 年的保费收入为 71.63 亿元，比上年增长 34.90%，保险赔付额 15.85 亿元，比上年下降 7.85%。2014 年菏泽市金融规模增加，为金融竞争力的提升奠定了良好的基础。从 2010～2014 年的金融规模竞争力指标数据来看，菏泽市的借贷市场和保险市场规模均不断增加，发展态势良好。菏泽市金融部门紧紧围绕市委市政府工作部署，早动手，早行动，抢抓历史机遇，盘整各项资源，推动了全市金融工作的较快发展。

菏泽市 2010～2014 年金融规模变化情况如图 31-3-1、图 31-3-2 所示。

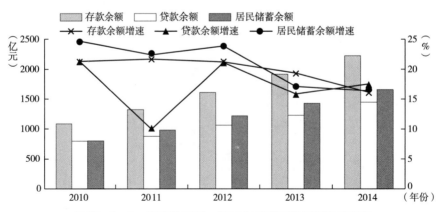

图 31-3-1 菏泽市 2010～2014 年借贷市场规模变化情况

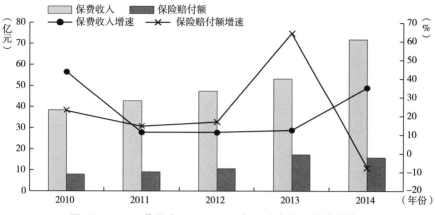

图 31 – 3 – 2　菏泽市 2010～2014 年保险市场规模变化情况

31.4　菏泽市金融效率竞争力评价分析

31.4.1　菏泽市宏观金融效率评价分析

2010～2014 年菏泽市宏观金融效率指标组的数据变化情况如表 31 – 4 – 1 所示。

表 31 – 4 – 1　菏泽市 2010～2014 年宏观金融效率指标及数据

年　份	储蓄总额 （亿元）	固定资产投资总额 （亿元）	GDP （亿元）	储蓄投资 转化系数	经济储蓄 动员力
2010	804.70	582.86	1227.09	1.3806	0.6558
2011	984.92	552.29	1556.52	1.7833	0.6328
2012	1219.92	687.11	1787.36	1.7754	0.6825
2013	1428.86	810.77	2050.01	1.7623	0.6970
2014	1663.12	940.70	2222.19	1.7680	0.7484

资料来源：前三列数据摘自 2010～2014 年《山东统计年鉴》和《2014 年菏泽市国民经济和社会发展统计公报》，后两列数据通过计算得到。

由表 31 – 4 – 1 可知，2014 年菏泽市储蓄投资转化系数为 1.7680，比上年上升 0.32%，即意味着与 2013 年相比，每单位固定资产投资所需的城乡居民积累的资金数量略微增加，资金的使用效率小幅下降；经济储蓄动员力为 0.7484，比上年增长 7.37%。从 2010～2014 年宏观金融效率的指标数据来看，菏泽市的资金使用效率有所波动，经济储蓄动员力提升。增加资金的使用效率，是促进菏泽市金融竞争力提升的一个有效途径。

菏泽市 2010～2014 年宏观金融效率相关变化情况如图 31 – 4 – 1 所示。

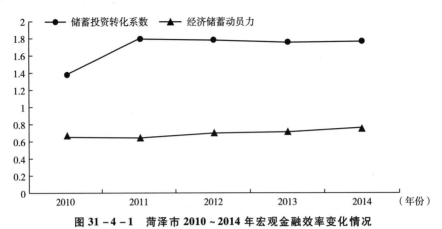

图 31-4-1　菏泽市 2010~2014 年宏观金融效率变化情况

31.4.2　菏泽市微观金融效率评价分析

2010~2014 年菏泽市微观金融效率指标组的数据变化情况如表 31-4-2 所示。

表 31-4-2　菏泽市 2010~2014 年微观金融效率指标及数据

年　份	存款余额占 GDP 比重（%）	贷款余额占 GDP 比重（%）	贷存比（%）	保险深度（%）	保险密度（元）
2010	88.81	65.00	73.20	3.12	461.47
2011	85.22	56.35	66.13	2.74	512.10
2012	89.95	59.44	66.08	2.65	567.28
2013	93.60	60.04	64.14	2.59	634.57
2014	100.27	65.12	64.94	3.22	848.91

资料来源：2010~2014 年《山东统计年鉴》和《2014 年菏泽市国民经济和社会发展统计公报》相关数据计算。

由表 31-4-2 可知，2014 年菏泽市存款余额占 GDP 比重为 100.27%，比上年增加 6.67 个百分点；贷款余额占 GDP 比重为 65.12%，与上年相比增加 5.08 个百分点；贷存比指标数据为 64.94%，与上年相比增加 0.80 个百分点；全市 2014 年保险深度达到 3.22%，上升 0.63 个百分点；保险密度为 848.91 元。可见，2014 年菏泽市微观金融效率比 2013 年有不同程度的提高。从菏泽市 2010~2014 年的微观金融效率指标相关数据来看，菏泽市银行业微观金融效率总体不断提升，银行资金利用效率有所波动，保险市场健康增长。

菏泽市 2010~2014 年微观金融效率相关变化情况如图 31-4-2、图 31-4-3 所示。

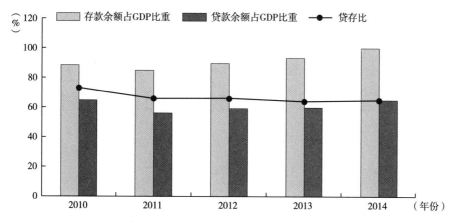

图 31 - 4 - 2　菏泽市 2010 ~ 2014 年银行业微观金融效率变化情况

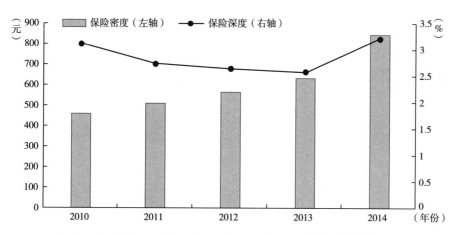

图 31 - 4 - 3　菏泽市 2010 ~ 2014 年保险业微观金融效率变化情况

31.5　菏泽市金融综合竞争力评价

通过对菏泽市金融生态竞争力、金融规模竞争力及金融效率竞争力的分析，我们得到如下结论。

①2014 年，菏泽市的区域经济实力竞争力不断提高，但处在经济形势严峻的大背景下，增长速度有所放缓；区域开放程度竞争力总体呈上升趋势，对外贸易扩大，实际利用外资额增加。整体来看，菏泽市全年金融生态竞争力有所提升。

② 2014 年，菏泽市的借贷市场和保险市场健康发展，金融规模竞争力提升。面临国际国内复杂多变的金融形势，菏泽市主动调整信贷结构，促进金融机构的合作，保持金融市场的健康发展。

③2014 年，菏泽市的宏观金融效率和微观金融效率都有所提高，下一步更应在保证安全性、稳定性的基础上，提升资金的使用效率和盈利性。

第 32 章
泰安市东平县 2014 年金融竞争力研究报告

32.1 东平县概述

东平县位于鲁西南，西临黄河，东望泰山，总面积 1343 平方公里，是山东省旅游资源比较丰富的县之一。东平县矿产资源比较丰富，具有储量大、分布相对集中等特点，现在探明的金属、非金属和能源矿藏主要有铁，煤，水泥用灰岩、页岩、白云岩，建筑用砂，木鱼石，矿泉水等品种。丰富的矿产资源为东平县的经济发展奠定了雄厚的基础。

2014 年东平县经济平稳发展。全年全市实现地区生产总值 346.50 亿元，同比增长 11.48%；全年实现财政收入 11.34 亿元，同比增长 12.95%；2014 年全市完成固定资产投资 248.00 亿元，比上年增长 18.55%；进出口总值 5.1 亿美元，五年来首降，其中出口总额大增，进口总额降低；全年实际利用外资 765 万美元，外资利用率偏低。

32.2 东平县金融生态竞争力评价分析

32.2.1 东平县区域经济实力评价分析

2010~2014 年东平县区域经济实力指标组的数据变化情况如表 32-2-1 所示。

表 32-2-1 东平县 2010~2014 年区域经济实力指标及数据

年 份	GDP（亿元）	固定资产投资（亿元）	财政收入（亿元）	人均GDP（元）	人均固定资产投资（元）	城镇人均可支配收入（元）	农村人均纯收入（元）	财政支出/GDP（％）
2010	203.50	119.50	5.85	25727.00	15107.46	14108.00	6031.00	—
2011	235.10	139.70	6.43	29722.00	17661.20	16277.00	7146.00	—
2012	270.00	170.90	7.60	34615.38	21910.26	18628.00	8304.00	—
2013	310.83	209.20	10.04	39850.00	26820.51	20509.00	9446.00	8.96
2014	346.50	248.00	11.34	44423.08	31794.87	22392.00	10602.00	8.12

资料来源：2010~2014 年《东平县政府工作报告》及相关数据计算。

由表 32-2-1 可知，东平县 2014 年全年实现 GDP 346.50 亿元，比上年增长

11.48%；固定资产投资达到 248.00 亿元，比上年增长 18.55%；财政收入 11.34 亿元，比上年增长 12.95%。2014 年全市人均 GDP 为 44423.08 元，比上年增长 11.48%；人均固定资产投资额为 31794.87 元，增长 18.55%；城镇人均可支配收入为 22392 元，比上年增加了 9.18%；农村人均纯收入为 10602 元，比上年增加 12.24%。2014 年全市财政支出占 GDP 的比重为 8.12%，与 2013 年相比下降了 0.84%，说明政府投资拉动对 GDP 的贡献减小。总之，东平县 2014 年区域经济实力的总体水平与 2013 年相比均有所提高。从全市 2010～2014 年区域经济实力的相关数据来看，东平县的区域经济实力竞争力不断增强，但增长速度呈放缓态势。

东平县 2010～2014 年区域经济实力变化情况如图 32 - 2 - 1、图 32 - 2 - 2 所示。

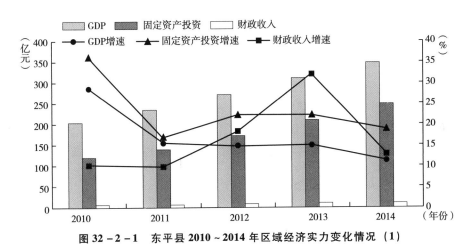

图 32 - 2 - 1　东平县 2010～2014 年区域经济实力变化情况（1）

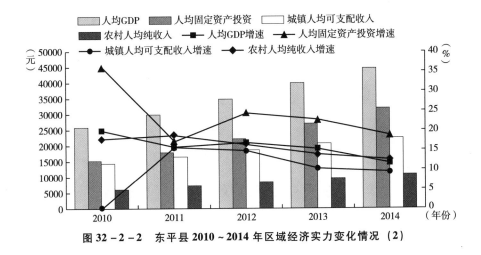

图 32 - 2 - 2　东平县 2010～2014 年区域经济实力变化情况（2）

32.2.2　东平县区域开放程度评价分析

2010～2014 年东平县区域开放程度指标的数据变化情况如表 32 - 2 - 2 所示。

表 32 - 2 - 2　东平县 2010 ~ 2014 年区域开放程度指标及数据

单位：万美元

年　份	实际利用外资额	出口总额	进口总额	进出口总额
2010	9328.00	1526.00	6880.00	8406.00
2011	144.00	1397.00	9199.00	10596.00
2012	—	—	—	37000.00
2013	—	1697.00	55268.00	56965.00
2014	765.00	3300.00	48000.00	51000.00

资料来源：2010 ~ 2014 年《东平县政府工作报告》及相关数据计算。

由表 32 - 2 - 2 可知，2014 年东平县实际利用外资额为 765.00 万美元；全市进出口总额达到 51000.00 万美元，比 2013 年下降了 10.47%；其中出口总额为 3300.00 万美元，比上年增加 94.46%；进口总额为 48000 万美元，比上年下降 13.15%。总之，东平县 2014 年出口数据表现十分靓丽，但是进口总额下滑严重。实际利用外资额相比 2010 年大幅下降，需要重视该地区的对外投资。

东平县 2010 ~ 2014 年区域开放程度相关变化情况如图 32 - 2 - 3 所示。

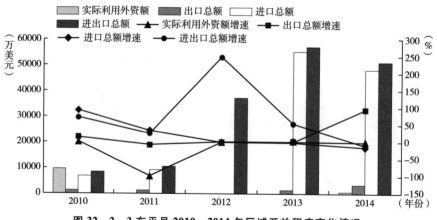

图 32 - 2 - 3 东平县 2010 ~ 2014 年区域开放程度变化情况

32.3　东平县金融规模竞争力评价分析

2010 ~ 2014 年东平县金融规模竞争力指标组数据变化情况如表 32 - 3 - 1 所示。

由表 32 - 3 - 1 可知，最新的东平县 2013 年各项存款余额达 170.46 亿元，比 2012 年上涨 21.85%；各项贷款余额为 108.68 亿元，比 2012 年上涨 19.67%；城乡居民储蓄余额和保险市场数据缺失严重，无法分析。从 2010 ~ 2013 年的金融规模竞争力指标数据来看，东平县的借贷市场规模不断提升，发展稳定。

表 32 – 3 – 1　东平县 2010 ~ 2013 年金融规模竞争力指标及数据

单位：亿元

年　份	借贷市场		
	存款余额	贷款余额	居民储蓄余额
2010	89.10	68.60	67.57
2011	107.90	74.80	84.80
2012	139.89	90.82	—
2013	170.46	108.68	—

资料来源：2010 ~ 2013 年《东平县政府工作报告》及相关数据计算。

东平县 2010 ~ 2013 年金融规模变化情况如图 32 – 3 – 1 所示。

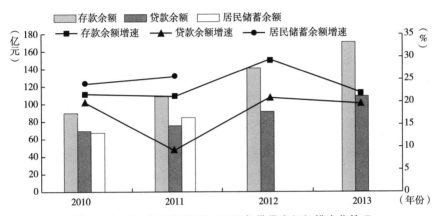

图 32 – 3 – 1　东平县 2010 ~ 2013 年借贷市场规模变化情况

32.4　东平县金融效率竞争力评价分析

32.4.1　东平县宏观金融效率评价分析

2010 ~ 2014 年东平县宏观金融效率指标组的数据变化情况如表 32 – 4 – 1 所示。

表 32 – 4 – 1　东平县 2010 ~ 2014 年宏观金融效率指标及数据

年　份	储蓄总额（亿元）	固定资产投资总额（亿元）	GDP（亿元）	储蓄投资转化系数	经济储蓄动员力
2010	67.57	119.50	203.50	0.5654	0.3320
2011	84.80	139.70	235.10	0.6070	0.3607
2012	—	170.90	270.00	—	—
2013	—	209.20	310.83	—	—
2014	—	248.00	346.50	—	—

资料来源：2010 ~ 2015 年《东平县政府工作报告》及相关数据计算。

由表 32 - 4 - 1 可知，2014 年东平县固定资产投资总额为 248.00 亿元，同比上升 18.55%，而该年度 GDP 增长率为 11.48%，说明该地区固定资产投资对 GDP 增长影响还是比较显著。由于数据缺失，无法分析出该地区储蓄投资转化系数和经济储蓄动员力指标变动趋势。

32.4.2 东平县微观金融效率评价分析

2010～2014 年东平县微观金融效率指标组的数据变化情况如表 32 - 4 - 2 所示。

表 32 - 4 - 2 东平县 2010～2014 年微观金融效率指标及数据

年 份	存款余额占 GDP 比重（%）	贷款余额占 GDP 比重（%）	贷存比（%）	保险深度（%）	保险密度（元）
2010	43.78	33.71	76.99	—	—
2011	45.90	31.82	69.32	—	—
2012	—	—	64.92	—	—
2013	—	34.96	63.76	—	—

资料来源：2010～2014 年《东平县政府工作报告》及相关数据计算。

由表 32 - 4 - 2 可知，由于表格数据缺失太多，无法分析趋势。仅对 2013 年东平县贷存比指标变动进行分析，该地区贷存比指标呈现下降趋势，说明该地区贷款相对下降，资金利用率下滑。

32.5 东平县金融综合竞争力评价

通过对东平县金融生态竞争力、金融规模竞争力及金融效率竞争力的分析，我们得到如下结论。

①2014 年，东平县的区域经济实力竞争力稳步提高，受国家整体经济转型的影响，各指标增长速度均有所放缓；区域开放程度竞争力总体呈下滑趋势，对外出口额大幅增长，但是实际利用外资额和进口总额下滑明显。全年金融生态竞争力总体有所提升。

②2014 年，东平县的借贷市场和保险市场数据缺失严重，影响趋势分析，仅对可得数据分析得出结果，该地区存贷款余额均呈现高速增长态势，金融规模竞争力不断增强。

③2014 年，东平县的宏观金融效率和微观金融效率数据缺失严重，仅对现有指标进行分析，得出结果，该地区固定资产投资对 GDP 增长影响比较显著，但该地区资金利用率不高。

第 33 章
淮北市 2014 年金融竞争力研究报告

33.1 淮北市概述

淮北市位于安徽省北部，地处苏、鲁、豫、皖四省交界，淮海经济协作区腹地，辖濉溪县、相山区、杜集区、烈山区，总面积 2741 平方公里，人口 221 万。

淮北市全年实现地区生产总值 747.50 亿元，三次产业结构比例为 8.0∶66.6∶25.4。全年固定资产投资 840.80 亿元，比上年增长 20.03%。全年进出口总额 54808 万美元，比上年增长 17%。全年财政收入 91.30 亿元，比上年增长 80.08%。金融机构各项贷款余额为 664.20 亿元，比年初增加 52.1 亿元，增长 8.5%。贷存比达到 70.14%，比上年下降 0.71 个百分点。

33.2 淮北市金融生态竞争力评价分析

33.2.1 淮北市区域经济实力评价分析

2010~2014 年淮北市区域经济实力指标组的数据变化情况如表 33-2-1 所示。

表 33-2-1 淮北市 2010~2014 年区域经济实力指标及数据

年　份	GDP（亿元）	固定资产投资（亿元）	财政收入（亿元）	人均 GDP（元）	人均固定资产投资（元）	城镇人均可支配收入（元）	农村人均纯收入（元）	财政支出/GDP（%）
2010	461.64	366.90	29.60	22309.00	17725.02	15191.00	5337.00	14.28
2011	554.92	450.10	38.70	26225.00	21231.13	17876.00	6313.00	15.73
2012	620.54	577.20	51.85	29285.00	27187.94	20360.00	7286.00	17.49
2013	703.70	700.50	50.70	32996.00	32703.08	22460.00	8240.00	15.45
2014	747.50	840.80	91.30	34758.00	38943.96	23787.00	9116.00	12.21

资料来源：2010~2014 年《安徽统计年鉴》和《2014 年淮北市国民经济和社会发展统计公报》及相关数据计算。

由表 33-2-1 可知，淮北市 2014 年全年实现 GDP 747.50 亿元，比上年增长 6.22%；固定资产投资达 840.80 亿元，比上年增长 20.03%；财政收入达 91.30 亿元，比上年增长

80.08%；人均 GDP 为 34758.00 元，比上年增长 5.34%。2014 年淮北市人均固定资产投资为 38943.96 元；城镇人均可支配收入为 23787.00 元，比上年增长 5.91%；农村人均纯收入为 9116.00 元，比上年增长 10.63%；财政支出占 GDP 的比重为 12.21%，与上一年相比下降了 3.24 个百分点，说明政府投资拉动的 GDP 比重下降，民间投资比重有所升高。总之，淮北市 2014 年区域经济实力的总体水平与上一年相比有很大程度的提升。从全市 2010～2014 年区域经济实力的相关数据来看，淮北市的区域经济实力竞争力稳步提高，经济发展状况良好，但增速放缓，发展后劲不足。整体来说，淮北市的经济环境还是良好的。

淮北市 2010～2014 年区域经济实力变化情况如图 33 – 2 – 1、图 33 – 2 – 2 所示。

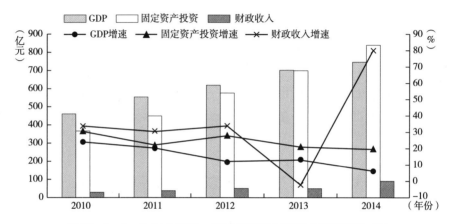

图 33 – 2 – 1　淮北市 2010～2014 年区域经济实力变化情况（1）

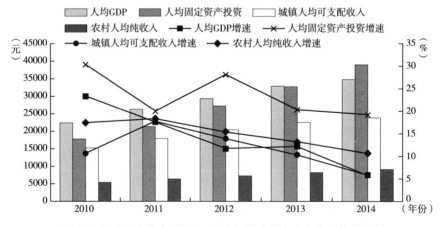

图 33 – 2 – 2　淮北市 2010～2014 年区域经济实力变化情况（2）

33.2.2　淮北市区域开放程度评价分析

2010～2014 年淮北市区域开放程度指标的数据变化情况如表 33 – 2 – 2 所示。

表 33 - 2 - 2　淮北市 2010 ~ 2014 年区域开放程度指标及数据

单位：万美元

年　份	实际利用外资额	出口总额	进口总额	进出口总额
2010	19229	14024	5982	20006
2011	30123	17156	2993	20149
2012	37966	30812	4042	34854
2013	45934	43828	3012	46840
2014	54431	51958	2850	54808

资料来源：2010 ~ 2014 年《安徽统计年鉴》和《2014 年淮北市国民经济和社会发展统计公报》。

　　由表 33 - 2 - 2 可知，2014 年淮北市实际利用外资额为 54431 万美元，比上年增长 18.5%。2014 年全市出口总额为 51958 万美元，比上年增长 18.55%；进口总额达 2850 万美元，比上年下降 5.38%；进出口总额为 54808 万美元，比上年增加 17.01%。从 2010 ~ 2014 年淮北市区域开放程度指标数据来看，实际利用外资额和出口总额在逐步上涨，但增速逐步下降；全市进口总额自 2012 年起呈现下降趋势，进出口总额逐渐增加，但增速在 2010 ~ 2014 年波动幅度较大。这说明淮北市区域开放程度有所稳定，对外开放形势良好，金融生态竞争力不断增强。

　　淮北市 2010 ~ 2014 年区域开放程度相关变化情况如图 33 - 2 - 3 所示。

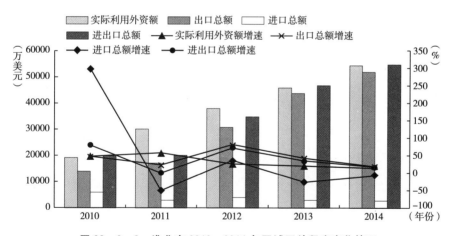

图 33 - 2 - 3　淮北市 2010 ~ 2014 年区域开放程度变化情况

33.3　淮北市金融规模竞争力评价分析

　　2010 ~ 2014 年淮北市金融规模竞争力指标组的数据变化情况如表 33 - 3 - 1 所示。

　　由表 33 - 3 - 1 可知，淮北市 2014 年各项存款余额达 946.90 亿元，比上一年上涨 9.5%；各项贷款余额为 664.20 亿元，比上一年上涨 8.51%；城乡居民储蓄余额为 530.70 亿元，比上一年增加 12.72%。从保险市场这个方面来看，淮北市 2014 年保费收入

表 33 - 3 - 1　淮北市 2010～2014 年金融规模竞争力指标及数据

单位：亿元

年　份	借贷市场			保险市场	
	存款余额	贷款余额	居民储蓄余额	保费收入	保险赔付额
2010	568.60	304.80	289.70	16.90	4.10
2011	695.40	405.70	353.50	18.60	4.90
2012	787.70	508.60	424.60	18.30	2.40
2013	864.90	612.10	470.80	6.90	3.70
2014	946.90	664.20	530.70	18.64	4.11

资料来源：2010～2014 年《安徽统计年鉴》和《2014 年淮北市国民经济和社会发展统计公报》。

为 18.64 亿元，与上一年相比增加 170.14%；保险赔付额达 4.11 亿元，比上一年上涨 11.08%。从 2010～2014 年的金融规模竞争力指标数据来看，淮北市的借贷市场规模逐年扩大，保险市场规模在 2013 年有所减小，表明该市金融规模不断增长和稳定，规模竞争力在不断提升。

淮北市 2010～2014 年金融规模变化情况如图 33 - 3 - 1、图 33 - 3 - 2 所示。

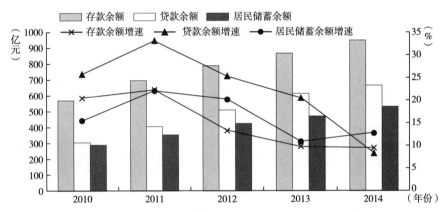

图 33 - 3 - 1　淮北市 2010～2014 年借贷市场规模变化情况

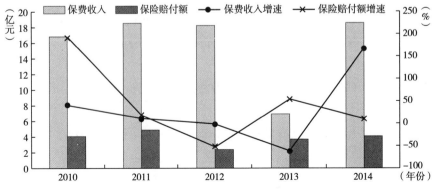

图 33 - 3 - 2　淮北市 2010～2014 年保险市场规模变化情况

33.4　淮北市金融效率竞争力评价分析

33.4.1　淮北市宏观金融效率评价分析

2010～2014 年淮北市宏观金融效率指标组的数据变化情况如表 33－4－1 所示。

表 33－4－1　淮北市 2010～2014 年宏观金融效率指标及数据

年　份	储蓄总额（亿元）	固定资产投资总额（亿元）	GDP（亿元）	储蓄投资转化系数	经济储蓄动员力
2010	289.70	366.90	461.64	0.7896	0.6275
2011	353.50	450.10	554.92	0.7854	0.637
2012	424.60	577.20	620.54	0.7356	0.6842
2013	470.80	700.50	703.70	0.6721	0.6690
2014	530.70	840.80	747.50	0.6312	0.7100

资料来源：前三列数据摘自 2010～2014 年《安徽统计年鉴》和《2014 年淮北市国民经济和社会发展统计公报》，后两列数据根据上述文献计算得到。

由表 33－4－1 可知，2014 年淮北市储蓄投资转化系数为 0.6312，比上一年下降了 6.09%，即意味着与 2013 年相比，每单位固定资产投资所需的城乡居民积累的资金数量减少，资金的使用效率提升；另外，淮北市 2014 年的经济储蓄动员力为 0.7100，与上一年相比增加了 4.1%。从 2010～2014 年宏观金融效率的指标数据来看，淮北市的宏观金融效率总体上升。

淮北市 2010～2014 年宏观金融效率相关变化情况如图 33－4－1 所示。

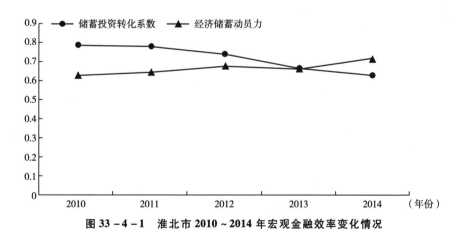

图 33－4－1　淮北市 2010～2014 年宏观金融效率变化情况

33.4.2　淮北市微观金融效率评价分析

2010～2014 年淮北市微观金融效率指标组的数据变化情况如表 33－4－2 所示。

由表 33－4－2 可知，2014 年淮北市存款余额占 GDP 比重为 126.68%，比上一年增加

表 33 - 4 - 2　淮北市 2010～2014 年微观金融效率指标及数据

年　份	存款余额占 GDP 比重（%）	贷款余额占 GDP 比重（%）	贷存比（%）	保险深度（%）	保险密度（元）
2010	123.17	66.03	53.61	3.66	816.44
2011	125.32	73.11	58.34	3.35	877.36
2012	126.94	81.96	64.57	2.95	861.99
2013	122.77	86.98	70.85	0.98	322.13
2014	126.68	88.86	70.14	2.49	863.51

资料来源：2010～2014 年《安徽统计年鉴》和《2014 年淮北市国民经济和社会发展统计公报》及相关数据计算。

3.91 个百分点；贷款余额占 GDP 比重为 88.86%，与上一年相比增加 1.88 个百分点；贷存比指标数据为 70.14%，比上一年下降 0.71 个百分点；另外其保险深度为 2.49%，保险密度为 863.51 元。综上所述，2014 年淮北市微观金融效率指标总体呈上升趋势。从淮北市 2010～2014 年的微观金融效率指标相关数据来看，除保险深度指标总体呈现逐年下降，贷款余额占 GDP 的比重呈现逐年增加的趋势外，其他各项指标数值在不同程度上呈先上升后下降的趋势。可以看出，淮北市银行业和保险业的行业效率总体上升，但最近两年稳定性较差，需不断增强淮北市的金融效率竞争力。

淮北市 2010～2014 年微观金融效率相关变化情况如图 33 - 4 - 2、图 33 - 4 - 3 所示。

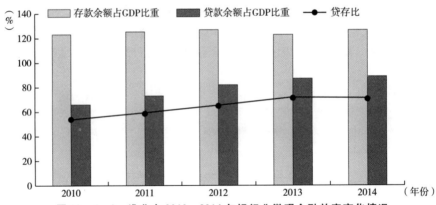

图 33 - 4 - 2　淮北市 2010～2014 年银行业微观金融效率变化情况

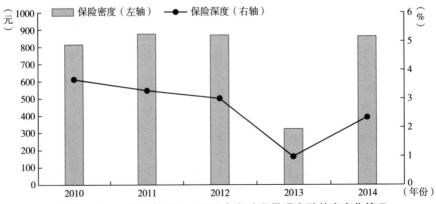

图 33 - 4 - 3　淮北市 2010～2014 年保险业微观金融效率变化情况

33.5　淮北市金融综合竞争力评价

通过对淮北市金融生态竞争力、金融规模竞争力及金融效率竞争力的分析，我们得到如下结论。

①2014 年，淮北市的区域经济实力竞争力有很大程度提升，但增速放缓；而区域开放程度竞争力有所稳定，进出口总额等指标数据持续上升，整体来看淮北市金融生态竞争力在增强。

②淮北市 2014 年的借贷市场和保险市场的规模不断扩大，金融规模竞争力不断提升，竞争力不断增强。

③2014 年淮北市储蓄资源的使用效率以及宏观经济对储蓄资源的动员力都在提高，宏观金融效率不断提升，但由于保险业的效率有所降低，微观金融效率有所降低，因此淮北市在提升整体地区的金融效率方面应将重点放在保险市场上。

第 34 章
宿州市 2014 年金融竞争力研究报告

34.1 宿州市概述

宿州位于安徽省东北部，地处苏、鲁、豫、皖四省交界处，是淮海经济协作区的核心城市之一，也是中原经济区的重要组成部分。宿州文化底蕴深厚，人文资源丰富，区位优越、交通便利，被誉为安徽省文明城市、国家智慧城市。

2014 年宿州市完成地区生产总值 1126.07 亿元，比上年增长 11.02%。人均 GDP 20630 元，比上年增加 1862 元。全年固定资产投资 945.80 亿元，比上年增长 22.31%。进出口总额 6.51 亿美元，比上年增长 21.77%。全年引进外资项目 8 个，实际利用外资额为 5.90 亿美元，增长 26.03%。全市金融机构人民币存款达到了 1314.59 亿元；贷款余额 686.70 亿元，增长 22.84%。

34.2 宿州市金融生态竞争力评价分析

34.2.1 宿州市区域经济实力评价分析

2010~2014 年宿州市区域经济实力指标组的数据变化情况如表 34-2-1 所示。

表 34-2-1 宿州市 2010~2014 年区域经济实力指标及数据

年 份	GDP（亿元）	固定资产投资（亿元）	财政收入（亿元）	人均 GDP（元）	人均固定资产投资（元）	城镇人均可支配收入（元）	农村人均纯收入（元）	财政支出/GDP（%）
2010	650.60	406.36	26.15	12133.00	6369.28	14669.00	4766.00	17.40
2011	802.40	480.03	38.96	14970.00	8939.11	17384.00	5720.00	19.57
2012	914.95	613.69	53.30	17038.00	11411.12	19731.00	6635.00	21.18
2013	1014.33	773.30	66.35	18768.00	14238.37	21713.00	7571.00	21.95
2014	1126.07	945.80	76.94	20630.00	17240.25	21941.00	8332.00	21.97

资料来源：2010~2014 年《安徽统计年鉴》和《2014 年宿州市国民经济和社会发展统计公报》及相关数据计算。

由表 34-2-1 可知，宿州市 2014 年全年实现 GDP 1126.07 亿元，比上年增长 11.02%；固定资产投资总额达 945.80 亿元，比上年增长 22.31%；财政收入达

76.94 亿元，比上年增长 15.96%；人均 GDP 为 20630.00 元，比上年增长 9.92%；人均固定资产投资额为 17240.25 元，比上年增长 21.08%。2014 年宿州市城镇人均可支配收入为 21941.00 元，比上年增长 1.05%；农村人均纯收入为 8332.00 元，比上年增长 10.05%；财政支出占 GDP 的比重为 21.97%，上升了 0.02 个百分点，说明政府投资拉动的 GDP 比重小幅上涨，民间投资比重相对下降。总之，宿州市 2014 年区域经济实力相较于 2013 年有所提升。从全市 2010～2014 年区域经济实力竞争力的相关数据来看，宿州市的区域经济实力不断增强，但面临着全国经济下行的压力，经济增长速度放缓。

宿州市 2010～2014 年区域经济实力变化情况如图 34 - 2 - 1、图 34 - 2 - 2 所示。

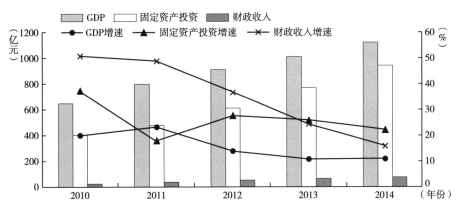

图 34 - 2 - 1　宿州市 2010～2014 年区域经济实力变化情况（1）

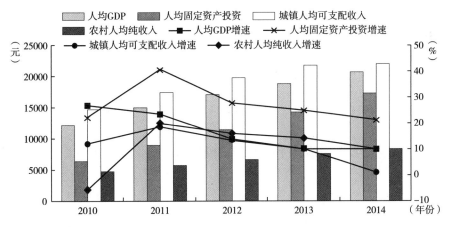

图 34 - 2 - 2　宿州市 2010～2014 年区域经济实力变化情况（2）

34.2.2　宿州市区域开放程度评价分析

2010～2014 年宿州市区域开放程度指标的数据变化情况如表 34 - 2 - 2 所示。

表 34 - 2 - 2　宿州市 2010～2014 年区域开放程度指标及数据

单位：万美元

年　份	实际利用外资额	出口总额	进口总额	进出口总额
2010	13429	12100	3300	15400
2011	25206	16800	5300	22100
2012	37049	36400	4200	40604
2013	46813	47192	6271	53463
2014	59000	57400	7700	65100

资料来源：2010～2014 年《安徽统计年鉴》和《2014 年宿州市国民经济和社会发展统计公报》。

由表 34 - 2 - 2 可知，2014 年宿州市实际利用外资额为 59000 万美元，比上年增长 26.03%；全市进出口总额为 65100 万美元，增长 21.77%，其中出口总额为 57400 万美元，上涨 21.63%，进口总额达 7700 万美元，上涨 22.79%。从 2010～2014 年宿州市区域开放程度指标数据来看，对外贸易不断扩大，招商引资规模不断增加，开放程度逐年提升。

宿州市 2010～2014 年区域开放程度相关变化情况如图 34 - 2 - 3 所示。

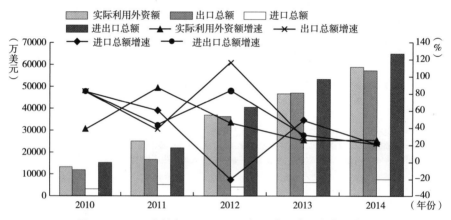

图 34 - 2 - 3　宿州市 2010～2014 年区域开放程度变化情况

34.3　宿州市金融规模竞争力评价分析

2010～2014 年宿州市金融规模竞争力指标组的数据变化情况如表 34 - 3 - 1 所示。

表 34 - 3 - 1　宿州市 2010～2014 年金融规模竞争力指标及数据

单位：亿元

年　份	借贷市场			保险市场	
	存款余额	贷款余额	居民储蓄余额	保费收入	保险赔付额
2010	701.70	308.33	466.08	23.00	4.70
2011	854.23	379.14	560.36	20.86	4.52

续表

年　份	借贷市场			保险市场	
	存款余额	贷款余额	居民储蓄余额	保费收入	保险赔付额
2012	1014.77	463.32	665.08	30.32	8.17
2013	1158.46	559.02	763.89	36.99	13.12
2014	1314.59	686.70	883.40	45.82	12.02

资料来源：2010～2014 年《安徽统计年鉴》和《2014 年宿州市国民经济和社会发展统计公报》。

由表 34 - 3 - 1 可知，宿州市 2014 年各项存款余额 1314.59 亿元，比上一年增长 13.48%；各项贷款余额为 686.70 亿元，增长 22.84%；城乡居民储蓄余额为 883.40 亿元，增长 15.64%。宿州市 2014 年保费收入为 45.82 亿元，比上一年增长了 23.87%；保险赔付额达 12.02 亿元，比上年下降了 8.38%。从 2010～2014 年的金融规模竞争力指标数据来看，宿州市的借贷市场和保险市场规模逐年增加，显示了良好的发展势头。2014 年以来，宿州市大力发展普惠金融，推动金融改革创新，丰富金融市场层次和产品，有效地支撑了实体经济的发展。

宿州市 2010～2014 年金融市场规模变化情况如图 34 - 3 - 1、图 34 - 3 - 2 所示。

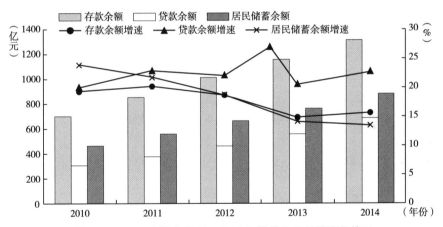

图 34 - 3 - 1　宿州市 2010～2014 年借贷市场规模变化情况

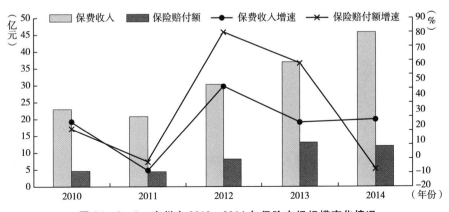

图 34 - 3 - 2　宿州市 2010～2014 年保险市场规模变化情况

34.4 宿州市金融效率竞争力评价分析

34.4.1 宿州市宏观金融效率评价分析

2010～2014 年宿州市宏观金融效率指标组的数据变化情况如表 34-4-1 所示。

表 34-4-1 宿州市 2010～2014 年宏观金融效率指标及数据

年 份	储蓄总额（亿元）	固定资产投资总额（亿元）	GDP（亿元）	储蓄投资转化系数	经济储蓄动员力
2010	466.08	406.36	650.60	1.1470	0.7164
2011	560.36	480.03	802.40	1.1673	0.6984
2012	665.08	613.69	914.95	1.0837	0.7269
2013	763.89	773.30	1014.33	0.9878	0.7531
2014	883.40	945.80	1126.07	0.9340	0.7845

资料来源：前三列数据摘自 2010～2014 年《安徽统计年鉴》和《2014 年宿州市国民经济和社会发展统计公报》，后两列数据根据上述文献计算得到。

由表 34-4-1 可知，2014 年宿州市储蓄投资转化系数为 0.9340，比上年下降了 5.45%，即每单位固定资产投资所需的城乡居民积累的资金数量降低，资金的使用效率有所提升；经济储蓄动员力数值为 0.7845，增长了 4.17%。从 2010～2014 年宏观金融效率的指标数据来看，宿州市的资金利用率有所提高，财富集聚能力增加，宏观金融效率不断提升。

宿州市 2010～2014 年宏观金融效率相关变化情况如图 34-4-1 所示。

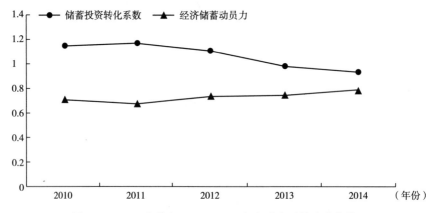

图 34-4-1 宿州市 2010～2014 年宏观金融效率变化情况

34.4.2　宿州市微观金融效率评价分析

2010～2014 年宿州市微观金融效率指标组的数据变化情况如表 34-4-2 所示。

表 34-4-2　宿州市 2010～2014 年微观金融效率指标及数据

年　　份	存款余额占 GDP 比重（%）	贷款余额占 GDP 比重（%）	贷存比（%）	保险深度（%）	保险密度（元）
2010	107.85	47.39	43.94	3.54	360.50
2011	106.11	47.25	44.53	2.60	388.45
2012	110.91	50.64	45.66	3.31	563.78
2013	114.21	55.11	48.26	3.65	681.08
2014	116.74	60.45	52.24	4.07	835.22

资料来源：2010～2014 年《安徽统计年鉴》和《2014 年宿州市国民经济和社会发展统计公报》及相关数据计算。

由表 34-4-2 可知，2014 年宿州市存款余额占 GDP 比重为 116.74%，比上年增加 2.53 个百分点；贷款余额占 GDP 比重为 60.45%，比上年增加 5.34 个百分点；贷存比数值为 52.24%，比上年提高了 3.98 个百分点。2014 年宿州市保险深度为 4.07%，保险密度即人均保费为 835.22 元，增长了 22.63%。2014 年宿州市微观金融效率与 2013 年相比总体呈逐年提升趋势。从宿州市 2010～2014 年的微观金融效率指标相关数据来看，除保险深度指标在 2011 年有所回落外，其他指标总体上逐年增加。这说明宿州市银行业和保险业的行业效率是逐步提升的，金融微观效率递增。近年来，宿州市加强政银企合作，探索独具特色的信贷产品，调整信贷结构，加强与信贷与保险的合作，使得金融效率不断提高。

宿州市 2010～2014 年微观金融效率相关变化情况如图 34-4-2、图 34-4-3 所示。

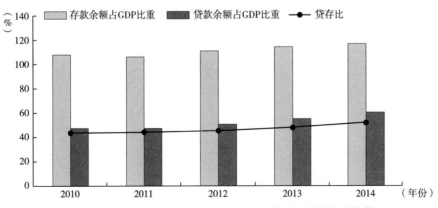

图 34-4-2　宿州市 2010～2014 年银行业微观金融效率变化情况

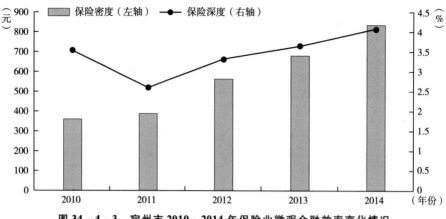

图 34 - 4 - 3　宿州市 2010～2014 年保险业微观金融效率变化情况

34.5　宿州市金融综合竞争力评价

通过对宿州市金融生态竞争力、金融规模竞争力及金融效率竞争力的分析，我们得到如下结论。

①2014 年，宿州市的区域经济实力竞争力不断增强，但面临着全国经济下行的压力，经济增长速度放缓；对外贸易不断扩大，招商引资规模不断增加，开放程度逐年提升。

②2014 年，宿州市的借贷市场和保险市场规模逐年增加，金融规模不断增大，为金融竞争力的提升奠定了良好的基础。

③2014 年，宿州市的资金利用率有所提高，财富集聚能力增加，银行业和保险业效率不断提升。在宿州市开展的"金融服务实体经济"活动中，全市通过转型升级"助力工程"、现代农业"雨露工程"、金融服务"普惠工程"三项"金融套餐"，逐渐增强金融业对实体经济发展和转型的促进作用。

第 35 章

蚌埠市 2014 年金融竞争力研究报告

35.1 蚌埠市概述

蚌埠地处安徽省东北部、淮河中游，京沪铁路和淮南铁路交会点，同时也是京沪高铁、京福高铁、哈武高铁、哈沪高铁的交会点。全国重要的综合交通枢纽，有"皖北中心城市""淮畔明珠"之称。地区总面积 5952 平方公里，总人口 367.81 万。

2014 年蚌埠市经济社会发展在新常态中展现了良好态势。全市实现地区生产总值 1108.44 亿元，同比增长 9.98%。第一、二、三产增加值分别增长 5.1%、12%、9.4%。全年完成固定资产投资 1244.18 亿元，比上年增长 17.28%。财政收入为 105.34 亿元，增长 13.45%。城镇居民人均可支配收入和农村人均纯收入分别达 24147 元、10511 元，同比增长 6.19%、20.25%。社会消费品零售总额 481.5 亿元，同比增长 13.7%。全年进出口总额 20.80 亿美元，比上年增长 31.65%。其中，出口 16.23 亿美元，增长 41.13%；进口 4.58 亿美元，增加 6.5%。金融机构各项贷款余额 1003.22 亿元，比上年末增加 193.04 元，增长 23.83%。

35.2 蚌埠市金融生态竞争力评价分析

35.2.1 蚌埠市区域经济实力评价分析

2010～2014 年蚌埠市区域经济实力指标组的数据变化情况如表 35-2-1 所示。

表 35-2-1 蚌埠市 2010～2014 年区域经济实力指标及数据

年 份	GDP（亿元）	固定资产投资（亿元）	财政收入（亿元）	人均 GDP（元）	人均固定资产投资（元）	城镇人均可支配收入（元）	农村人均纯收入（元）	财政支出/GDP（%）
2010	638.05	528.73	42.90	20134.00	16684.44	15376.00	6226.00	16.77
2011	780.24	650.92	61.36	24564.00	20493.03	18143.00	7406.00	21.11
2012	890.22	890.22	78.42	27968.00	27967.95	20629.00	8340.00	18.55
2013	1007.85	1060.89	92.85	31482.00	32946.89	22739.00	8741.00	18.99
2014	1108.44	1244.18	105.34	34222.00	38188.46	24147.00	10511.00	18.82

资料来源：2010～2014 年《安徽统计年鉴》和《2014 年蚌埠市国民经济和社会发展统计公报》及相关数据计算。

由表 35 - 2 - 1 可知，蚌埠市 2014 年全年实现 GDP 1108.44 亿元，比上年增长 9.98%；固定资产投资达到 1244.18 亿元，比上年增长 17.28%；财政收入 105.34 亿元，比上年增长 13.45%。2014 年全市人均 GDP 为 34222.00 元，比上年增长 8.70%；人均固定资产投资额为 38188.46 元，增长 15.91%；城镇人均可支配收入为 24147.00 元，比上年增加了 6.19%；农村人均纯收入为 10511 元，比上年增加 20.25%，人民生活水平有所提高。2014 年全市财政支出占 GDP 的比重为 18.82%，与 2013 年相比下降了 0.17%，说明政府投资拉动 GDP 比重基本保持平衡。蚌埠市 2014 年区域经济实力的总体水平同比均有所提升，该市区域经济实力不断提高。

蚌埠市 2010~2014 年区域经济实力变化情况如图 35 - 2 - 1、图 35 - 2 - 2 所示。

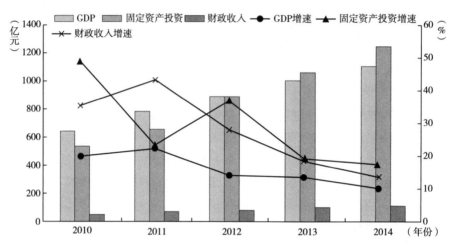

图 35 - 2 - 1　蚌埠市 2010~2014 年区域经济实力变化情况（1）

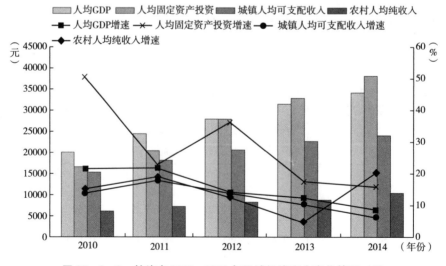

图 35 - 2 - 2　蚌埠市 2010~2014 年区域经济实力变化情况（2）

35.2.2　蚌埠市区域开放程度评价分析

2010～2014 年蚌埠市区域开放程度指标的数据变化情况如表 35－2－2 所示。

表 35－2－2　蚌埠市 2010～2014 年区域开放程度指标及数据

单位：万美元

年份	实际利用外资额	出口总额	进口总额	进出口总额
2010	27262.00	33331.00	5084.00	38415.00
2011	45574.00	46737.00	7614.00	54351.00
2012	73250.00	55889.00	21116.00	77005.00
2013	101300.00	115000.00	43000.00	158000.00
2014	125000.00	162300.00	45800.00	208000.00

资料来源：2010～2014 年《安徽统计年鉴》和《2014 年蚌埠市国民经济和社会发展统计公报》。

由表 35－2－2 可知，2014 年蚌埠市实际利用外资额为 125000.00 万美元，比上年增长 23.40%；全市进出口总额达到 208000.00 万美元，同比增长了 31.65%；其中出口总额为 162300.00 万美元，比上年增加 41.13%；进口总额为 45800.00 万美元，比上年增加 6.51%。实际利用外资额总体呈高速增长趋势，进出口总额和出口总额逐年增加，进口总额逐年增长但增速变缓。蚌埠区域开放程度不断提升。

蚌埠市 2010～2014 年区域开放程度相关变化情况如图 35－2－3 所示。

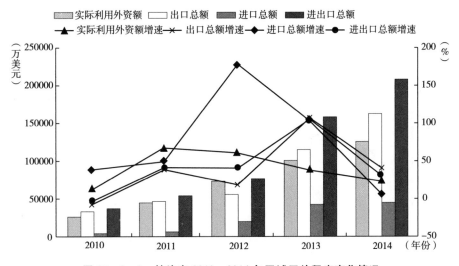

图 35－2－3　蚌埠市 2010～2014 年区域开放程度变化情况

35.3 蚌埠市金融规模竞争力评价分析

2010～2014 年蚌埠市金融规模竞争力指标组数据变化情况如表 35－3－1 所示。

表 35－3－1 蚌埠市 2010～2014 年金融规模竞争力指标及数据

单位：亿元

年　份	借贷市场			保险市场	
	存款余额	贷款余额	居民储蓄余额	保费收入	保险赔付额
2010	707.65	386.92	386.80	21.82	—
2011	836.08	480.69	451.40	21.44	—
2012	975.86	631.74	531.41	25.16	—
2013	1258.58	810.18	604.20	25.93	—
2014	1433.46	1003.22	681.86	30.58	—

资料来源：2010～2014 年《安徽统计年鉴》和《2014 年蚌埠市国民经济和社会发展统计公报》。

由表 35－3－1 可知，蚌埠市 2014 年各项存款余额达 1433.46 亿元，同比上涨 13.90%；各项贷款余额为 1003.22 亿元，同比上涨 23.83%；城乡居民储蓄余额为 681.86 亿元，比上年增长了 12.85%。全市 2014 年的保费收入为 30.58 亿元，比上年增长 17.93%，保险赔付额数据缺失。从 2010～2014 年的金融规模竞争力指标数据来看，蚌埠市的借贷市场和保险市场规模连年高速增长，发展态势非常好。

蚌埠市 2010～2014 年金融市场规模变化情况如图 35－3－1、图 35－3－2 所示。

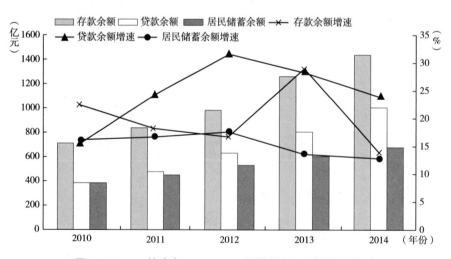

图 35－3－1 蚌埠市 2010～2014 年借贷市场规模变化情况

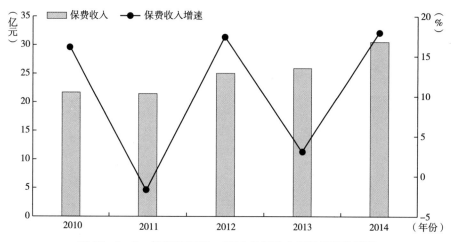

图 35 - 3 - 2　蚌埠市 2010～2014 年保险市场规模变化情况

35.4　蚌埠市金融效率竞争力评价分析

35.4.1　蚌埠市宏观金融效率评价分析

2010～2014 年蚌埠市宏观金融效率指标组的数据变化情况如表 35 - 4 - 1 所示。

表 35 - 4 - 1　蚌埠市 2010～2014 年宏观金融效率指标及数据

年　份	储蓄总额 （亿元）	固定资产投资 总额（亿元）	GDP （亿元）	储蓄投资转化 系数	经济储蓄动员力
2010	386.80	358.41	638.05	0.7316	0.6062
2011	451.40	427.07	780.24	0.6935	0.5785
2012	531.41	872.79	890.22	0.5969	0.5969
2013	604.20	1060.89	1007.85	0.5695	0.5995
2014	681.86	1244.18	1108.44	0.5480	0.6152

资料来源：前三列数据摘自 2010～2014 年《安徽统计年鉴》和《2014 年蚌埠市国民经济和社会发展统计公报》，后两列数据通过计算得到。

由表 35 - 4 - 1 可知，2014 年蚌埠市储蓄投资转化系数为 0.5480，同比下滑 3.78%，即意味着与 2013 年相比，每单位固定资产投资所需的城乡居民积累的资金数量小幅降低，资金的使用效率小幅提高；经济储蓄动员力为 0.6152，比上年增长 2.62%，说明储蓄资金增长对 GDP 贡献增加。从 2010～2014 年宏观金融效率的指标数据来看，蚌埠市的宏观金融效率逐步提高。

蚌埠市 2010～2014 年宏观金融效率相关变化情况如图 35 - 4 - 1 所示。

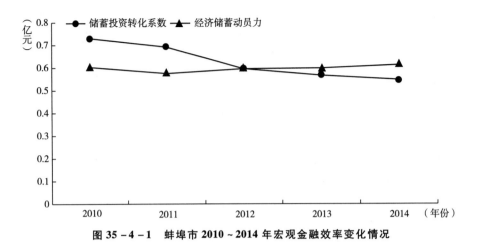

图 35 - 4 - 1　蚌埠市 2010～2014 年宏观金融效率变化情况

35.4.2　蚌埠市微观金融效率评价分析

2010～2014 年蚌埠市微观金融效率指标组的数据变化情况如表 35 - 4 - 2 所示。

表 35 - 4 - 2　蚌埠市 2010～2014 年微观金融效率指标及数据

年份	存款余额占 GDP 比重（%）	贷款余额占 GDP 比重（%）	贷存比（%）	保险深度（%）	保险密度（元）
2010	110.91	60.64	54.68	3.42	688.55
2011	107.16	61.61	57.49	2.75	675.00
2012	109.62	70.96	64.74	2.83	790.45
2013	124.88	80.39	64.37	2.57	805.28
2014	129.32	90.51	69.99	2.76	—

资料来源：通过 2010～2014 年《安徽统计年鉴》和《2014 年蚌埠市国民经济和社会发展统计公报》相关数据计算。

由表 35 - 4 - 2 可知，2014 年蚌埠市存款余额占 GDP 比重为 129.32%，同比增加 4.44 个百分点；贷款余额占 GDP 比重为 90.51%，同比增加 10.12 个百分点；贷存比指标数据为 69.99%，同比增加 5.62 个百分点。全市 2014 年保险深度达到 2.76%，上升 0.19 个百分点；保险密度数据缺失。从蚌埠市 2010～2014 年的微观金融效率指标相关数据来看，蚌埠市银行业微观金融效率总体不断提升，银行资金利用效率逐年提高，保险市场效率波动性增长。可见，2014 年蚌埠市微观金融效率比 2013 年有不同程度的提高。

蚌埠市 2010～2014 年微观金融效率相关变化情况如图 35 - 4 - 2、图 35 - 4 - 3 所示。

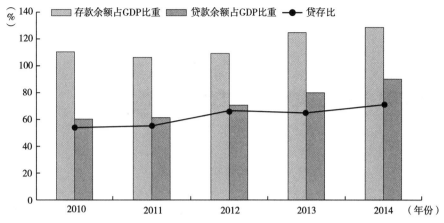

图 35 - 4 - 2　蚌埠市 2010 ~ 2014 年银行业微观金融效率变化情况

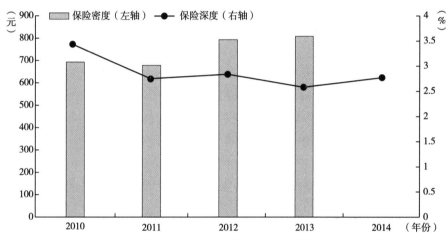

图 35 - 4 - 3　蚌埠市 2010 ~ 2014 年保险业微观金融效率变化情况

35.5　蚌埠市金融综合竞争力评价

通过对蚌埠市金融生态竞争力、金融规模竞争力及金融效率竞争力的分析，我们得到如下结论。

①2014 年，蚌埠市的区域经济实力竞争力不断提高，但在全国经济结构转型的大背景下，增长速度均有所放缓；区域开放程度竞争力总体呈上升趋势，对外贸易总量高速扩张，实际利用外资额连年提高。全年金融生态竞争力大幅提升。

②2014 年，蚌埠市的借贷市场和保险市场稳步发展，金融规模竞争力不断提升。蚌埠市的借贷市场和保险市场规模连年高速增加，发展态势非常好。

③2014 年，蚌埠市的宏观金融效率和微观金融效率都有所提高，但是增速放缓，该地区资金利用率不断提高，投资的提高对 GDP 的贡献增加。

第 36 章
亳州市 2014 年金融竞争力研究报告

36.1 亳州市概述

亳州是安徽省下辖地级市，位于安徽省西北部，是全球最大的中药材集散中心和价格形成中心、中原经济区成员城市、皖北旅游中心城市、国家历史文化名城、全国优秀旅游城市。

亳州市 2014 年完成地区生产总值 850.5 亿元，第三产业增加值 304.4 亿元，增长 8.9%。全年居民消费价格比上年上涨 1.4%。全年固定资产投资 650.9 亿元，比上年增长 20.2%，其中第三产业增长 32.5%。全年进出口总额 3.7 亿美元，比上年下降 13.21%。全年地方财政收入 72.7 亿元，增长 12.92%。年末全市共有 6 家证券公司营业部，开户股民（含基金）总数 3.2 万个，比上年增长 13.4%。全市共有保险公司 30 家。

36.2 亳州市金融生态竞争力评价分析

36.2.1 亳州市区域经济实力评价分析

2010~2014 年亳州市区域经济实力指标组的数据变化情况如表 36-2-1 所示。

表 36-2-1　亳州市 2010~2014 年区域经济实力指标及数据

年　份	GDP（亿元）	固定资产投资（亿元）	财政收入（亿元）	人均 GDP（元）	人均固定资产投资（元）	城镇人均可支配收入（元）	农村人均纯收入（元）	财政支出/GDP（%）
2010	512.73	271.19	42.37	10571.00	5590.79	15538.00	4689.00	20.15
2011	626.65	320.13	62.17	12841.00	6559.91	18099.00	5638.00	22.12
2012	716.00	430.00	85.10	14643.00	8793.98	20488.00	6552.00	24.76
2013	791.09	541.49	64.38	15982.58	10939.85	22604.81	7456.27	26.09
2014	850.50	650.90	72.70	17023.62	13028.42	21192.00	8967.00	26.76

资料来源：2010~2014 年《安徽统计年鉴》和《2014 年亳州市国民经济和社会发展统计公报》及相关数据计算。

由表 36-2-1 可知，亳州市 2014 年全年实现 GDP 850.50 亿元，比上一年增长

7.51%；固定资产投资达 650.90 亿元，比上年增长 20.21%；财政收入达 72.70 亿元，比上一年增长 12.92%；人均 GDP 为 17023.62 元，比上一年增长 6.51%。2014 年亳州市人均固定资产投资为 13028.42 元；城镇人均可支配收入为 21192.00 元，比上年下降 6.25%；农村人均纯收入为 8967.00 元，比上年增长 20.26%；财政支出占 GDP 的比重为 26.76%，与上一年相比有些许提升，说明政府投资拉动的 GDP 比重进一步加重，民间投资比重进一步下降。总之，亳州市 2014 年区域经济实力的总体水平与 2013 年相比有一定程度的提升。从全市 2010～2014 年区域经济实力的相关数据来看，亳州市的区域经济实力稳步提高，经济发展状况良好，但增速放缓，发展后劲不足。整体来说，亳州市的经济环境还是良好的。

亳州市 2010～2014 年区域经济实力变化情况如图 36－2－1、图 36－2－2 所示。

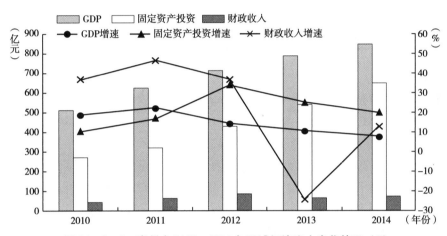

图 36－2－1　亳州市 2010～2014 年区域经济实力变化情况（1）

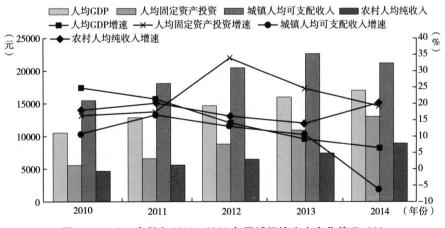

图 36－2－2　亳州市 2010～2014 年区域经济实力变化情况（2）

36.2.2 亳州市区域开放程度评价分析

2010～2014年亳州市区域开放程度指标的数据变化情况如表36－2－2所示。

表36－2－2 亳州市2010～2014年区域开放程度指标及数据

单位：万美元

年 份	实际利用外资额	出口总额	进口总额	进出口总额
2010	15881	22200	1700	23900
2011	24617	30400	2400	32800
2012	36000	46000	4000	50000
2013	47383	37773	4857	42630
2014	60000	32000	5000	37000

资料来源：2010～2014年《安徽统计年鉴》和《2014年亳州市国民经济和社会发展统计公报》。

由表36－2－2可知，2014年亳州市实际利用外资额为60000万美元，比上年增长26.63%。2014年全市出口总额为32000万美元，比上年下降15.28%；进口总额达5000万美元，比上年增加2.94%；进出口总额为37000万美元，与上一年相比下降13.21%。从2010～2014年亳州市区域开放程度指标数据来看，实际利用外资额在逐步上涨，虽然进口总额不断上升，但出口总额和进出口总额均呈先升后降的趋势。这说明亳州市区域开放程度有所萎缩，对外开放形势严峻。2014年9月，亳州市启动项目建设"百日攻坚"活动，加快推进重点项目建设，促进招商引资提质提效，进一步提升对外开放程度。

亳州市2010～2014年区域开放程度相关变化情况如图36－2－3所示。

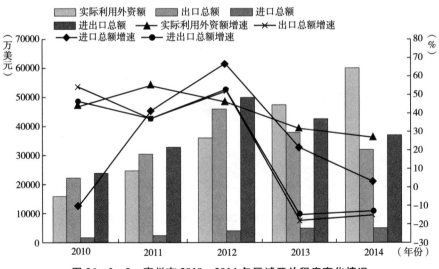

图36－2－3 亳州市2010～2014年区域开放程度变化情况

36.3　亳州市金融规模竞争力评价分析

2010～2014 年亳州市金融规模竞争力指标组的数据变化情况如表 36 - 3 - 1 所示。

表 36 - 3 - 1　亳州市 2010～2014 年金融规模竞争力指标及数据

单位：亿元

年　份	借贷市场			保险市场	
	存款余额	贷款余额	居民储蓄余额	保费收入	保险赔付额
2010	544.75	244.78	368.60	25.62	3.44
2011	674.90	326.31	451.79	27.40	6.60
2012	813.90	427.00	544.79	28.77	8.80
2013	928.04	522.93	639.56	33.40	12.90
2014	1060.80	641.70	741.60	41.70	13.90

资料来源：2010～2014 年《安徽统计年鉴》和《2014 年亳州市国民经济和社会发展统计公报》。

　　由表 36 - 3 - 1 可知，亳州市 2014 年各项存款余额达 1060.80 亿元，比 2013 年上涨 14.31%；各项贷款余额为 641.70 亿元，与上一年相比上涨 22.71%；城乡居民储蓄余额为 741.60 亿元，比上年增加 15.95%。从保险市场来看，亳州市 2014 年保费收入为 41.70 亿元，与上一年相比增加 24.85%；保险赔付额达 13.90 亿元，比上年上涨 7.75%。从 2010～2014 年的金融规模竞争力指标数据来看，亳州市的借贷市场和保险市场规模逐年扩大，表明该市金融规模不断增长，竞争力不断提升。

　　亳州市 2010～2014 年金融市场规模变化情况如图 36 - 3 - 1、图 36 - 3 - 2 所示。

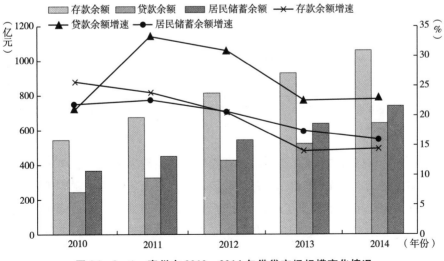

图 36 - 3 - 1　亳州市 2010～2014 年借贷市场规模变化情况

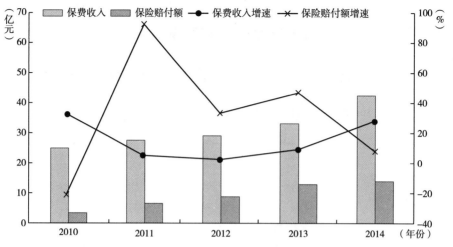

图 36 - 3 - 2　亳州市 2010～2014 年保险市场规模变化情况

36.4　亳州市金融效率竞争力评价分析

36.4.1　亳州市宏观金融效率评价分析

2010～2014 年亳州市宏观金融效率指标组的数据变化情况如表 36 - 4 - 1 所示。

表 36 - 4 - 1　亳州市 2010～2014 年宏观金融效率指标及数据

年　份	储蓄总额 （亿元）	固定资产投资 总额（亿元）	GDP （亿元）	储蓄投资转化系数	经济储蓄动员力
2010	368. 60	271. 19	512. 73	1. 3592	0. 7188
2011	451. 79	320. 13	626. 65	1. 4113	0. 7210
2012	544. 79	430. 00	716. 00	1. 2902	0. 7748
2013	639. 56	541. 49	791. 09	1. 1811	0. 8085
2014	741. 60	650. 90	850. 50	1. 1393	0. 8720

资料来源：前三列数据摘自 2010～2014 年《安徽统计年鉴》和《2014 年亳州市国民经济和社会发展统计公报》，后两列数据根据上述文献计算得到。

　　由表 36 - 4 - 1 可知，2014 年亳州市储蓄投资转化系数为 1.1393，与上一年相比下降了 3.54%，即意味着与 2013 年相比，每单位固定资产投资所需的城乡居民积累的资金数量减少了，资金的使用效率提升了；另外，亳州市 2014 年的经济储蓄动员力为 0.8720，与上年相比增加了 7.85%。从 2010～2014 年宏观金融效率的指标数据来看，亳州市的宏观金融效率不断提升。

　　亳州市 2010～2014 年宏观金融效率相关变化情况如图 36 - 4 - 1 所示。

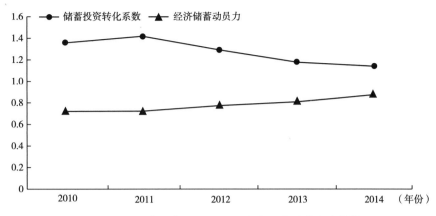

图 36 - 4 - 1　亳州市 2010～2014 年宏观金融效率变化情况

36.4.2　亳州市微观金融效率评价分析

2010～2014 年亳州市微观金融效率指标组的数据变化情况如表 36 - 4 - 2 所示。

表 36 - 4 - 2　亳州市 2010～2014 年微观金融效率指标及数据

年　份	存款余额占 GDP 比重 （％）	贷款余额占 GDP 比重 （％）	贷存比 （％）	保险深度 （％）	保险密度 （元）
2010	106. 23	47. 74	44. 93	5. 00	528. 18
2011	107. 70	52. 07	48. 35	4. 37	561. 46
2012	113. 67	59. 64	52. 46	4. 02	587. 74
2013	117. 31	66. 10	56. 35	4. 22	674. 79
2014	124. 73	75. 45	60. 49	4. 90	834. 67

资料来源：2010～2014 年《安徽统计年鉴》和《2014 年亳州市国民经济和社会发展统计公报》及相关数据计算。

由表 36 - 4 - 2 可知，2014 年亳州市存款余额占 GDP 比重为 124.73％，比上一年增加 7.42 个百分点；贷款余额占 GDP 比重为 75.45％，与上一年相比增加 9.35 个百分点；贷存比指标数据为 60.49％，比上年增加 4.14 个百分点；另外其保险深度为 4.90％，保险密度为 834.67 元。综上所述，2014 年亳州市微观金融效率指标较之 2013 年均有不同程度的提升。从亳州市 2010～2014 年的微观金融效率指标相关数据来看，除保险深度指标呈现先下降后上升的趋势外，其他各项指标数值均逐年增长。可以看出，亳州市银行业和保险业的行业效率不断提升，不断增强亳州市的金融效率竞争力。

亳州市 2010～2014 年微观金融效率相关变化情况如图 36 - 4 - 2、图 36 - 4 - 3 所示。

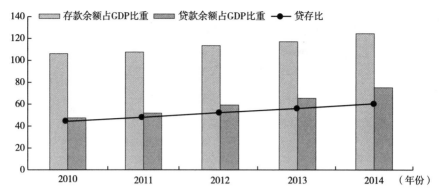

图 36 - 4 - 2　亳州市 2010~2014 年银行业微观金融效率变化情况

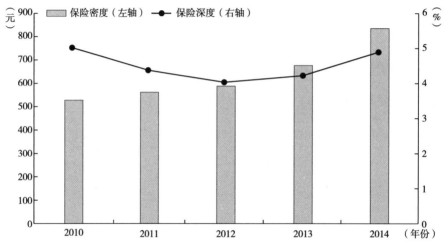

图 36 - 4 - 3　亳州市 2010~2014 年保险业微观金融效率变化情况

36.5　亳州市金融综合竞争力评价

通过对亳州市金融生态竞争力、金融规模竞争力及金融效率竞争力的分析，我们得到如下结论。

①2014 年亳州市的区域经济实力竞争力进一步提升，但增速放缓，有些许后劲不足；而区域开放程度竞争力回落，进出口总额等指标数据下降，整体来看亳州市金融生态竞争力较强，但增长速度不足。2014 年 11 月 15 日，亳州市谯城经开区和利辛经开区入围投资环境"十佳"，对于推动招商引资工作意义重大，也有助于提升亳州市金融生态竞争力。

②2014 年亳州市的借贷市场的保险市场规模不断扩大，金融规模竞争力不断提升，竞争力不断增强。

③2014 年亳州市的经济储蓄动员力和贷存比等指标数据持续提高，宏观金融效率和微观金融效率均不断提升，整体地区的金融效率竞争力不断增强。

第 37 章

阜阳市 2014 年金融竞争力研究报告

37.1 阜阳市概述

阜阳,别名颍州、汝阴、顺昌,位于安徽省西北部。阜阳交通便捷,是安徽三大枢纽之一,是国家重要的商品粮、优质棉、肉类生产基地和全国山羊板皮重点产区。

阜阳市 2014 年完成地区生产总值 1146.1 亿元,第三产业增加值 385.3 亿元,增长 7.8%。全年居民消费价格比上年上涨 1.8%。全年固定资产投资 805.1 亿元,比上年增长 24.8%,其中第三产业增长 25.3%。全年进出口总额 16.1 亿美元,比上年增长 17%。全年财政总收入 180.2 亿元,比上年增长 14.7%,其中地方财政收入 103.5 亿元,增长 21.1%。全年保险业保费收入为 61.1 亿元,比上年增长 14%。年末城镇登记失业率为 1.5%,比上年下降 0.6 个百分点。

37.2 阜阳市金融生态竞争力评价分析

37.2.1 阜阳市区域经济实力评价分析

2010 ~ 2014 年阜阳市区域经济实力指标组的数据变化情况如表 37 – 2 – 1 所示。

表 37 – 2 – 1 阜阳市 2010 ~ 2014 年区域经济实力指标及数据

年 份	GDP (亿元)	固定资产 投资 (亿元)	财政收入 (亿元)	人均 GDP (元)	人均固定 资产投资 (元)	城镇人均 可支配收入 (元)	农村人均 纯收入 (元)	财政支出/GDP (%)
2010	721.51	349.00	41.18	9481.00	4586.10	13981.00	4187.00	22.78
2011	853.21	403.50	55.73	11197.00	5295.28	18606.00	5100.00	25.38
2012	962.53	514.89	69.31	12600.00	6740.28	18972.00	5922.00	28.29
2013	1062.48	645.26	85.46	13769.65	8372.51	20933.11	6763.37	29.43
2014	1146.10	805.10	103.50	14752.00	10291.45	21715.00	8213.00	30.59

资料来源:2010 ~ 2014 年《安徽统计年鉴》和《2014 年阜阳市国民经济和社会发展统计公报》及相关数据计算。

由表 37 - 2 - 1 可知，阜阳市 2014 年 GDP 达 1146.10 亿元，比上年增加 7.87%；固定资产投资为 805.10 亿元，与上年相比增加 24.77%，增幅显著；该市全年财政收入达 103.50 亿元，比上年增加 21.11%；人均 GDP 为 14752.00 元，与上一年相比增加 7.13%；人均固定资产投资达到了 10291.45 元，比上年增加了 22.92%，增幅显著；城镇人均可支配收入和农村人均纯收入分别为 21715.00 元和 8213.00 元，分别比上年增加了 3.74% 和 21.43%，城乡收入差距进一步缩小；财政支出占 GDP 比重为 30.59%，与上年相比增加了 1.16 个百分点。阜阳市 2014 年的各项区域经济实力指标数据均有不同程度的提升。从全市 2010～2014 年区域经济实力的相关数据发展情况来看，各项指标呈逐年上升的趋势，表现出阜阳市的经济实力不断增强，发展态势良好，一定程度上保证了该市金融生态竞争力。

阜阳市 2010～2014 年区域经济实力变化情况如图 37 - 2 - 1、图 37 - 2 - 2 所示。

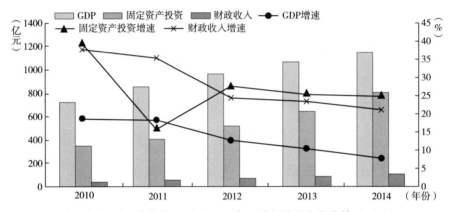

图 37 - 2 - 1　阜阳市 2010～2014 年区域经济实力变化情况（1）

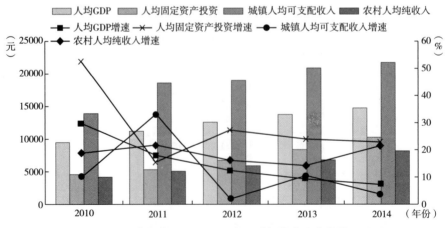

图 37 - 2 - 2　阜阳市 2010～2014 年区域经济实力变化情况（2）

37.2.2 阜阳市区域开放程度评价分析

2010~2014 年阜阳市区域开放程度指标的数据变化情况如表 37 - 2 - 2 所示。

表 37 - 2 - 2 阜阳市 2010~2014 年区域开放程度指标及数据

单位：万美元

年 份	实际利用外资额	出口总额	进口总额	进出口总额
2010	8882	28265	7310	35575
2011	6488	50677	14001	64678
2012	10512	89565	20153	109718
2013	13134	111401	25157	137558
2014	16461	145000	16000	161000

资料来源：2010~2014 年《安徽统计年鉴》和《2014 年阜阳市国民经济和社会发展统计公报》。

由表 37 - 2 - 2 可知，2014 年阜阳市实际利用外资额为 16461 万美元，比上年增长 25.33%。2014 年全市出口总额为 145000 万美元，比上年上升 30.16%；进口总额达 16000 万美元，比上年下降 36.40%；进出口总额为 161000 万元，比上一年上升 17.04%。从 2010~2014 年阜阳市区域开放程度指标数据来看，虽然进口总额指标数据减小，但其他指标均逐年上涨且幅度较大，特别是实际利用外资额指标数据的增幅十分明显。这表明阜阳市的区域开放程度不断加深，对外经济保持活力，金融生态竞争力持续加强。

阜阳市 2010~2014 年区域开放程度相关变化情况如图 37 - 2 - 3 所示。

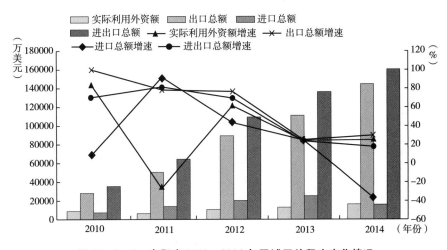

图 37 - 2 - 3 阜阳市 2010~2014 年区域开放程度变化情况

37.3　阜阳市金融规模竞争力评价分析

2010～2014年阜阳市金融规模竞争力指标组的数据变化情况如表37-3-1所示。

表37-3-1　阜阳市2010～2014年金融规模竞争力指标及数据

单位：亿元

年　份	借贷市场			保险市场
	存款余额	贷款余额	居民储蓄余额	保费收入
2010	1043.37	442.79	737.09	48.10
2011	1252.42	535.76	875.74	50.50
2012	1491.41	643.60	1054.39	51.60
2013	1750.95	788.12	1218.14	53.60
2014	2047.50	961.20	1447.00	61.10

资料来源：2010～2014年《安徽统计年鉴》和《2014年阜阳市国民经济和社会发展统计公报》。

由表37-3-1可知，阜阳市2014年各项存款余额达2047.50亿元，比上年上涨16.94%；各项贷款余额为961.20亿元，比上年上涨21.96%，涨幅明显；城乡居民储蓄余额为1447.00亿元，比上年增加18.79%。从保险市场来看，阜阳市2014年保费收入为61.10亿元，与上年相比增加13.99%。从2010～2014年的金融规模竞争力指标数据来看，阜阳市的借贷市场和保险市场规模逐年扩大，均为两位数的增幅。这几个指标数据可以反映出阜阳市的金融规模竞争力不断加强，且增速明显。

阜阳市2010～2014年金融市场规模变化情况如图37-3-1、图37-3-2所示。

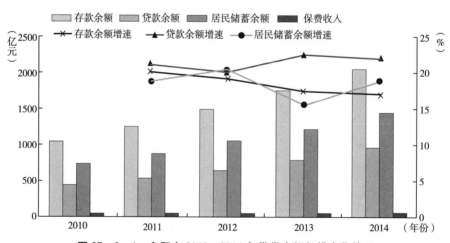

图37-3-1　阜阳市2010～2014年借贷市场规模变化情况

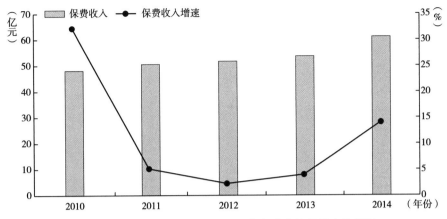

图 37 - 3 - 2 阜阳市 2010 ~ 2014 年保险市场规模变化情况

37.4 阜阳市金融效率竞争力评价分析

37.4.1 阜阳市宏观金融效率评价分析

2010 ~ 2014 年阜阳市宏观金融效率指标组的数据变化情况如表 37 - 4 - 1 所示。

表 37 - 4 - 1 阜阳市 2010 ~ 2014 年宏观金融效率指标及数据

年　份	储蓄总额 （亿元）	固定资产投资总额 （亿元）	GDP （亿元）	储蓄投资 转化系数	经济储蓄 动员力
2010	737.09	349.00	721.51	2.1091	1.0202
2011	875.74	403.50	853.21	2.1704	1.0264
2012	1054.39	514.89	962.53	2.0478	1.0954
2013	1218.14	645.26	1062.48	1.8878	1.1465
2014	1447.00	805.10	1146.10	1.7973	1.2625

资料来源：前三列数据摘自 2010 ~ 2014 年《安徽统计年鉴》和《2014 年阜阳市国民经济和社会发展统计公报》，后两列数据根据上述文献计算得到。

由表 37 - 4 - 1 可知，2014 年阜阳市储蓄投资转化系数是 1.7973，比上年下降了 4.79%，即意味着与 2013 年相比，每单位固定资产投资所需的城乡居民积累的资金数量减少了，资金的使用效率提升了；另外，阜阳市 2014 年的经济储蓄动员力达 1.2625，与上年相比增加了 10.12%，增幅十分明显。从 2010 ~ 2014 年宏观金融效率的指标数据来看，阜阳市的宏观金融效率逐年提升，且增幅显著。

阜阳市 2010 ~ 2014 年宏观金融效率相关变化情况如图 37 - 4 - 1 所示。

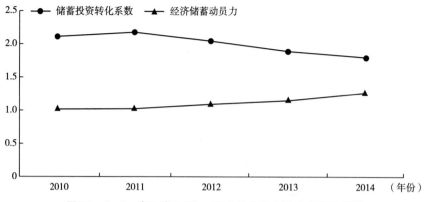

图 37 - 4 - 1　阜阳市 2010～2014 年宏观金融效率变化情况

37.4.2　阜阳市微观金融效率评价分析

2010～2014 年阜阳市微观金融效率指标组的数据变化情况如表 37 - 4 - 2 所示。

表 37 - 4 - 2　阜阳市 2010～2014 年微观金融效率指标及数据

年　份	存款余额占 GDP 比重（%）	贷款余额占 GDP 比重（%）	贷存比（%）	保险深度（%）	保险密度（元）
2010	144. 61	61. 37	42. 44	6. 67	632. 06
2011	146. 79	62. 79	42. 78	5. 92	662. 73
2012	154. 95	66. 87	43. 15	5. 37	675. 48
2013	164. 80	74. 18	45. 01	5. 04	694. 65
2014	178. 65	83. 87	46. 95	5. 33	781. 03

资料来源：2010～2014 年《安徽统计年鉴》和《2014 年阜阳市国民经济和社会发展统计公报》及相关数据计算。

由表 37 - 4 - 2 可知，2014 年阜阳市存款余额占 GDP 比重为 178.65%，比上一年增加 13.85 个百分点，增幅明显；贷款余额占 GDP 比重为 83.87%，与上年相比增加 9.69 个百分点；贷存比指标数据为 46.95%，比上年增加 1.94 个百分点；另外其保险深度为 5.33%，比上年增加 0.29 个百分点，基本无变化；保险密度为 781.03 元，比上年增加 12.44%。综上所述，2014 年阜阳市微观金融效率指标与 2013 年相比均有不同程度地提升。从阜阳市 2010～2014 年的微观金融效率指标相关数据来看，保险深度指标近年呈现下降趋势，2014 年有所回升，其他各项指标数值均逐年增长。可以看出，阜阳市银行业效率不断提升，保险业的行业效率有待提升，整体来看阜阳市的金融效率竞争力还是持续增强的。

阜阳市 2010～2014 年微观金融效率相关变化情况如图 37 - 4 - 2、图 37 - 4 - 3 所示。

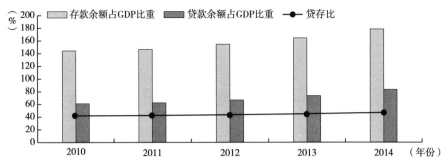

图 37 - 4 - 2　阜阳市 2010～2014 年银行业微观金融效率变化情况

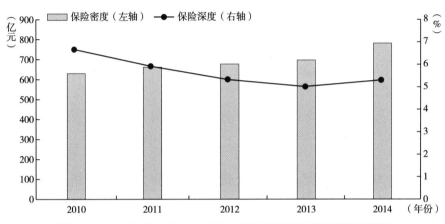

图 37 - 4 - 3　阜阳市 2010～2014 年保险业微观金融效率变化情况

37.5　阜阳市金融综合竞争力评价

通过对阜阳市金融生态竞争力、金融规模竞争力及金融效率竞争力的分析，我们得到如下结论。

①2014 年，阜阳市的区域经济实力竞争力进一步提升，且增长迅速；区域开放程度竞争力不断深化，保持良好态势。综合来看，阜阳市的金融生态竞争力不断增强。

②阜阳市 2014 年的借贷市场和保险市场规模不断扩大，且增幅明显。所以，阜阳市的金融规模竞争力逐年提高，态势良好。

③2014 年阜阳市的储蓄投资转化系数和经济储蓄动员力进一步加强，宏观金融效率进一步提升；银行业发展迅速，保险业稳中有进，对经济发展的贡献不断增大，微观金融效率不断提升。

第38章
淮南凤台县 2014 年金融竞争力研究报告

38.1 淮南凤台县概述

凤台县临淮河，西淝河穿境而过，县域呈东南、西北斜形，南北长 50 公里，东西宽约 42 公里，面积 1100 平方公里，耕地面积 46100 公顷，水面 16 万亩，总人口 73 万人。全县辖 16 个乡镇 1 个经济开发区，264 个行政村。

2014 年凤台县完成地区生产总值 223.38 亿元，按可比价格计算，比上年增长了 0.61%，人均 GDP 为 37806.42 元，同比增长 9.32%，全年财政收入 33.94 亿元，比上年下降了 23.83%。2014 年全年淮南凤台县完成社会固定资产投资 181.25 亿元，比上年增长 0.63%。

38.2 淮南凤台县金融生态竞争力评价分析

38.2.1 淮南凤台县区域经济实力评价分析

2010~2014 年淮南凤台县区域经济实力指标组的数据变化情况如表 38-2-1 所示。

表 38-2-1 淮南凤台县 2010~2014 年区域经济实力指标及数据

年 份	GDP（亿元）	固定资产投资（亿元）	财政收入（亿元）	人均 GDP（元）	人均固定资产投资（元）	城镇人均可支配收入（元）	农村人均纯收入（元）	财政支出/GDP（%）
2010	172.04	63.39	30.22	27698.00	10014.60	—	5955.00	—
2011	196.25	76.66	38.81	30888.00	12066.00	15820.00	7041.00	—
2012	215.20	117.62	38.27	33572.00	18349.45	18019.00	8127.00	—
2013	222.02	180.12	44.56	34582.55	28047.34	20510.00	9216.00	17.38
2014	223.38	181.25	33.94	37806.42	29864.64	24602.00	10462.00	16.18

资料来源：2010~2014 年《安徽统计年鉴》和《2014 年淮南凤台县国民经济和社会发展统计公报》相关数据计算。

由表 38-2-1 可知，淮南凤台县 2014 年全年实现 GDP 223.38 亿元，比上年增长 0.61%；固定资产投资达 181.25 亿元，比上年增长 0.63%；财政收入达 33.94 亿元，比上年下降了 23.83%；人均 GDP 为 37806.42 元，比上年增长 9.32%。2014 年淮南凤台县人均固定资产投资为 29864.64 元；城镇人均可支配收入为 24602.00 元，比上年上升了 19.95%；农村人均纯收入为 10462.00 元，比上年增长 13.52%；财政支出占 GDP 的比重为 16.18%，说明政府投资拉动的 GDP 比重进一步加重，民间投资比重进一步下降。总之，淮南凤台县 2014 年区域经济实力的总体水平与 2013 年相比有一定程度的提升。从全市 2010～2014 年区域经济实力的相关数据来看，淮南凤台县的区域经济实力稳定提高，经济发展状况良好，为全市金融业的健康快速发展奠定了较好的基础。

淮南凤台县 2010～2014 年区域经济实力变化情况如图 38 - 2 - 1、图 38 - 2 - 2 所示。

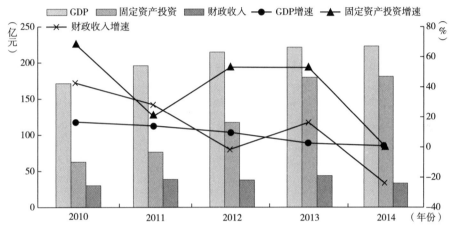

图 38 - 2 - 1　淮南凤台县 2010～2014 年区域经济实力变化情况（1）

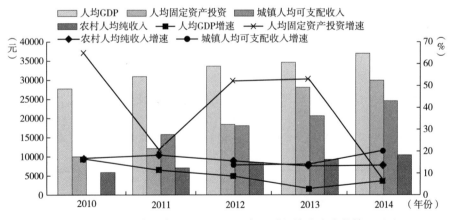

图 38 - 2 - 2　淮南凤台县 2010～2014 年区域经济实力变化情况（2）

38.2.2　淮南凤台县区域开放程度评价分析

2010～2014 年淮南凤台县区域开放程度指标的数据变化情况如表 38 - 2 - 2 所示。

表 38 - 2 - 2　淮南凤台县 2010～2014 年区域开放程度指标及数据

单位：万美元

年　　份	实际利用外资额	年　　份	实际利用外资额
2010	826.00	2013	2088.00
2011	1011.00	2014	2916.00
2012	1181.00		

资料来源：2010～2014 年《安徽统计年鉴》和《2014 年淮南凤台县国民经济和社会发展统计公报》。由于数据的不可获得性，这里只选取了实际利用外资额指标。

由表 38 - 2 - 2 可知，2014 年淮南凤台县实际利用外资额为 2916.00 万美元，比上年增长 39.66%。从 2010～2014 年淮南凤台县区域开放程度指标数据来看，实际利用外资额在逐步上涨，这说明淮南凤台县区域开放程度逐年提高，对外开放形势较好。

淮南凤台县 2010～2014 年区域开放程度相关变化情况如图 38 - 2 - 3 所示。

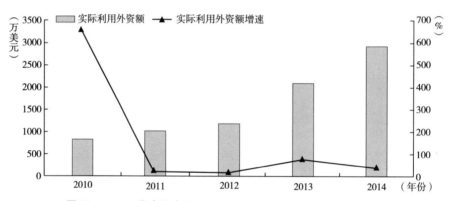

图 38 - 2 - 3　淮南凤台县 2010～2014 年区域开放程度变化情况

38.3　淮南凤台县金融规模竞争力评价分析

2010～2014 年淮南凤台县金融规模竞争力指标组的数据变化情况如表 38 - 3 - 1 所示。

表 38 - 3 - 1　淮南凤台县 2010～2014 年金融规模竞争力指标及数据

单位：亿元

年　　份	借贷市场		
	存款余额	贷款余额	居民储蓄余额
2010	96.12	44.92	61.94
2011	130.50	69.06	76.53
2012	155.30	91.58	95.55
2013	174.94	105.85	111.55
2014	197.66	125.99	124.87

资料来源：2010～2014 年《安徽统计年鉴》和《2014 年淮南凤台县国民经济和社会发展统计公报》。

由表 38 - 3 - 1 可知，淮南凤台县 2014 年各项存款余额达 197.66 亿元，比上年上涨 12.99%；各项贷款余额为 125.99 亿元，比上年上涨 19.03%；城乡居民储蓄余额为 124.87 亿元，比上年增加 11.94%，从 2010 到 2014 年的金融规模竞争力指标数据来看，淮南凤台县的借贷市场规模逐年扩大，表明该市金融规模不断增长，竞争力不断提升。

淮南凤台县 2010～2014 年金融市场规模变化情况如图 38 - 3 - 1 所示。

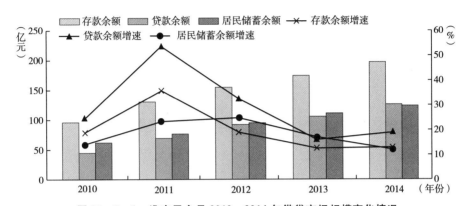

图 38 - 3 - 1　淮南凤台县 2010～2014 年借贷市场规模变化情况

38.4　淮南凤台县金融效率竞争力评价分析

38.4.1　淮南凤台县宏观金融效率评价分析

2010～2014 年淮南凤台县宏观金融效率指标组的数据变化情况如表 38 - 4 - 1 所示。

表 38 - 4 - 1　淮南凤台县 2010～2014 年宏观金融效率指标及数据

年　份	储蓄总额 （亿元）	固定资产投资总额 （亿元）	GDP （亿元）	储蓄投资 转化系数	经济储蓄 动员力
2010	61.94	63.39	172.04	0.9713	0.3700
2011	76.53	76.66	196.25	0.9983	0.3900
2012	95.55	117.62	215.20	0.8124	0.4439
2013	111.55	180.12	222.02	0.6193	0.5024
2014	124.87	181.25	223.38	0.6889	0.5590

资料来源：前三列数据摘自 2010～2014 年《安徽统计年鉴》和《2014 年淮南凤台县国民经济和社会发展统计公报》，后两列数据根据上述文献计算得到。

由表 38 - 4 - 1 可知，2014 年淮南凤台县储蓄投资转化系数为 0.6889，比上年上升了 11.24%，即意味着与 2013 年相比，每单位固定资产投资所需的城乡居民积累的资金数量增加了，资金的使用效率下降了；另外，淮南凤台县 2014 年的经济储蓄动员力为

0.5590，与上年相比增加了 11.27%。从 2010～2014 年宏观金融效率的指标数据来看，淮南凤台县的宏观金融效率不断提升。

淮南凤台县 2010～2014 年宏观金融效率相关变化情况如图 38－4－1 所示。

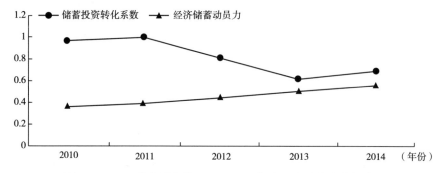

图 38－4－1　淮南凤台县 2010～2014 年宏观金融效率变化情况

38.4.2　淮南凤台县微观金融效率评价分析

2010～2014 年淮南凤台县微观金融效率指标组的数据变化情况如表 38－4－2 所示。

表 38－4－2　淮南凤台县 2010～2014 年微观金融效率指标及数据

单位：%

年　　份	存款余额占 GDP 比重	贷款余额占 GDP 比重	贷存比
2010	55.87	26.11	46.74
2011	66.50	35.19	52.92
2012	72.17	42.56	58.96
2013	78.79	47.68	60.51
2014	88.49	56.40	63.74

资料来源：2010～2014 年《安徽统计年鉴》和《2014 年淮南凤台县国民经济和社会发展统计公报》及相关数据计算。

由表 38－4－2 可知，2014 年淮南凤台县存款余额占 GDP 比重为 88.49%，比上年增加 9.7 个百分点；贷款余额占 GDP 比重为 56.40%，与上年相比增加 8.72 个百分点；贷存比指标数据为 63.74%，比上年增加 3.23 个百分点；综上所述，2014 年淮南凤台县微观金融效率指标较之上年均有不同程度的提升。从淮南凤台县 2010～2014 年的微观金融效率指标相关数据来看，淮南凤台县银行业效率不断提升，不断增强淮南凤台县的金融效率竞争力。

淮南凤台县 2010～2014 年微观金融效率相关变化情况如图 38－4－2 所示。

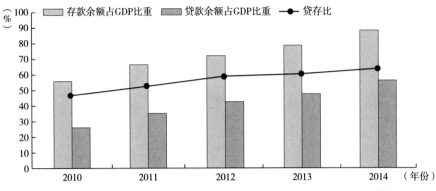

图 38 - 4 - 2　淮南凤台县 2010～2014 年银行业微观金融效率变化情况

38.5　淮南凤台县金融综合竞争力评价

通过对淮南凤台县金融生态竞争力、金融规模竞争力及金融效率竞争力的分析，我们得到如下结论。

①2014 年，淮南凤台县的区域经济实力竞争力进一步提升，但增速放缓，有些许后劲不足；总体来看，淮南凤台县的金融生态竞争力在不断提升。

②2014 年淮南凤台县的借贷市场的规模不断扩大，金融规模竞争力不断提升，竞争力不断增强。

③2014 年淮南凤台县的经济储蓄动员力和贷存比等指标数据持续提高，宏观金融效率和微观金融效率均不断提升，由于银行业的效率有所提高，整体地区的金融效率竞争力不断增强。

第 39 章

淮南市潘集区 2014 年金融竞争力研究报告

39.1 潘集区概述

潘集区隶属于安徽淮南市，位于安徽省淮南市北部，地处黄淮平原南端，总面积 600 平方公里，人口 44.8 万。潘集区是一个农业大区、富饶之区，辖区内沃野平畴，雨量充沛，物产丰富。

2014 年，潘集区完成地区生产总值 138.00 亿元，同比下降 2.53%；财政收入 7.05 亿元，同比上升 33.52%；固定资产投资 200.00 亿元，与上年持平；实现规模以上工业增加值 90.00 亿元，与上年持平；城镇居民人均可支配收入 24000.00 元，同比增长 10.01%；农村居民人均纯收入 9250.00 元，同比增长 12.96%；实现社会消费品零售总额 25.10 亿元，同比增长 14%；招商引资完成引进内资 90.00 亿元，实际形成固定资产投资 85.00 亿元。

39.2 潘集区金融生态竞争力评价分析

39.2.1 潘集区区域经济实力评价分析

2010~2014 年潘集区区域经济实力指标组的数据变化情况如表 39-2-1 所示。

表 39-2-1　潘集区 2010~2014 年区域经济实力指标及数据

年　份	GDP（亿元）	固定资产投资（亿元）	财政收入（亿元）	人均 GDP（元）	人均固定资产投资（元）	城镇人均可支配收入（元）	农村人均纯收入（元）	财政支出/GDP（%）
2010	105.50	67.61	3.05	23755.00	15159.00	14806.00	5283.00	6.61
2011	118.16	92.15	3.76	26225.00	20478.00	18064.00	6256.00	7.30
2012	130.70	140.50	4.24	29174.00	31372.00	20574.00	7221.00	8.52
2013	141.58	200.31	5.28	31744.00	44913.00	21817.00	8189.00	—
2014	138.00	200.00	7.05	30804.00	44643.00	24000.00	9250.00	—

资料来源：2010 年数据根据 2011 年统计公报中的数据及其增速计算得到；2011~2014 年数据来自历年《潘集区国民经济和社会发展统计公报》，财政支出数据不可获得。

由表 39 - 2 - 1 可知，潘集区 2014 年全年实现 GDP 138.00 亿元，比上年减少 2.53%；固定资产投资达 200.00 亿元，与上年持平；财政收入达 7.05 亿元，比上年增长 33.52%；人均 GDP 为 30804.00 元，比上年下降 2.96%。2013 年潘集区人均固定资产投资为 44643.00 元；城镇人均可支配收入为 24000.00 元，比上年增长 10.01%；农村人均纯收入为 9250.00 元，比上年增长 12.96%。总之，潘集区 2014 年区域经济实力的总体水平与上一年相比有一定程度的提升。从全市 2010～2014 年区域经济实力的相关数据来看，潘集区经济发展状况良好，但区域经济实力稳定性降低，增速下降，发展后劲不足。整体来说，潘集区的经济环境还是良好的。

潘集区 2010～2014 年区域经济实力变化情况如图 39 - 2 - 1、图 39 - 2 - 2 所示。

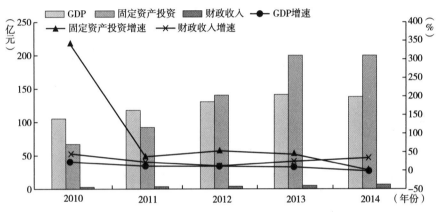

图 39 - 2 - 1　潘集区 2010～2014 年区域经济实力变化情况（1）

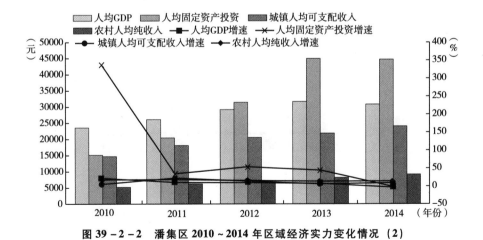

图 39 - 2 - 2　潘集区 2010～2014 年区域经济实力变化情况（2）

39.2.2　潘集区区域开放程度评价分析

2010～2014 年潘集区区域开放程度指标的数据变化情况如表 39 - 2 - 2 所示。

表 39 - 2 - 2　潘集区 2010～2013 年区域开放程度指标及数据

单位：万美元

年　份	实际利用外资额	出口总额	进口总额	进出口总额
2010	723	—	—	—
2011	813	18	659	677
2012	1370	1248	99	1347
2013	1700	—	—	—
2014	—	—	—	—

资料来源：2011 年、2012 年、2013 年数据来自历年《潘集区国民经济和社会发展统计公报》；2010 年部分数据根据 2011 年统计公报中的数据及其增速计算得到。

由表 39 - 2 - 2 可知，2013 年潘集区实际利用外资额为 1700 万美元，比上年增长 24.09%。2012 年全市出口总额为 1248 万美元，比上年增长 6833.33%；进口总额达 99 万美元，比上年下降 84.98%；进出口总额为 1347 万美元，比 2013 年增加 98.97%。从 2010～2013 年潘集区区域开放程度指标数据来看，实际利用外资额在逐步上涨；全市进口总额在 2012 年下降，进出口总额逐渐增加，但增速在 2010～2012 年波动幅度较大。这说明潘集区区域开放程度有所增加，区域外向度在上升。

潘集区 2010～2013 年区域开放程度相关变化情况如图 39 - 2 - 3 所示。

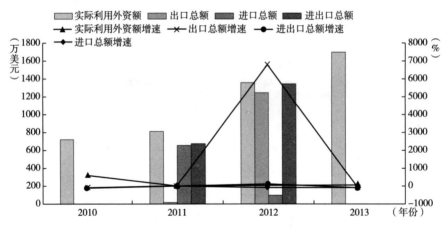

图 39 - 2 - 3　潘集区 2010～2013 年区域开放程度变化情况

39.3　潘集区金融规模竞争力评价分析

2010～2012 年潘集区金融规模竞争力指标组的数据变化情况如表 39 - 3 - 1 所示。

表 39 – 3 – 1　潘集区 2010～2012 年金融规模竞争力指标及数据

单位：亿元

年　份	借贷市场		
	存款余额	贷款余额	居民储蓄余额
2010	42.13	35.60	31.40
2011	46.80	42.30	37.20
2012	67.00	79.80	49.10
2013	—	—	—
2014	—	—	—

资料来源：2010～2012 年数据摘自历年《潘集区国民经济和社会发展统计公报》；由于数据的不可获得性，保险市场的数据在此并未列出。

由表 39 – 3 – 1 可知，2010 年～2012 年潘集区存款余额、贷款余额及居民储蓄余额一直处于增长状态。潘集区 2012 年各项存款余额达 67.00 亿元，比上一年上涨 43.16%；各项贷款余额为 79.80 亿元，比上一年上涨 88.65%；城乡居民储蓄余额为 49.10 亿元，比上一年增加 31.99%。从 2010～2012 年的金融规模竞争力指标数据来看，潘集区的借贷市场规模逐年扩大，金融规模竞争力在提升。

潘集区 2010～2012 年金融市场规模变化情况如图 39 – 3 – 1 所示。

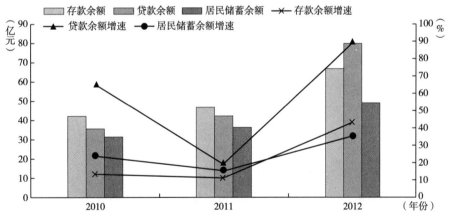

图 39 – 3 – 1　潘集区 2010～2012 年借贷市场规模变化情况

39.4　潘集区金融效率竞争力评价分析

39.4.1　潘集区宏观金融效率评价分析

2010～2014 年潘集区宏观金融效率指标组的数据变化情况如表 39 – 4 – 1 所示。

年　份	储蓄总额（亿元）	固定资产投资总额（亿元）	GDP（亿元）	储蓄投资转化系数	经济储蓄动员力
2010	31.40	67.61	105.50	0.4644	0.2976
2011	37.20	92.15	118.16	0.3928	0.3064
2012	49.10	140.50	130.70	0.3495	0.3757
2013	—	200.31	141.58	—	—
2014	—	200.00	138.00	—	—

资料来源：前三列数据摘自历年《潘集区国民经济和社会发展统计公报》，或根据公报数据及其增速计算得来；后两列数据根据上述文献计算得到。

由表39-4-1可知，2012年潘集区储蓄投资转化系数为0.3495，比上一年下降了11.02%，即意味着与2011年相比，每单位固定资产投资所需的城乡居民积累的资金数量减少，资金的使用效率提升；另外，潘集区2012年的经济储蓄动员力为0.3757，与上一年相比增加了22.62%。从2010～2012年宏观金融效率的指标数据来看，潘集区的宏观金融效率总体上升。

潘集区2010～2012年宏观金融效率相关变化情况如图39-4-1所示。

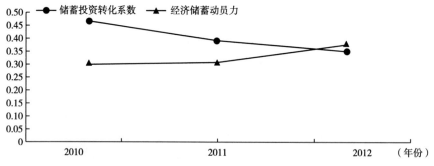

图39-4-1　潘集区2010～2012年宏观金融效率变化情况

39.4.2　潘集区微观金融效率评价分析

2010～2012年潘集区微观金融效率指标组的数据变化情况如表39-4-2所示。

表39-4-2　潘集区2010～2012年微观金融效率指标及数据

单位：%

年　份	存款余额占GDP比重	贷款余额占GDP比重	贷存比
2010	39.93	33.74	84.50
2011	39.61	35.80	90.38
2012	51.26	61.06	119.10
2013	—	—	—
2014	—	—	—

资料来源：2010～2012年数据根据历年《潘集区国民经济和社会发展统计公报》及相关数据计算。

由表 39 - 4 - 2 可知，2012 年潘集区存款余额占 GDP 比重为 51.26%，比上一年增加 11.65 个百分点；贷款余额占 GDP 比重为 61.06%，与上一年相比增加 25.26 个百分点；贷存比指标数据为 119.10%，比上一年提高了 28.72 个百分点。综上所述，2012 年潘集区微观金融效率指标较 2011 年有不同程度的提高。从潘集区 2010～2012 年的微观金融效率指标相关数据来看，以贷存比为主要指标的行业微观金融效率总体呈快速上升趋势，可以看出，潘集区银行业行业效率总体上升，对经济的贡献不断增大。

潘集区 2010～2012 年微观金融效率相关变化情况如图 39 - 4 - 2 所示。

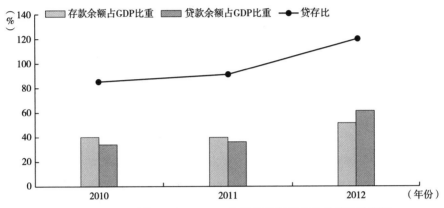

图 39 - 4 - 2　潘集区 2010～2012 年银行业微观金融效率变化情况

39.5　潘集区金融综合竞争力评价

通过对潘集区金融生态竞争力、金融规模竞争力及金融效率竞争力的分析，我们得到如下结论。

①淮南市潘集区的区域经济实力竞争力和区域开放程度竞争力总体上呈现上升趋势，整体来看潘集区金融生态竞争力在增强。

②淮南市潘集区借贷市场的规模不断扩大，由于其借贷市场的绝对垄断地位，就整体而言，淮南市潘集区的金融规模竞争力不断提升，竞争力逐渐增强。

③淮南市潘集区宏观金融效率逐渐提升，以借贷市场为代表的微观金融效率也在稳步上升。

后　记

　　《中原经济区金融竞争力报告（2015）》编撰工作由李燕燕教授统筹，乔恩红为学术事务总负责人，杨旭、刘静为秘书。经过多次讨论，确立编撰思路，拟定报告框架，统一技术路线和写作规范，并选定相关章节的负责人。李燕燕教授通稿复审，耿明斋教授最后把关。

　　本报告的撰写工作具体分工如下：综合篇由乔恩红总体负责，由乔恩红（第1章及第6章）、刘静（第2章）、孙晓培（第3章及第4章）、杨旭（第5章）分别撰写；河南省18个地市的分报告由乔恩红整体负责，由孔张宾（开封市、焦作市）、杨薇娜（濮阳市、许昌市）、张端（漯河市、三门峡市、周口市）、乔恩红（鹤壁市、南阳市、信阳市）、杨旭（郑州市、平顶山市、驻马店市）、刘静（洛阳市、安阳市、济源市）、孙晓培（新乡市、商丘市）分别撰写；外省地市（县、区）的分报告由杨旭总体负责，由孔张宾（运城市、邯郸市、聊城市）、杨薇娜（邢台市、菏泽市、宿州市）、张端（泰安市东平县、蚌埠市）、乔恩红（长治市、淮南市凤台县）、杨旭（亳州市、阜阳市）、刘静（淮北市、淮南市潘集区）、孙晓培（晋城市）分别撰写。以上人员均参与了数据搜集及格式整理工作。

编　者

2015年5月8日

图书在版编目（CIP）数据

中原经济区金融竞争力报告. 2015 / 耿明斋主编 . —北京：
社会科学文献出版社，2015.12
　（中原发展研究院智库丛书）
　ISBN 978 - 7 - 5097 - 8414 - 3

　Ⅰ. ①中…　Ⅱ. ①耿…　Ⅲ. ①地方金融 - 金融竞争 -
竞争力 - 研究报告 - 河南省 - 2015　Ⅳ. ①F832.761

　中国版本图书馆 CIP 数据核字（2015）第 271659 号

·中原发展研究院智库丛书·

中原经济区金融竞争力报告（2015）

主　　编／耿明斋
执行主编／李燕燕

出 版 人／谢寿光
项目统筹／邓泳红　陈　帅
责任编辑／张　超　吴　敏

出　　版／社会科学文献出版社·皮书出版分社（010）59367127
　　　　　地址：北京市北三环中路甲 29 号院华龙大厦　邮编：100029
　　　　　网址：www.ssap.com.cn
发　　行／市场营销中心（010）59367081　59367090
　　　　　读者服务中心（010）59367028
印　　装／三河市东方印刷有限公司

规　　格／开本：787mm×1092mm　1/16
　　　　　印张：23.75　字数：561 千字
版　　次／2015 年 12 月第 1 版　2015 年 12 月第 1 次印刷
书　　号／ISBN 978 - 7 - 5097 - 8414 - 3
定　　价／180.00 元